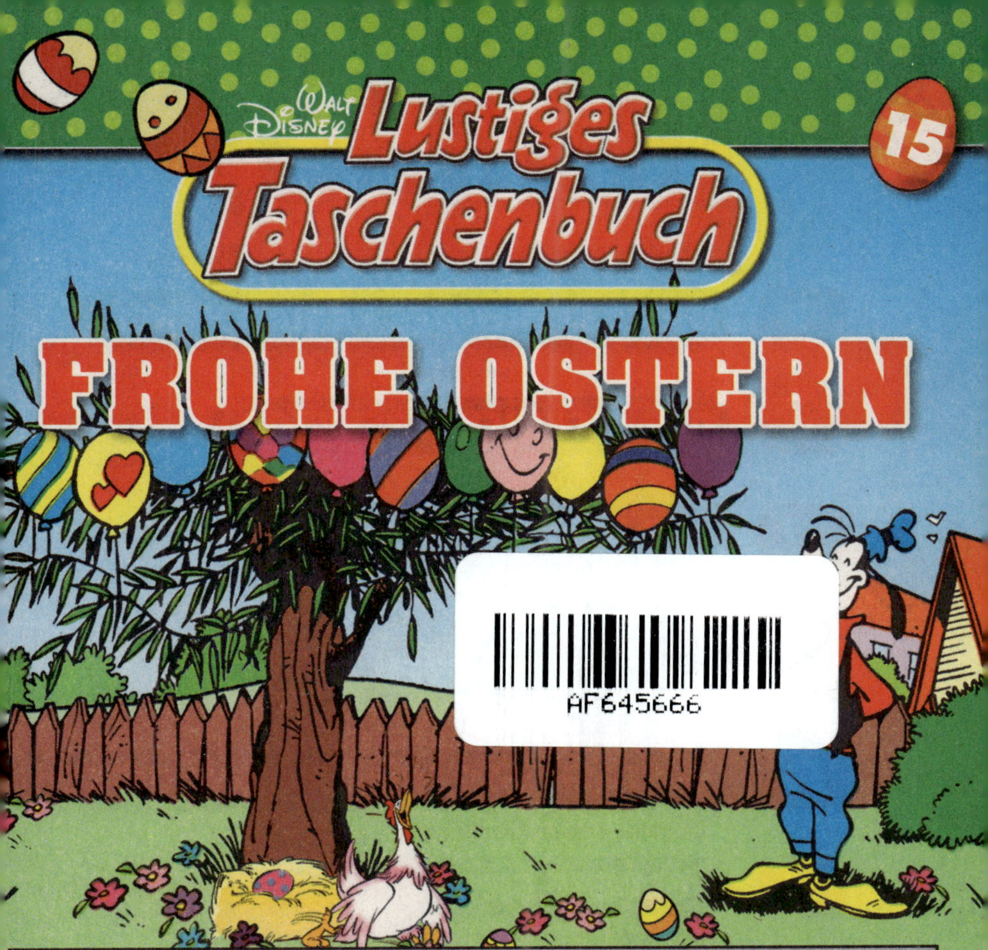

IMPRESSUM © Disney Enterprises, Inc. 2023, Walt Disney Lustiges Taschenbuch Ostern erscheint einmal im Jahr bei Egmont Ehapa Media GmbH, Ritterstraße 26, D-10969 Berlin I **Geschäftsführer** Per Gustav Kjellander I **Editorial Director** Marko Andric (v.i.S.d.P.) I **Marketing & Kooperationen** Jörg Risken (Publishing Director) j.risken@egmont.de, Nora Gollek (Head of Marketing) n.gollek@egmont.de, Christoph Bergholz (Senior Product Manager) c.bergholz@egmont.de I **Druck** Norhaven, Agerlandsvej 3, DK 8800 Viborg I **Anzeigenverkauf** Per Gustav Kjellander (verantwortlich) I **Head of Media Sales** Jörg Risken I **Freie Mitarbeiter dieser Ausgabe** Peter Höpfner (Petit Media), Alexandra Ardelt, Peter Daibenzeiher, Susanne Walter, Jonas Zitzmann (Übersetzungen), Janine Eck (Redaktion), Yinin Got, Sigi Hepner, Steffen Uzler (Grafik), Michael Bregel, Michael Braun Alexander (Lektorat) I **Kontakt Walt Disney Publishing** Susanne Michels I Die Redaktion arbeitet auf Grundlage der neuen amtlichen Rechtschreibregeln und hält sich bei Auswahlfällen an die vom Duden bevorzugte Schreibweise.

www.lustiges-taschenbuch.de I www.egmont-mediasolutions.de
www.egmont.de

EGMONT Ehapa Media

story house EGMONT

FSC MIX Papier aus verantwortungsvollen Quellen FSC® C104608

SERVICE-BOX

LTB im Abo – www.egmont-shop.de/ltbabo

Leserservice Lustiges Taschenbuch Ostern Leserservice, 20086 Hamburg, E-Mail: info@egmont-service.de, Tel. 030-99194680, Fax 030-99194681 (reguläre Gesprächsgebühren für einen Anruf im deutschen Festnetz gemäß Ihrem Anbieter und Tarif)

LTB Ostern verpasst?
www.egmont-shop.de/comics/ltb

Wo gibt es LTB Ostern am Kiosk?
www.mykiosk.com

LTB Ostern als eComic?
Erhältlich z. B. bei Amazon, Apple und Google Play

Viele weitere tolle Comic-Angebote:
www.egmont-shop.de

Dieser Titel enthält negative Darstellungen und/oder eine nicht korrekte Behandlung von Menschen und Kulturen. Diese Stereotype waren damals falsch und sind es noch heute. Anstatt diese Inhalte zu entfernen, ist es uns wichtig, ihre schädlichen Auswirkungen aufzuzeigen, aus ihnen zu lernen und Unterhaltungen anzuregen, die es ermöglichen, eine integrativere gemeinsame Zukunft ohne Diskriminierung zu schaffen.
Disney hat es sich zum Ziel gesetzt, Geschichten mit inspirierenden und zukunftsweisenden Botschaften zu erzählen, in denen die große Vielfalt der Menschen rund um den Globus berücksichtigt wird und niemand diskriminiert wird.
Um mehr darüber zu erfahren, wie sich Geschichten auf die Gesellschaft ausgewirkt haben, gehe auf: www.Disney.com/StoriesMatter

INHALT

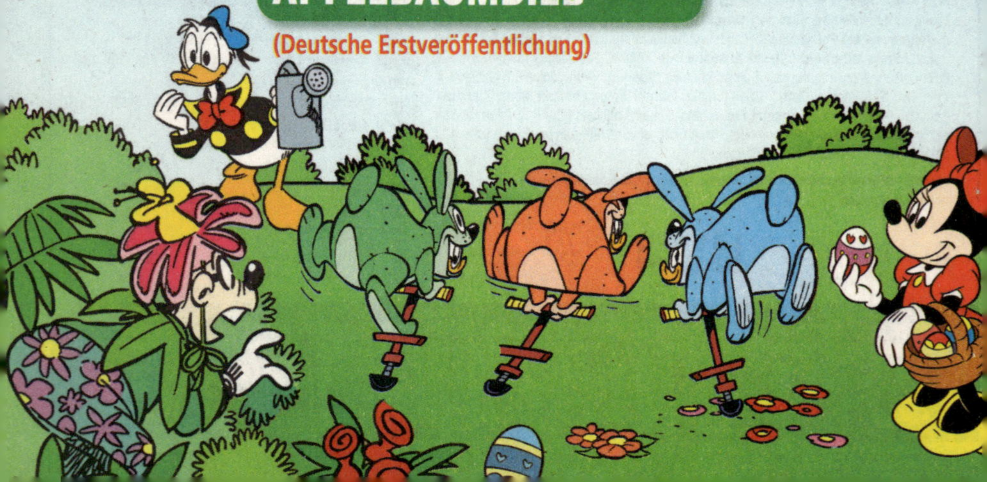

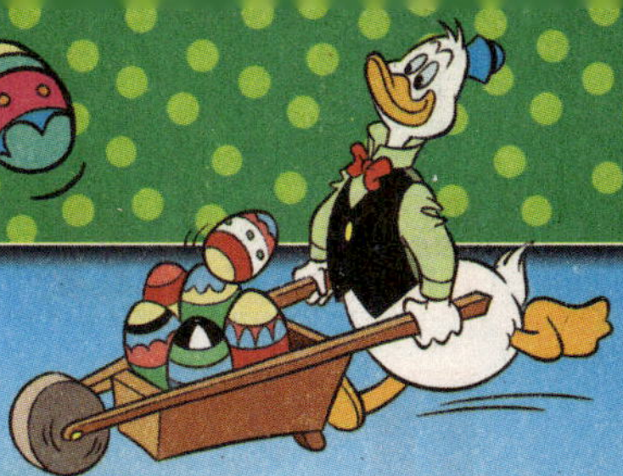

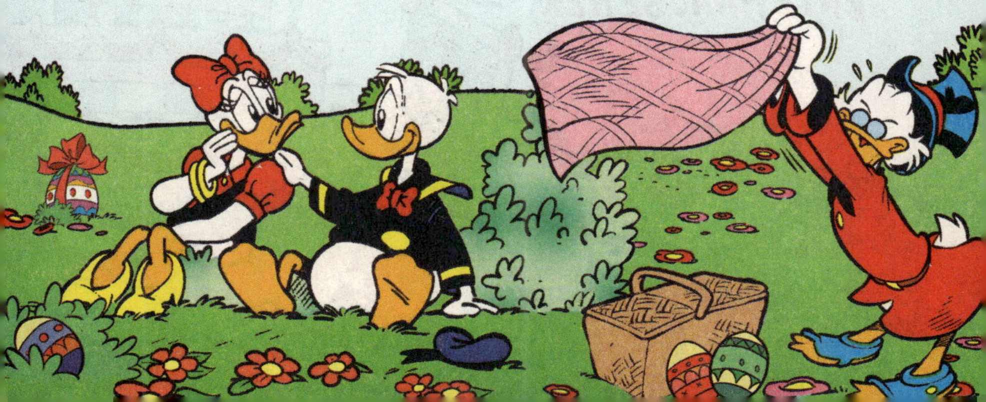

HALLO FREUNDE!

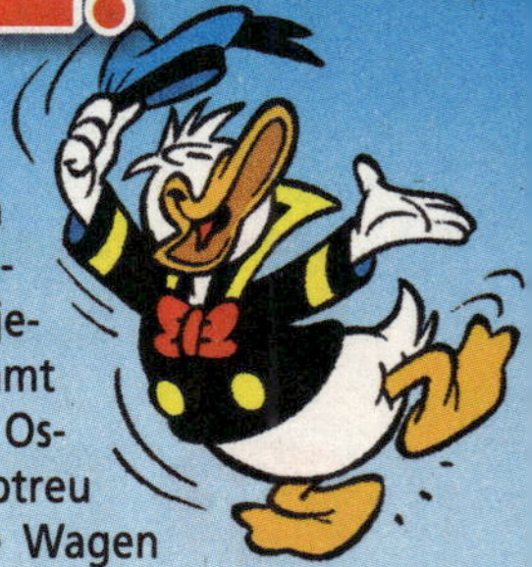

Die Tage werden länger. Die Sonne strahlt am blauen Himmel. Es grünt und blüht allerorts. Kurz: Der Frühling hat Einzug gehalten – auch in Entenhausen. Und wie jedes Jahr steht mit dem Frühling auch Ostern vor der Tür – samt Schokohasen, Eiersuche und der großen Entenhausener Osterparade. Für den Festumzug hat sich Bürgermeister Bleibtreu diesmal etwas ganz Besonderes ausgedacht: Der schönste Wagen gewinnt ein Osterei, das von dem berühmten Juwelier Fabian Bergé persönlich geschaffen wurde. Klar, dass es in Entenhausen dieser Tage kein andres Thema als den Umzug gibt. Selbst Dagobert – eigentlich kein Freund von Festivitäten – will sich diese Chance nicht entgehen lassen und setzt alles daran, bei der Parade den ersten Preis zu gewinnen.

Lust auf Ostern hat auch Gammas Freund Jota. Gemeinsam besuchen die beiden Micky und Goofy. Doch der Uranide ist unterwegs müde geworden. Um seinen Energiespeicher aufzufüllen, begibt er sich auf die Suche nach Eisenerz. Als unsere Freunde ihm in eine Höhle folgen, landen sie zufällig im Lager einer Süßwarenfabrik. In den Schokoladeneiern entdecken sie eine goldene Überraschung. Ob hier alles mit rechten Dingen zugeht?

Seit einiger Zeit widmet sich Donald einer neuen Tätigkeit – und das mit erstaunlichem Erfolg. Seitdem er seinen Pflanzen jeden Tag ein Ständchen bringt, gedeiht sein Garten gar prächtig. Jetzt soll er sein Talent als Blumenflüsterer beweisen und im Auftrag von Dagobert die rare Regenbogenorchidee kurieren.

Viel Vergnügen mit unseren 14 Frühlings-Geschichten, fröhliche Ostern und jede Menge leckere Schokoladeneier!

EURE
ENTENHAUSENER

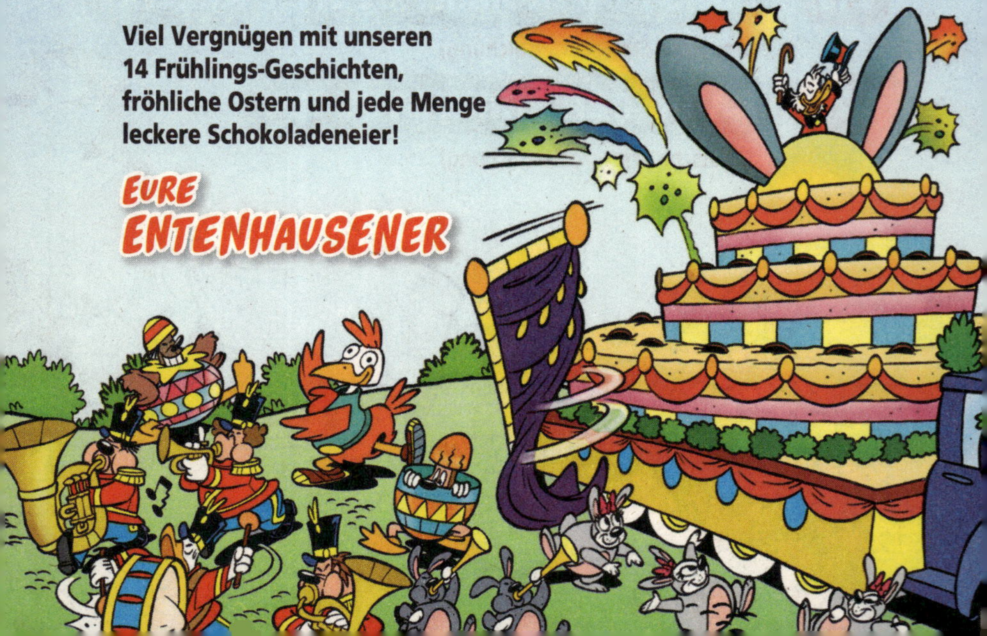

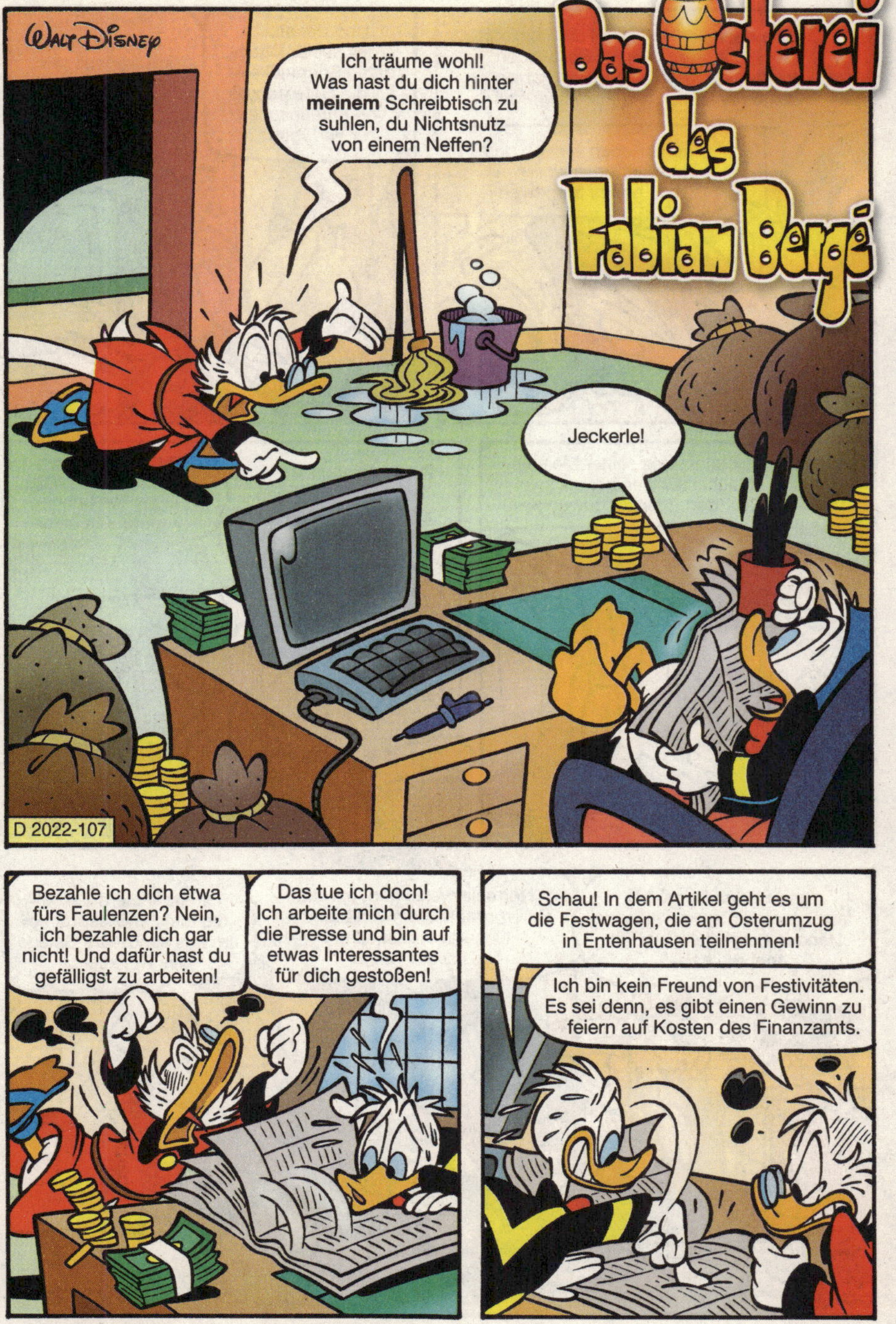

Created 2022

Gorm Transgaard (Story), **Flemming Andersen** (Zeichnungen)

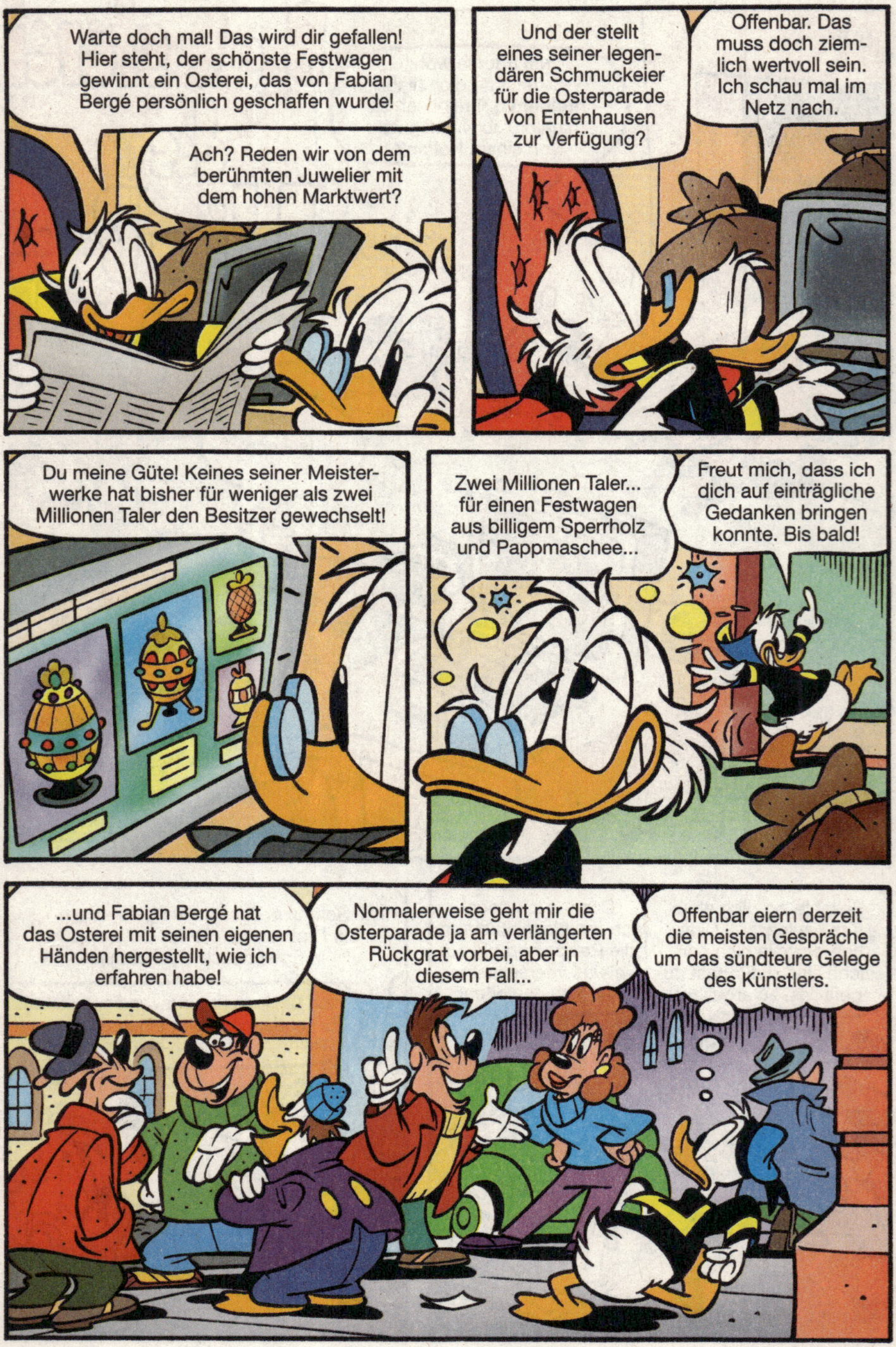
Warte doch mal! Das wird dir gefallen! Hier steht, der schönste Festwagen gewinnt ein Osterei, das von Fabian Bergé persönlich geschaffen wurde!
Ach? Reden wir von dem berühmten Juwelier mit dem hohen Marktwert?
Und der stellt eines seiner legendären Schmuckeier für die Osterparade von Entenhausen zur Verfügung?
Offenbar. Das muss doch ziemlich wertvoll sein. Ich schau mal im Netz nach.
Du meine Güte! Keines seiner Meisterwerke hat bisher für weniger als zwei Millionen Taler den Besitzer gewechselt!
Zwei Millionen Taler... für einen Festwagen aus billigem Sperrholz und Pappmaschee...
Freut mich, dass ich dich auf einträgliche Gedanken bringen konnte. Bis bald!
...und Fabian Bergé hat das Osterei mit seinen eigenen Händen hergestellt, wie ich erfahren habe!
Normalerweise geht mir die Osterparade ja am verlängerten Rückgrat vorbei, aber in diesem Fall...
Offenbar eiern derzeit die meisten Gespräche um das sündteure Gelege des Künstlers.

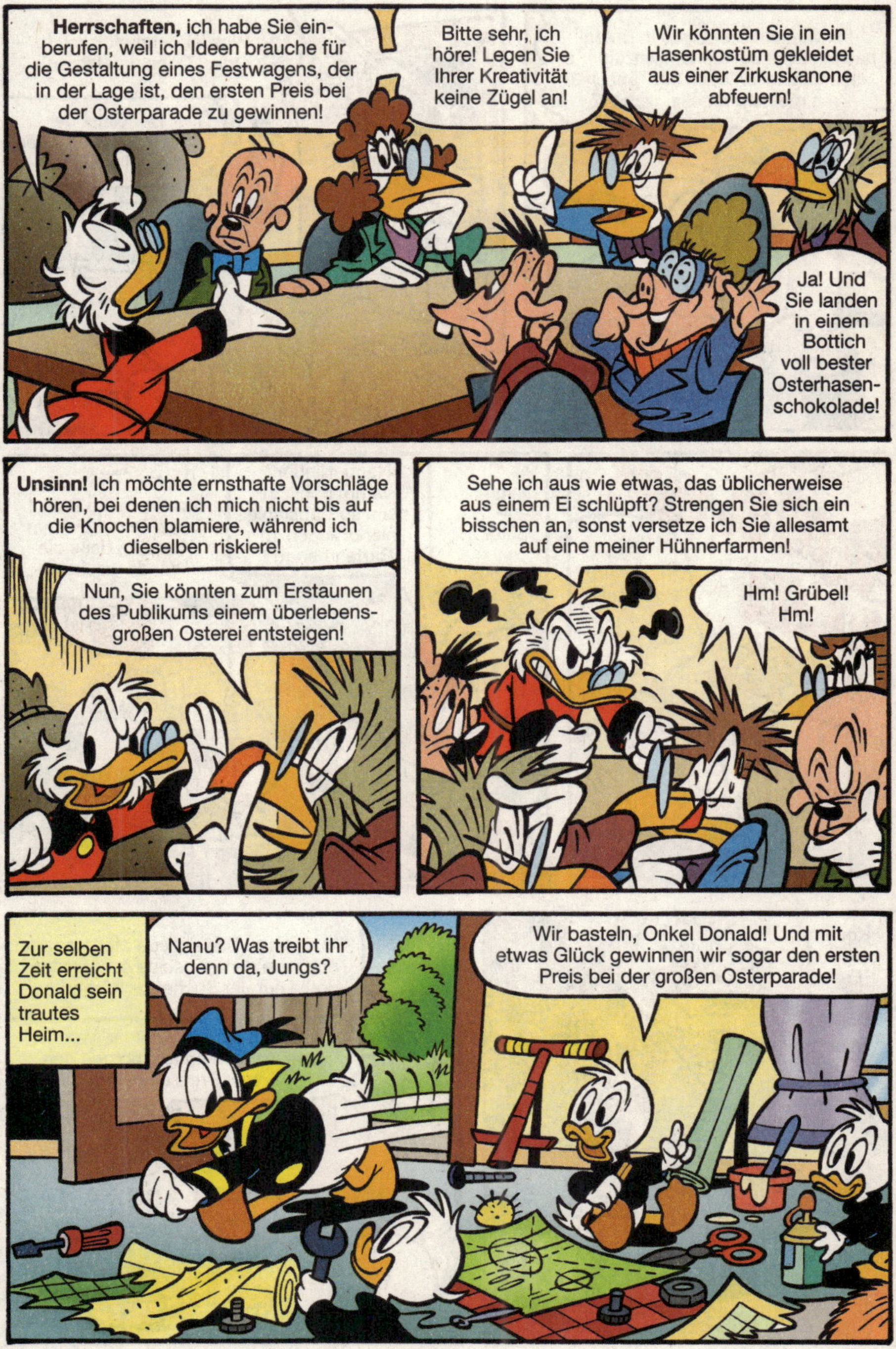
Herrschaften, ich habe Sie einberufen, weil ich Ideen brauche für die Gestaltung eines Festwagens, der in der Lage ist, den ersten Preis bei der Osterparade zu gewinnen!
Bitte sehr, ich höre! Legen Sie Ihrer Kreativität keine Zügel an!
Wir könnten Sie in ein Hasenkostüm gekleidet aus einer Zirkuskanone abfeuern!
Ja! Und Sie landen in einem Bottich voll bester Osterhasenschokolade!
Unsinn! Ich möchte ernsthafte Vorschläge hören, bei denen ich mich nicht bis auf die Knochen blamiere, während ich dieselben riskiere!
Nun, Sie könnten zum Erstaunen des Publikums einem überlebensgroßen Osterei entsteigen!
Sehe ich aus wie etwas, das üblicherweise aus einem Ei schlüpft? Strengen Sie sich ein bisschen an, sonst versetze ich Sie allesamt auf eine meiner Hühnerfarmen!
Hm! Grübel! Hm!
Zur selben Zeit erreicht Donald sein trautes Heim...
Nanu? Was treibt ihr denn da, Jungs?
Wir basteln, Onkel Donald! Und mit etwas Glück gewinnen wir sogar den ersten Preis bei der großen Osterparade!

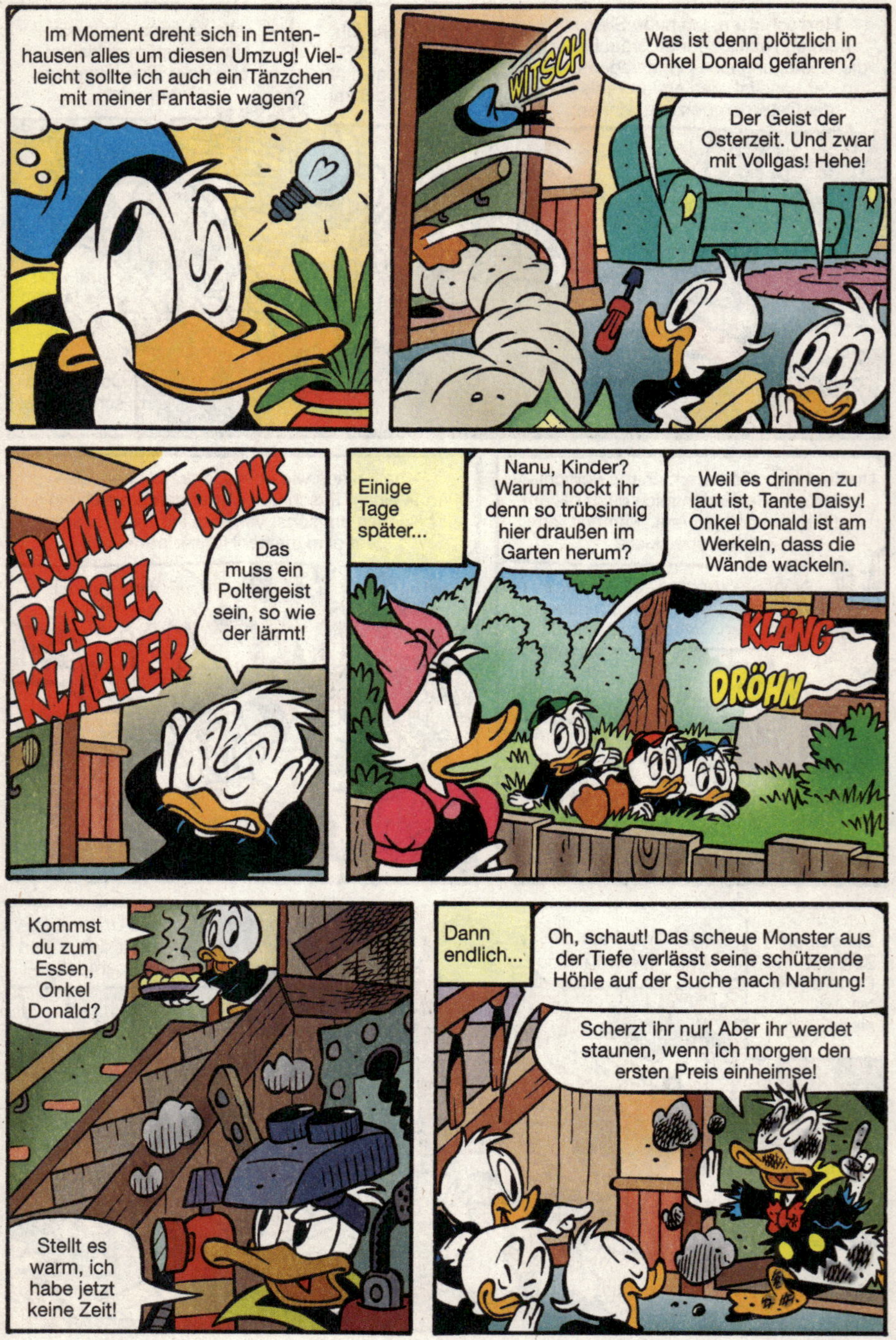

Im Moment dreht sich in Entenhausen alles um diesen Umzug! Vielleicht sollte ich auch ein Tänzchen mit meiner Fantasie wagen?
WITSCH
Was ist denn plötzlich in Onkel Donald gefahren?
Der Geist der Osterzeit. Und zwar mit Vollgas! Hehe!
RUMPEL ROMS
RASSEL
KLAPPER
Das muss ein Poltergeist sein, so wie der lärmt!
Einige Tage später...
Nanu, Kinder? Warum hockt ihr denn so trübsinnig hier draußen im Garten herum?
Weil es drinnen zu laut ist, Tante Daisy! Onkel Donald ist am Werkeln, dass die Wände wackeln.
KLÄNG
DRÖHN
Kommst du zum Essen, Onkel Donald?
Stellt es warm, ich habe jetzt keine Zeit!
Dann endlich...
Oh, schaut! Das scheue Monster aus der Tiefe verlässt seine schützende Höhle auf der Suche nach Nahrung!
Scherzt ihr nur! Aber ihr werdet staunen, wenn ich morgen den ersten Preis einheimse!

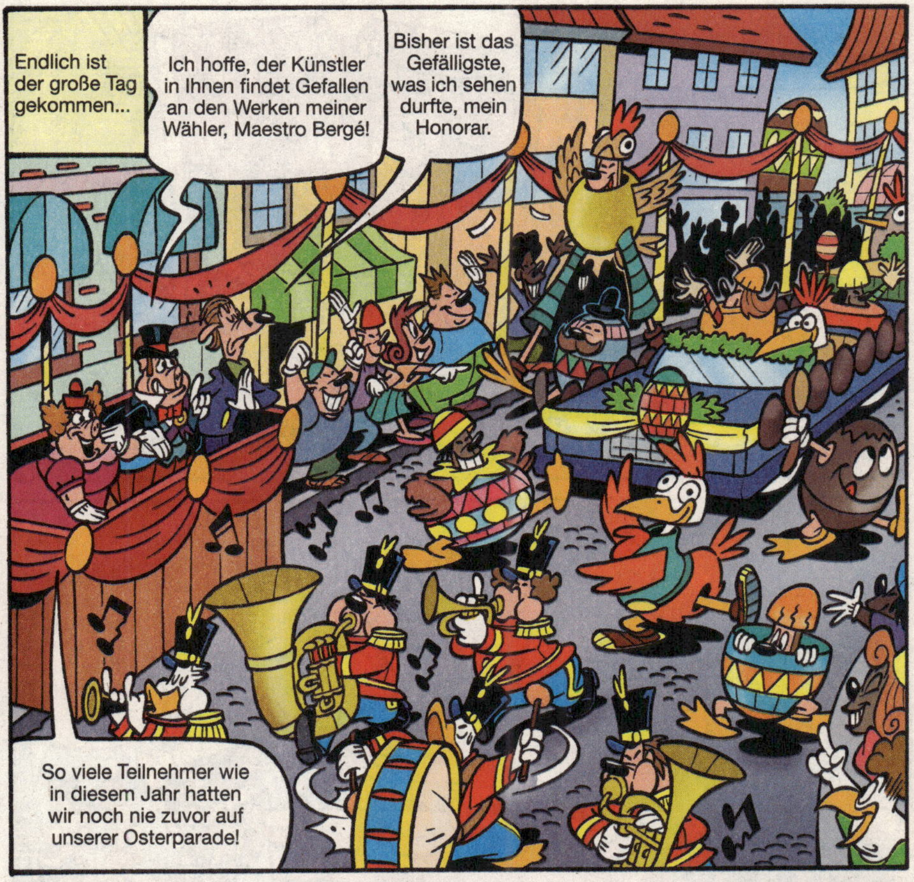
Endlich ist der große Tag gekommen...
Ich hoffe, der Künstler in Ihnen findet Gefallen an den Werken meiner Wähler, Maestro Bergé!
Bisher ist das Gefälligste, was ich sehen durfte, mein Honorar.
So viele Teilnehmer wie in diesem Jahr hatten wir noch nie zuvor auf unserer Osterparade!

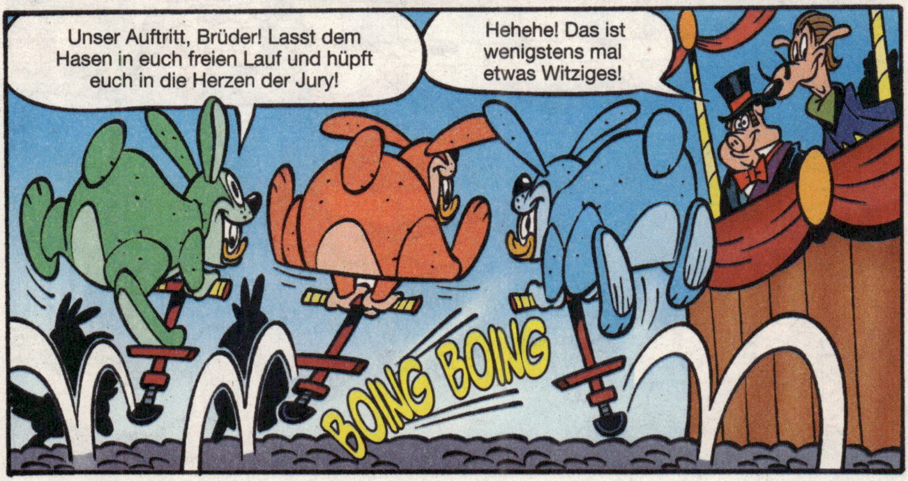
Unser Auftritt, Brüder! Lasst dem Hasen in euch freien Lauf und hüpft euch in die Herzen der Jury!
Hehehe! Das ist wenigstens mal etwas Witziges!
BOING BOING

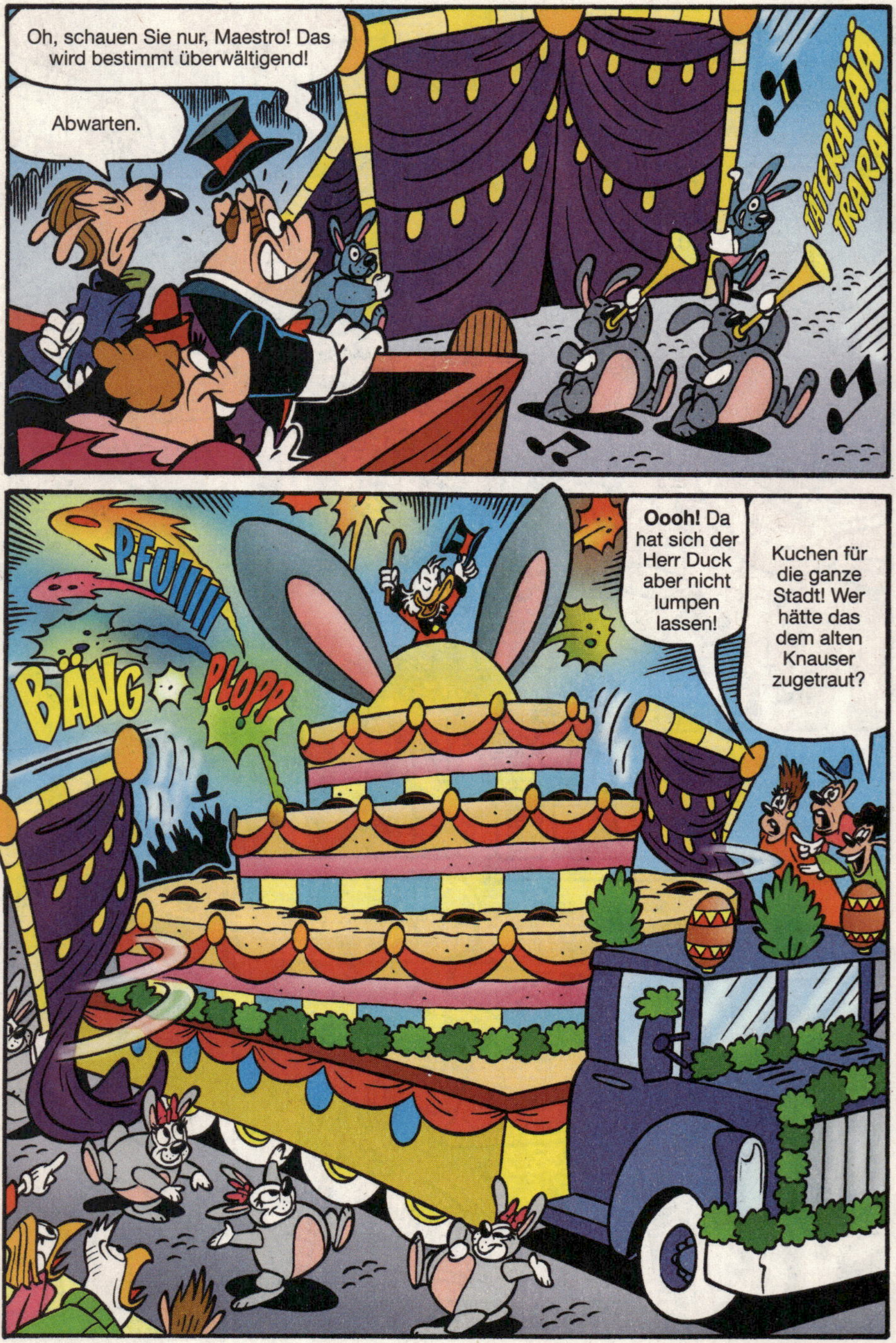

Oh, schauen Sie nur, Maestro! Das wird bestimmt überwältigend!
Abwarten.
TÄTERÄTÄÄ
TRARA
PFUIIIII
BÄNG
PLOPP
Oooh! Da hat sich der Herr Duck aber nicht lumpen lassen!
Kuchen für die ganze Stadt! Wer hätte das dem alten Knauser zugetraut?

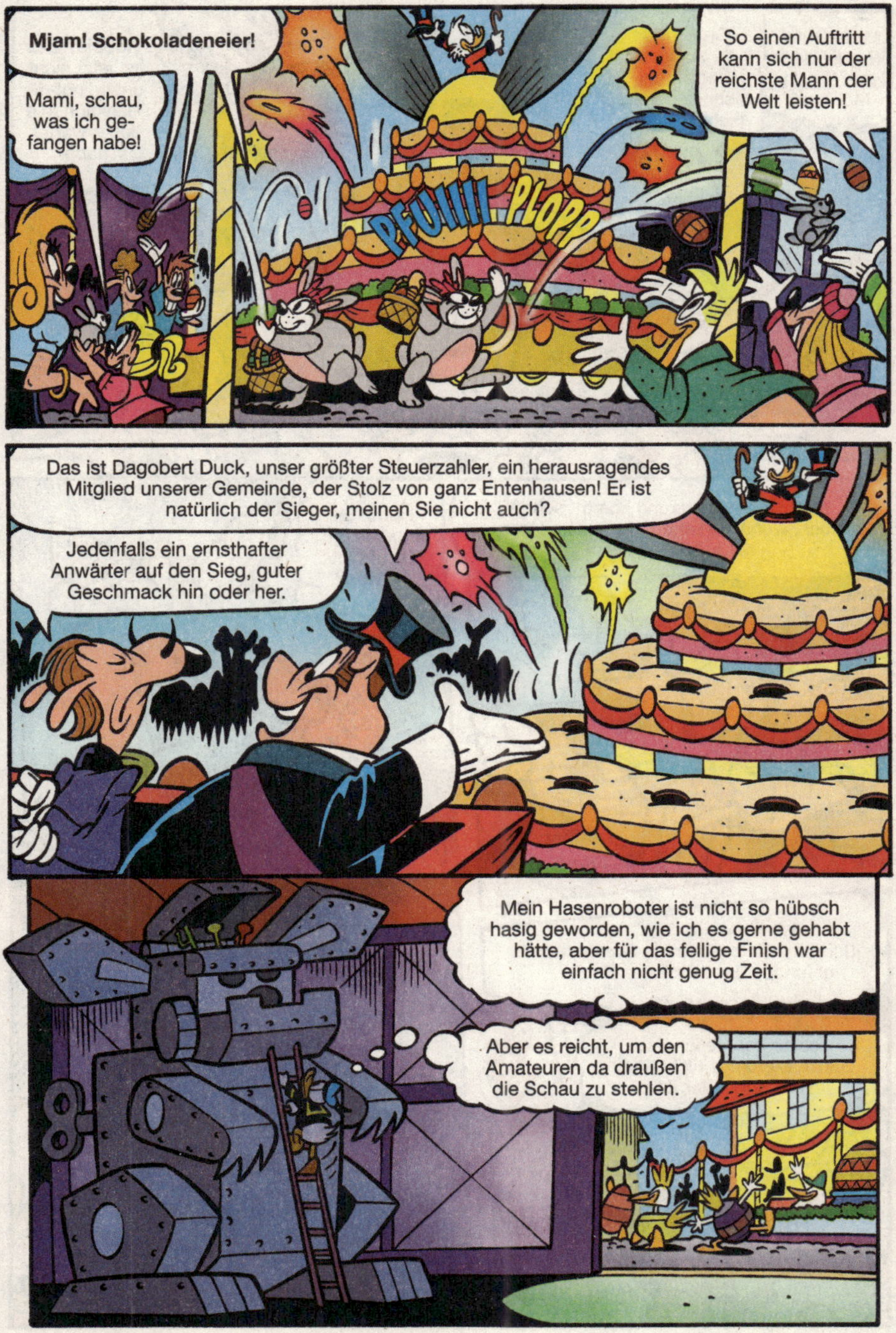
Mjam! Schokoladeneier!
Mami, schau, was ich gefangen habe!
PFUIIII
PLOPP
So einen Auftritt kann sich nur der reichste Mann der Welt leisten!
Das ist Dagobert Duck, unser größter Steuerzahler, ein herausragendes Mitglied unserer Gemeinde, der Stolz von ganz Entenhausen! Er ist natürlich der Sieger, meinen Sie nicht auch?
Jedenfalls ein ernsthafter Anwärter auf den Sieg, guter Geschmack hin oder her.
Mein Hasenroboter ist nicht so hübsch hasig geworden, wie ich es gerne gehabt hätte, aber für das fellige Finish war einfach nicht genug Zeit.
Aber es reicht, um den Amateuren da draußen die Schau zu stehlen.

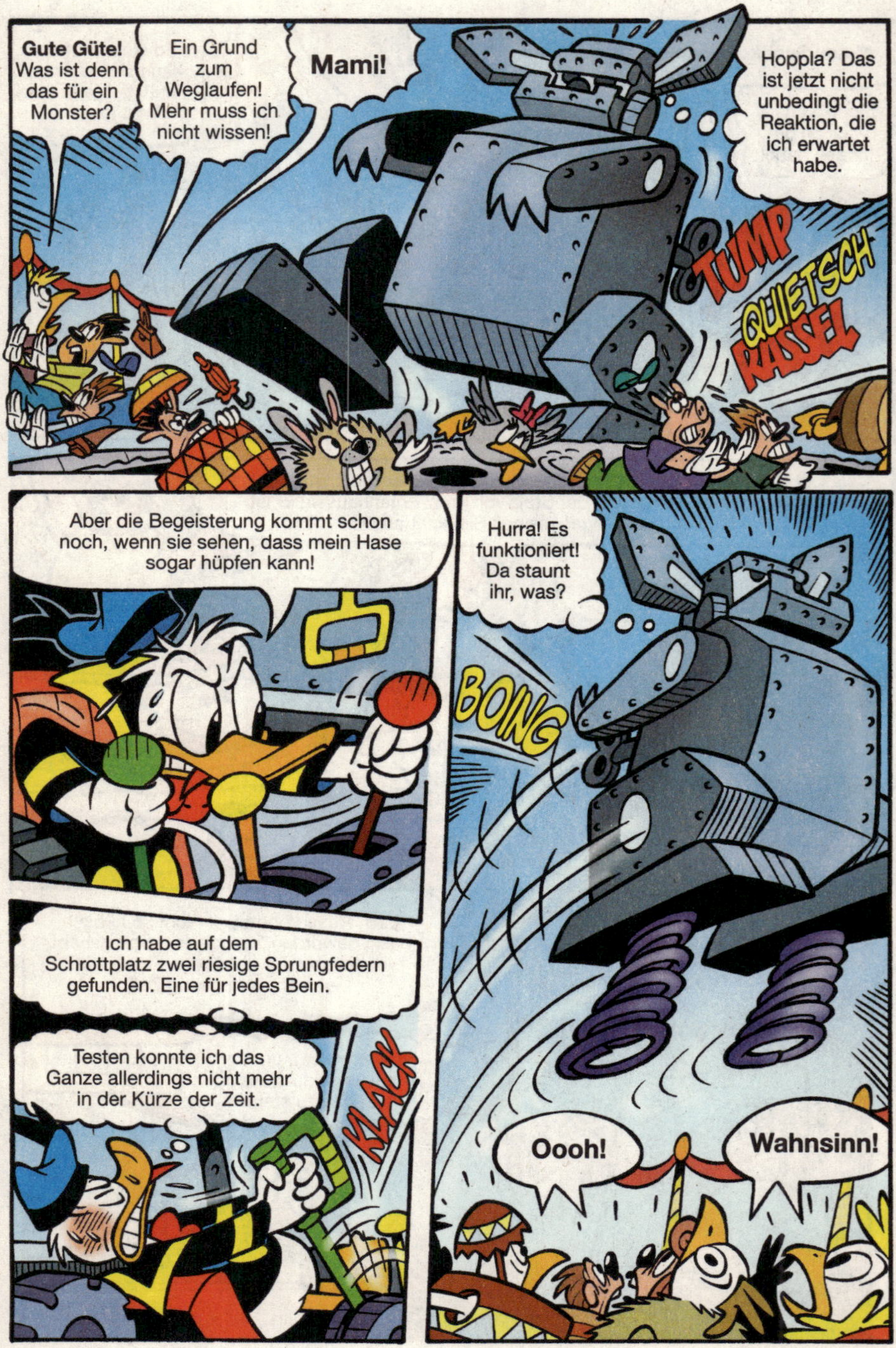

Gute Güte! Was ist denn das für ein Monster?
Ein Grund zum Weglaufen! Mehr muss ich nicht wissen!
Mami!
Hoppla? Das ist jetzt nicht unbedingt die Reaktion, die ich erwartet habe.
TUMP
QUIETSCH
RASSEL
Aber die Begeisterung kommt schon noch, wenn sie sehen, dass mein Hase sogar hüpfen kann!
Hurra! Es funktioniert! Da staunt ihr, was?
BOING
Ich habe auf dem Schrottplatz zwei riesige Sprungfedern gefunden. Eine für jedes Bein.
Testen konnte ich das Ganze allerdings nicht mehr in der Kürze der Zeit.
KLACK
Oooh!
Wahnsinn!

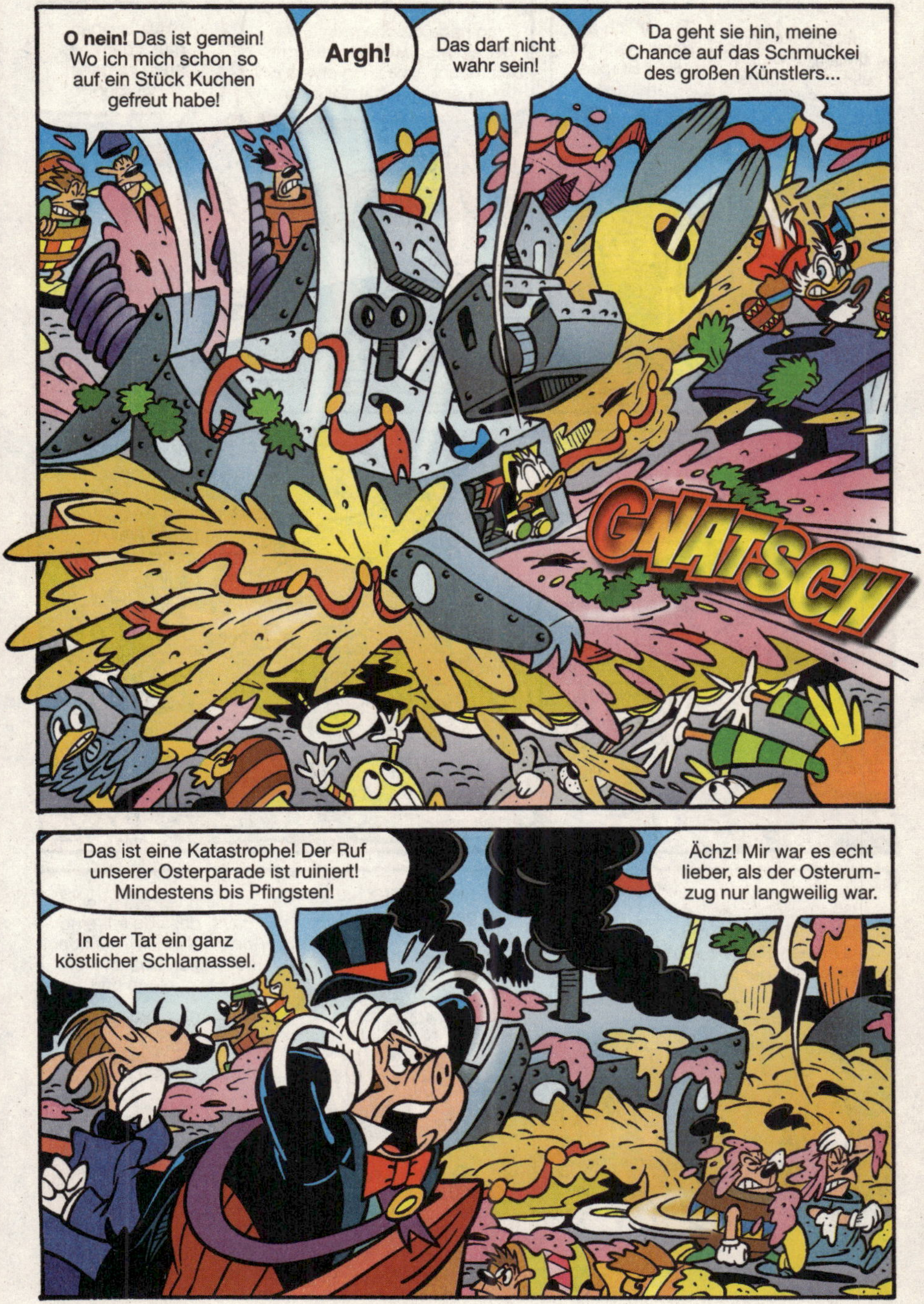

O nein! Das ist gemein! Wo ich mich schon so auf ein Stück Kuchen gefreut habe!
Argh!
Das darf nicht wahr sein!
Da geht sie hin, meine Chance auf das Schmuckei des großen Künstlers...
GNATSCH
Das ist eine Katastrophe! Der Ruf unserer Osterparade ist ruiniert! Mindestens bis Pfingsten!
In der Tat ein ganz köstlicher Schlamassel.
Ächz! Mir war es echt lieber, als der Osterum-zug nur langweilig war.

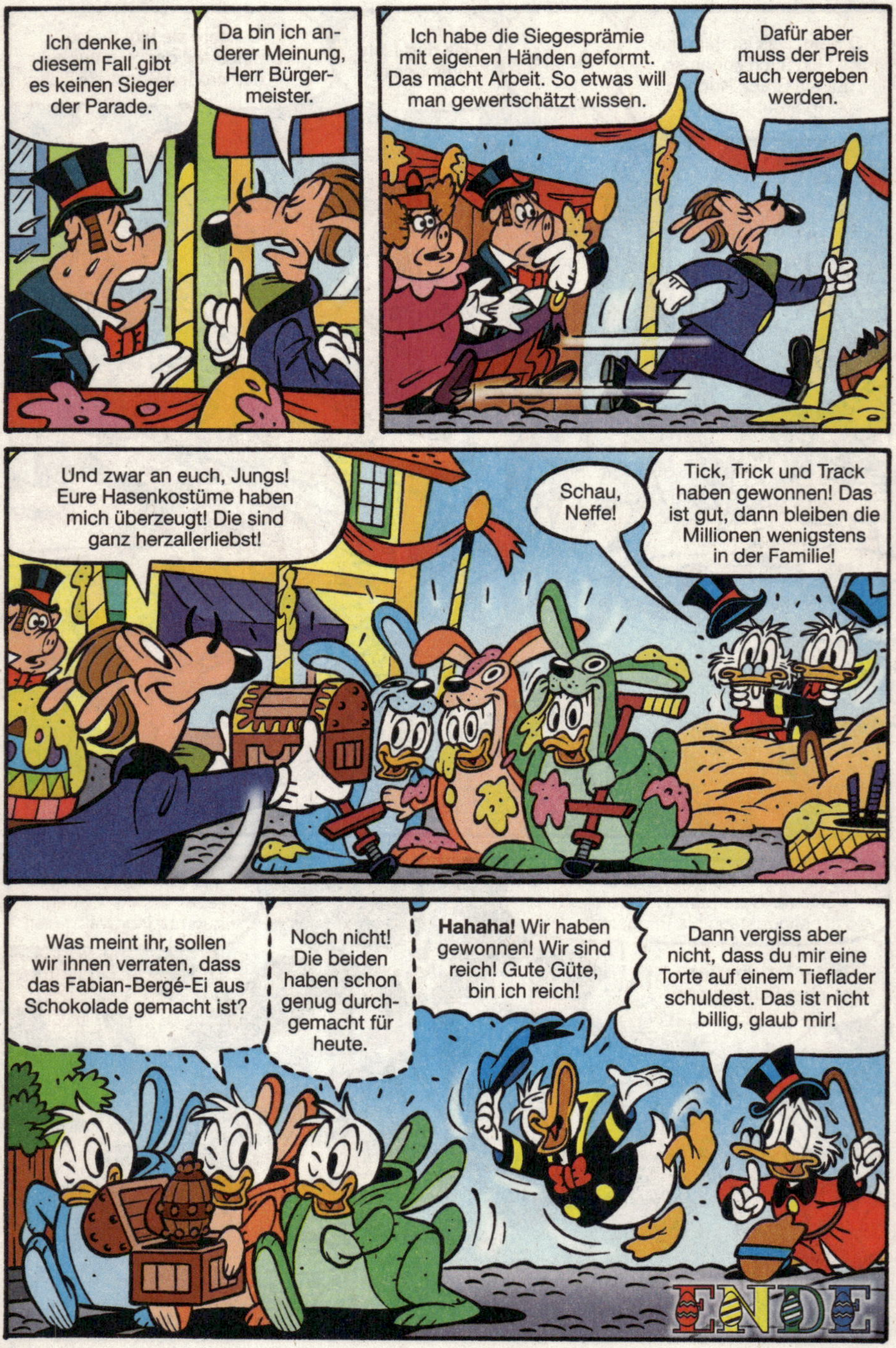

Ich denke, in diesem Fall gibt es keinen Sieger der Parade.
Da bin ich anderer Meinung, Herr Bürgermeister.
Ich habe die Siegesprämie mit eigenen Händen geformt. Das macht Arbeit. So etwas will man gewertschätzt wissen.
Dafür aber muss der Preis auch vergeben werden.
Und zwar an euch, Jungs! Eure Hasenkostüme haben mich überzeugt! Die sind ganz herzallerliebst!
Schau, Neffe!
Tick, Trick und Track haben gewonnen! Das ist gut, dann bleiben die Millionen wenigstens in der Familie!
Was meint ihr, sollen wir ihnen verraten, dass das Fabian-Bergé-Ei aus Schokolade gemacht ist?
Noch nicht! Die beiden haben schon genug durchgemacht für heute.
Hahaha! Wir haben gewonnen! Wir sind reich! Gute Güte, bin ich reich!
Dann vergiss aber nicht, dass du mir eine Torte auf einem Tieflader schuldest. Das ist nicht billig, glaub mir!
ENDE

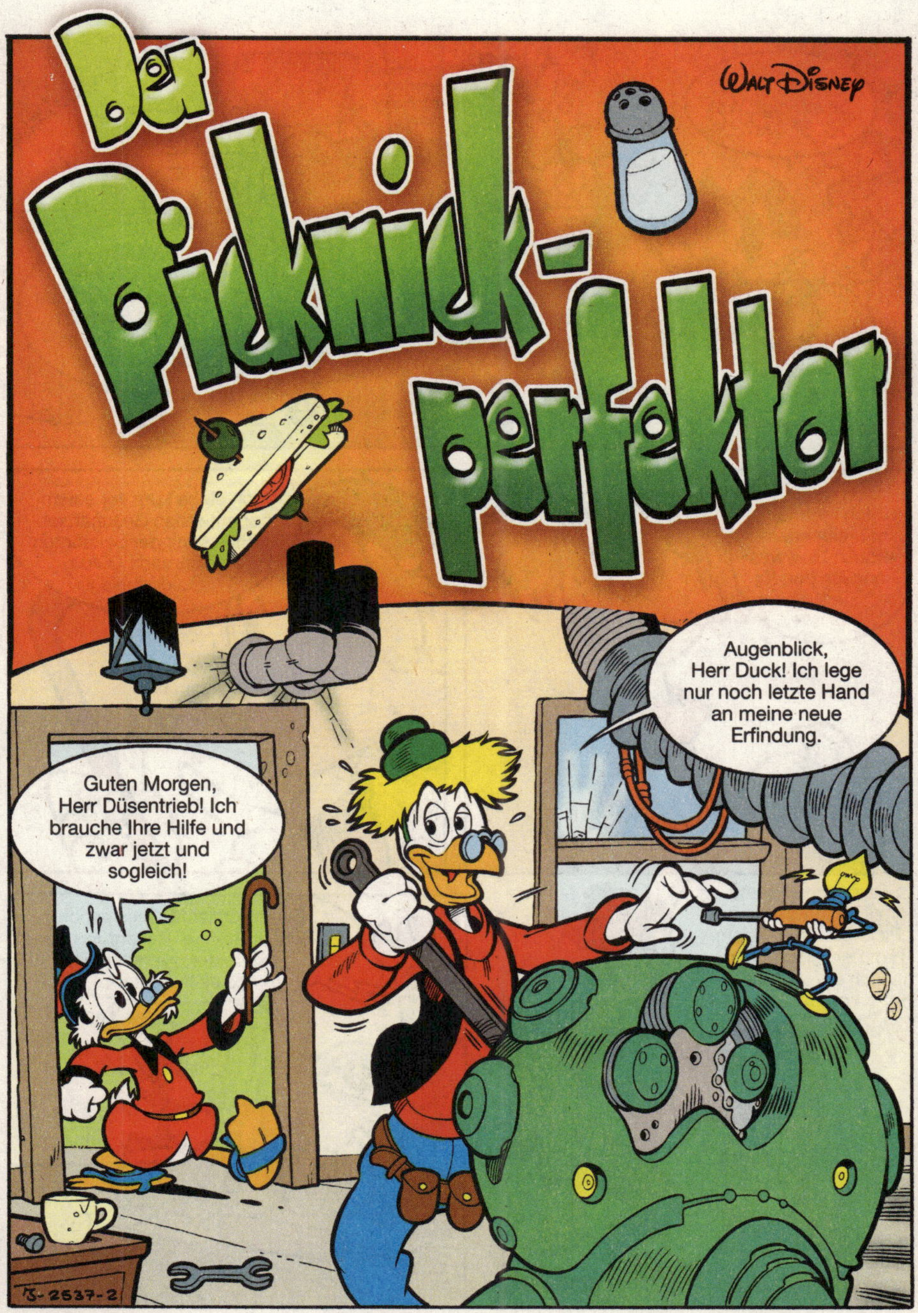

Created 2004

Carlo Panaro (Story), **Lorenzo Pastrovicchio** (Zeichnungen)

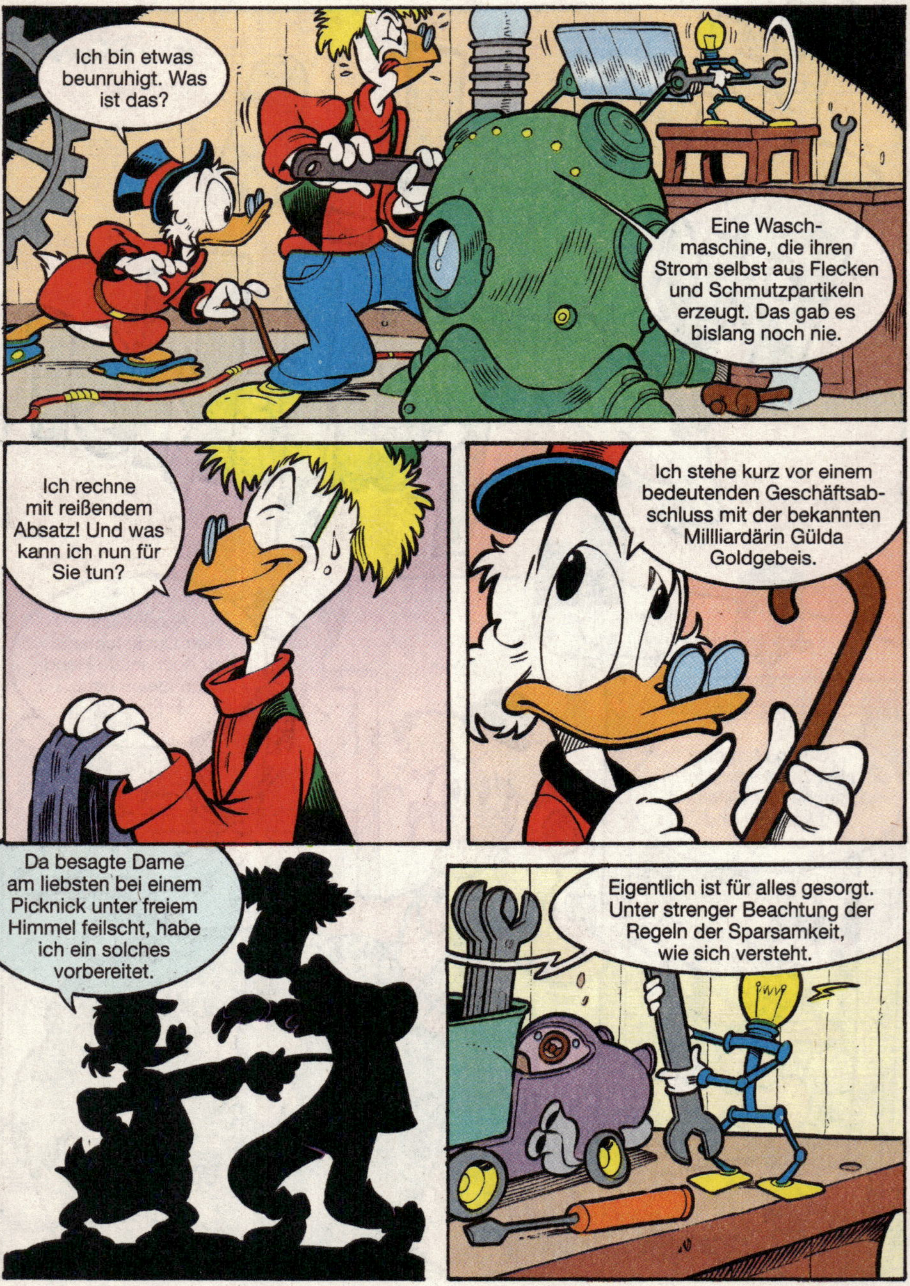
Ich bin etwas beunruhigt. Was ist das?
Eine Waschmaschine, die ihren Strom selbst aus Flecken und Schmutzpartikeln erzeugt. Das gab es bislang noch nie.
Ich rechne mit reißendem Absatz! Und was kann ich nun für Sie tun?
Ich stehe kurz vor einem bedeutenden Geschäftsabschluss mit der bekannten Millliardärin Gülda Goldgebeis.
Da besagte Dame am liebsten bei einem Picknick unter freiem Himmel feilscht, habe ich ein solches vorbereitet.
Eigentlich ist für alles gesorgt. Unter strenger Beachtung der Regeln der Sparsamkeit, wie sich versteht.

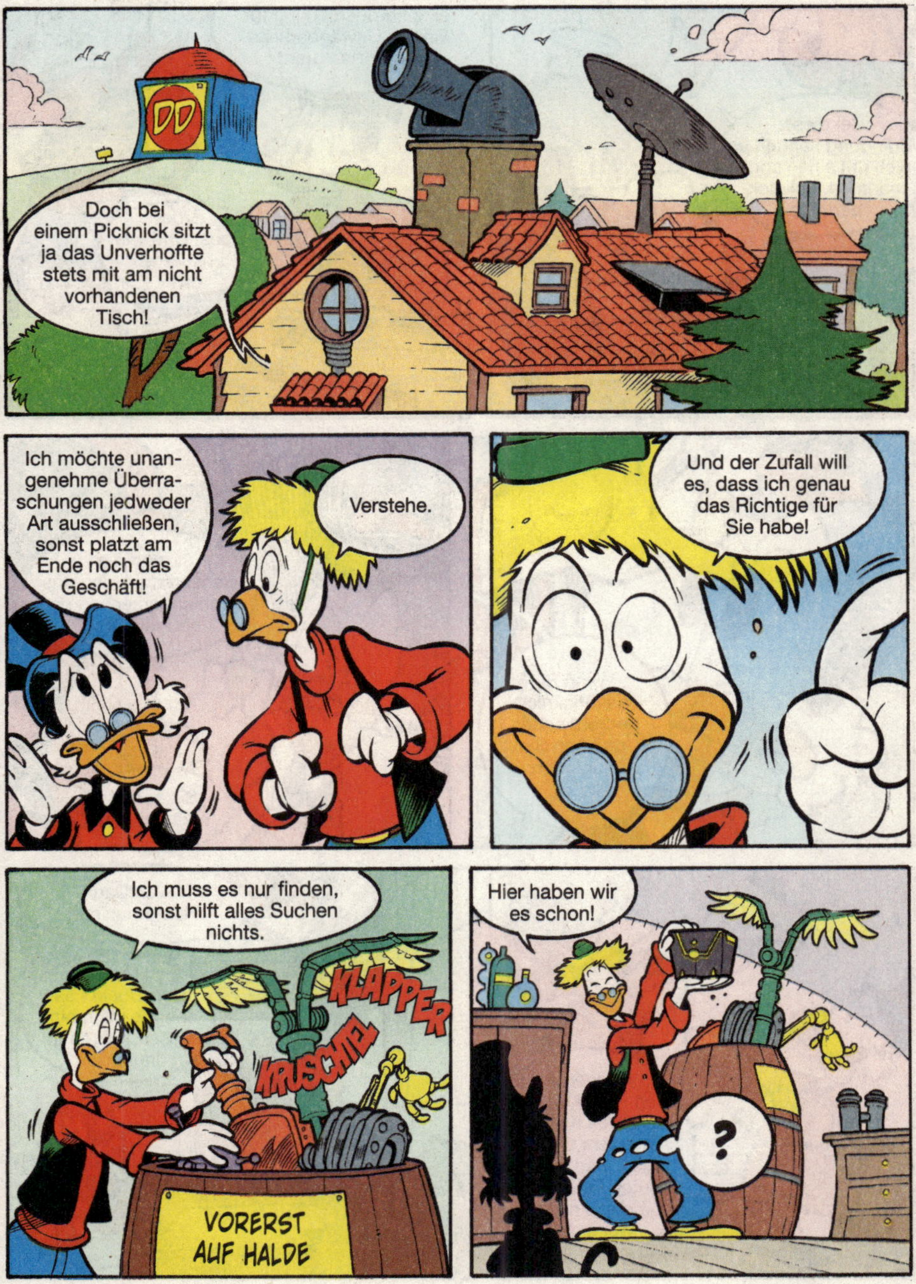

Doch bei einem Picknick sitzt ja das Unverhoffte stets mit am nicht vorhandenen Tisch!
Ich möchte unangenehme Überraschungen jedweder Art ausschließen, sonst platzt am Ende noch das Geschäft!
Verstehe.
Und der Zufall will es, dass ich genau das Richtige für Sie habe!
Ich muss es nur finden, sonst hilft alles Suchen nichts.
KLAPPER
KRUSCHTEL
VORERST AUF HALDE
Hier haben wir es schon!
?

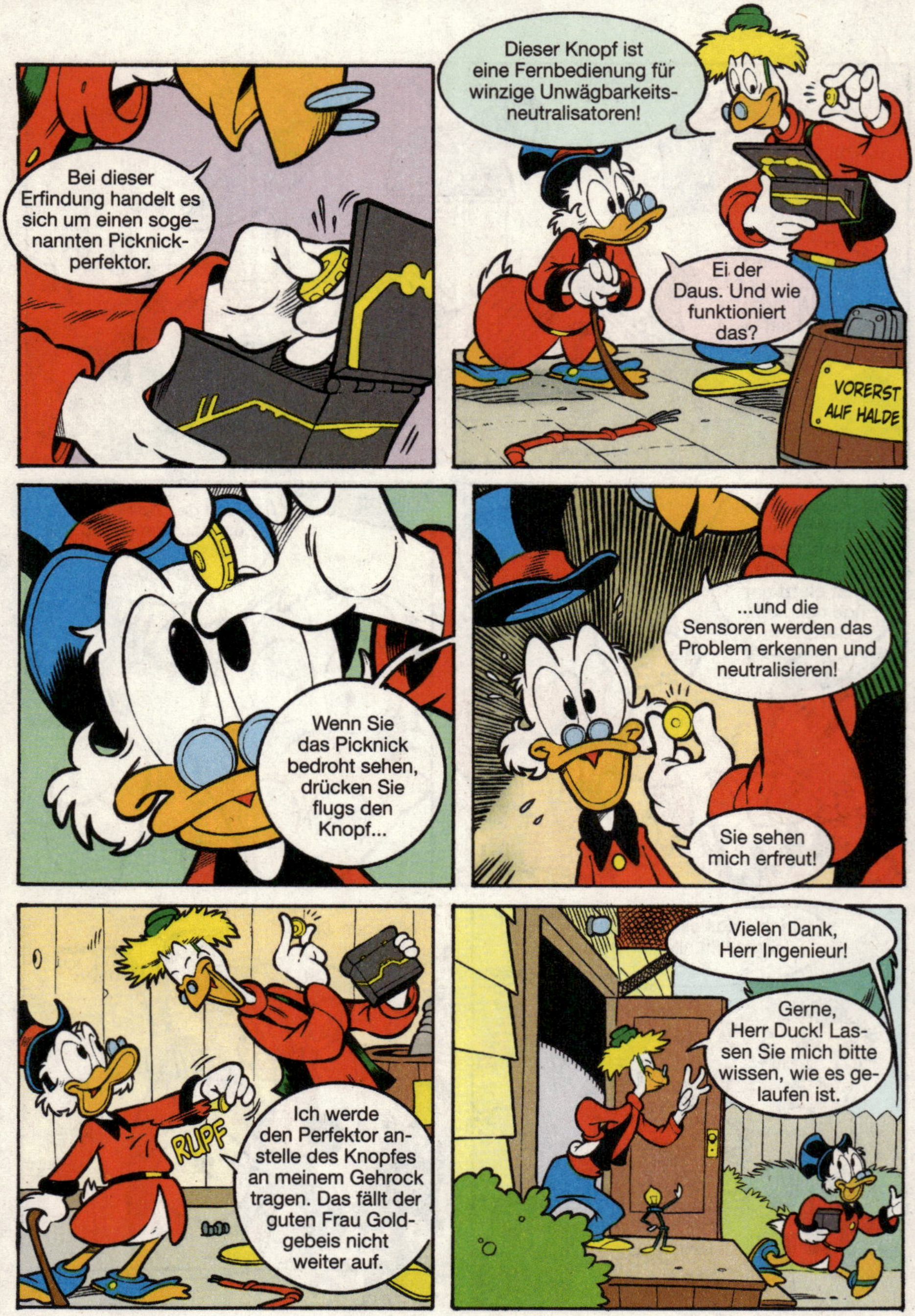
Bei dieser Erfindung handelt es sich um einen sogenannten Picknick-perfektor.
Dieser Knopf ist eine Fernbedienung für winzige Unwägbarkeits-neutralisatoren!
Ei der Daus. Und wie funktioniert das?
VORERST AUF HALDE
Wenn Sie das Picknick bedroht sehen, drücken Sie flugs den Knopf...
...und die Sensoren werden das Problem erkennen und neutralisieren!
Sie sehen mich erfreut!
Ich werde den Perfektor anstelle des Knopfes an meinem Gehrock tragen. Das fällt der guten Frau Goldgebeis nicht weiter auf.
RUPF
Vielen Dank, Herr Ingenieur!
Gerne, Herr Duck! Lassen Sie mich bitte wissen, wie es gelaufen ist.

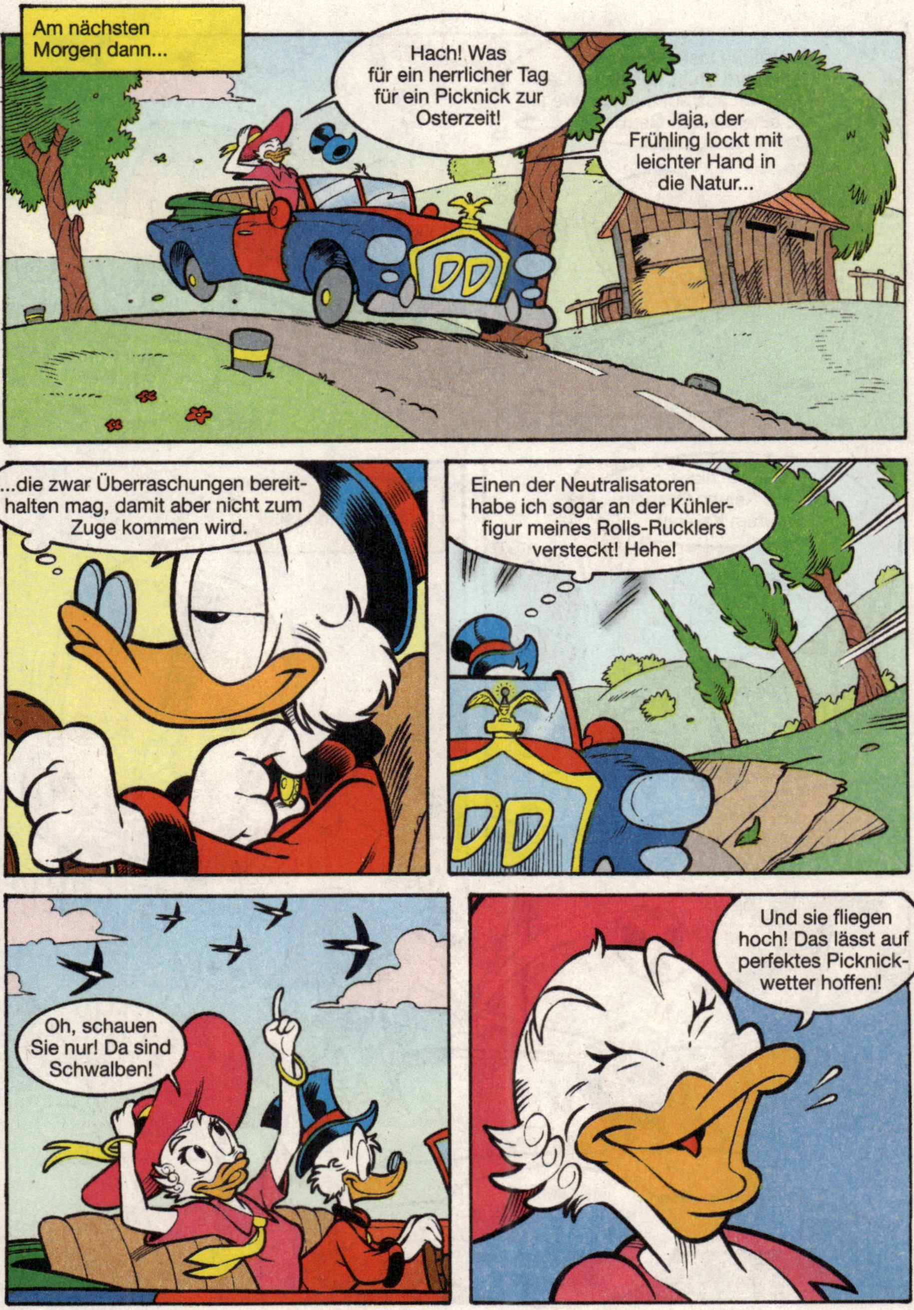
Am nächsten Morgen dann...
Hach! Was für ein herrlicher Tag für ein Picknick zur Osterzeit!
Jaja, der Frühling lockt mit leichter Hand in die Natur...
...die zwar Überraschungen bereithalten mag, damit aber nicht zum Zuge kommen wird.
Einen der Neutralisatoren habe ich sogar an der Kühlerfigur meines Rolls-Rucklers versteckt! Hehe!
Oh, schauen Sie nur! Da sind Schwalben!
Und sie fliegen hoch! Das lässt auf perfektes Picknickwetter hoffen!

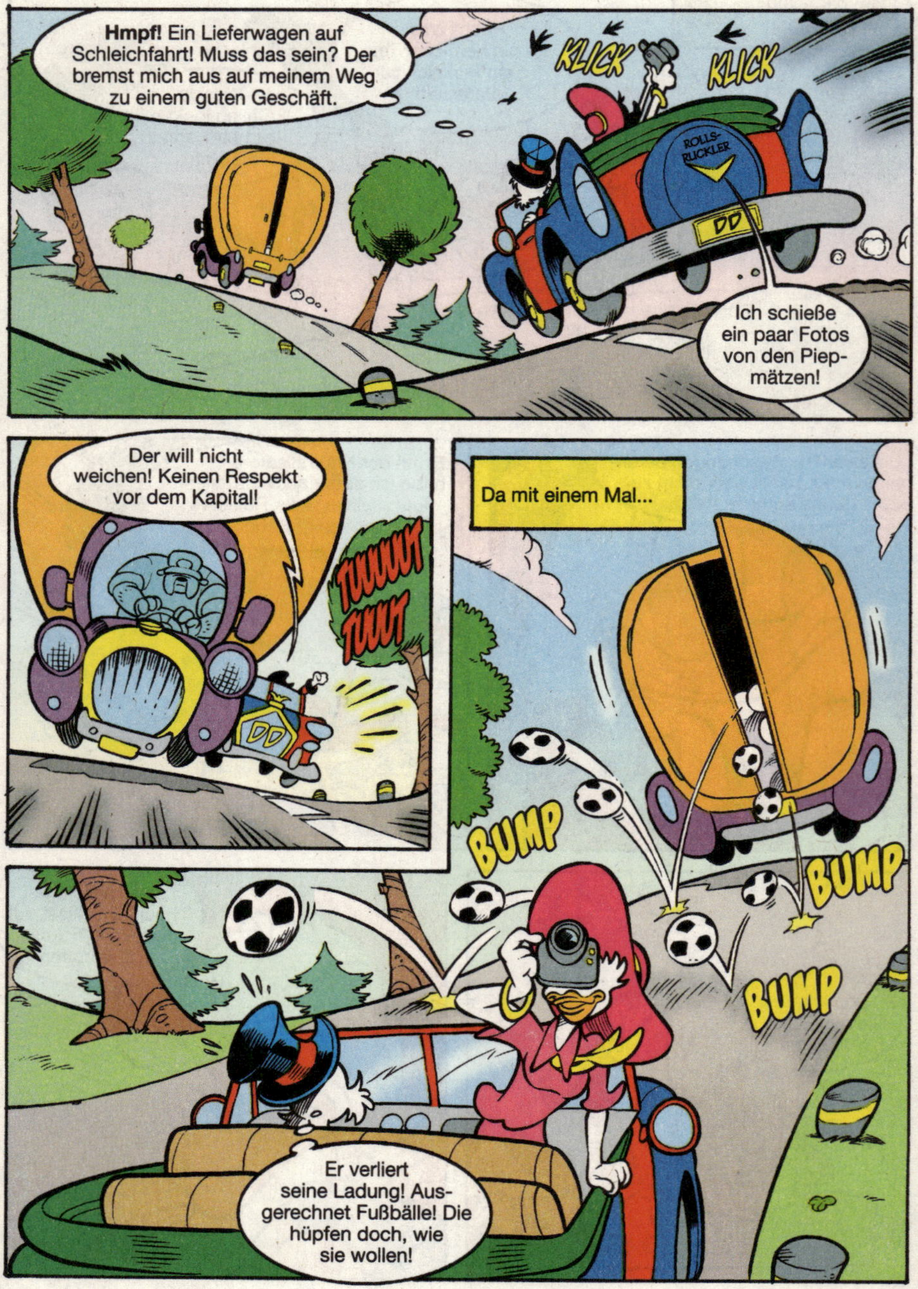
Hmpf! Ein Lieferwagen auf Schleichfahrt! Muss das sein? Der bremst mich aus auf meinem Weg zu einem guten Geschäft.
KLICK
KLICK
ROLLS-RUCKLER
DD
Ich schieße ein paar Fotos von den Piepmätzen!
Der will nicht weichen! Keinen Respekt vor dem Kapital!
TUUUUUT TUUUT
DD
Da mit einem Mal...
BUMP
BUMP
BUMP
Er verliert seine Ladung! Ausgerechnet Fußbälle! Die hüpfen doch, wie sie wollen!

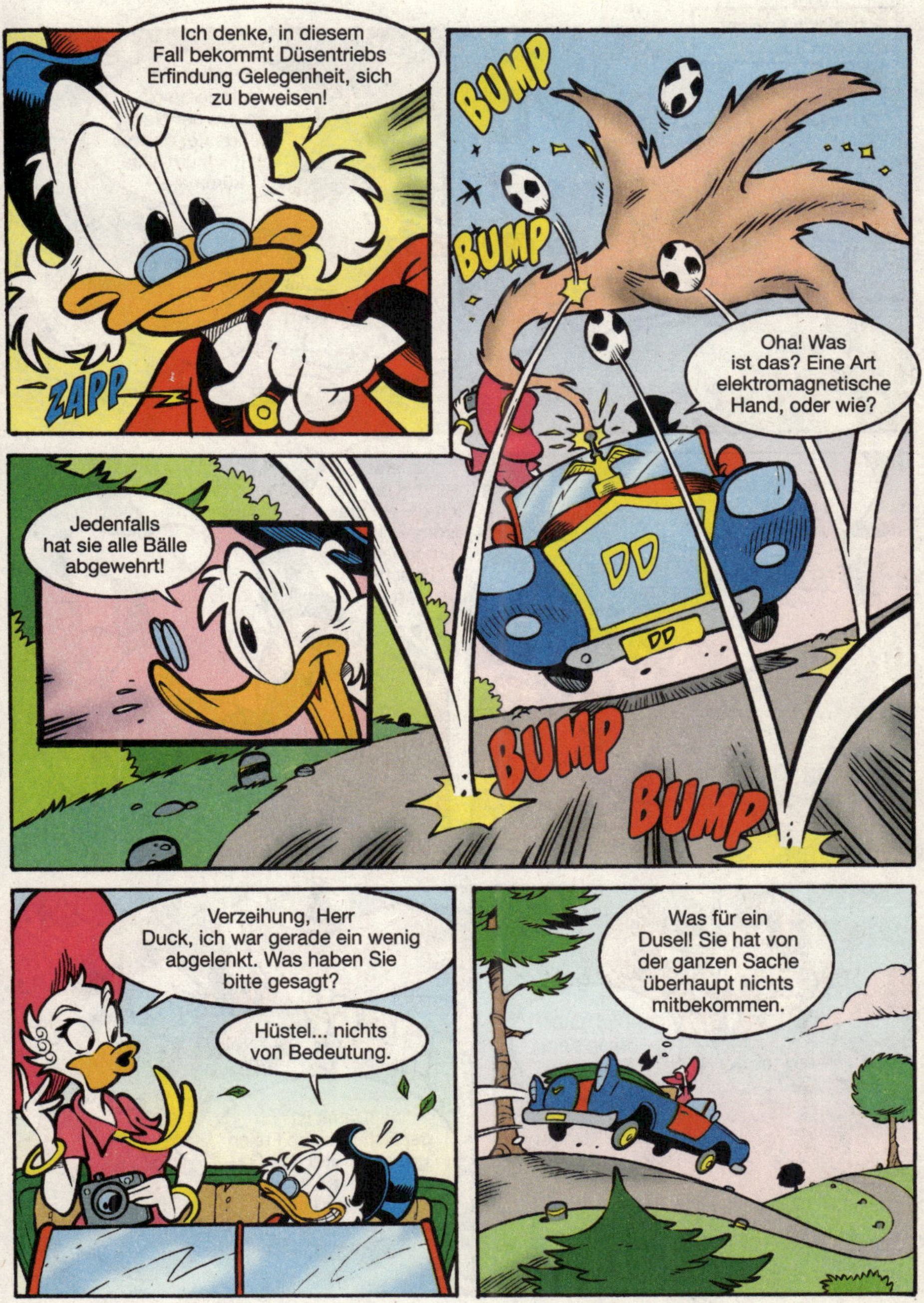

Ich denke, in diesem Fall bekommt Düsentriebs Erfindung Gelegenheit, sich zu beweisen!
ZAPP
BUMP
BUMP
Oha! Was ist das? Eine Art elektromagnetische Hand, oder wie?
DD
DD
Jedenfalls hat sie alle Bälle abgewehrt!
BUMP
BUMP
Verzeihung, Herr Duck, ich war gerade ein wenig abgelenkt. Was haben Sie bitte gesagt?
Hüstel... nichts von Bedeutung.
Was für ein Dusel! Sie hat von der ganzen Sache überhaupt nichts mitbekommen.

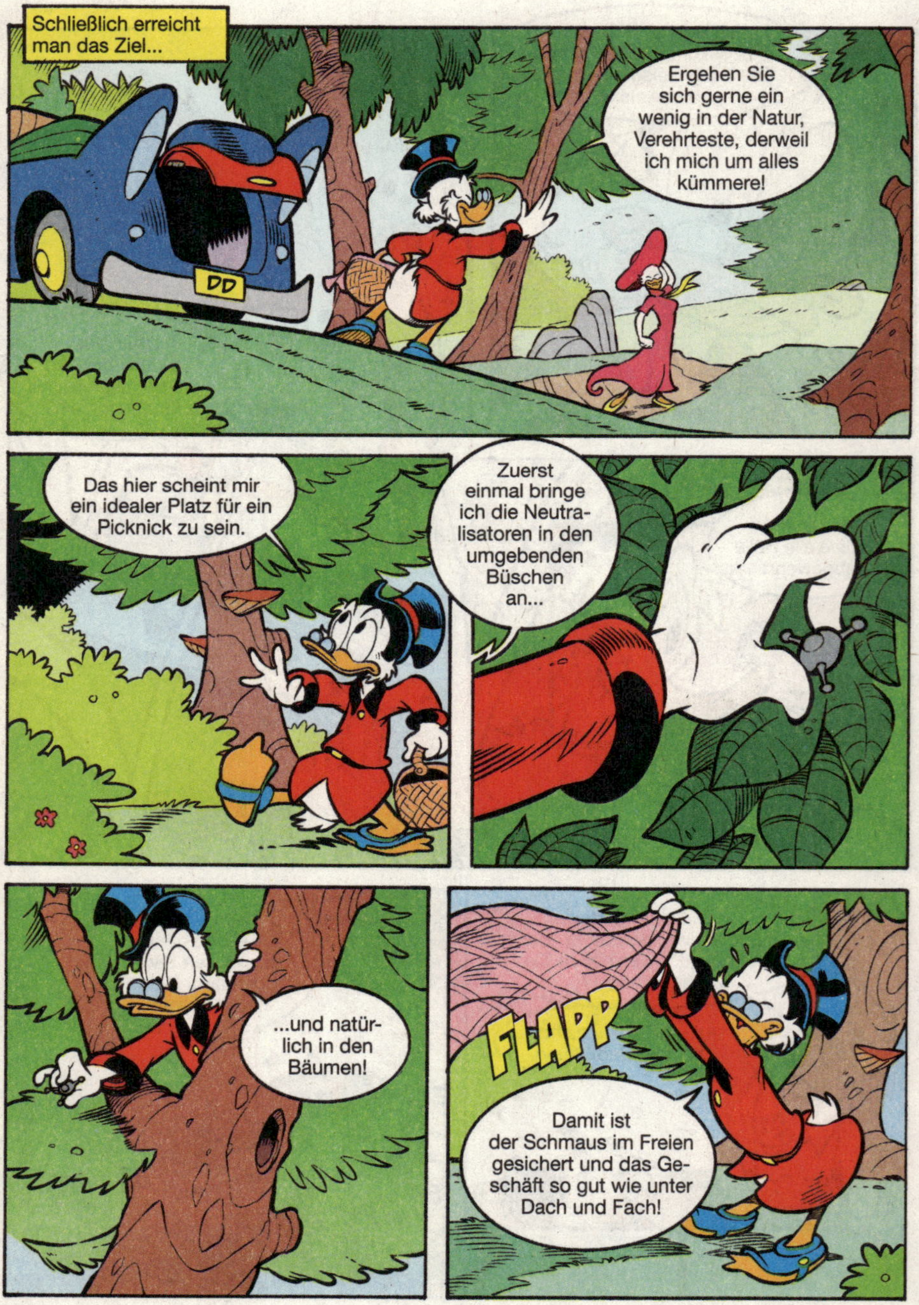
Schließlich erreicht man das Ziel...
Ergehen Sie sich gerne ein wenig in der Natur, Verehrteste, derweil ich mich um alles kümmere!
DD
Das hier scheint mir ein idealer Platz für ein Picknick zu sein.
Zuerst einmal bringe ich die Neutralisatoren in den umgebenden Büschen an...
...und natürlich in den Bäumen!
FLAPP
Damit ist der Schmaus im Freien gesichert und das Geschäft so gut wie unter Dach und Fach!

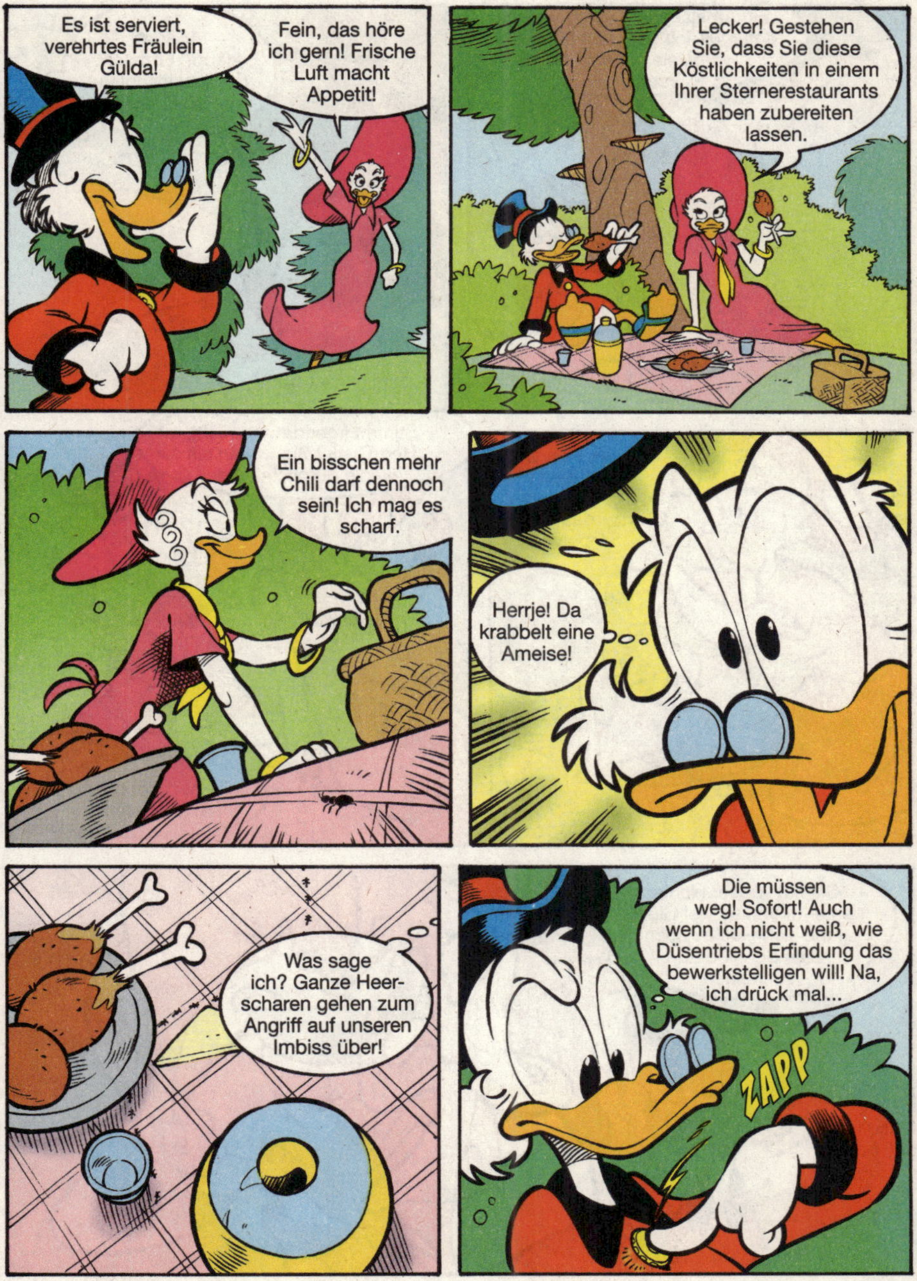
Es ist serviert, verehrtes Fräulein Gülda!
Fein, das höre ich gern! Frische Luft macht Appetit!
Lecker! Gestehen Sie, dass Sie diese Köstlichkeiten in einem Ihrer Sternerestaurants haben zubereiten lassen.
Ein bisschen mehr Chili darf dennoch sein! Ich mag es scharf.
Herrje! Da krabbelt eine Ameise!
Was sage ich? Ganze Heerscharen gehen zum Angriff auf unseren Imbiss über!
Die müssen weg! Sofort! Auch wenn ich nicht weiß, wie Düsentriebs Erfindung das bewerkstelligen will! Na, ich drück mal...
ZAPP

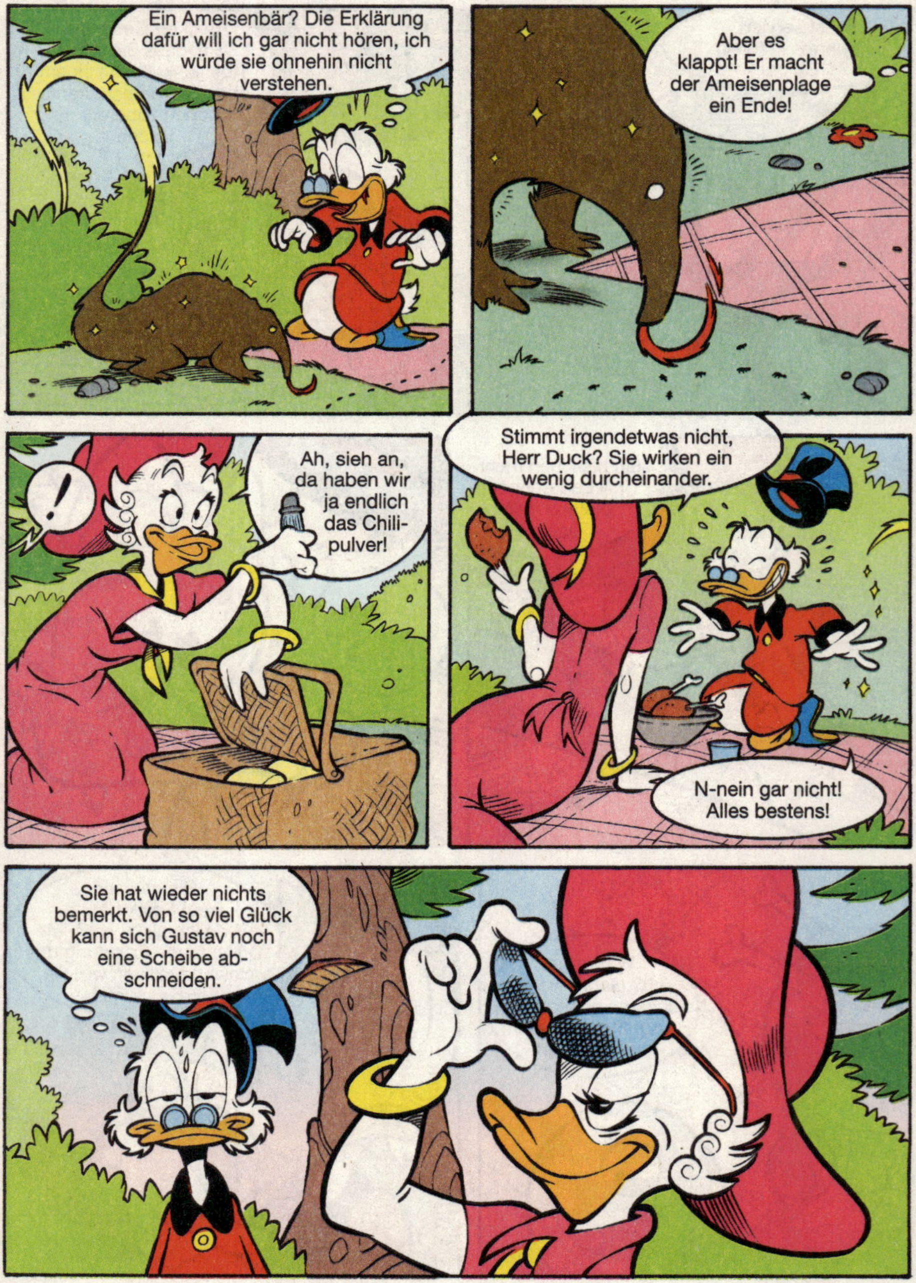
Ein Ameisenbär? Die Erklärung dafür will ich gar nicht hören, ich würde sie ohnehin nicht verstehen.
Aber es klappt! Er macht der Ameisenplage ein Ende!
!
Ah, sieh an, da haben wir ja endlich das Chili-pulver!
Stimmt irgendetwas nicht, Herr Duck? Sie wirken ein wenig durcheinander.
N-nein gar nicht! Alles bestens!
Sie hat wieder nichts bemerkt. Von so viel Glück kann sich Gustav noch eine Scheibe ab-schneiden.

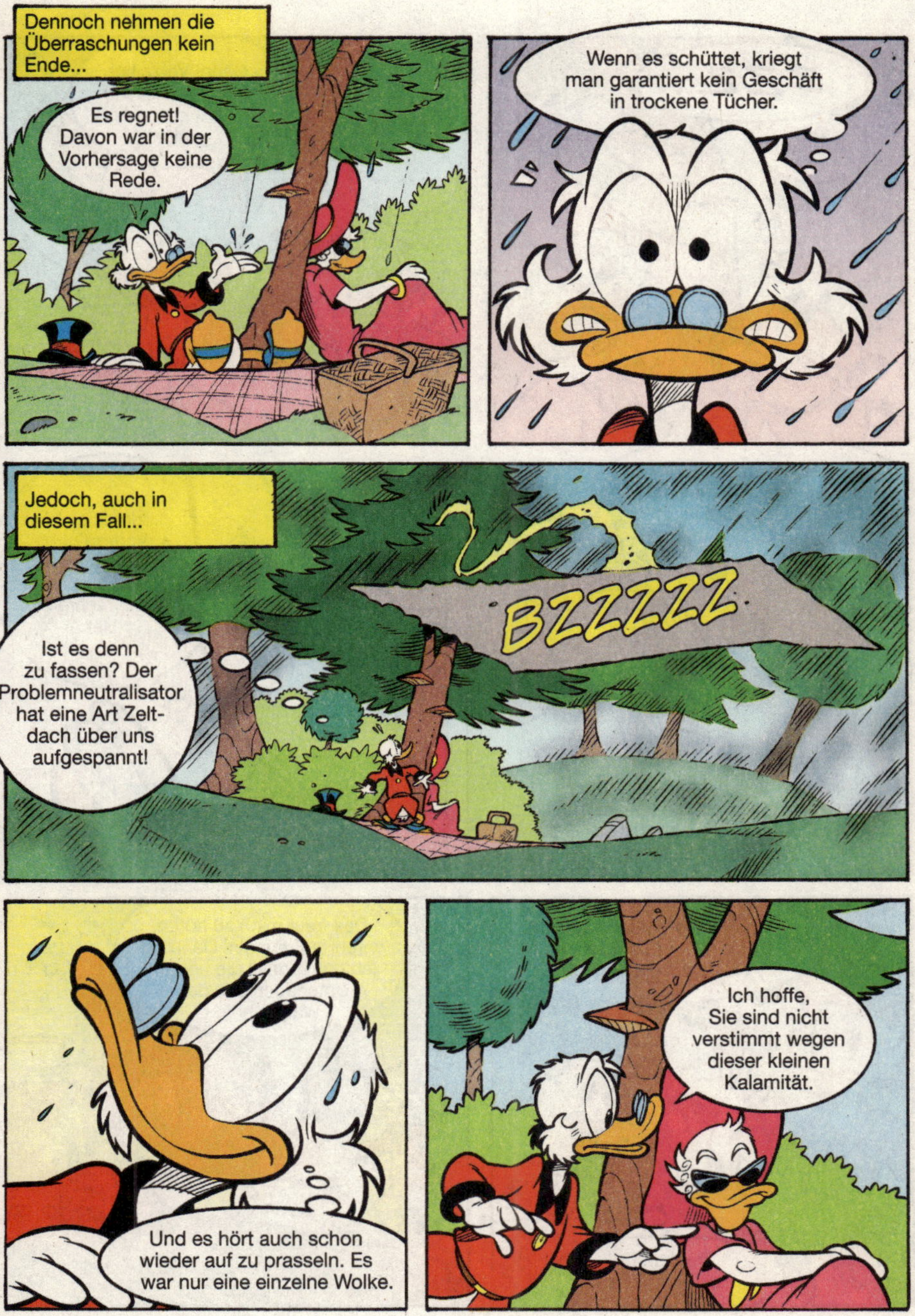
Dennoch nehmen die Überraschungen kein Ende...
Es regnet! Davon war in der Vorhersage keine Rede.
Wenn es schüttet, kriegt man garantiert kein Geschäft in trockene Tücher.
Jedoch, auch in diesem Fall...
BZZZZZ
Ist es denn zu fassen? Der Problemneutralisator hat eine Art Zeltdach über uns aufgespannt!
Und es hört auch schon wieder auf zu prasseln. Es war nur eine einzelne Wolke.
Ich hoffe, Sie sind nicht verstimmt wegen dieser kleinen Kalamität.

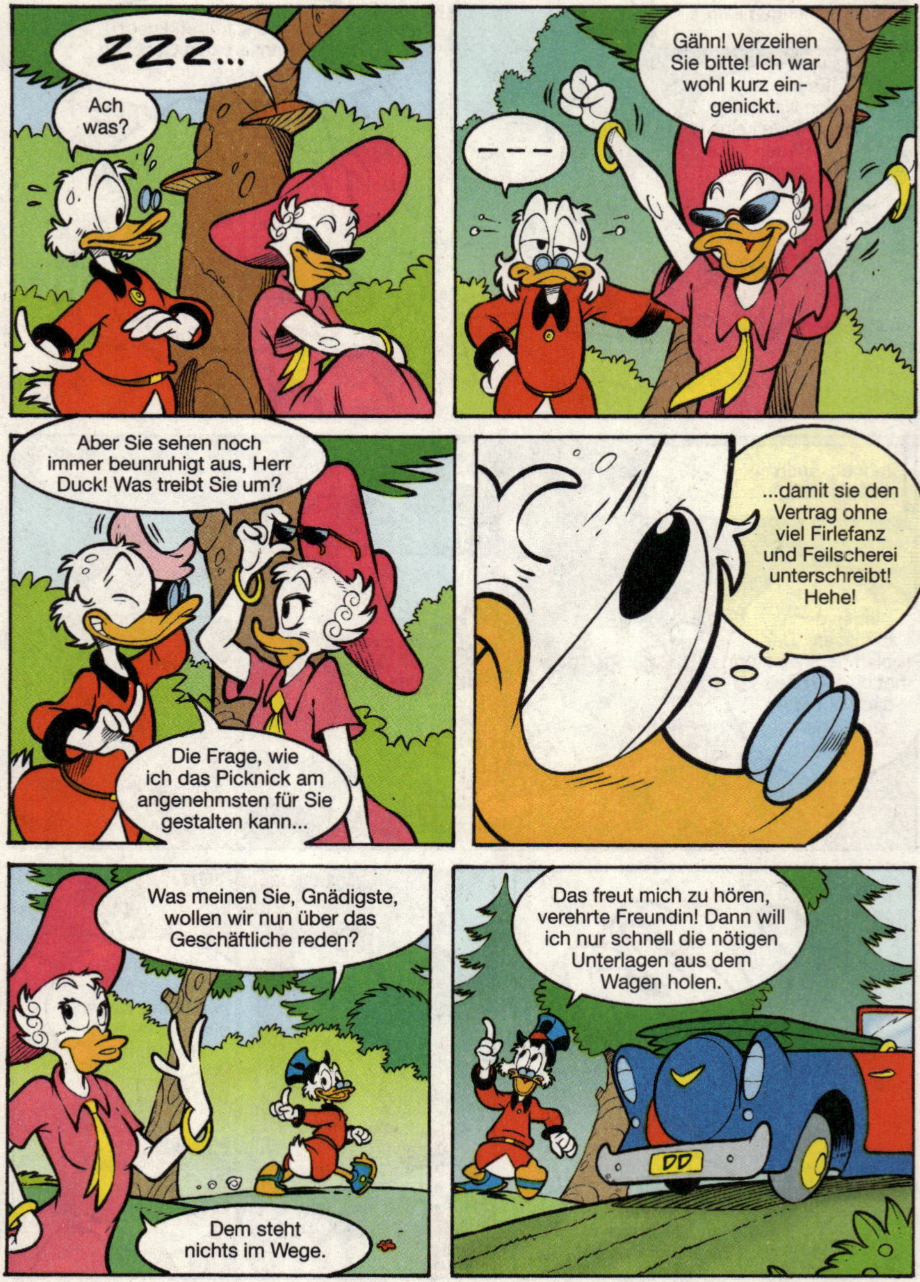
ZZZ...
Ach was?
Gähn! Verzeihen Sie bitte! Ich war wohl kurz eingenickt.
– – –
Aber Sie sehen noch immer beunruhigt aus, Herr Duck! Was treibt Sie um?
Die Frage, wie ich das Picknick am angenehmsten für Sie gestalten kann...
...damit sie den Vertrag ohne viel Firlefanz und Feilscherei unterschreibt! Hehe!
Was meinen Sie, Gnädigste, wollen wir nun über das Geschäftliche reden?
Dem steht nichts im Wege.
Das freut mich zu hören, verehrte Freundin! Dann will ich nur schnell die nötigen Unterlagen aus dem Wagen holen.
DD

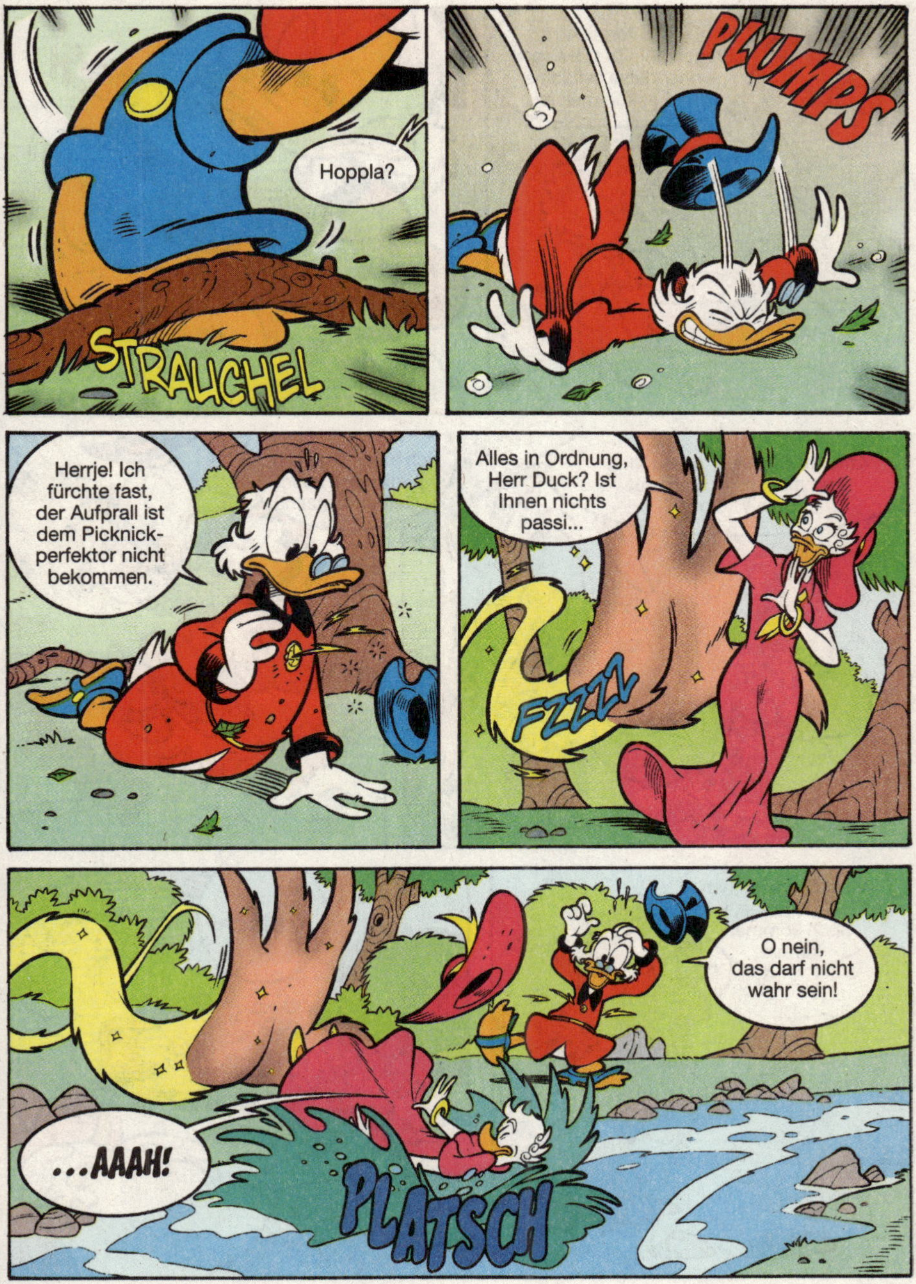
Hoppla?
STRAUCHEL
PLUMPS
Herrje! Ich fürchte fast, der Aufprall ist dem Picknick-perfektor nicht bekommen.
Alles in Ordnung, Herr Duck? Ist Ihnen nichts passi...
FZZZZ
O nein, das darf nicht wahr sein!
...AAAH!
PLATSCH

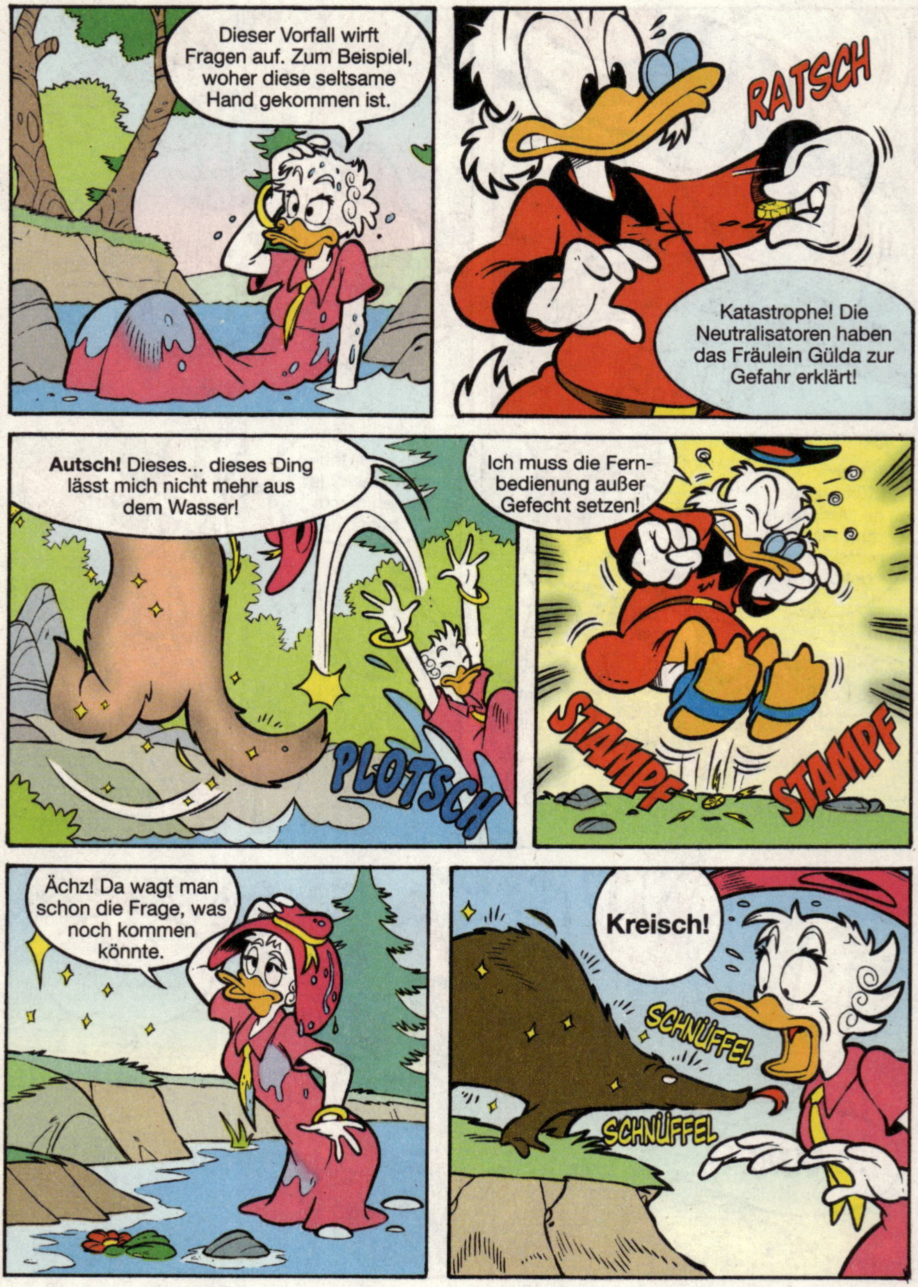
Dieser Vorfall wirft Fragen auf. Zum Beispiel, woher diese seltsame Hand gekommen ist.
RATSCH
Katastrophe! Die Neutralisatoren haben das Fräulein Gülda zur Gefahr erklärt!
Autsch! Dieses... dieses Ding lässt mich nicht mehr aus dem Wasser!
PLOTSCH
Ich muss die Fernbedienung außer Gefecht setzen!
STAMPF
STAMPF
Ächz! Da wagt man schon die Frage, was noch kommen könnte.
Kreisch!
SCHNÜFFEL
SCHNÜFFEL

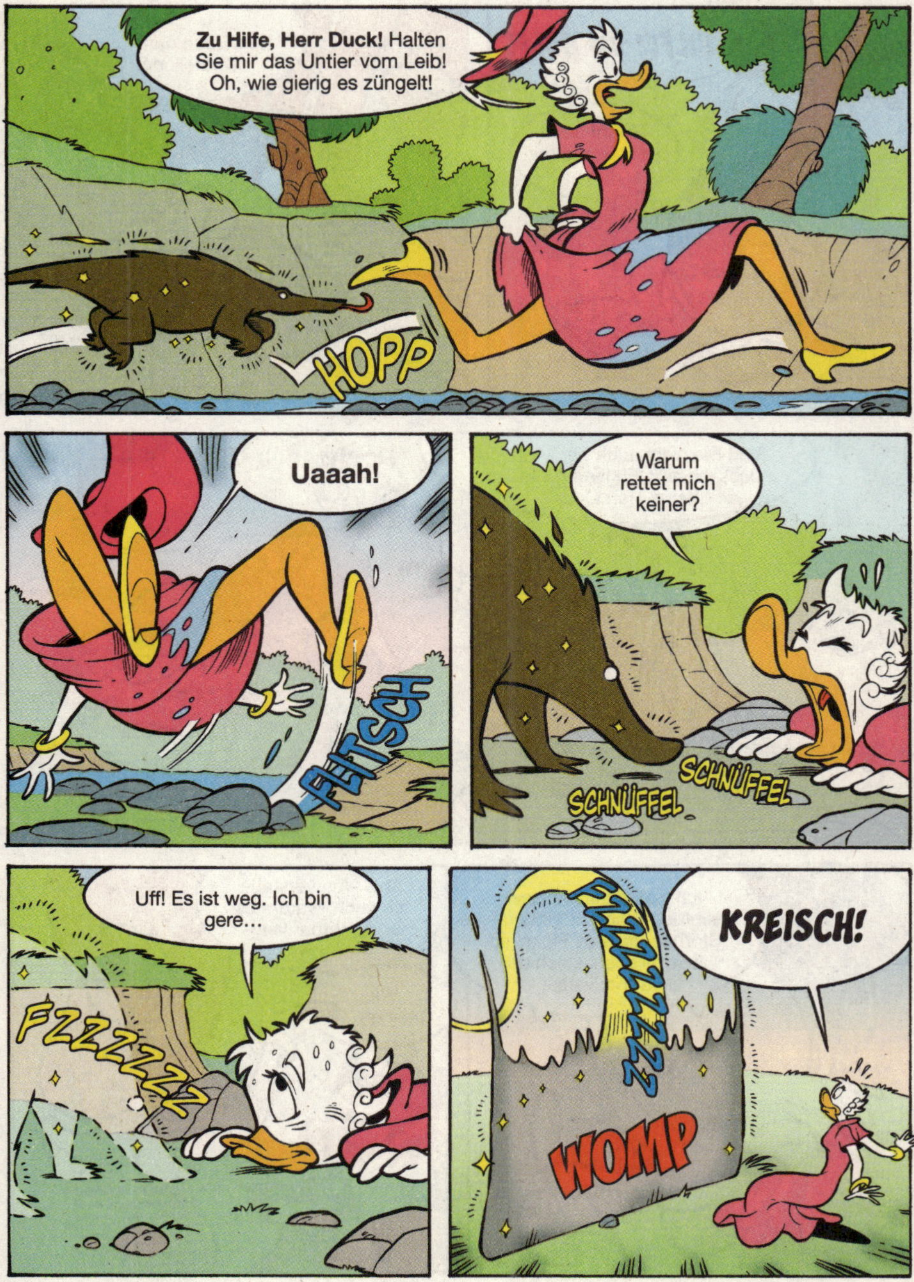
Zu Hilfe, Herr Duck! Halten Sie mir das Untier vom Leib! Oh, wie gierig es züngelt!
HOPP
Uaaah!
FLITSCH
Warum rettet mich keiner?
SCHNÜFFEL
SCHNÜFFEL
Uff! Es ist weg. Ich bin gere…
FZZZZZZ
FZZZZZZZZ
KREISCH!
WOMP

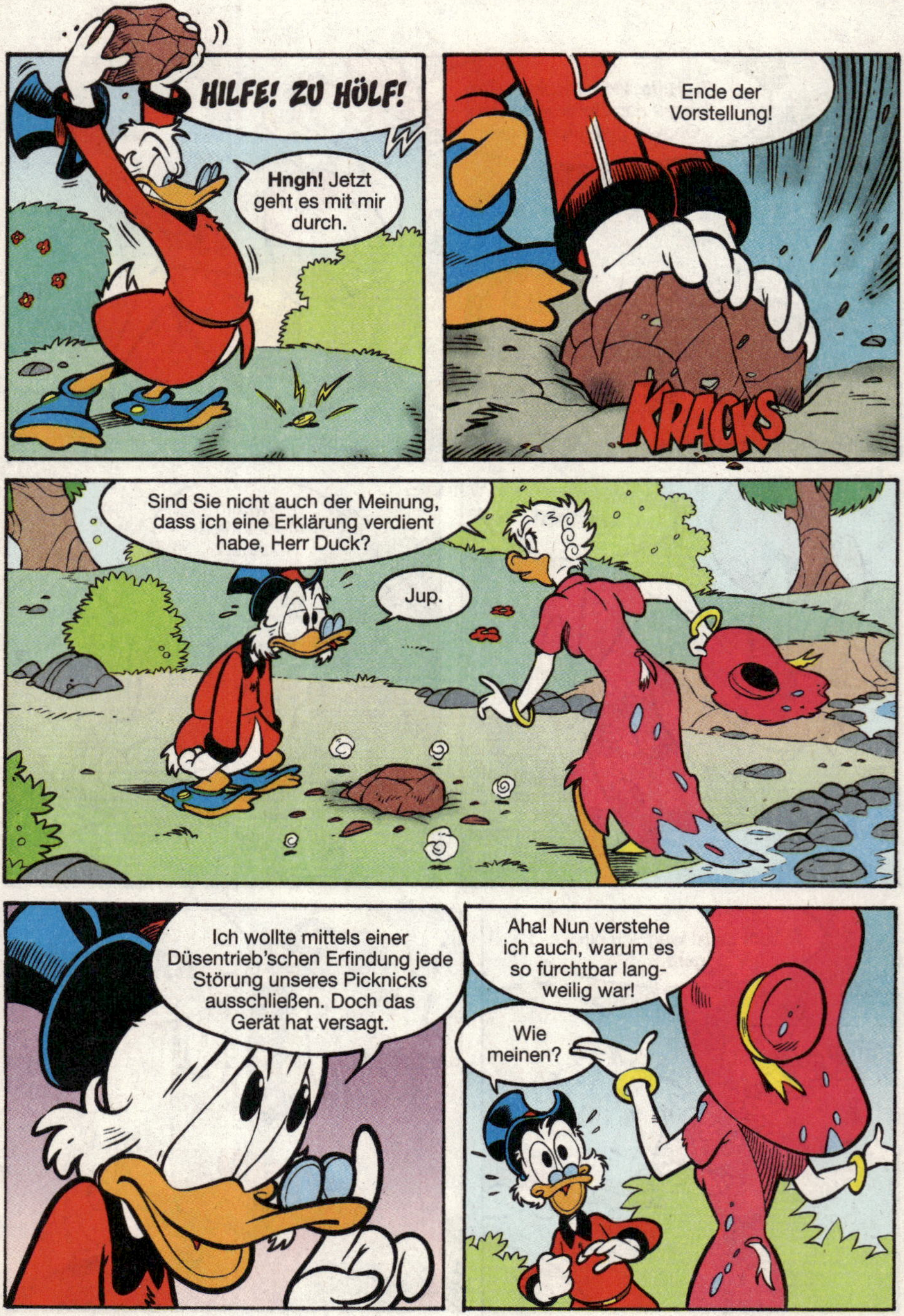
HILFE! ZU HÖLF!
Hngh! Jetzt geht es mit mir durch.
Ende der Vorstellung!
KRACKS
Sind Sie nicht auch der Meinung, dass ich eine Erklärung verdient habe, Herr Duck?
Jup.
Ich wollte mittels einer Düsentrieb'schen Erfindung jede Störung unseres Picknicks ausschließen. Doch das Gerät hat versagt.
Aha! Nun verstehe ich auch, warum es so furchtbar langweilig war!
Wie meinen?

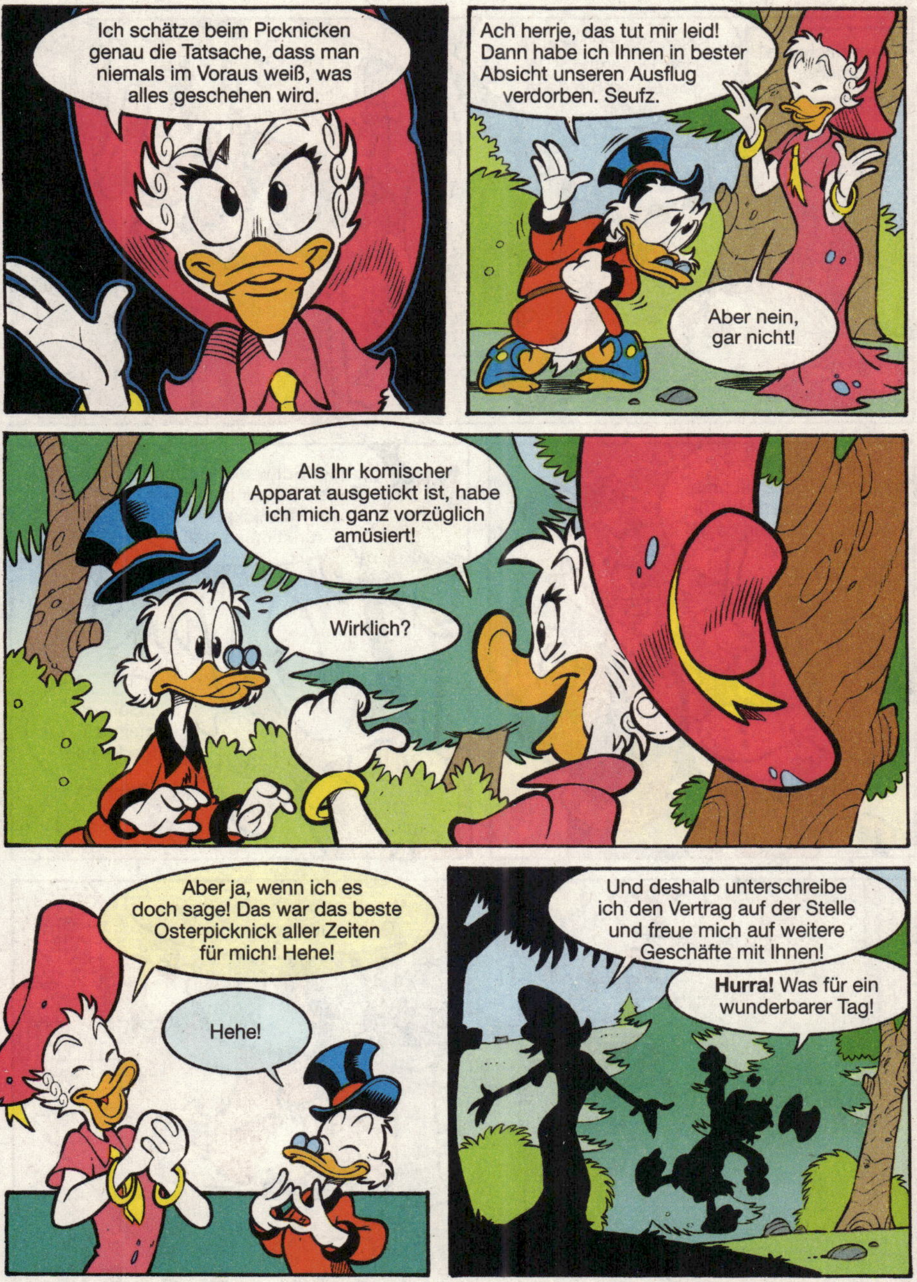
Ich schätze beim Picknicken genau die Tatsache, dass man niemals im Voraus weiß, was alles geschehen wird.
Ach herrje, das tut mir leid! Dann habe ich Ihnen in bester Absicht unseren Ausflug verdorben. Seufz.
Aber nein, gar nicht!
Als Ihr komischer Apparat ausgetickt ist, habe ich mich ganz vorzüglich amüsiert!
Wirklich?
Aber ja, wenn ich es doch sage! Das war das beste Osterpicknick aller Zeiten für mich! Hehe!
Hehe!
Und deshalb unterschreibe ich den Vertrag auf der Stelle und freue mich auf weitere Geschäfte mit Ihnen!
Hurra! Was für ein wunderbarer Tag!

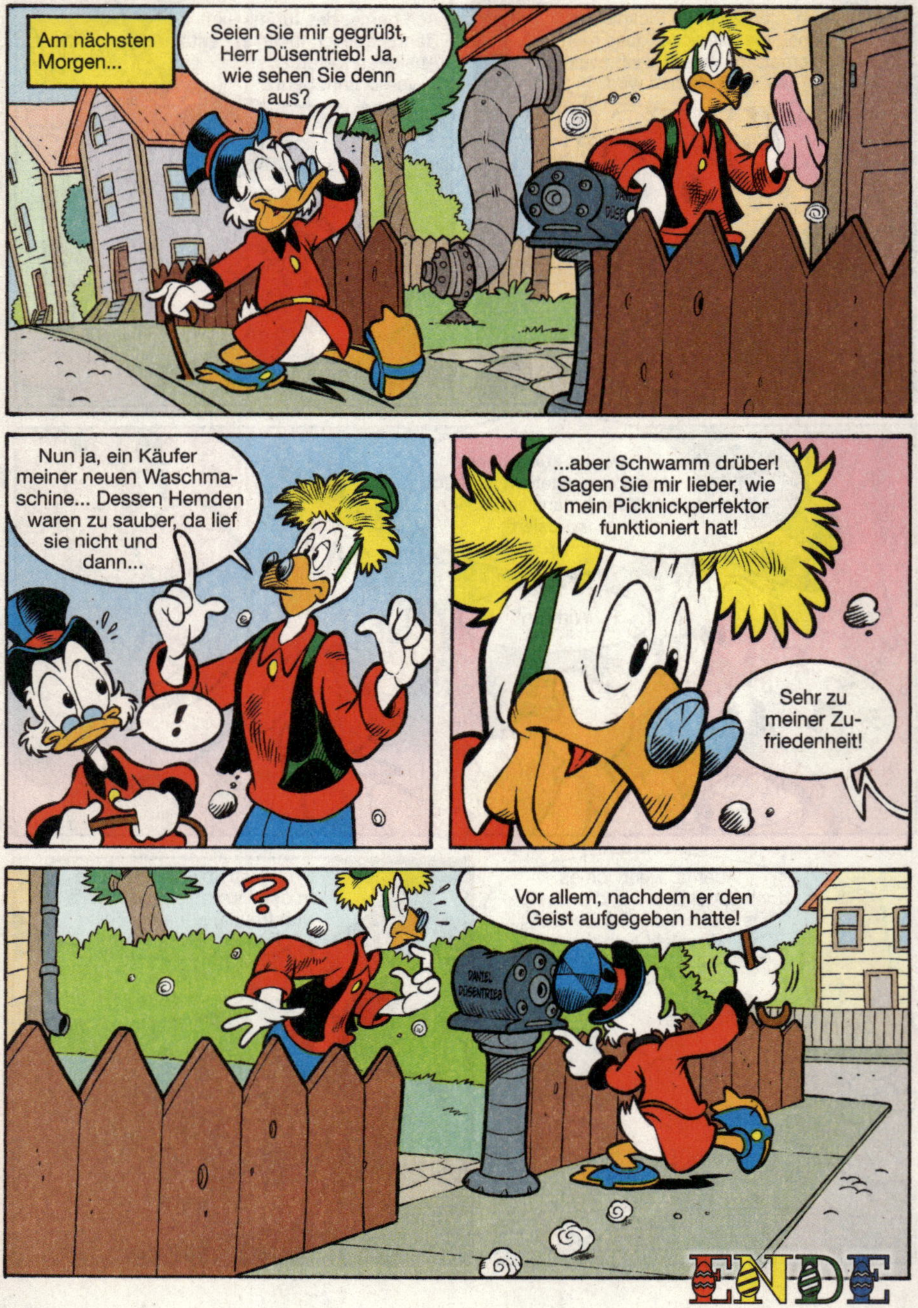
Am nächsten Morgen...
Seien Sie mir gegrüßt, Herr Düsentrieb! Ja, wie sehen Sie denn aus?
Nun ja, ein Käufer meiner neuen Waschmaschine... Dessen Hemden waren zu sauber, da lief sie nicht und dann...
!
...aber Schwamm drüber! Sagen Sie mir lieber, wie mein Picknickperfektor funktioniert hat!
Sehr zu meiner Zufriedenheit!
?
Vor allem, nachdem er den Geist aufgegeben hatte!
DANIEL DÜSENTRIEB
ENDE

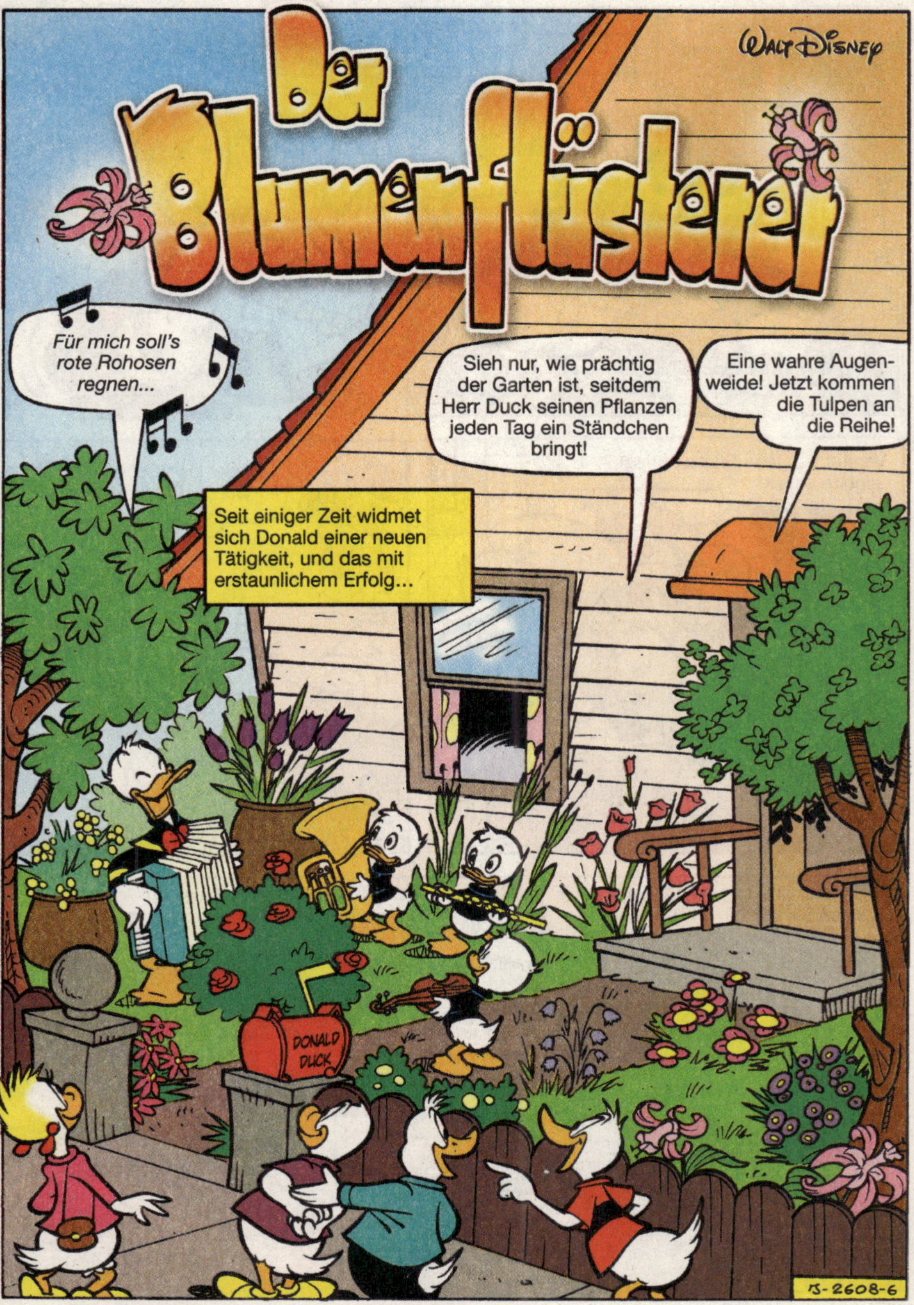

Antonella Pandini (Story), **Maurizio Amendola** (Zeichnungen)

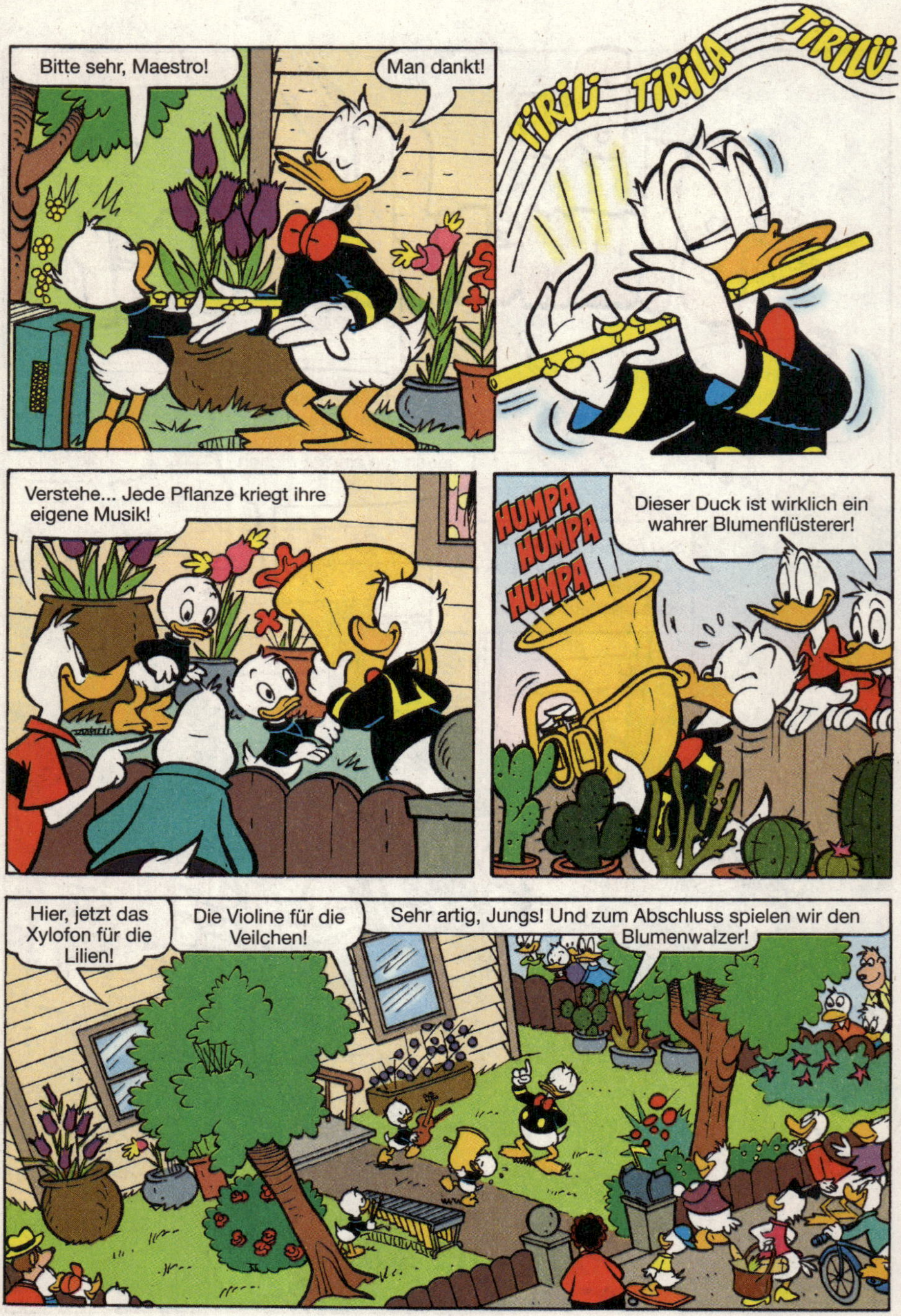
Bitte sehr, Maestro!
Man dankt!
TIRILI TIRILA TIRILÜ
Verstehe... Jede Pflanze kriegt ihre eigene Musik!
HUMPA HUMPA HUMPA
Dieser Duck ist wirklich ein wahrer Blumenflüsterer!
Hier, jetzt das Xylofon für die Lilien!
Die Violine für die Veilchen!
Sehr artig, Jungs! Und zum Abschluss spielen wir den Blumenwalzer!

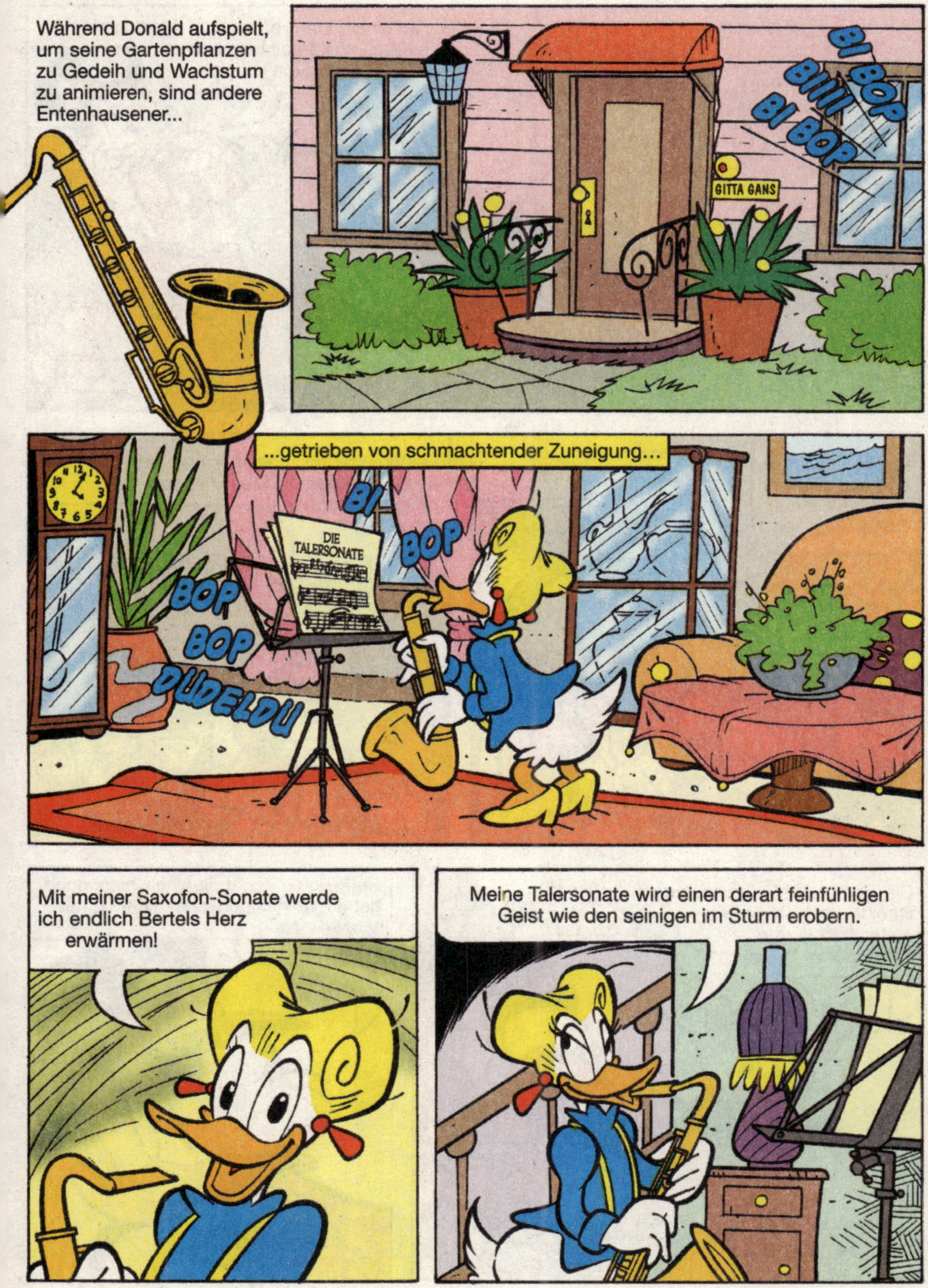
Während Donald aufspielt, um seine Gartenpflanzen zu Gedeih und Wachstum zu animieren, sind andere Entenhausener...
BI BOP
BIIII
BI BOP
GITTA GANS
...getrieben von schmachtender Zuneigung...
BI
BOP
DIE TALERSONATE
BOP
BOP
DUDELDU
Mit meiner Saxofon-Sonate werde ich endlich Bertels Herz erwärmen!
Meine Talersonate wird einen derart feinfühligen Geist wie den seinigen im Sturm erobern.

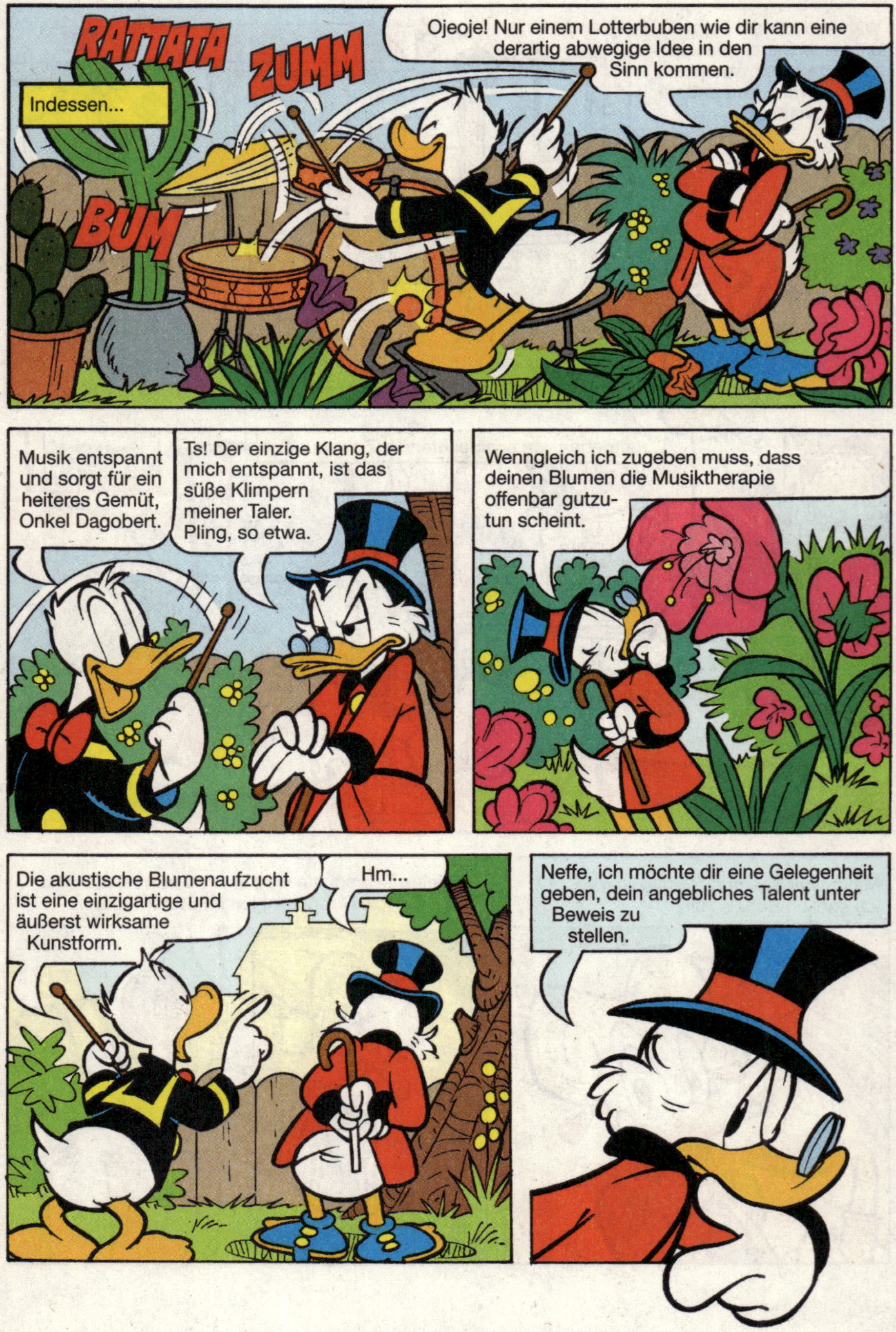

RATTATA
ZUMM
BUM
Indessen...
Ojeoje! Nur einem Lotterbuben wie dir kann eine derartig abwegige Idee in den Sinn kommen.
Musik entspannt und sorgt für ein heiteres Gemüt, Onkel Dagobert.
Ts! Der einzige Klang, der mich entspannt, ist das süße Klimpern meiner Taler. Pling, so etwa.
Wenngleich ich zugeben muss, dass deinen Blumen die Musiktherapie offenbar gutzu-tun scheint.
Die akustische Blumenaufzucht ist eine einzigartige und äußerst wirksame Kunstform.
Hm...
Neffe, ich möchte dir eine Gelegenheit geben, dein angebliches Talent unter Beweis zu stellen.

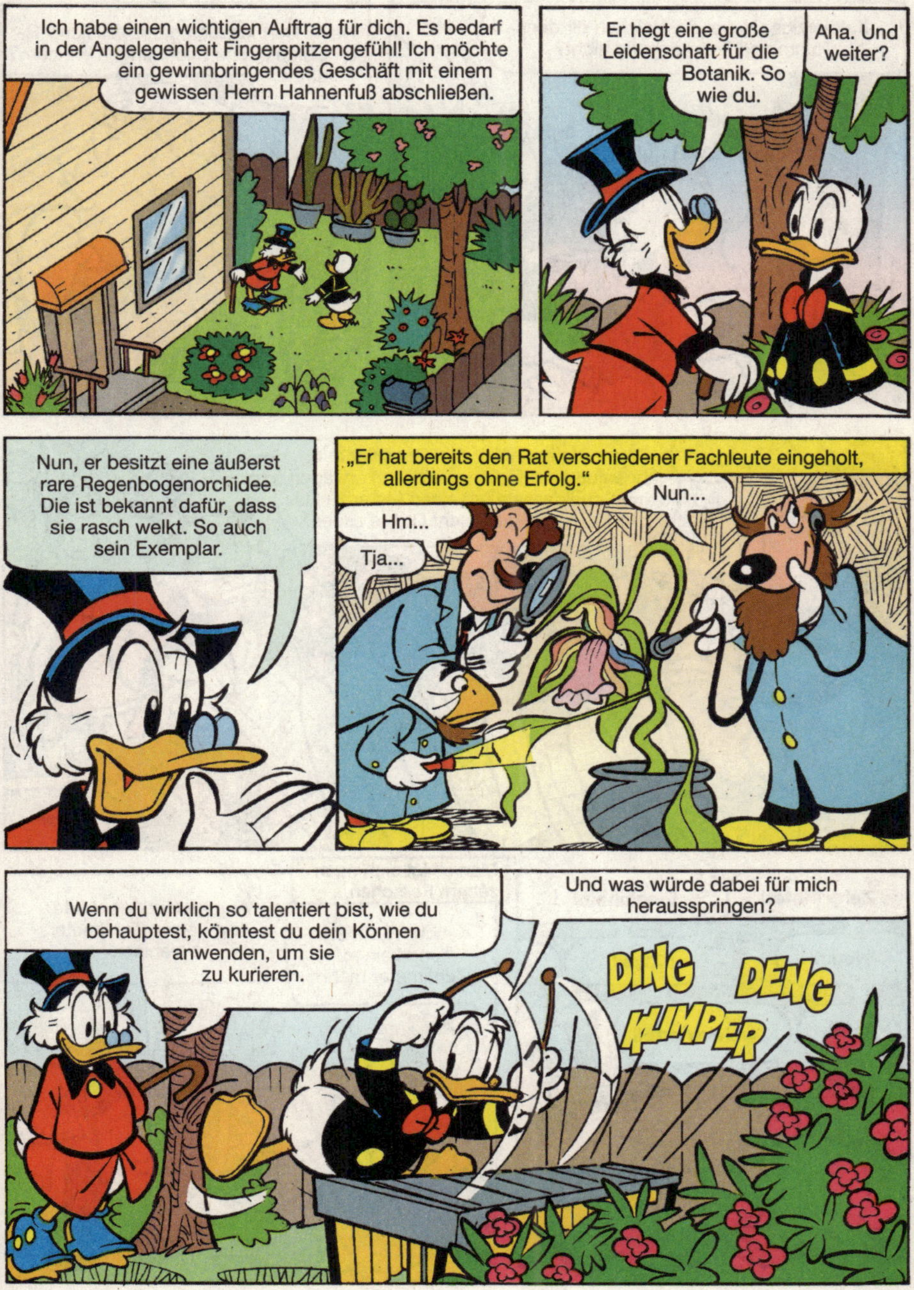
Ich habe einen wichtigen Auftrag für dich. Es bedarf in der Angelegenheit Fingerspitzengefühl! Ich möchte ein gewinnbringendes Geschäft mit einem gewissen Herrn Hahnenfuß abschließen.
Er hegt eine große Leidenschaft für die Botanik. So wie du.
Aha. Und weiter?
Nun, er besitzt eine äußerst rare Regenbogenorchidee. Die ist bekannt dafür, dass sie rasch welkt. So auch sein Exemplar.
„Er hat bereits den Rat verschiedener Fachleute eingeholt, allerdings ohne Erfolg."
Hm...
Tja...
Nun...
Wenn du wirklich so talentiert bist, wie du behauptest, könntest du dein Können anwenden, um sie zu kurieren.
Und was würde dabei für mich herausspringen?
DING
DENG
KLIMPER

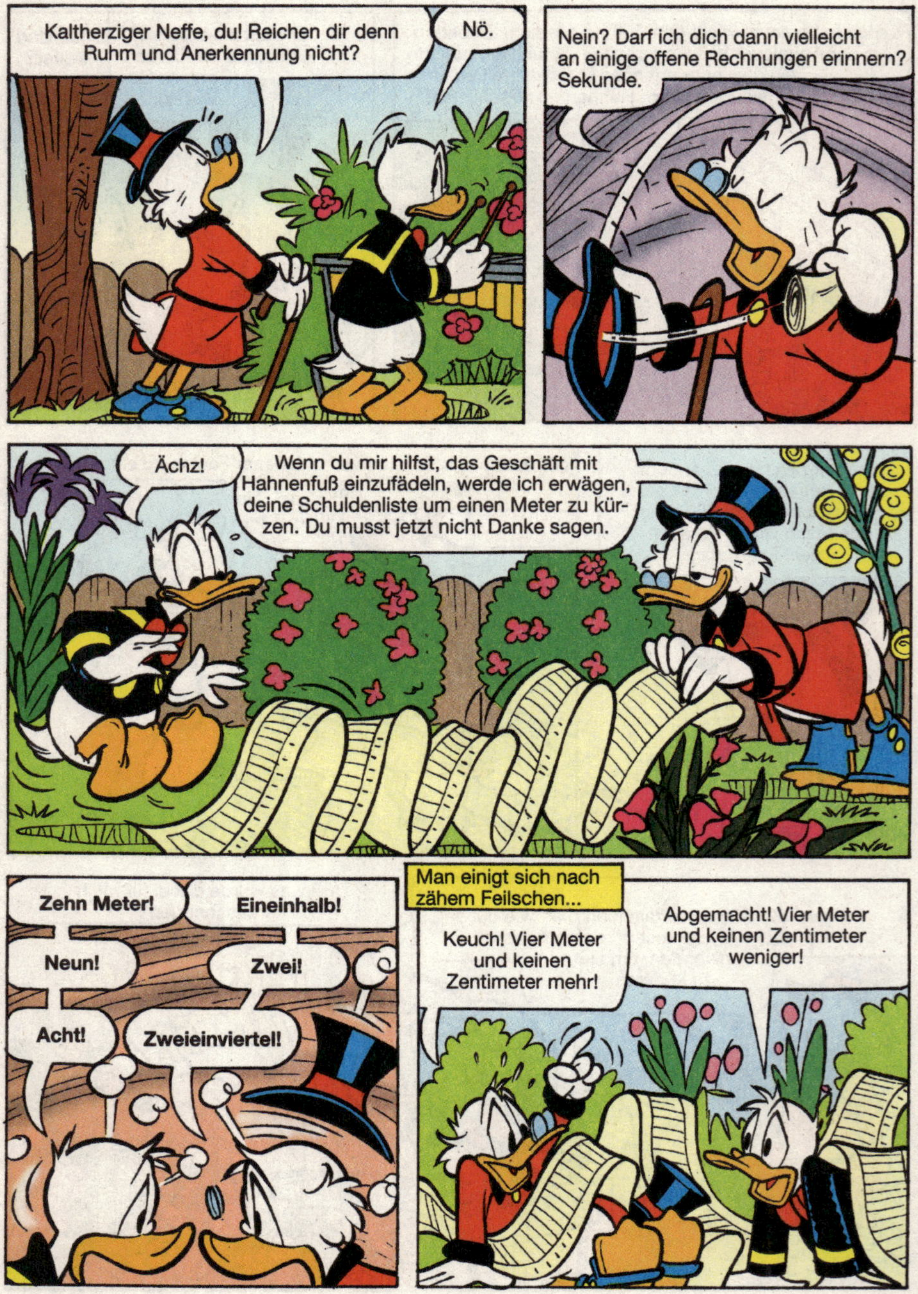
Kaltherziger Neffe, du! Reichen dir denn Ruhm und Anerkennung nicht?
Nö.
Nein? Darf ich dich dann vielleicht an einige offene Rechnungen erinnern? Sekunde.
Ächz!
Wenn du mir hilfst, das Geschäft mit Hahnenfuß einzufädeln, werde ich erwägen, deine Schuldenliste um einen Meter zu kürzen. Du musst jetzt nicht Danke sagen.
Zehn Meter!
Eineinhalb!
Neun!
Zwei!
Acht!
Zweieinviertel!
Man einigt sich nach zähem Feilschen...
Keuch! Vier Meter und keinen Zentimeter mehr!
Abgemacht! Vier Meter und keinen Zentimeter weniger!

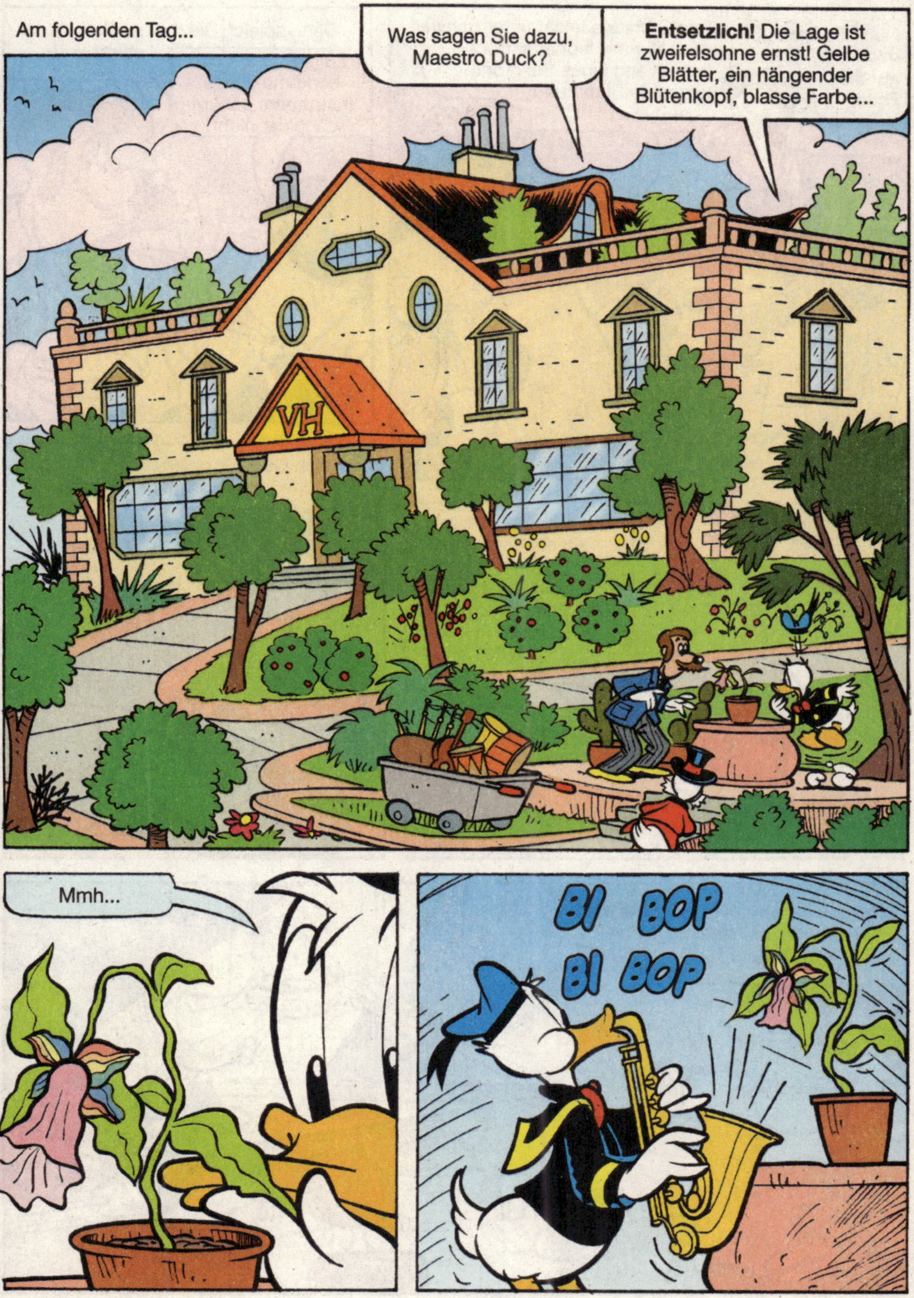
Am folgenden Tag...
Was sagen Sie dazu, Maestro Duck?
Entsetzlich! Die Lage ist zweifelsohne ernst! Gelbe Blätter, ein hängender Blütenkopf, blasse Farbe...
VH
Mmh...
BI BOP
BI BOP

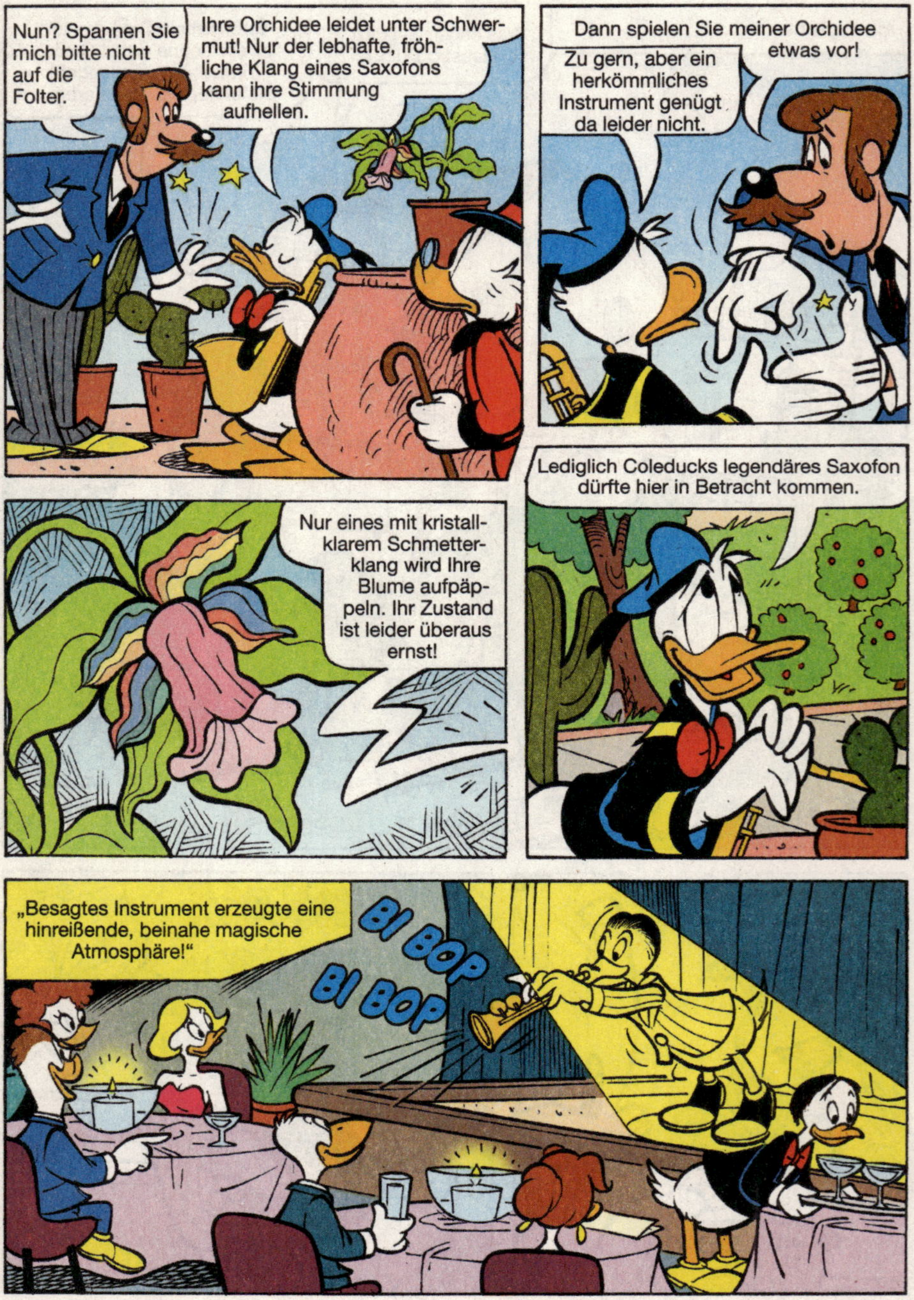
Nun? Spannen Sie mich bitte nicht auf die Folter.
Ihre Orchidee leidet unter Schwermut! Nur der lebhafte, fröhliche Klang eines Saxofons kann ihre Stimmung aufhellen.
Dann spielen Sie meiner Orchidee etwas vor!
Zu gern, aber ein herkömmliches Instrument genügt da leider nicht.
Nur eines mit kristallklarem Schmetterklang wird Ihre Blume aufpäppeln. Ihr Zustand ist leider überaus ernst!
Lediglich Coleducks legendäres Saxofon dürfte hier in Betracht kommen.
„Besagtes Instrument erzeugte eine hinreißende, beinahe magische Atmosphäre!“
BI BOP
BI BOP

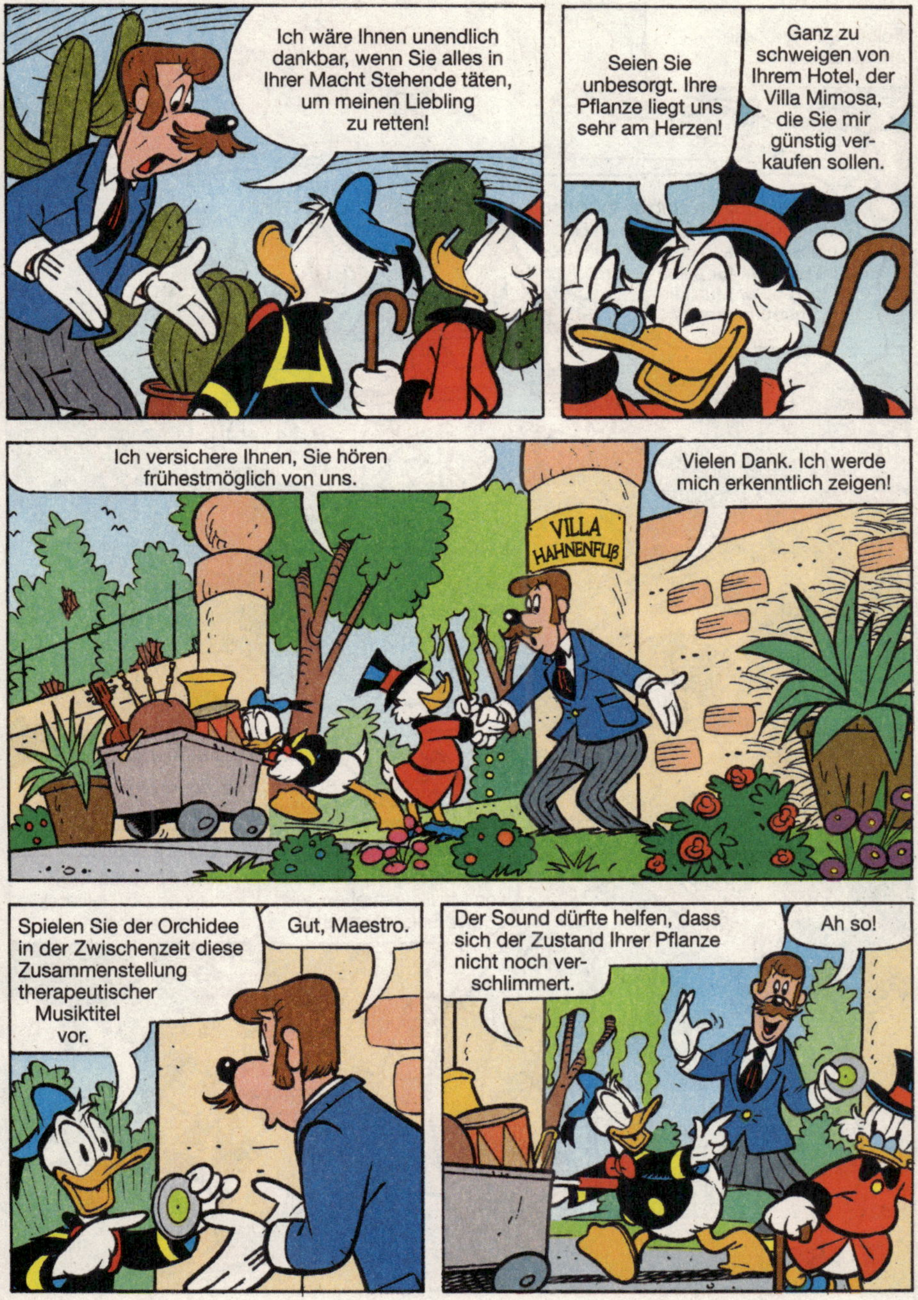
Ich wäre Ihnen unendlich dankbar, wenn Sie alles in Ihrer Macht Stehende täten, um meinen Liebling zu retten!
Seien Sie unbesorgt. Ihre Pflanze liegt uns sehr am Herzen!
Ganz zu schweigen von Ihrem Hotel, der Villa Mimosa, die Sie mir günstig verkaufen sollen.
Ich versichere Ihnen, Sie hören frühestmöglich von uns.
VILLA HAHNENFUẞ
Vielen Dank. Ich werde mich erkenntlich zeigen!
Spielen Sie der Orchidee in der Zwischenzeit diese Zusammenstellung therapeutischer Musiktitel vor.
Gut, Maestro.
Der Sound dürfte helfen, dass sich der Zustand Ihrer Pflanze nicht noch verschlimmert.
Ah so!

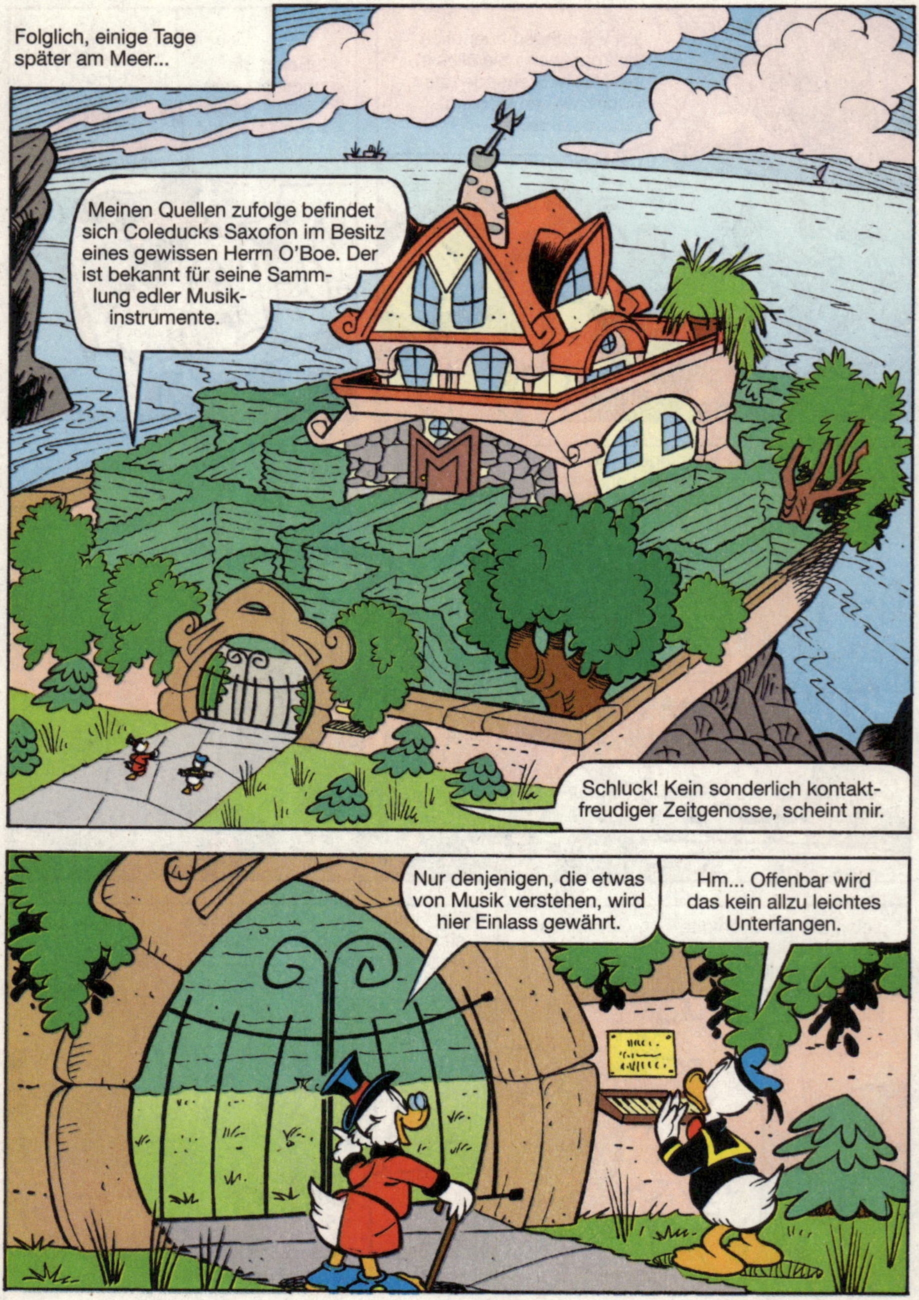
Folglich, einige Tage später am Meer...
Meinen Quellen zufolge befindet sich Coleducks Saxofon im Besitz eines gewissen Herrn O'Boe. Der ist bekannt für seine Sammlung edler Musikinstrumente.
Schluck! Kein sonderlich kontaktfreudiger Zeitgenosse, scheint mir.
Nur denjenigen, die etwas von Musik verstehen, wird hier Einlass gewährt.
Hm... Offenbar wird das kein allzu leichtes Unterfangen.

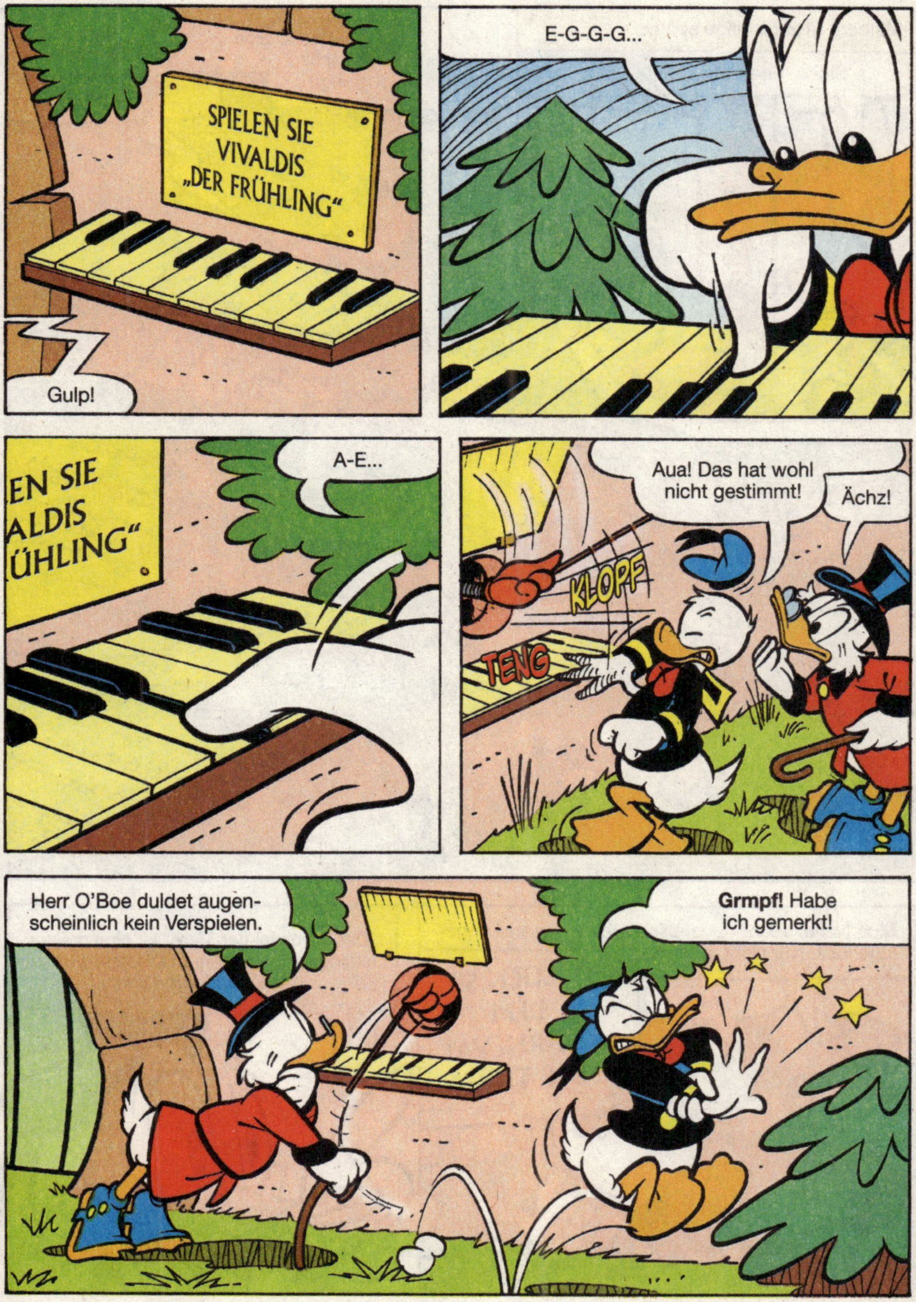
SPIELEN SIE VIVALDIS „DER FRÜHLING“
Gulp!
E-G-G-G...
EN SIE
ALDIS
ÜHLING“
A-E...
Aua! Das hat wohl nicht gestimmt!
Ächz!
KLOPF
TENG
Herr O'Boe duldet augenscheinlich kein Verspielen.
Grmpf! Habe ich gemerkt!

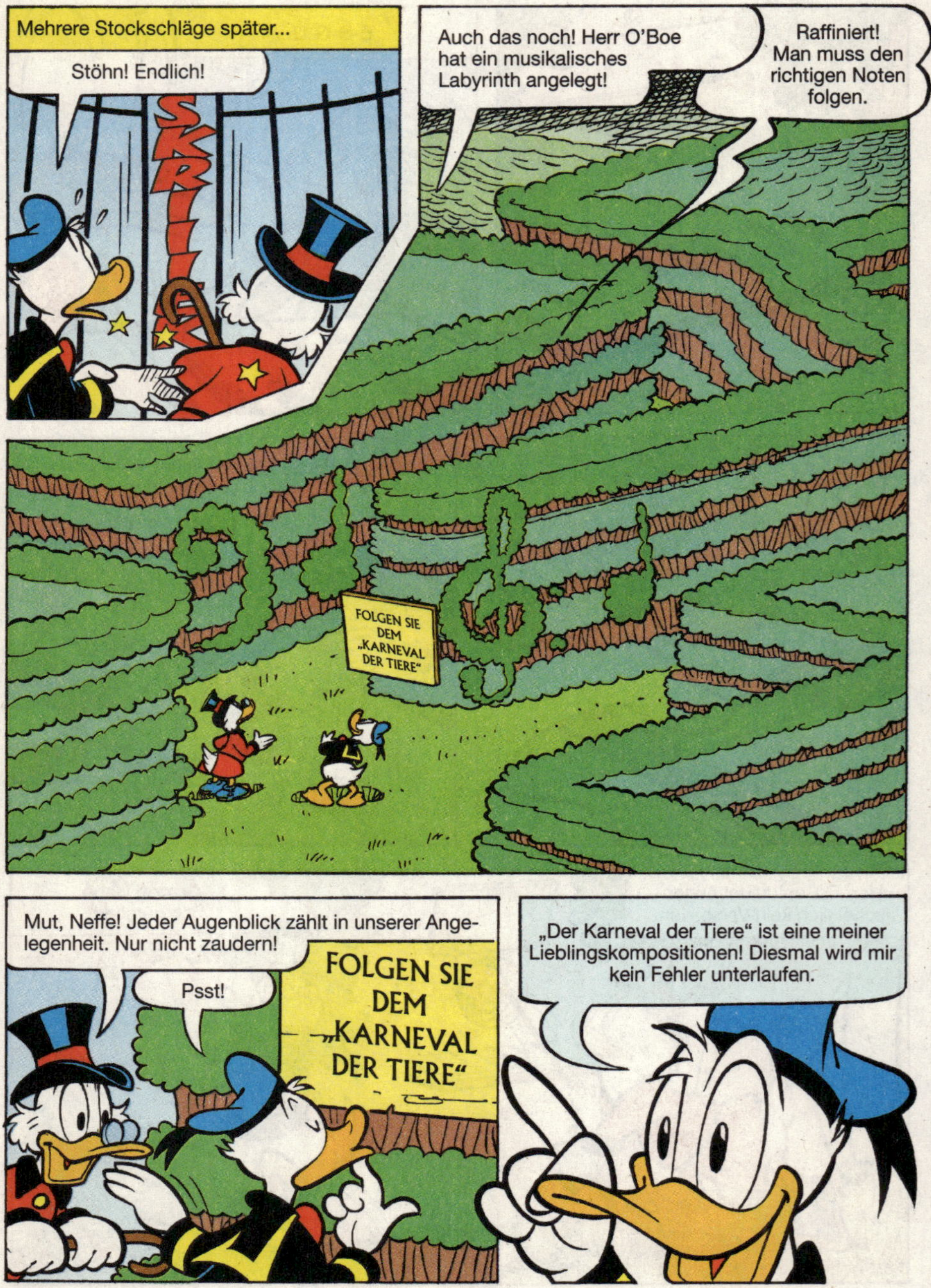
Mehrere Stockschläge später...
Stöhn! Endlich!
SKRILLK
Auch das noch! Herr O'Boe hat ein musikalisches Labyrinth angelegt!
Raffiniert! Man muss den richtigen Noten folgen.
FOLGEN SIE DEM „KARNEVAL DER TIERE“
Mut, Neffe! Jeder Augenblick zählt in unserer Angelegenheit. Nur nicht zaudern!
Psst!
FOLGEN SIE DEM „KARNEVAL DER TIERE“
„Der Karneval der Tiere“ ist eine meiner Lieblingskompositionen! Diesmal wird mir kein Fehler unterlaufen.

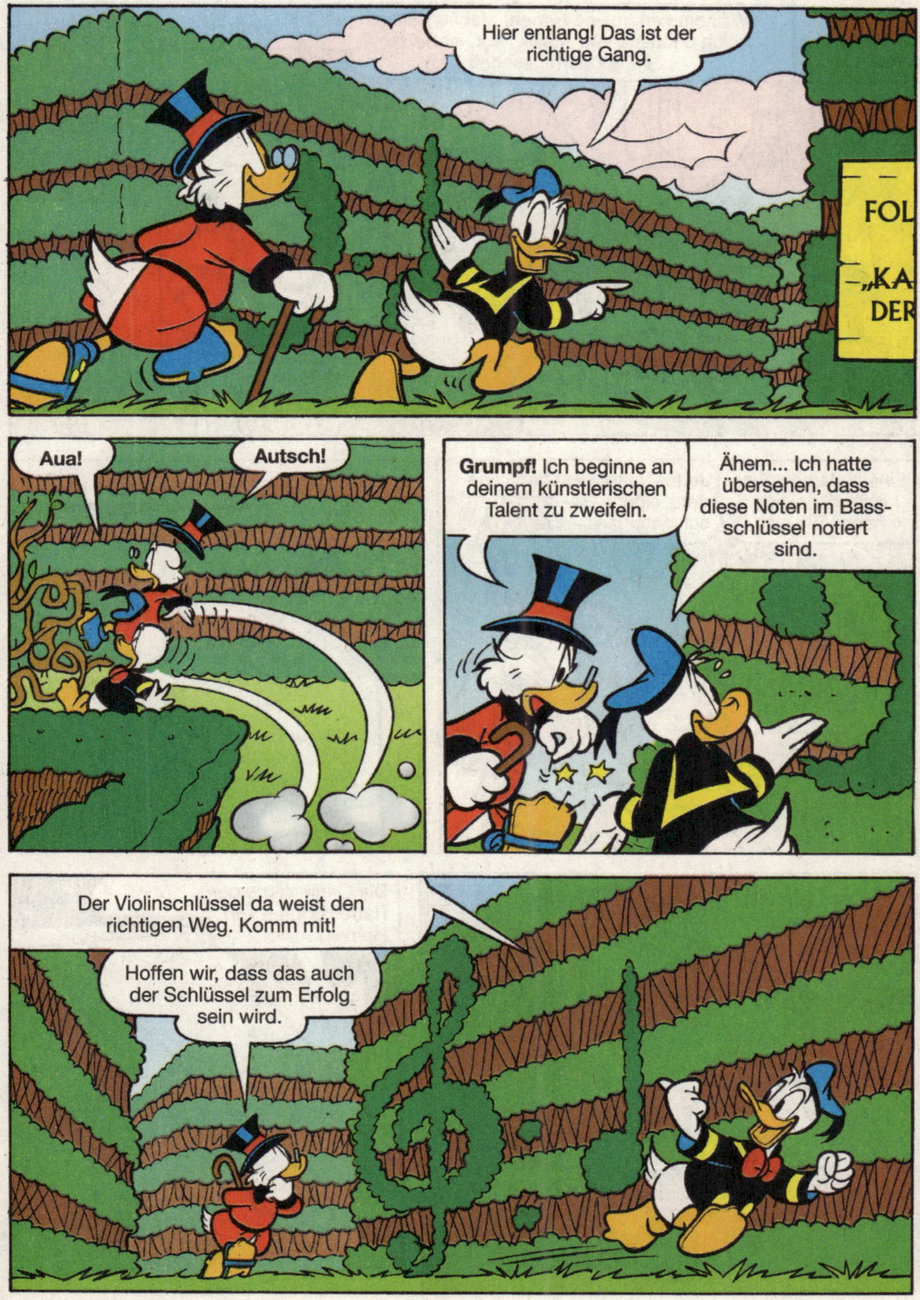
Hier entlang! Das ist der richtige Gang.
FOL
„KA
DER
Aua!
Autsch!
Grumpf! Ich beginne an deinem künstlerischen Talent zu zweifeln.
Ähem... Ich hatte übersehen, dass diese Noten im Bass-schlüssel notiert sind.
Der Violinschlüssel da weist den richtigen Weg. Komm mit!
Hoffen wir, dass das auch der Schlüssel zum Erfolg sein wird.

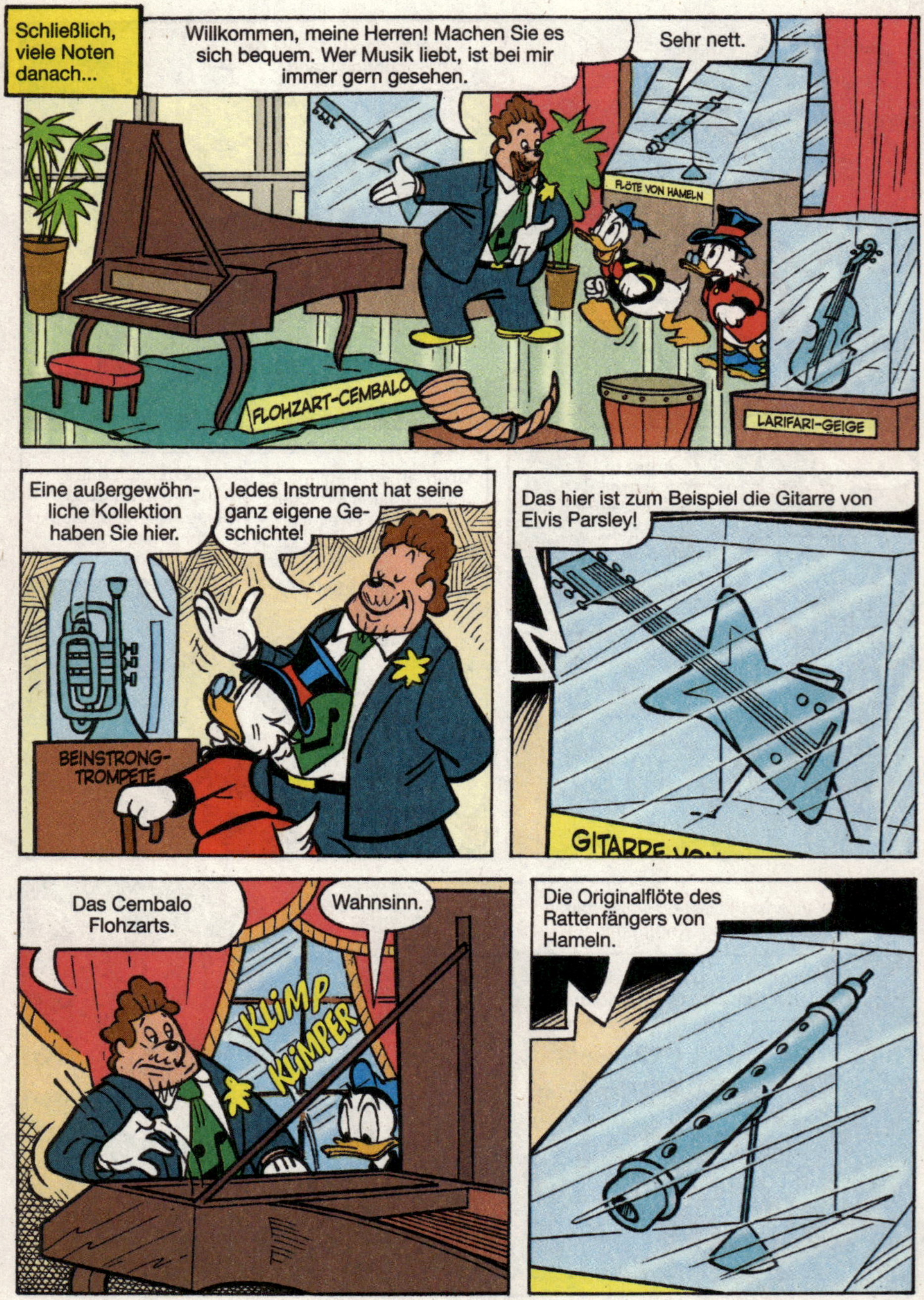
Schließlich, viele Noten danach...
Willkommen, meine Herren! Machen Sie es sich bequem. Wer Musik liebt, ist bei mir immer gern gesehen.
Sehr nett.
FLÖTE VON HAMELN
FLOHZART-CEMBALO
LARIFARI-GEIGE
Eine außergewöhnliche Kollektion haben Sie hier.
Jedes Instrument hat seine ganz eigene Geschichte!
BEINSTRONG-TROMPETE
Das hier ist zum Beispiel die Gitarre von Elvis Parsley!
Das Cembalo Flohzarts.
Wahnsinn.
KLIMP KLIMPER
Die Originalflöte des Rattenfängers von Hameln.

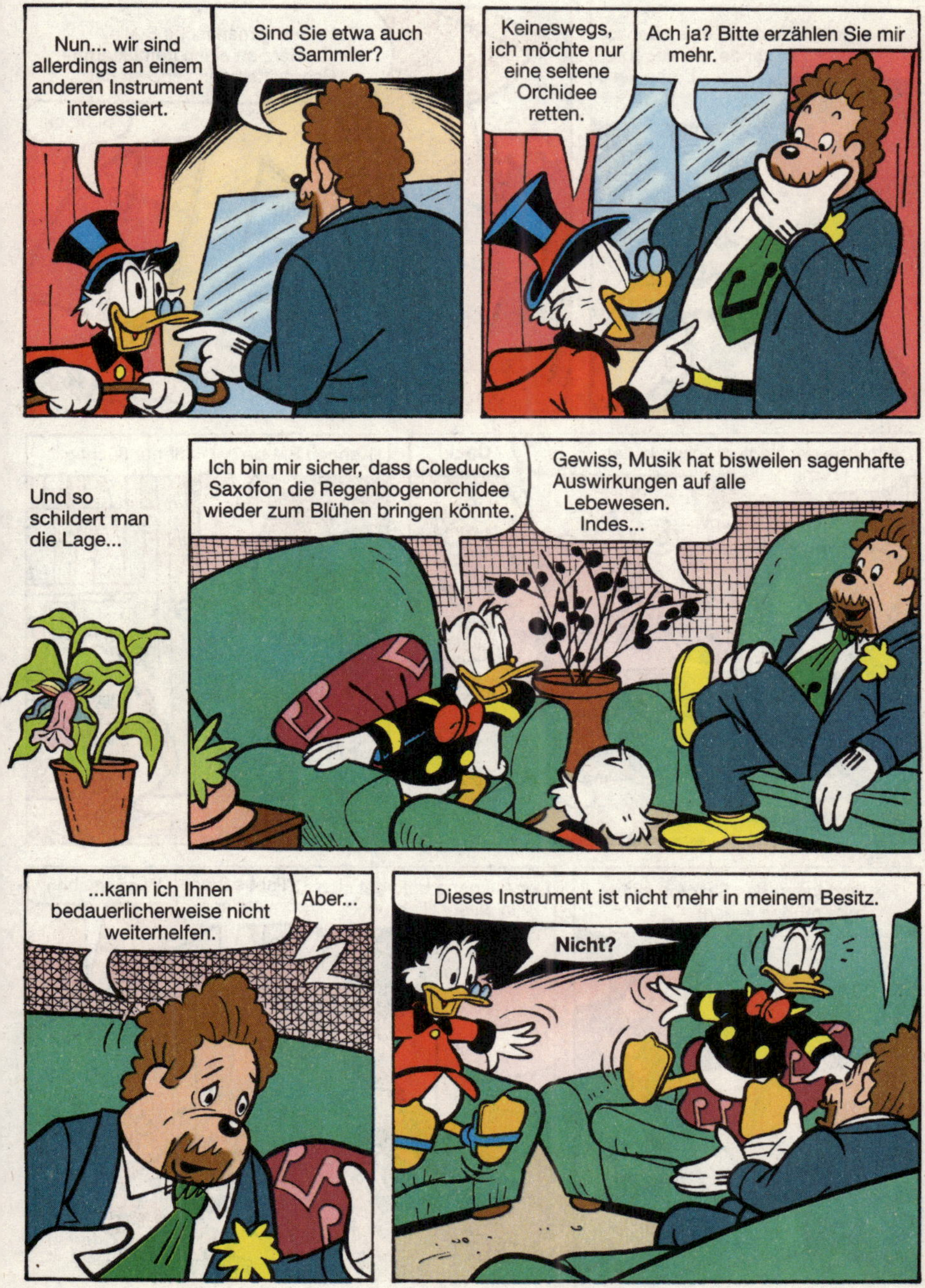
Nun... wir sind allerdings an einem anderen Instrument interessiert.
Sind Sie etwa auch Sammler?
Keineswegs, ich möchte nur eine seltene Orchidee retten.
Ach ja? Bitte erzählen Sie mir mehr.
Und so schildert man die Lage...
Ich bin mir sicher, dass Coleducks Saxofon die Regenbogenorchidee wieder zum Blühen bringen könnte.
Gewiss, Musik hat bisweilen sagenhafte Auswirkungen auf alle Lebewesen. Indes...
...kann ich Ihnen bedauerlicherweise nicht weiterhelfen.
Aber...
Dieses Instrument ist nicht mehr in meinem Besitz.
Nicht?

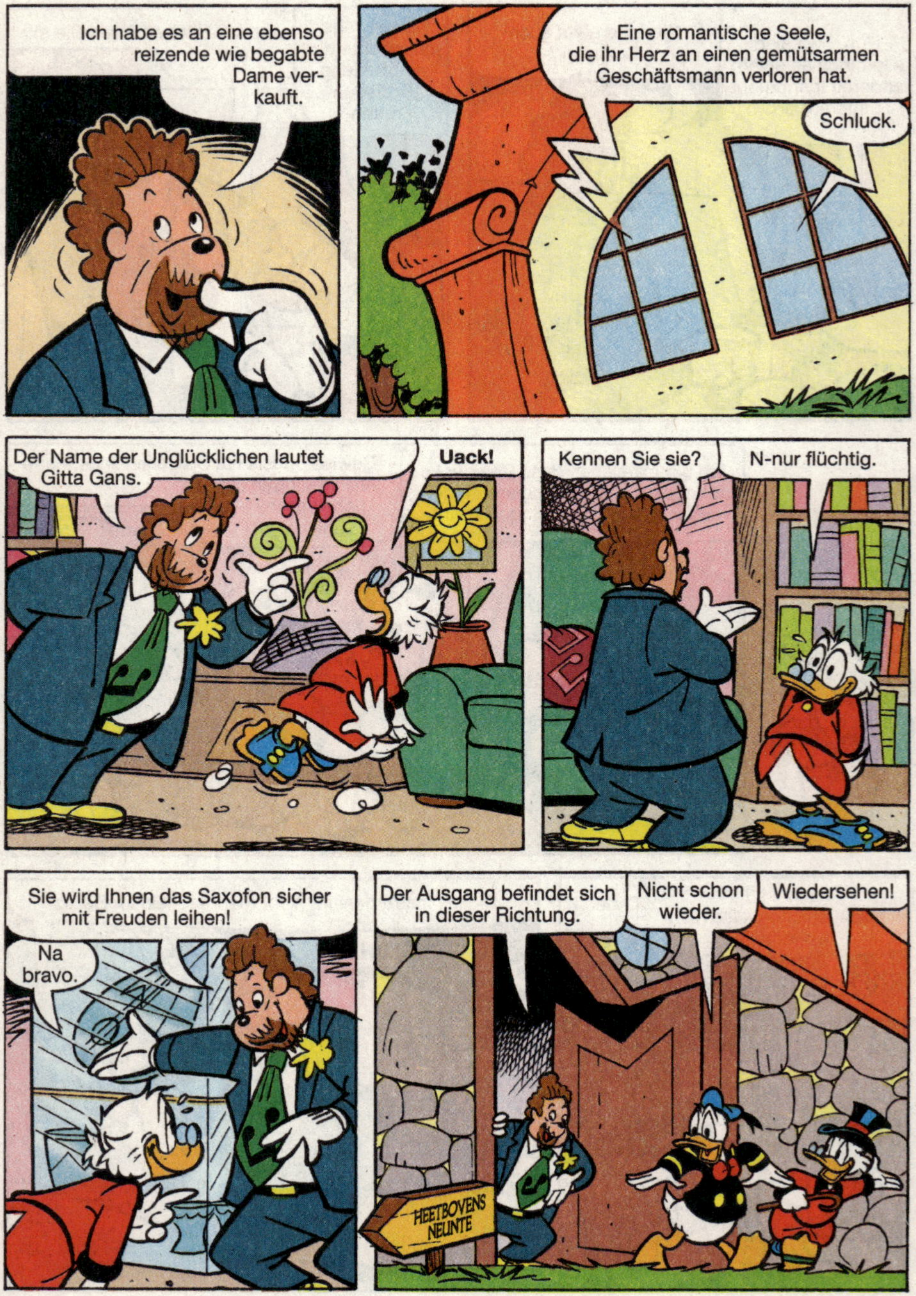
Ich habe es an eine ebenso reizende wie begabte Dame verkauft.
Eine romantische Seele, die ihr Herz an einen gemütsarmen Geschäftsmann verloren hat.
Schluck.
Der Name der Unglücklichen lautet Gitta Gans.
Uack!
Kennen Sie sie?
N-nur flüchtig.
Sie wird Ihnen das Saxofon sicher mit Freuden leihen!
Na bravo.
Der Ausgang befindet sich in dieser Richtung.
Nicht schon wieder.
Wiedersehen!
HEETBOVENS NEUNTE

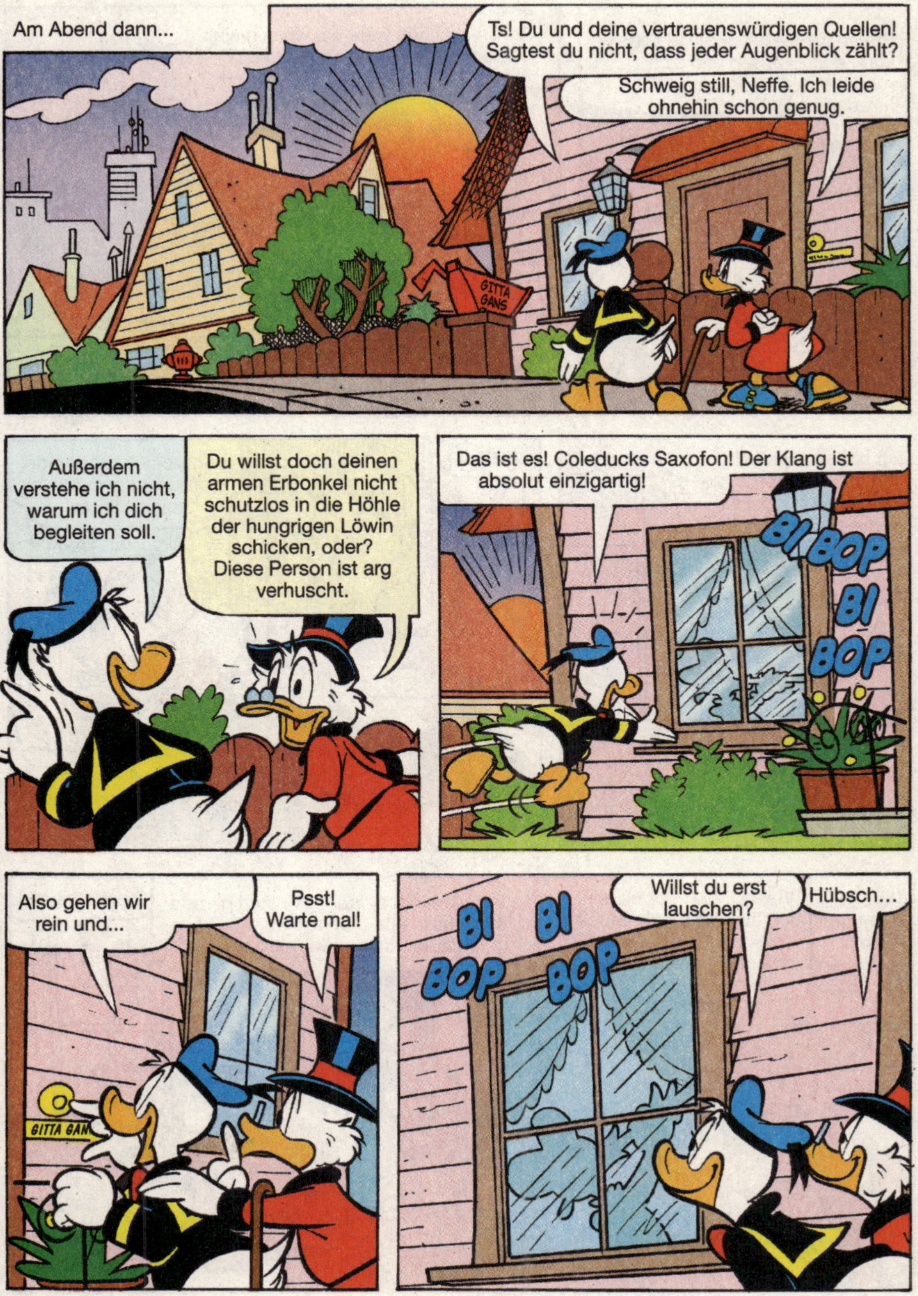

Am Abend dann...
Ts! Du und deine vertrauenswürdigen Quellen! Sagtest du nicht, dass jeder Augenblick zählt?
Schweig still, Neffe. Ich leide ohnehin schon genug.
GITTA GANS
Außerdem verstehe ich nicht, warum ich dich begleiten soll.
Du willst doch deinen armen Erbonkel nicht schutzlos in die Höhle der hungrigen Löwin schicken, oder? Diese Person ist arg verhuscht.
Das ist es! Coleducks Saxofon! Der Klang ist absolut einzigartig!
BI BOP BI BOP
Also gehen wir rein und...
Psst! Warte mal!
GITTA GAN
BI BOP BI BOP
Willst du erst lauschen?
Hübsch...

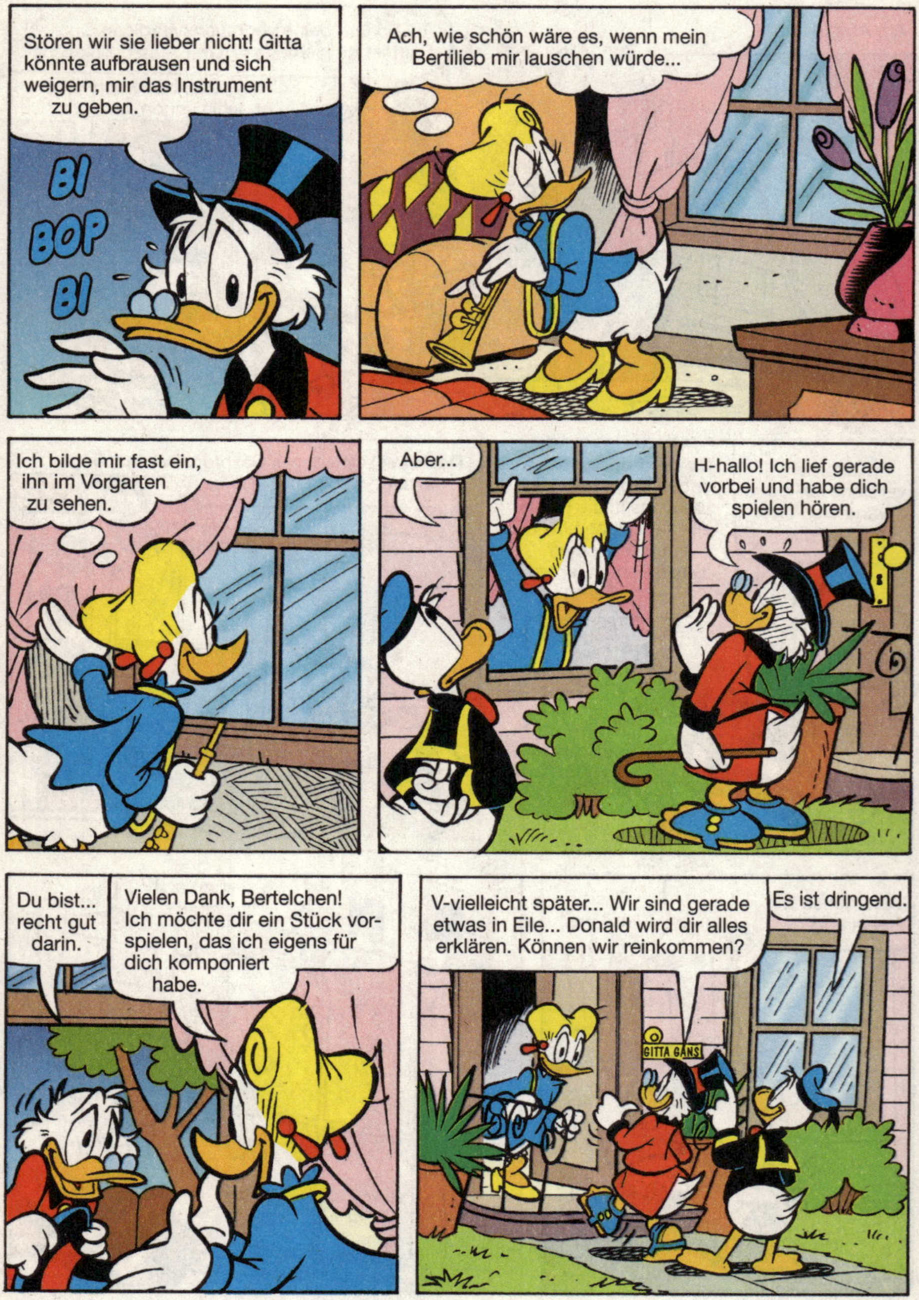
Stören wir sie lieber nicht! Gitta könnte aufbrausen und sich weigern, mir das Instrument zu geben.
BI BOP BI
Ach, wie schön wäre es, wenn mein Bertilieb mir lauschen würde...
Ich bilde mir fast ein, ihn im Vorgarten zu sehen.
Aber...
H-hallo! Ich lief gerade vorbei und habe dich spielen hören.
Du bist... recht gut darin.
Vielen Dank, Bertelchen! Ich möchte dir ein Stück vorspielen, das ich eigens für dich komponiert habe.
V-vielleicht später... Wir sind gerade etwas in Eile... Donald wird dir alles erklären. Können wir reinkommen?
Es ist dringend.
GITTA GANS

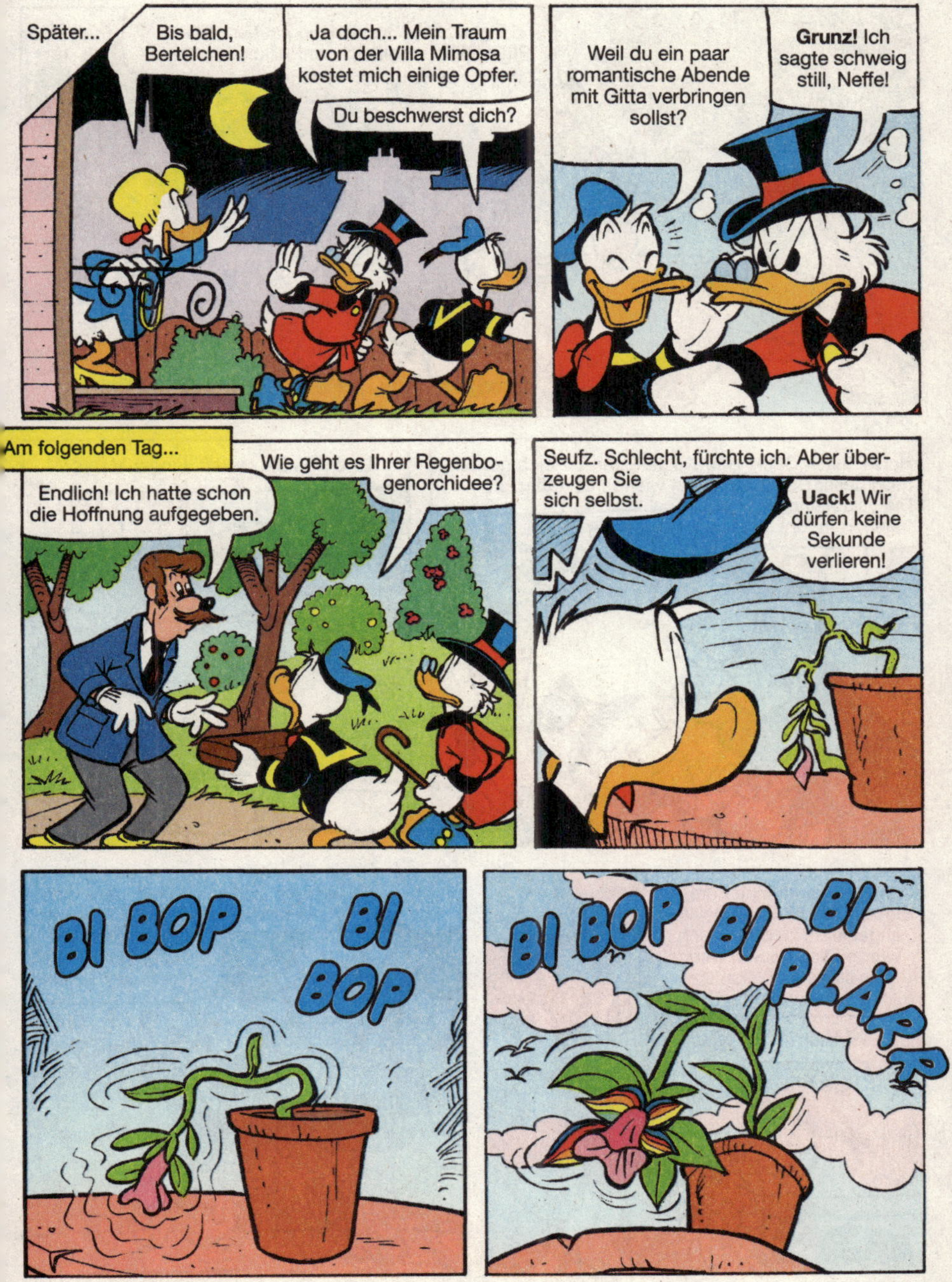
Später...
Bis bald, Bertelchen!
Ja doch... Mein Traum von der Villa Mimosa kostet mich einige Opfer.
Du beschwerst dich?
Weil du ein paar romantische Abende mit Gitta verbringen sollst?
Grunz! Ich sagte schweig still, Neffe!
Am folgenden Tag...
Endlich! Ich hatte schon die Hoffnung aufgegeben.
Wie geht es Ihrer Regenbogenorchidee?
Seufz. Schlecht, fürchte ich. Aber überzeugen Sie sich selbst.
Uack! Wir dürfen keine Sekunde verlieren!
BI BOP BI BOP
BI BOP BI BI PLÄRR

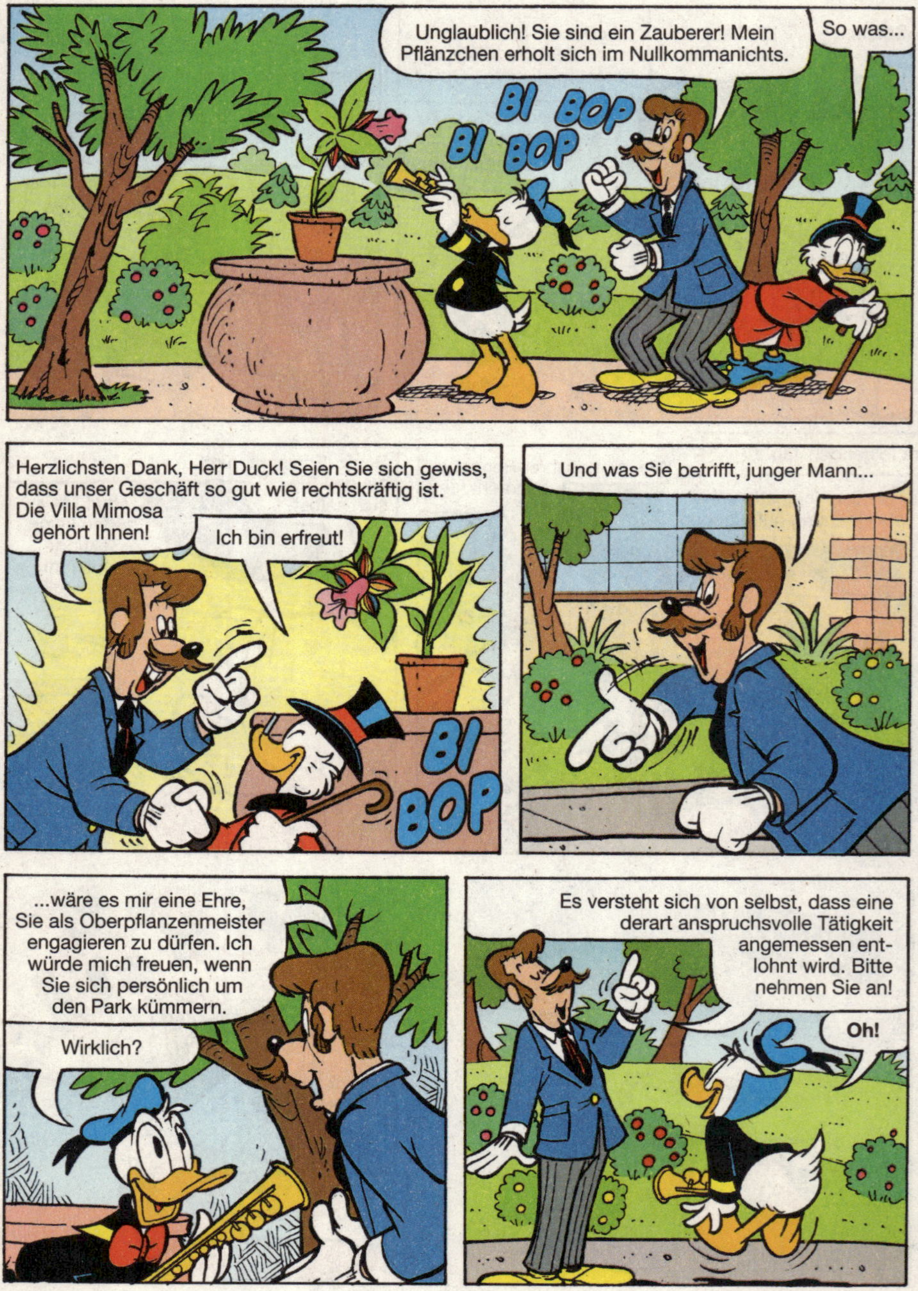
Unglaublich! Sie sind ein Zauberer! Mein Pflänzchen erholt sich im Nullkommanichts.
So was...
BI BOP BI BOP
Herzlichsten Dank, Herr Duck! Seien Sie sich gewiss, dass unser Geschäft so gut wie rechtskräftig ist. Die Villa Mimosa gehört Ihnen!
Ich bin erfreut!
BI BOP
Und was Sie betrifft, junger Mann...
...wäre es mir eine Ehre, Sie als Oberpflanzenmeister engagieren zu dürfen. Ich würde mich freuen, wenn Sie sich persönlich um den Park kümmern.
Wirklich?
Es versteht sich von selbst, dass eine derart anspruchsvolle Tätigkeit angemessen entlohnt wird. Bitte nehmen Sie an!
Oh!

Und so scheint die Geschichte für alle Beteiligten ein gutes Ende zu nehmen...

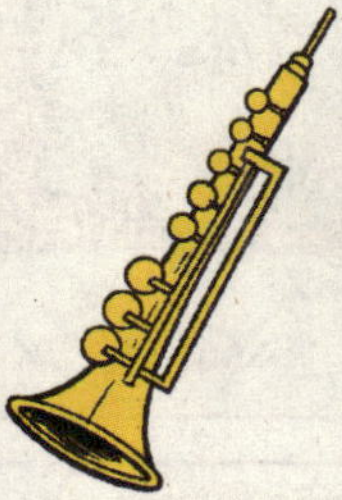

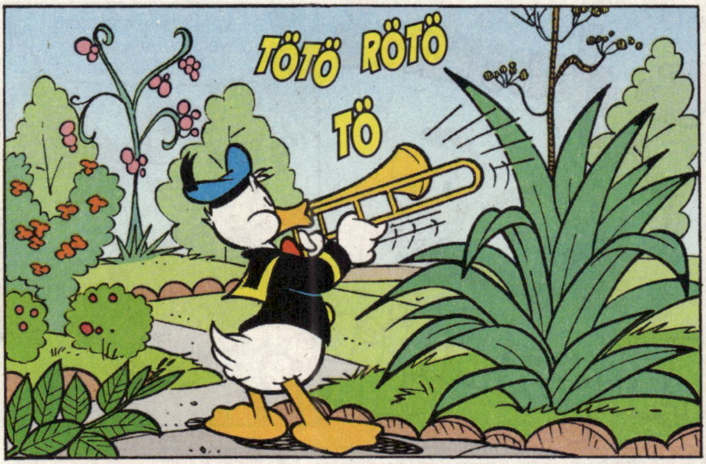

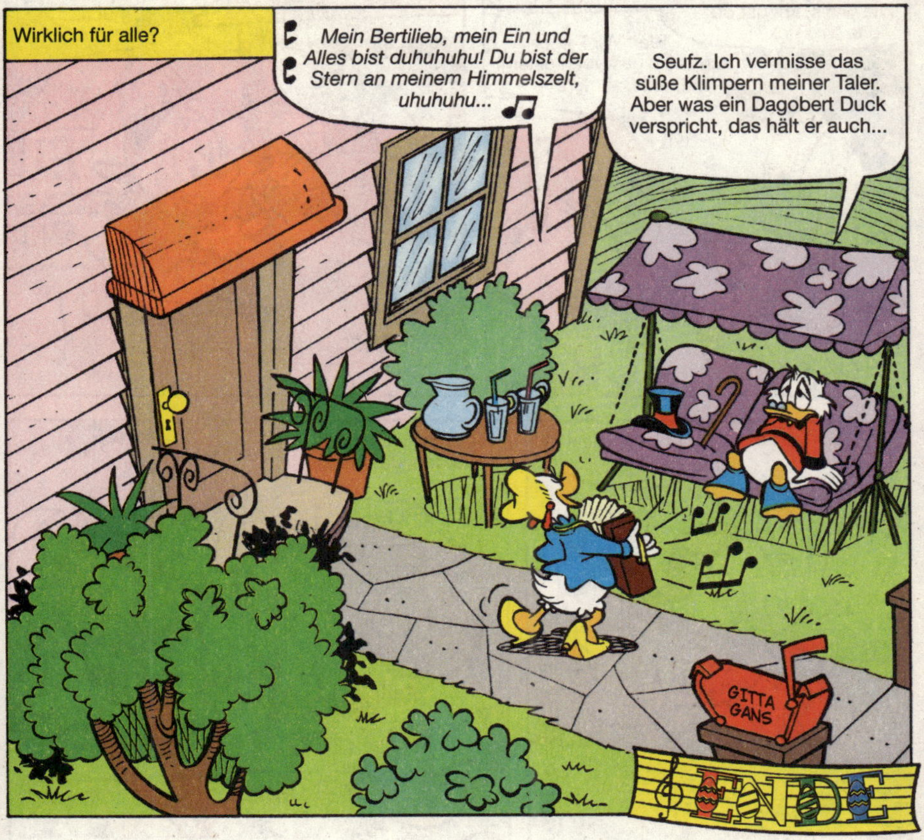

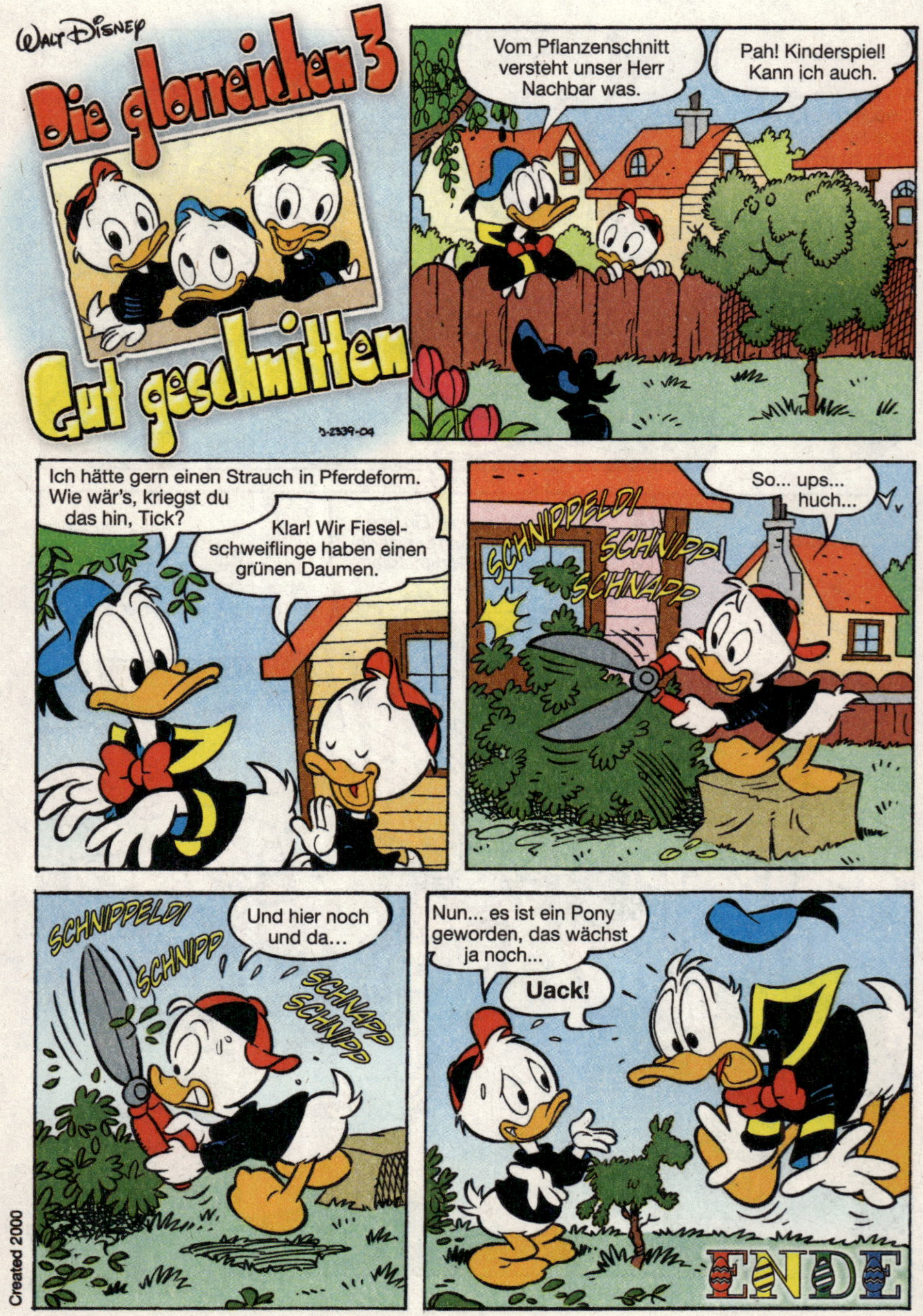

Nino Russo (Story), **Alessandro Perina** (Zeichnungen)

Walt Disney

Ein Fall von Frühjahrsmüdigkeit

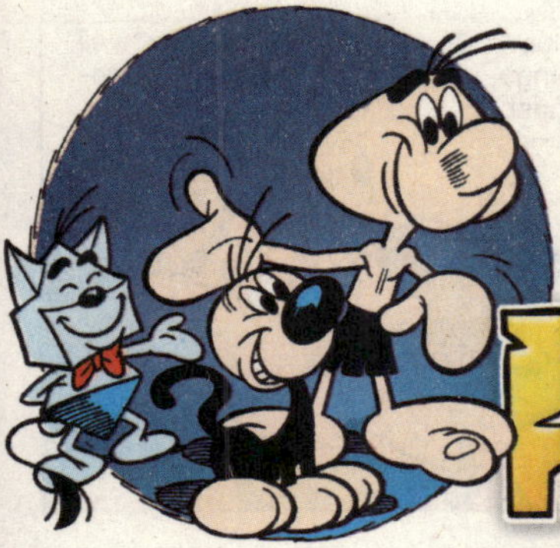

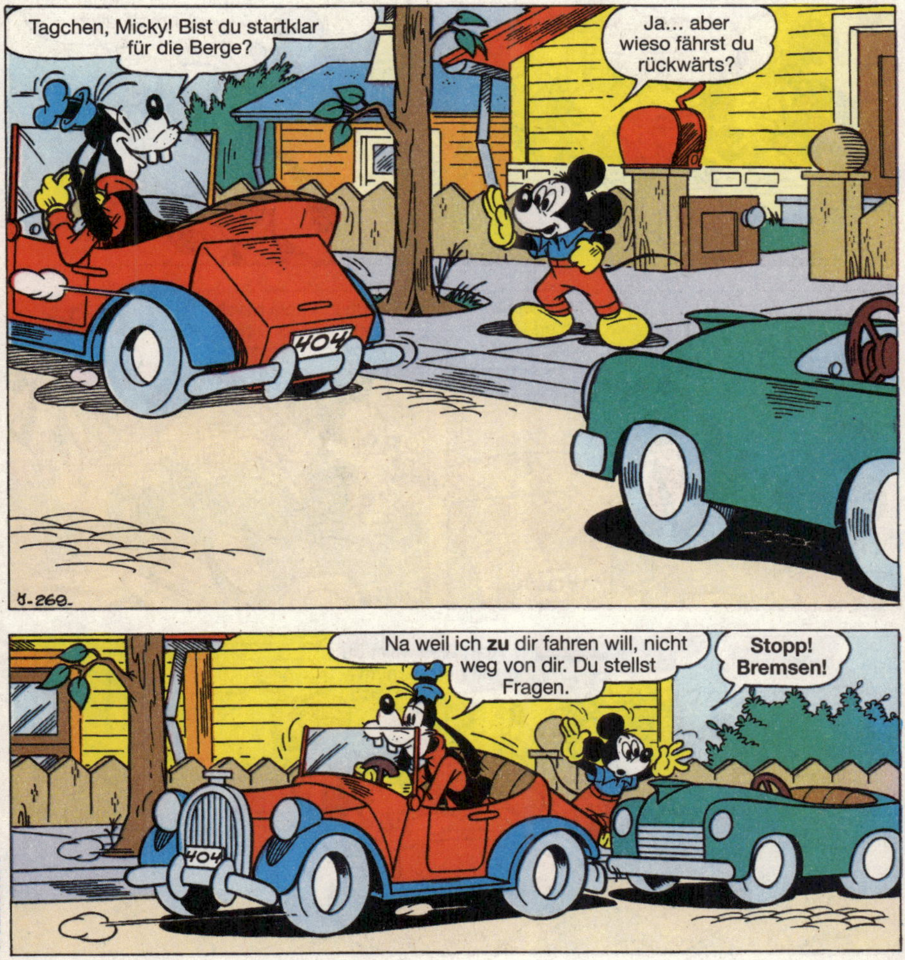

Created 1979

Guido Martina (Story), **Guido Scala** (Zeichnungen)

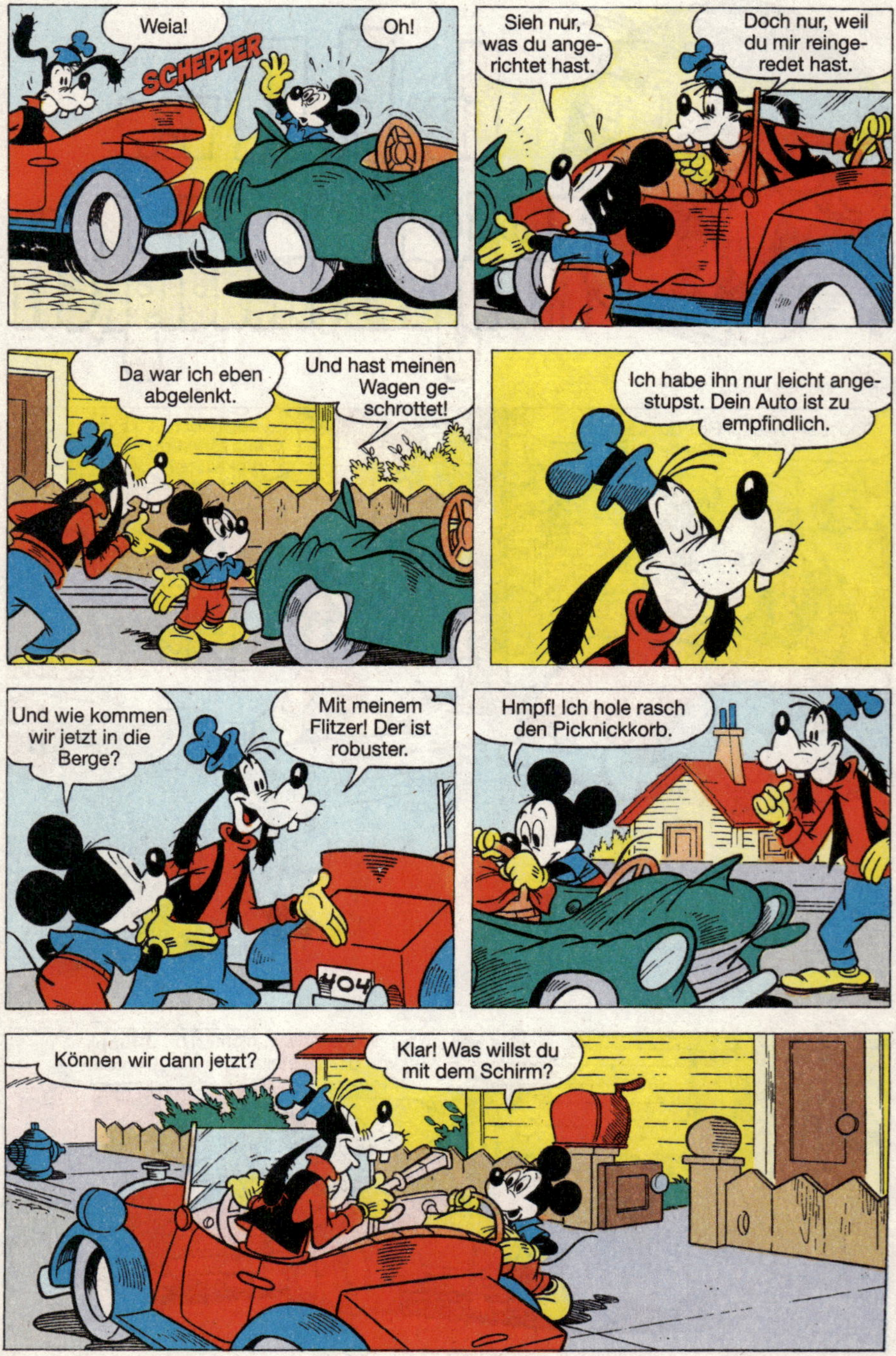
Weia!
SCHEPPER
Oh!
Sieh nur, was du angerichtet hast.
Doch nur, weil du mir reingeredet hast.
Da war ich eben abgelenkt.
Und hast meinen Wagen geschrottet!
Ich habe ihn nur leicht angestupst. Dein Auto ist zu empfindlich.
Und wie kommen wir jetzt in die Berge?
Mit meinem Flitzer! Der ist robuster.
404
Hmpf! Ich hole rasch den Picknickkorb.
Können wir dann jetzt?
Klar! Was willst du mit dem Schirm?

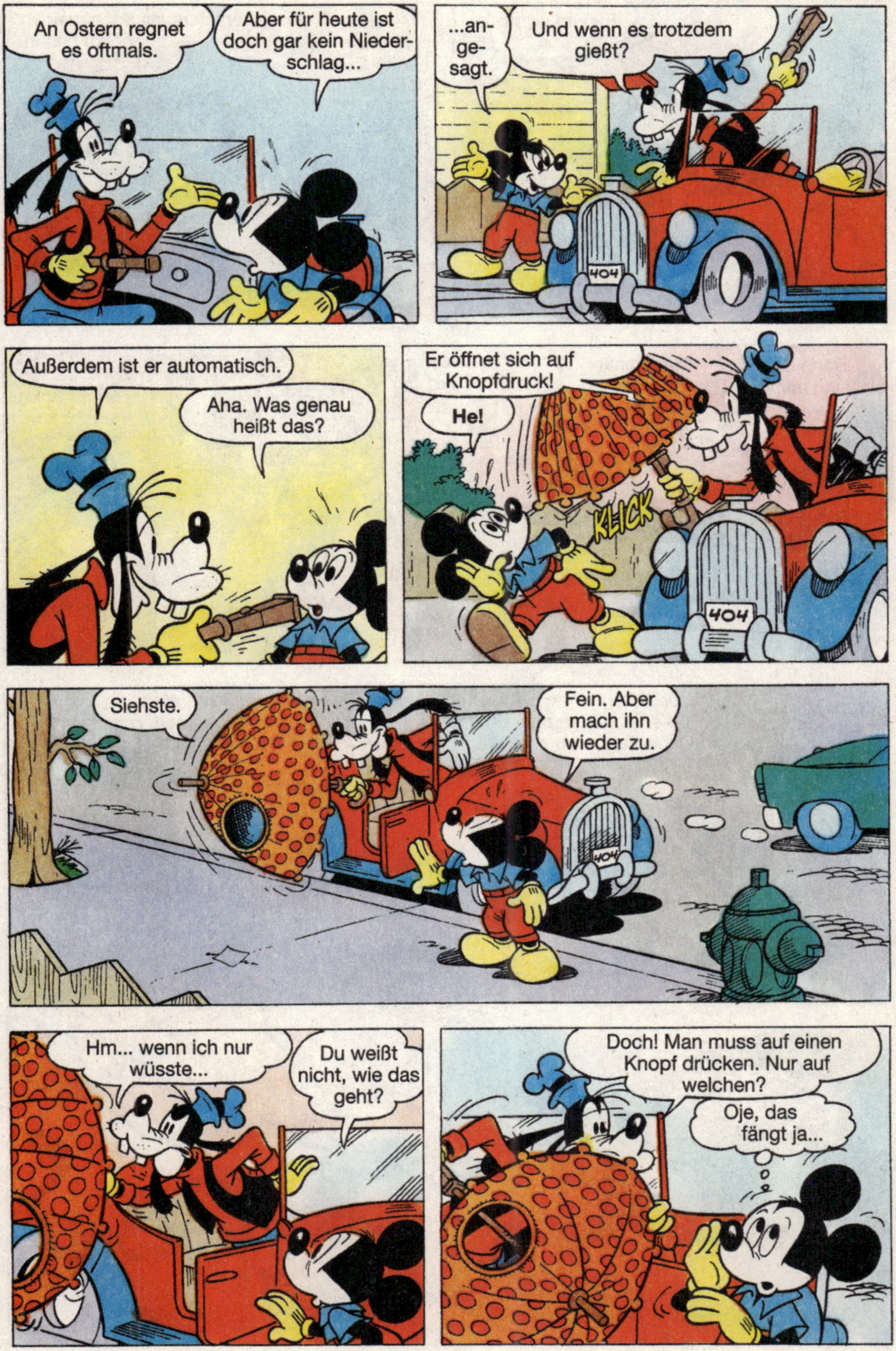
An Ostern regnet es oftmals.
Aber für heute ist doch gar kein Niederschlag...
...angesagt.
Und wenn es trotzdem gießt?
404
Außerdem ist er automatisch.
Aha. Was genau heißt das?
Er öffnet sich auf Knopfdruck!
He!
KLICK
404
Siehste.
Fein. Aber mach ihn wieder zu.
404
Hm... wenn ich nur wüsste...
Du weißt nicht, wie das geht?
Doch! Man muss auf einen Knopf drücken. Nur auf welchen?
Oje, das fängt ja...

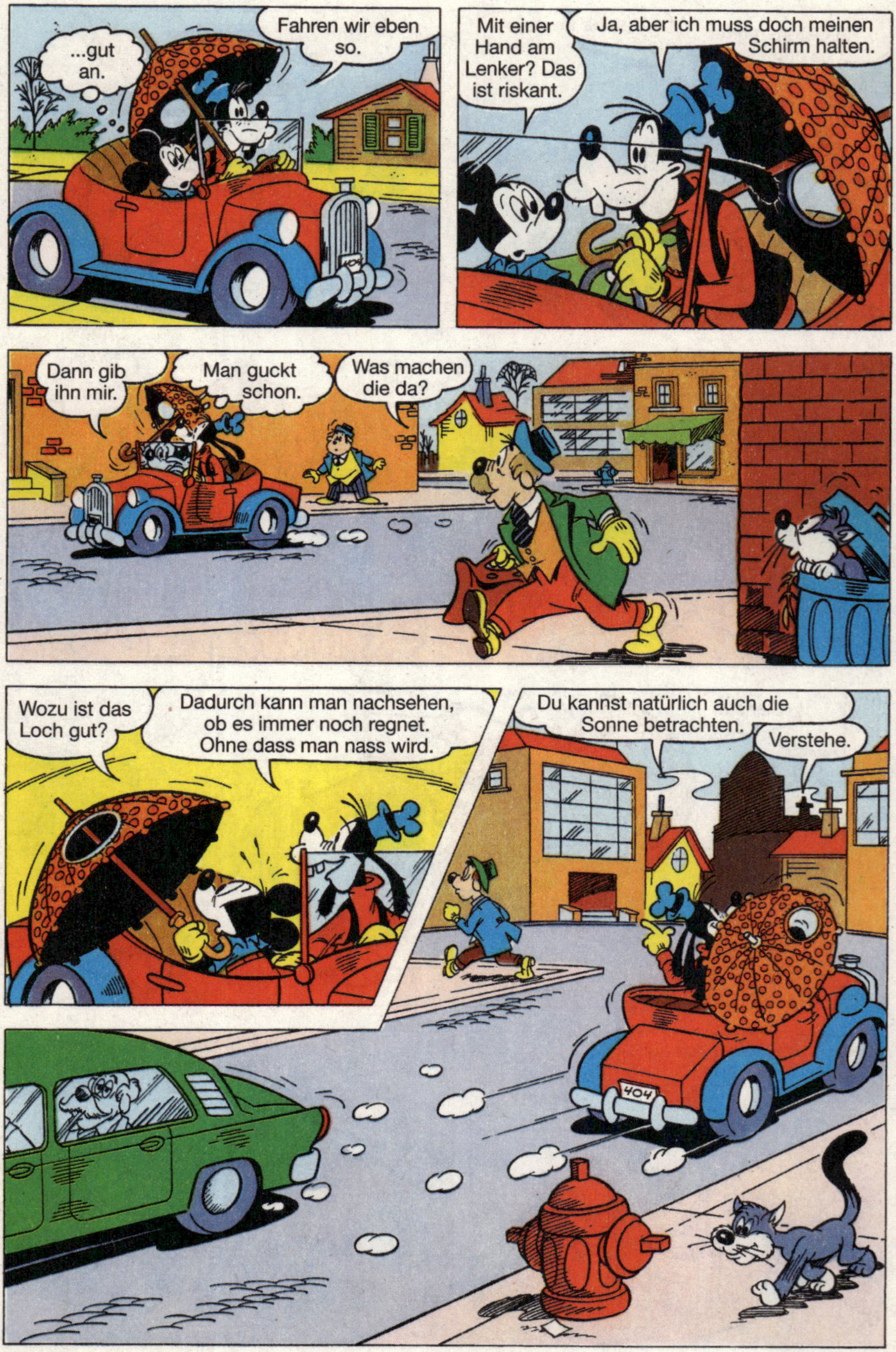
...gut an.
Fahren wir eben so.
Mit einer Hand am Lenker? Das ist riskant.
Ja, aber ich muss doch meinen Schirm halten.
Dann gib ihn mir.
Man guckt schon.
Was machen die da?
Wozu ist das Loch gut?
Dadurch kann man nachsehen, ob es immer noch regnet. Ohne dass man nass wird.
Du kannst natürlich auch die Sonne betrachten.
Verstehe.

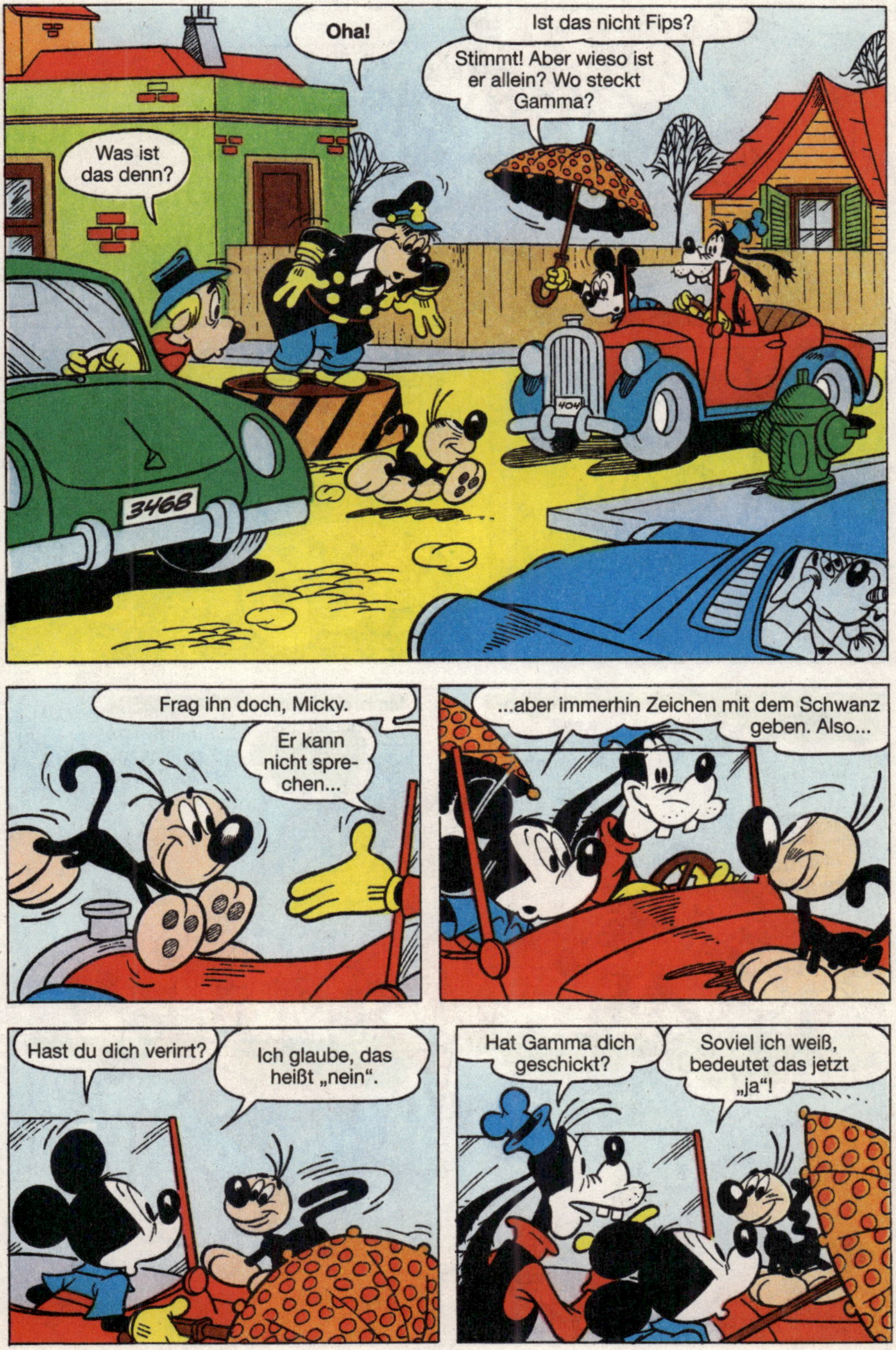
Oha!
Ist das nicht Fips?
Stimmt! Aber wieso ist er allein? Wo steckt Gamma?
Was ist das denn?
3468
404
Frag ihn doch, Micky.
Er kann nicht sprechen...
...aber immerhin Zeichen mit dem Schwanz geben. Also...
Hast du dich verirrt?
Ich glaube, das heißt „nein“.
Hat Gamma dich geschickt?
Soviel ich weiß, bedeutet das jetzt „ja“!

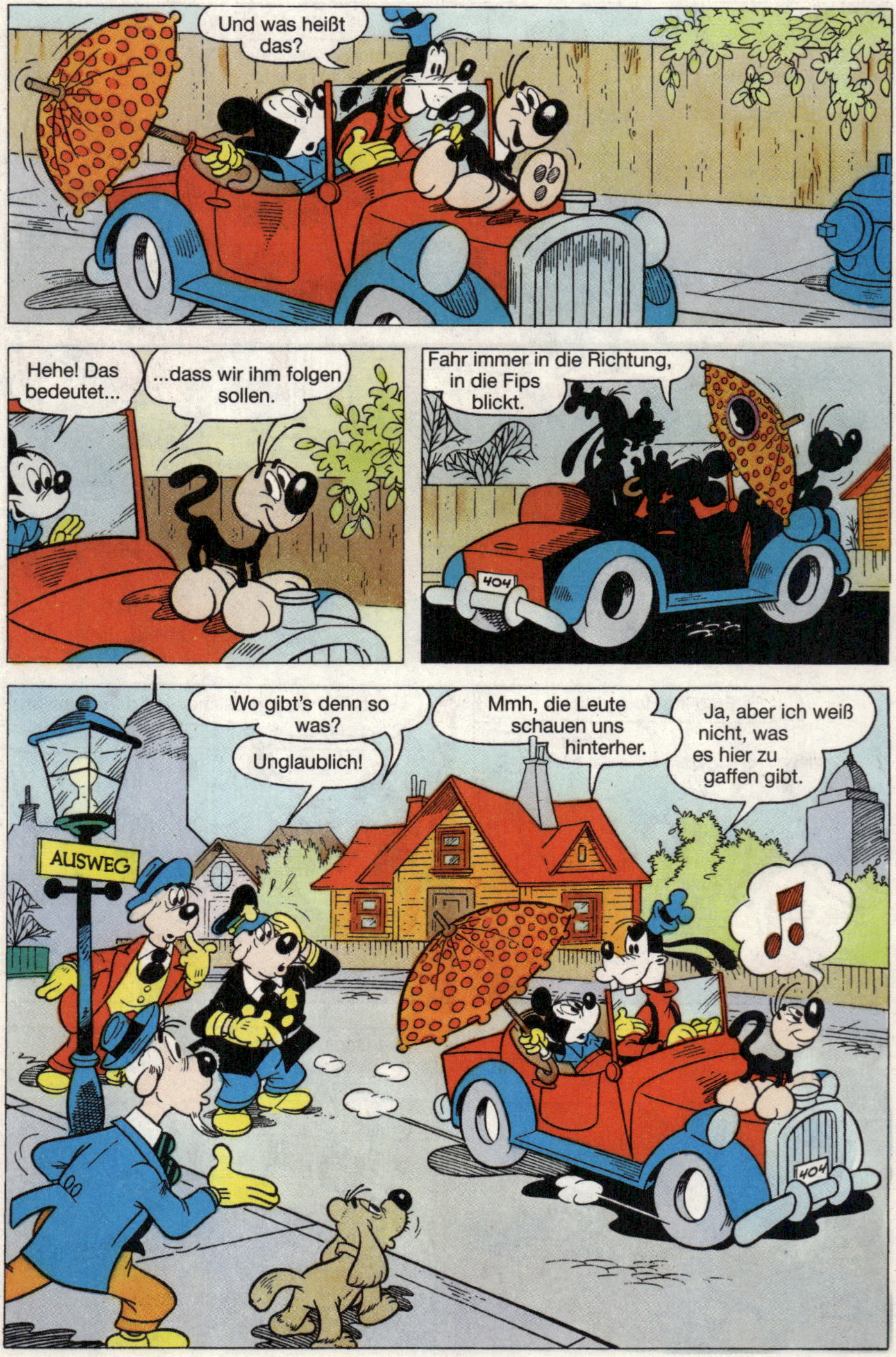
Und was heißt das?
Hehe! Das bedeutet...
...dass wir ihm folgen sollen.
Fahr immer in die Richtung, in die Fips blickt.
404
AUSWEG
Wo gibt's denn so was?
Unglaublich!
Mmh, die Leute schauen uns hinterher.
Ja, aber ich weiß nicht, was es hier zu gaffen gibt.
404

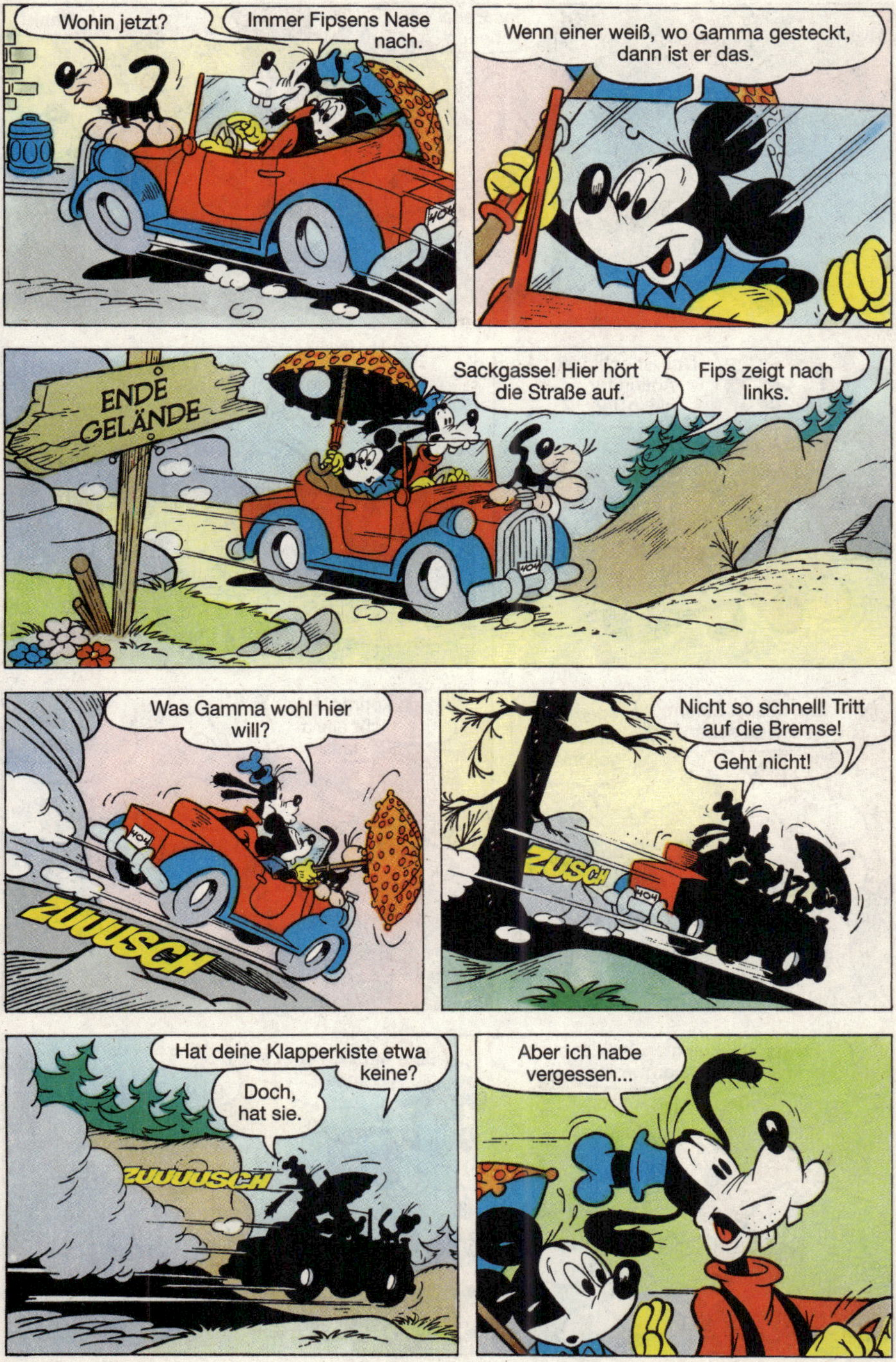
Wohin jetzt?
Immer Fipsens Nase nach.
Wenn einer weiß, wo Gamma gesteckt, dann ist er das.
ENDE GELÄNDE
Sackgasse! Hier hört die Straße auf.
Fips zeigt nach links.
Was Gamma wohl hier will?
ZUUUSCH
Nicht so schnell! Tritt auf die Bremse!
Geht nicht!
ZUSCH
Hat deine Klapperkiste etwa keine?
Doch, hat sie.
ZUUUUSCH
Aber ich habe vergessen...

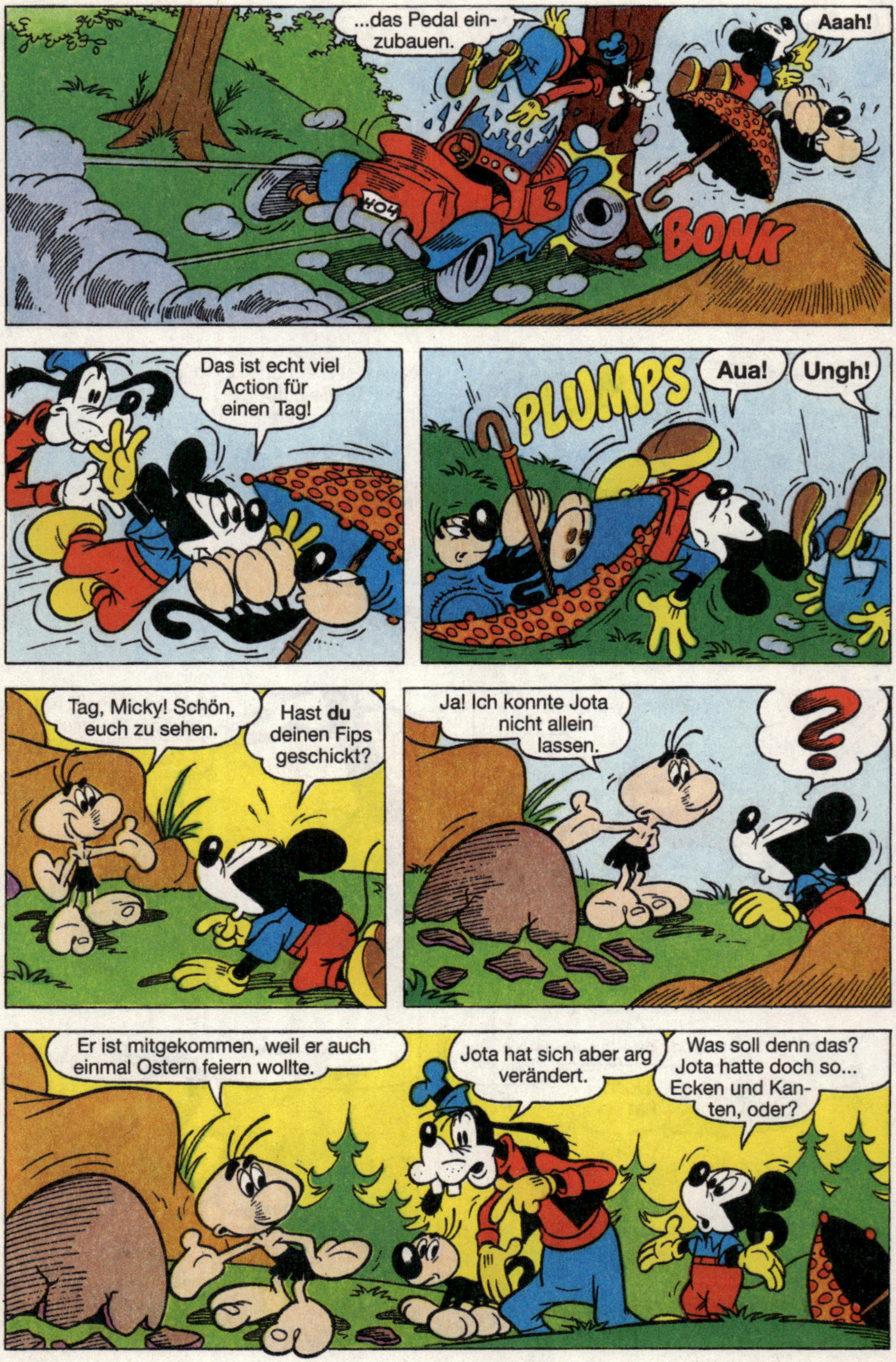
...das Pedal einzubauen.
Aaah!
BONK
Das ist echt viel Action für einen Tag!
PLUMPS
Aua!
Ungh!
Tag, Micky! Schön, euch zu sehen.
Hast **du** deinen Fips geschickt?
Ja! Ich konnte Jota nicht allein lassen.
?
Er ist mitgekommen, weil er auch einmal Ostern feiern wollte.
Jota hat sich aber arg verändert.
Was soll denn das? Jota hatte doch so... Ecken und Kanten, oder?

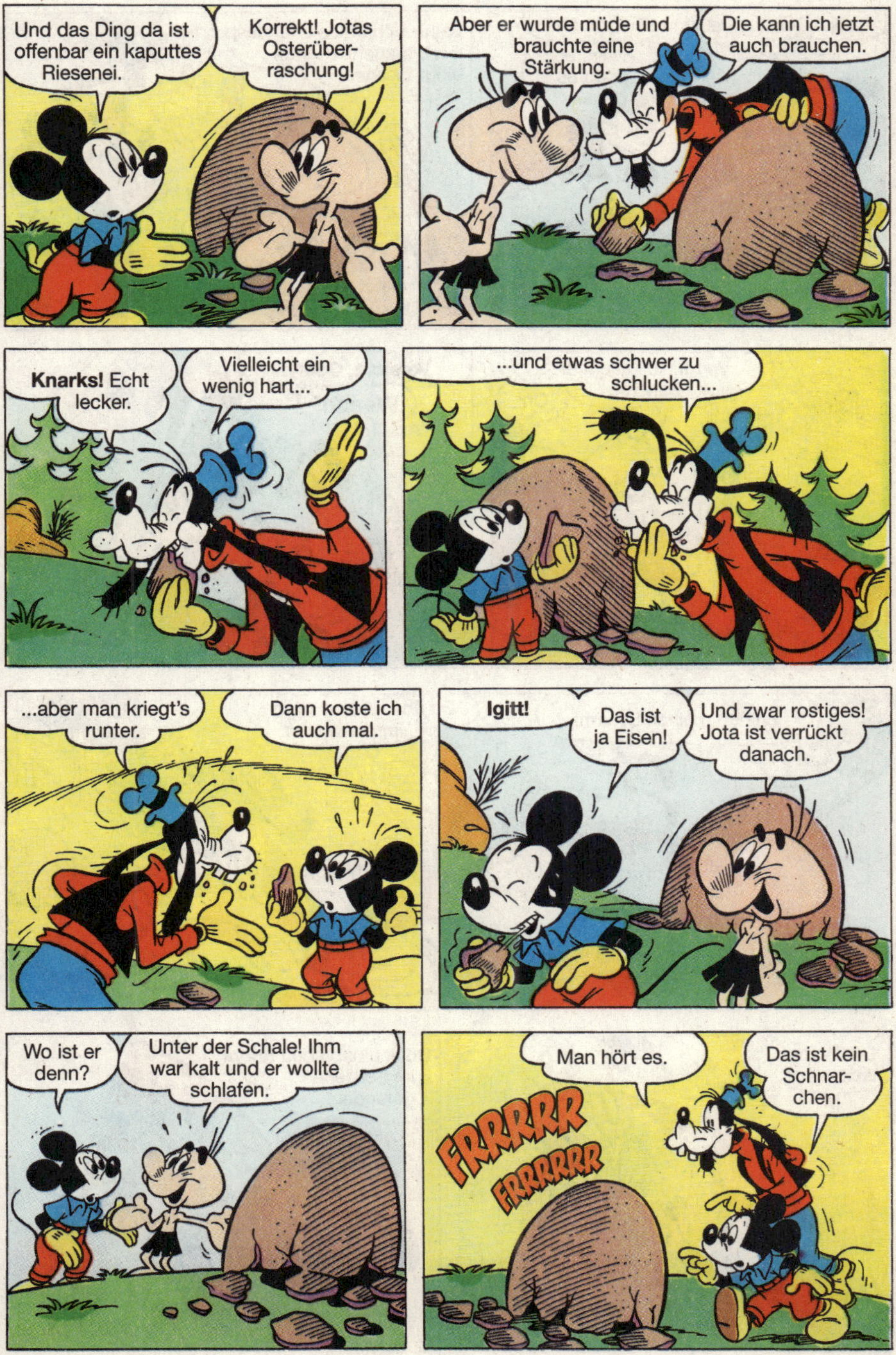
Und das Ding da ist offenbar ein kaputtes Riesenei.
Korrekt! Jotas Osterüber-raschung!
Aber er wurde müde und brauchte eine Stärkung.
Die kann ich jetzt auch brauchen.
Knarks! Echt lecker.
Vielleicht ein wenig hart...
...und etwas schwer zu schlucken...
...aber man kriegt's runter.
Dann koste ich auch mal.
Igitt!
Das ist ja Eisen!
Und zwar rostiges! Jota ist verrückt danach.
Wo ist er denn?
Unter der Schale! Ihm war kalt und er wollte schlafen.
Man hört es.
Das ist kein Schnar-chen.
FRRRRR
FRRRRRR

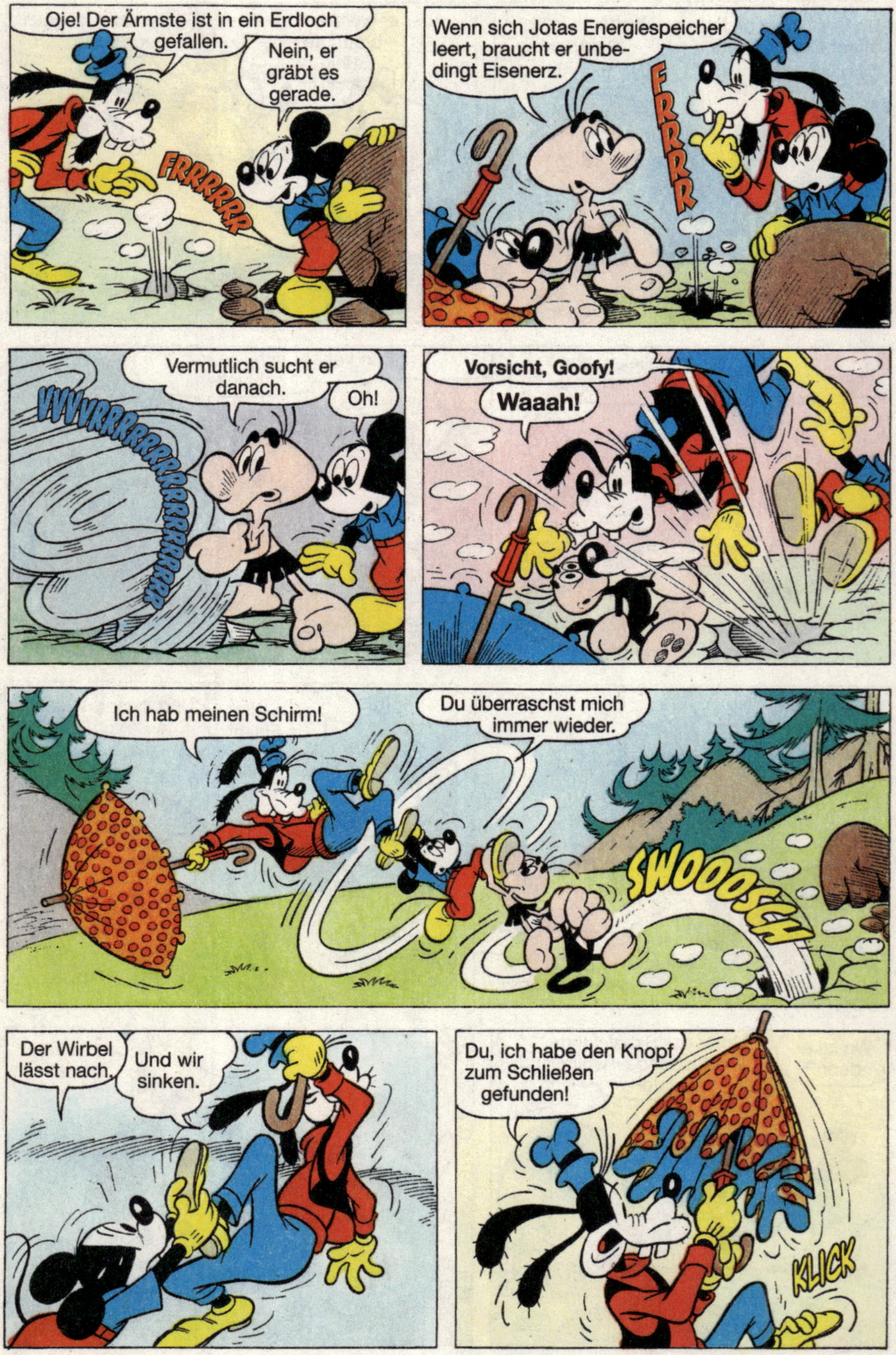

Oje! Der Ärmste ist in ein Erdloch gefallen.
Nein, er gräbt es gerade.
FRRRRRR
Wenn sich Jotas Energiespeicher leert, braucht er unbedingt Eisenerz.
FRRRR
Vermutlich sucht er danach.
Oh!
VVVVRRRRRRRRRRRRRRRRR
Vorsicht, Goofy!
Waaah!
Ich hab meinen Schirm!
Du überraschst mich immer wieder.
SWOOOSCH
Der Wirbel lässt nach.
Und wir sinken.
Du, ich habe den Knopf zum Schließen gefunden!
KLICK

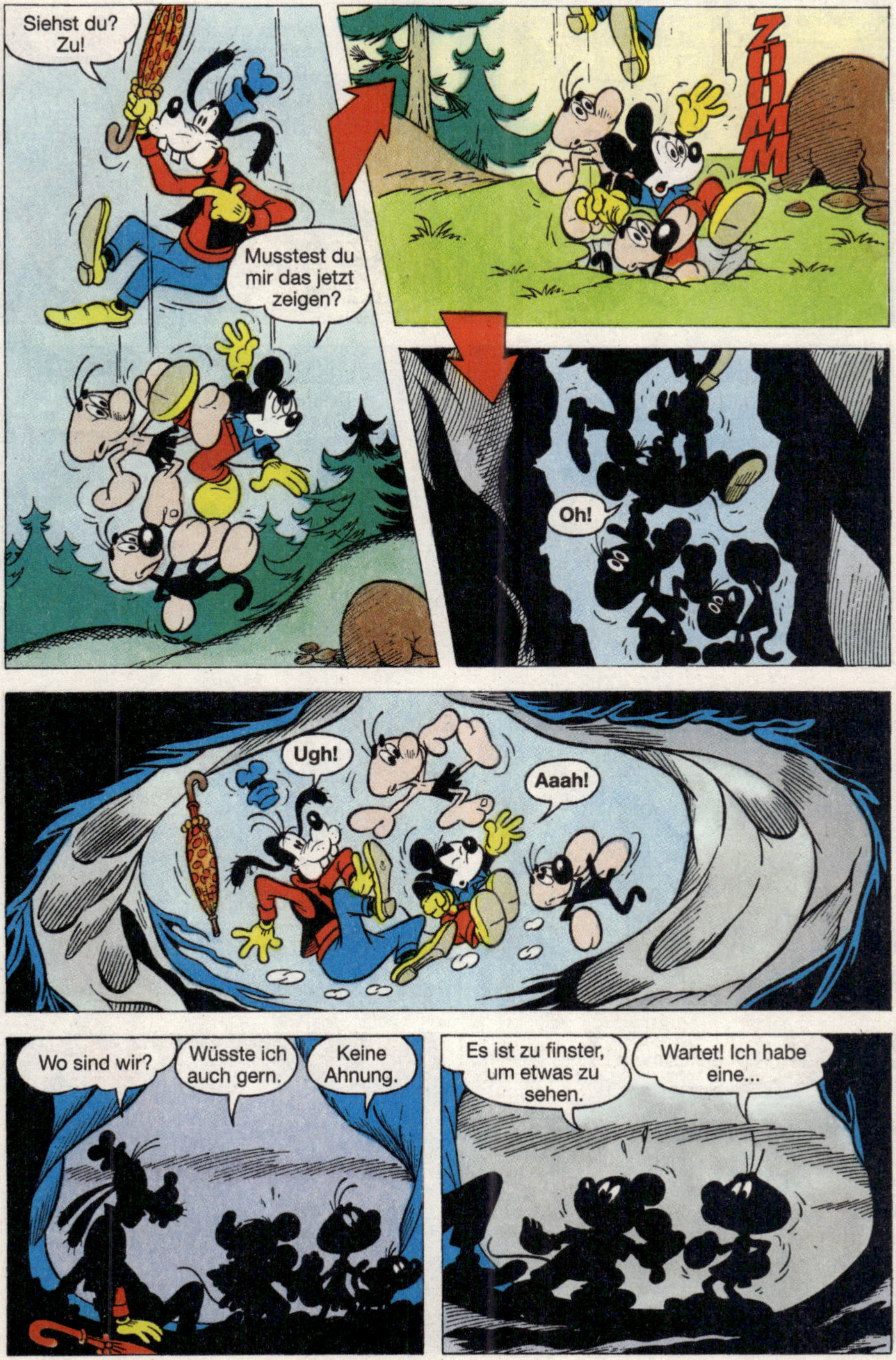
Siehst du? Zu!
Musstest du mir das jetzt zeigen?
ZUMM
Oh!
Ugh!
Aaah!
Wo sind wir?
Wüsste ich auch gern.
Keine Ahnung.
Es ist zu finster, um etwas zu sehen.
Wartet! Ich habe eine...

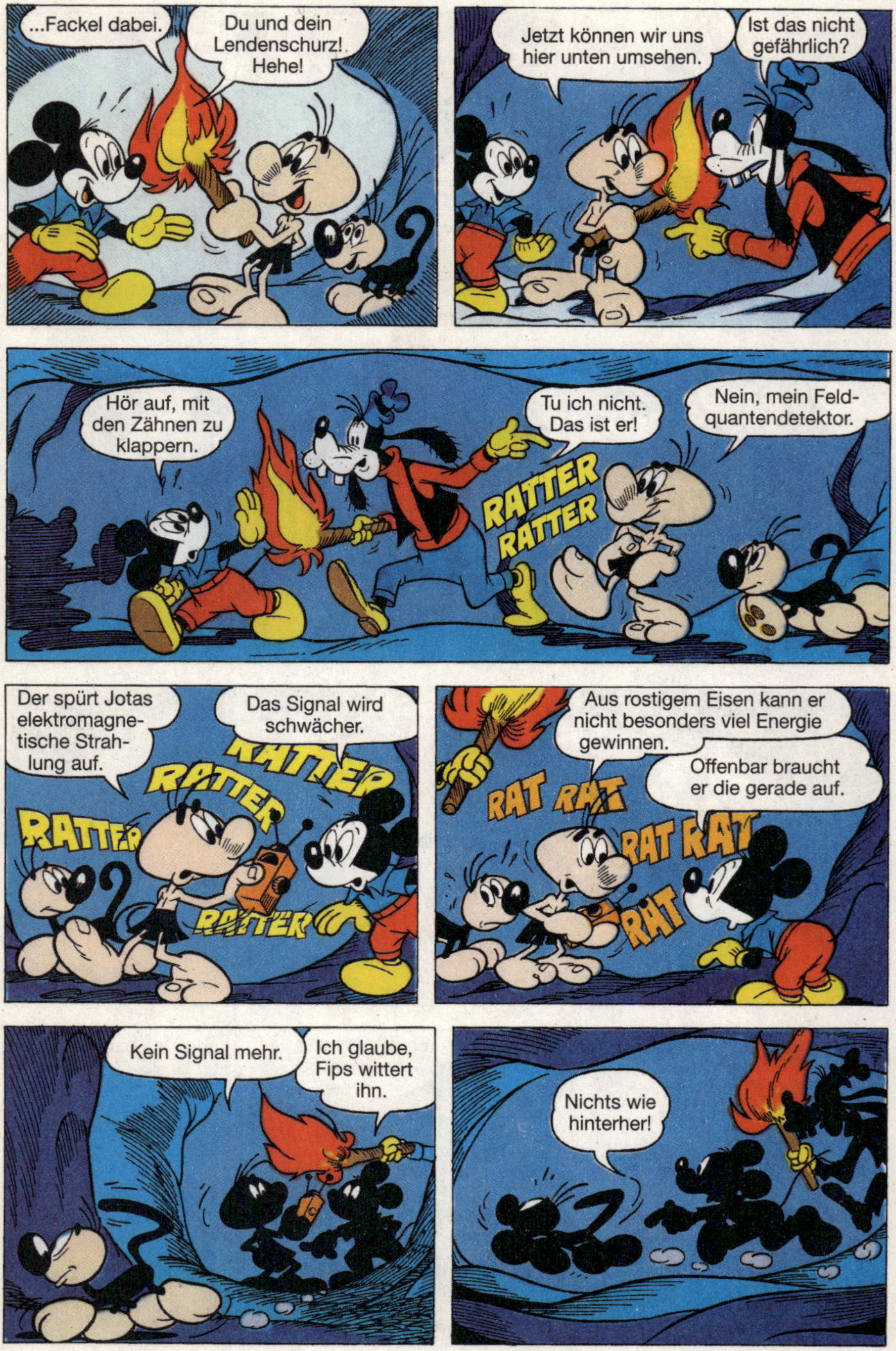
...Fackel dabei.
Du und dein Lendenschurz! Hehe!
Jetzt können wir uns hier unten umsehen.
Ist das nicht gefährlich?
Hör auf, mit den Zähnen zu klappern.
Tu ich nicht. Das ist er!
RATTER RATTER
Nein, mein Feldquantendetektor.
Der spürt Jotas elektromagnetische Strahlung auf.
Das Signal wird schwächer.
RATTER
RATTER
RATTER
RATTER
Aus rostigem Eisen kann er nicht besonders viel Energie gewinnen.
Offenbar braucht er die gerade auf.
RAT RAT RAT RAT RAT
Kein Signal mehr.
Ich glaube, Fips wittert ihn.
Nichts wie hinterher!

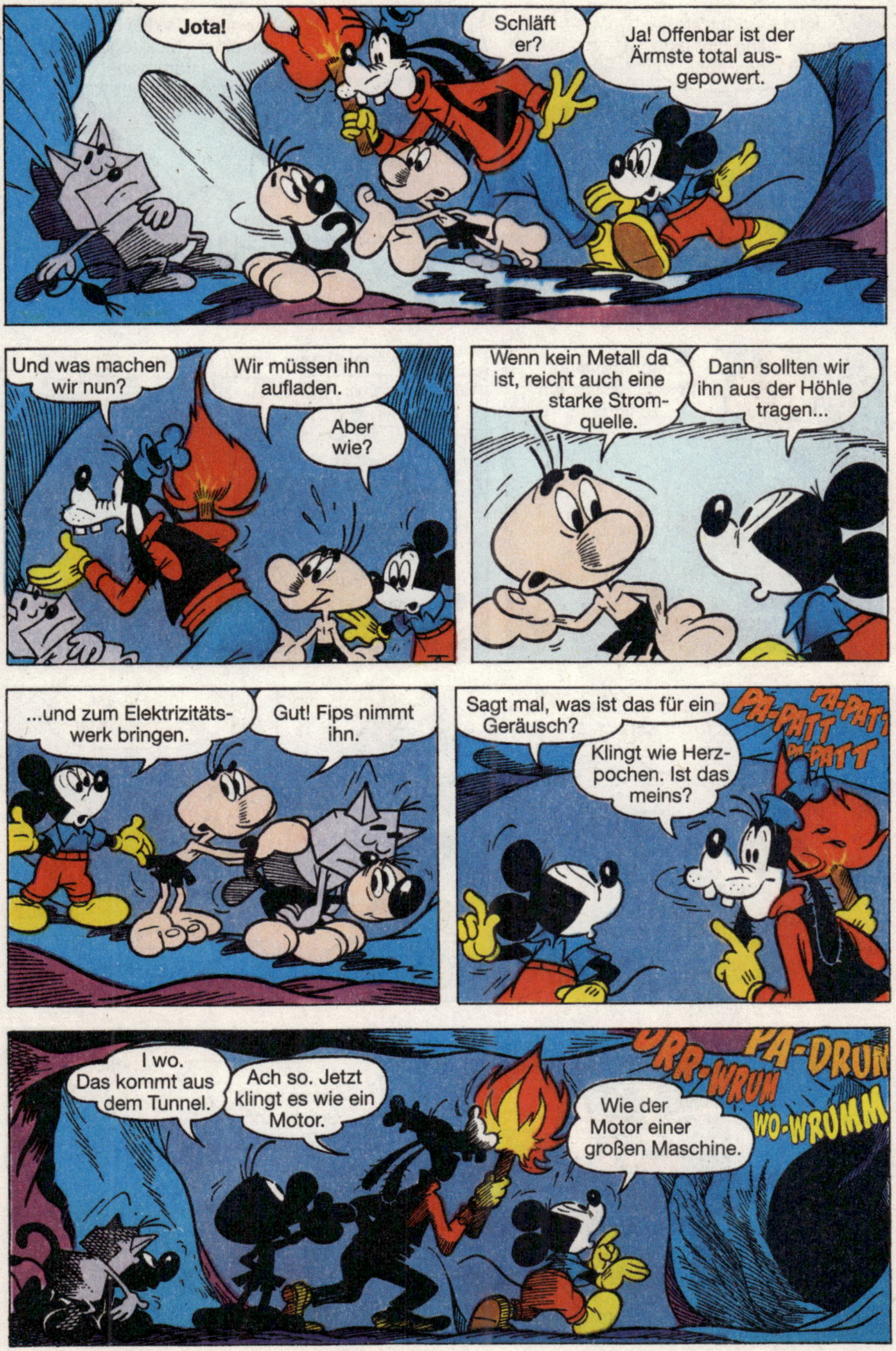
Jota!
Schläft er?
Ja! Offenbar ist der Ärmste total ausgepowert.
Und was machen wir nun?
Wir müssen ihn aufladen.
Aber wie?
Wenn kein Metall da ist, reicht auch eine starke Stromquelle.
Dann sollten wir ihn aus der Höhle tragen...
...und zum Elektrizitätswerk bringen.
Gut! Fips nimmt ihn.
Sagt mal, was ist das für ein Geräusch?
PA-PATT
Klingt wie Herzpochen. Ist das meins?
I wo. Das kommt aus dem Tunnel.
Ach so. Jetzt klingt es wie ein Motor.
Wie der Motor einer großen Maschine.
WO-WRUMM

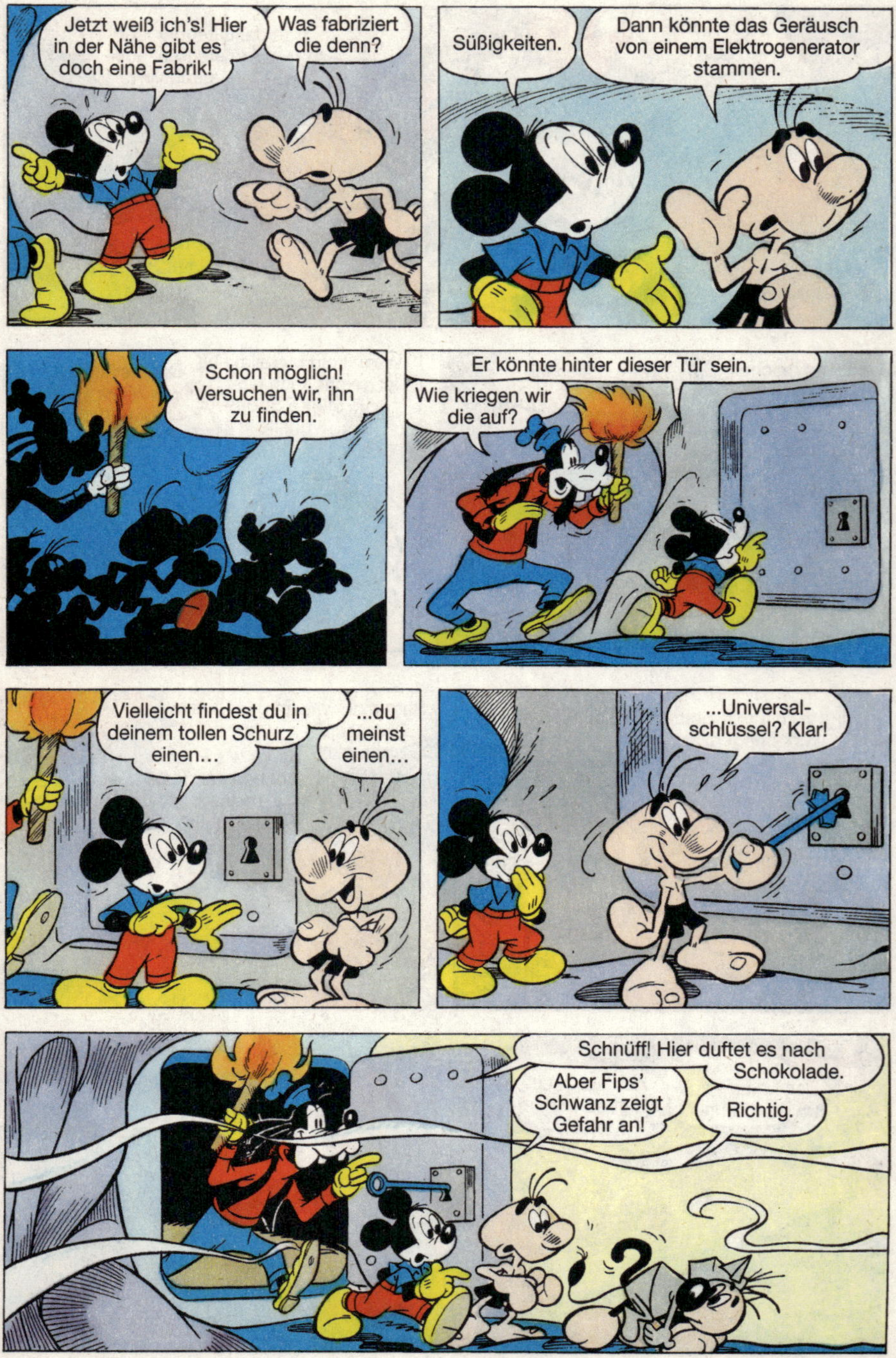
Jetzt weiß ich's! Hier in der Nähe gibt es doch eine Fabrik!
Was fabriziert die denn?
Süßigkeiten.
Dann könnte das Geräusch von einem Elektrogenerator stammen.
Schon möglich! Versuchen wir, ihn zu finden.
Er könnte hinter dieser Tür sein.
Wie kriegen wir die auf?
Vielleicht findest du in deinem tollen Schurz einen...
...du meinst einen...
...Universal-schlüssel? Klar!
Schnüff! Hier duftet es nach Schokolade.
Aber Fips' Schwanz zeigt Gefahr an!
Richtig.

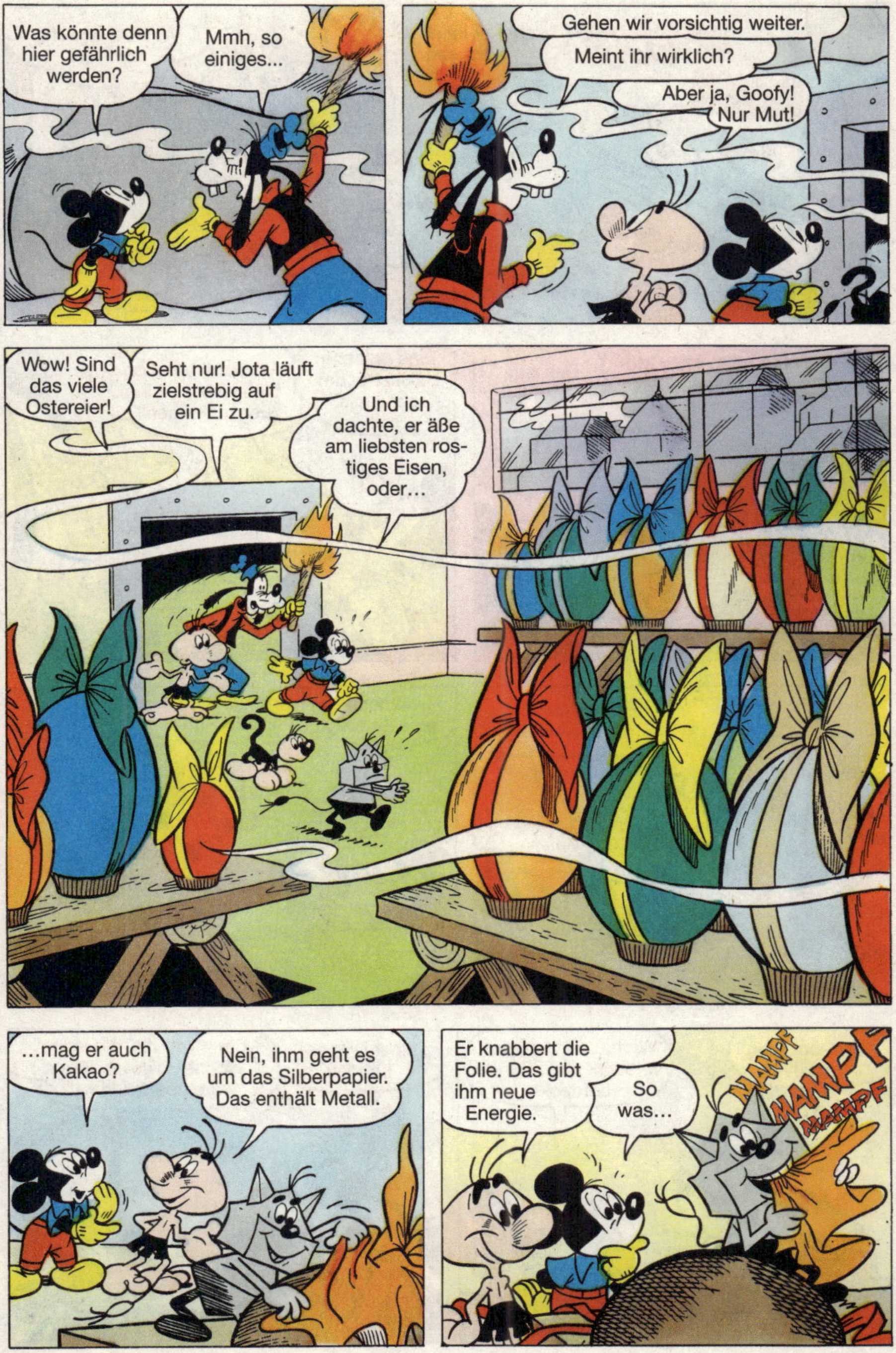

Was könnte denn hier gefährlich werden?
Mmh, so einiges...
Gehen wir vorsichtig weiter.
Meint ihr wirklich?
Aber ja, Goofy! Nur Mut!
Wow! Sind das viele Ostereier!
Seht nur! Jota läuft zielstrebig auf ein Ei zu.
Und ich dachte, er äße am liebsten rostiges Eisen, oder…
…mag er auch Kakao?
Nein, ihm geht es um das Silberpapier. Das enthält Metall.
Er knabbert die Folie. Das gibt ihm neue Energie.
So was…
MAMPF
MAMPF
MAMPF

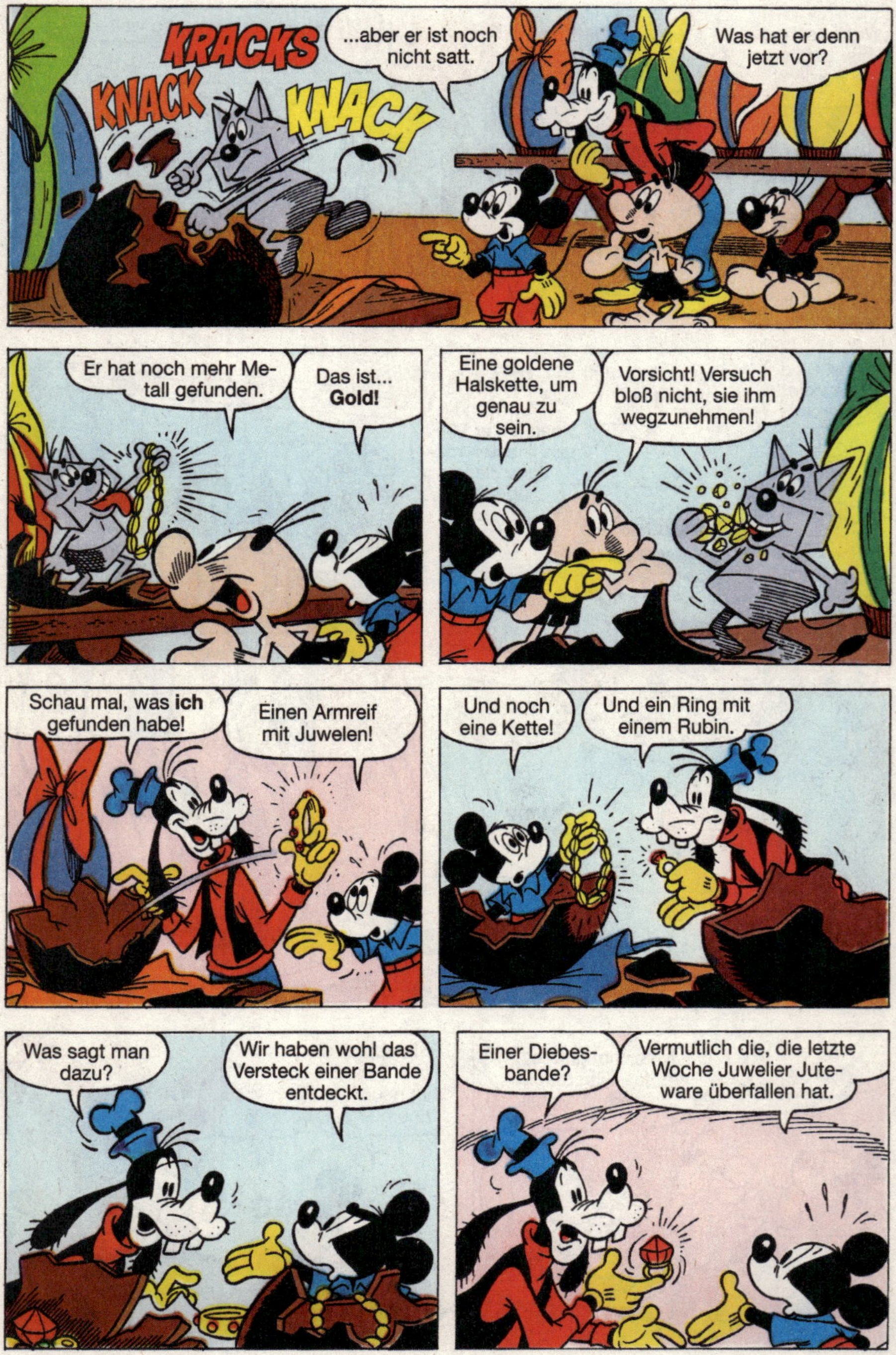
KRACKS
KNACK
KNACK
...aber er ist noch nicht satt.
Was hat er denn jetzt vor?
Er hat noch mehr Metall gefunden.
Das ist... **Gold!**
Eine goldene Halskette, um genau zu sein.
Vorsicht! Versuch bloß nicht, sie ihm wegzunehmen!
Schau mal, was **ich** gefunden habe!
Einen Armreif mit Juwelen!
Und noch eine Kette!
Und ein Ring mit einem Rubin.
Was sagt man dazu?
Wir haben wohl das Versteck einer Bande entdeckt.
Einer Diebesbande?
Vermutlich die, die letzte Woche Juwelier Juteware überfallen hat.

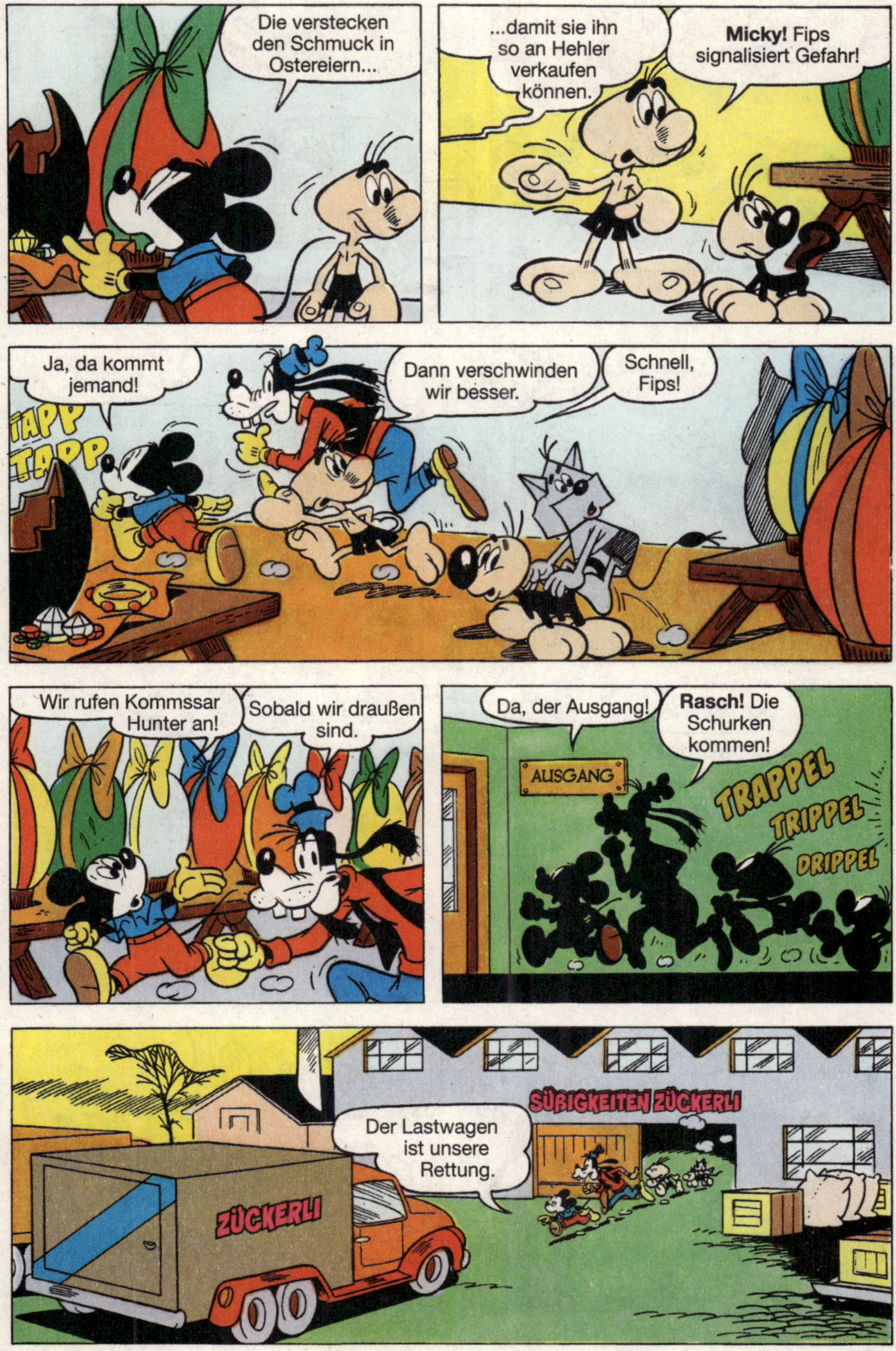
Die verstecken den Schmuck in Ostereiern...
...damit sie ihn so an Hehler verkaufen können.
Micky! Fips signalisiert Gefahr!
Ja, da kommt jemand!
TAPP TAPP
Dann verschwinden wir besser.
Schnell, Fips!
Wir rufen Kommssar Hunter an!
Sobald wir draußen sind.
Da, der Ausgang!
Rasch! Die Schurken kommen!
AUSGANG
TRAPPEL
TRIPPEL
DRIPPEL
SÜßIGKEITEN ZÜCKERLI
Der Lastwagen ist unsere Rettung.
ZÜCKERLI

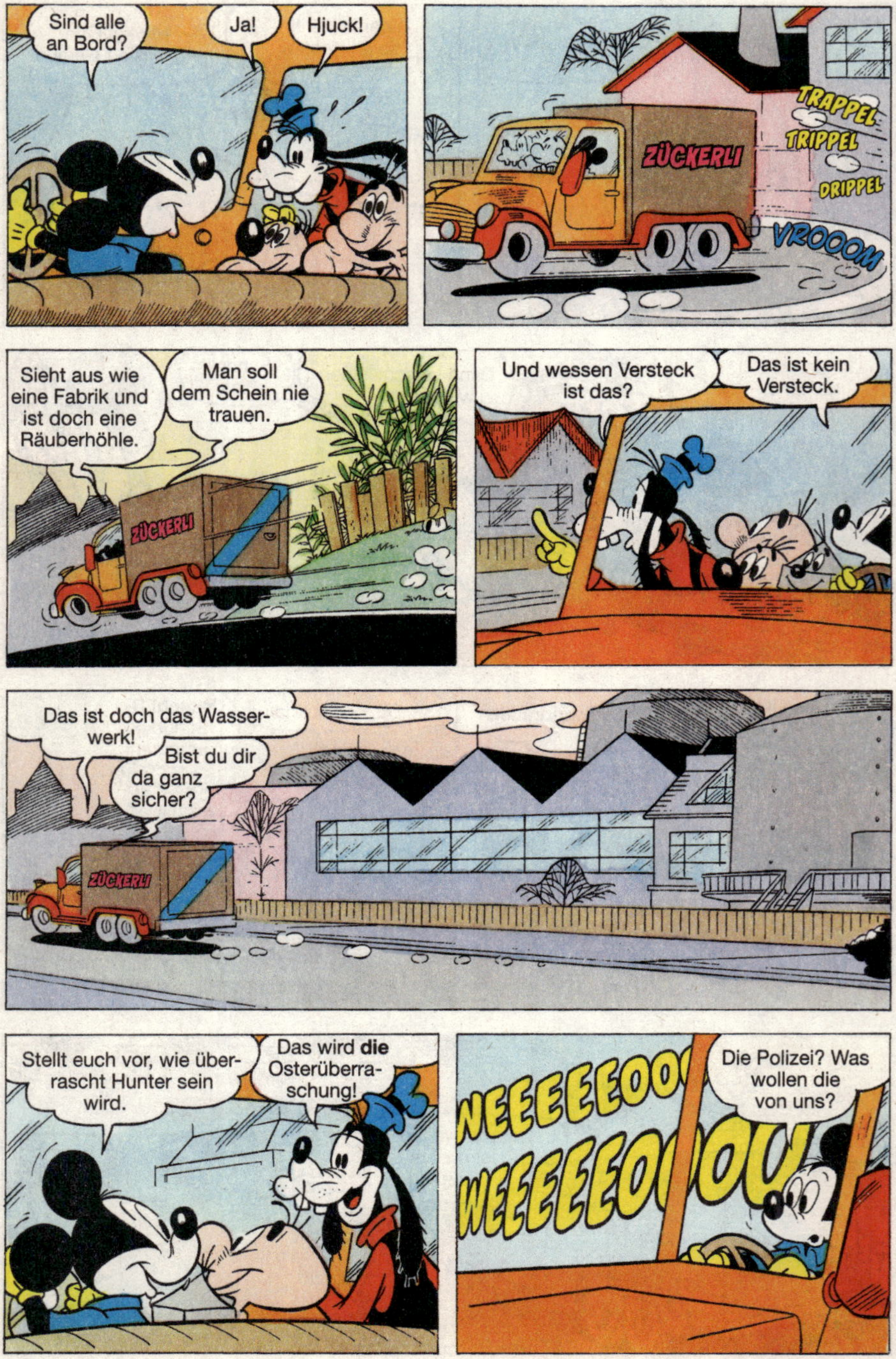
Sind alle an Bord?
Ja!
Hjuck!
TRAPPEL
TRIPPEL
DRIPPEL
VROOOM
ZÜCKERLI
Sieht aus wie eine Fabrik und ist doch eine Räuberhöhle.
Man soll dem Schein nie trauen.
Und wessen Versteck ist das?
Das ist kein Versteck.
Das ist doch das Wasserwerk!
Bist du dir da ganz sicher?
Stellt euch vor, wie überrascht Hunter sein wird.
Das wird **die** Osterüberraschung!
NEEEEEEOO
WEEEEEEOOOOU
Die Polizei? Was wollen die von uns?

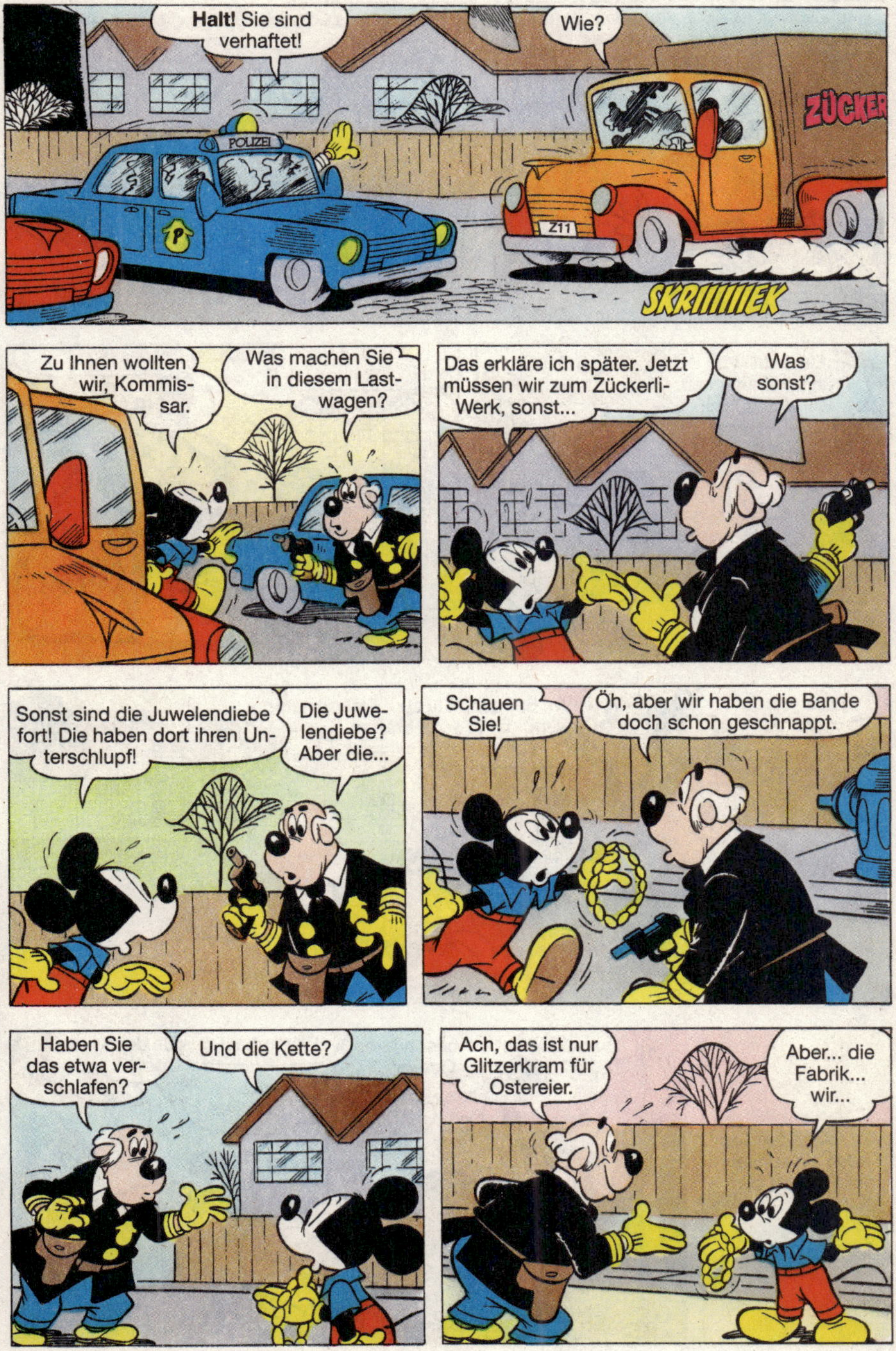

Halt! Sie sind verhaftet!
Wie?
ZÜCKER
POLIZEI
Z11
SKRIIIIIIEK
Zu Ihnen wollten wir, Kommissar.
Was machen Sie in diesem Lastwagen?
Das erkläre ich später. Jetzt müssen wir zum Zückerli-Werk, sonst...
Was sonst?
Sonst sind die Juwelendiebe fort! Die haben dort ihren Unterschlupf!
Die Juwelendiebe? Aber die...
Schauen Sie!
Öh, aber wir haben die Bande doch schon geschnappt.
Haben Sie das etwa verschlafen?
Und die Kette?
Ach, das ist nur Glitzerkram für Ostereier.
Aber... die Fabrik... wir...

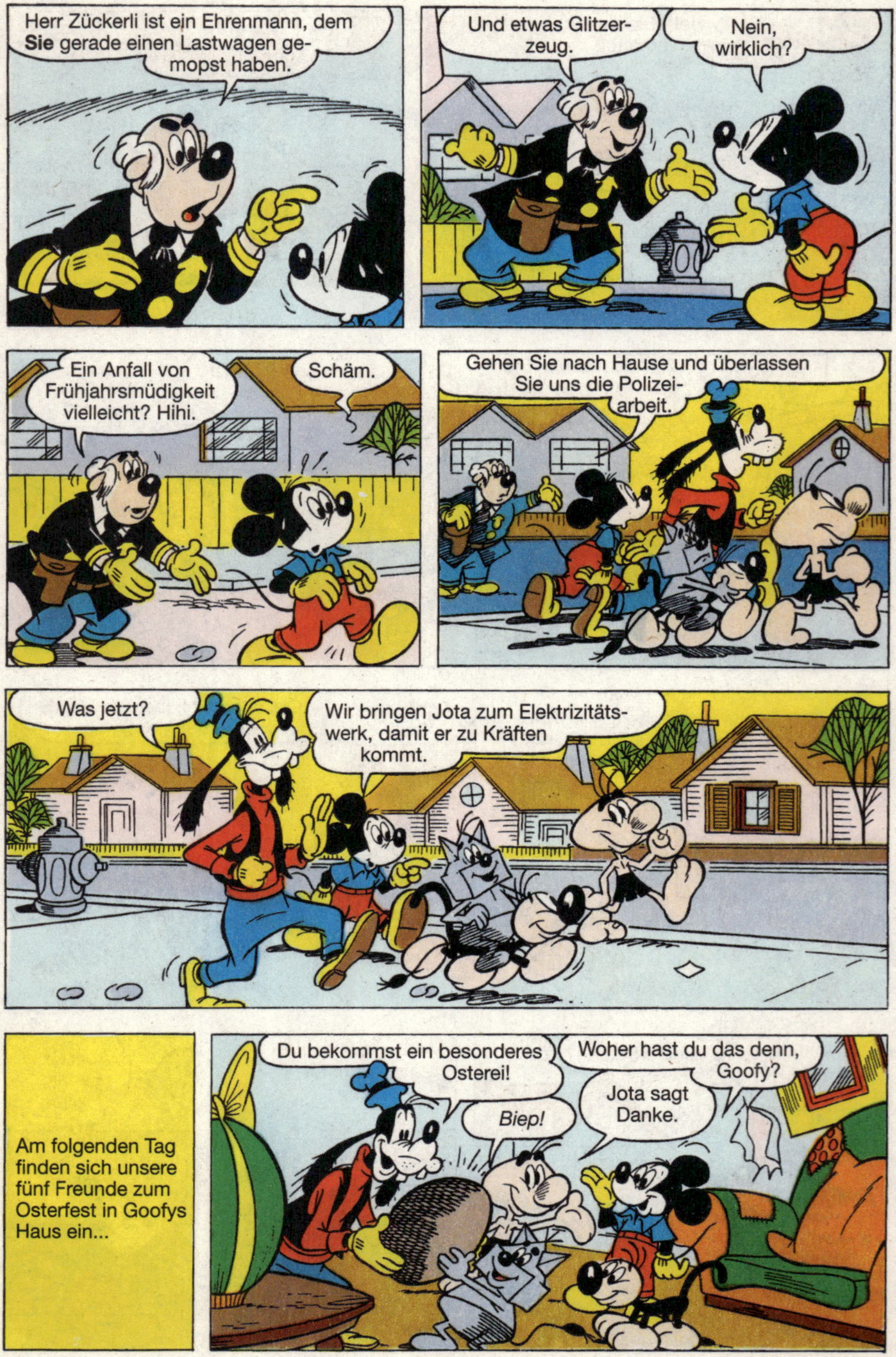

Herr Zückerli ist ein Ehrenmann, dem **Sie** gerade einen Lastwagen gemopst haben.
Und etwas Glitzerzeug.
Nein, wirklich?
Ein Anfall von Frühjahrsmüdigkeit vielleicht? Hihi.
Schäm.
Gehen Sie nach Hause und überlassen Sie uns die Polizeiarbeit.
Was jetzt?
Wir bringen Jota zum Elektrizitätswerk, damit er zu Kräften kommt.
Am folgenden Tag finden sich unsere fünf Freunde zum Osterfest in Goofys Haus ein...
Du bekommst ein besonderes Osterei!
Biep!
Woher hast du das denn, Goofy?
Jota sagt Danke.

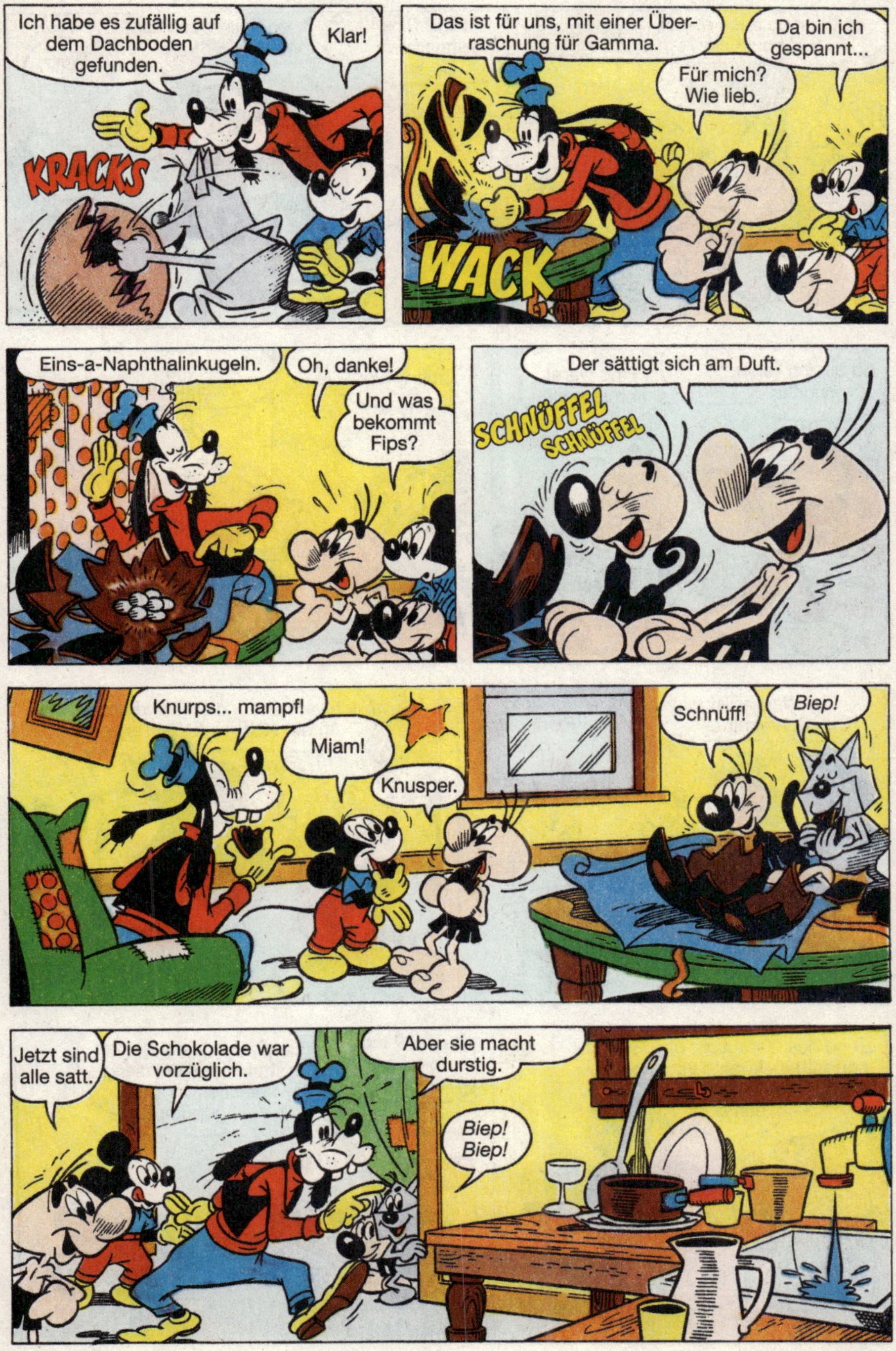
Ich habe es zufällig auf dem Dachboden gefunden.
Klar!
KRACKS
Das ist für uns, mit einer Überraschung für Gamma.
Da bin ich gespannt...
Für mich? Wie lieb.
WACK
Eins-a-Naphthalinkugeln.
Oh, danke!
Und was bekommt Fips?
Der sättigt sich am Duft.
SCHNÜFFEL
SCHNÜFFEL
Knurps... mampf!
Mjam!
Knusper.
Schnüff!
Biep!
Jetzt sind alle satt.
Die Schokolade war vorzüglich.
Aber sie macht durstig.
Biep! Biep!

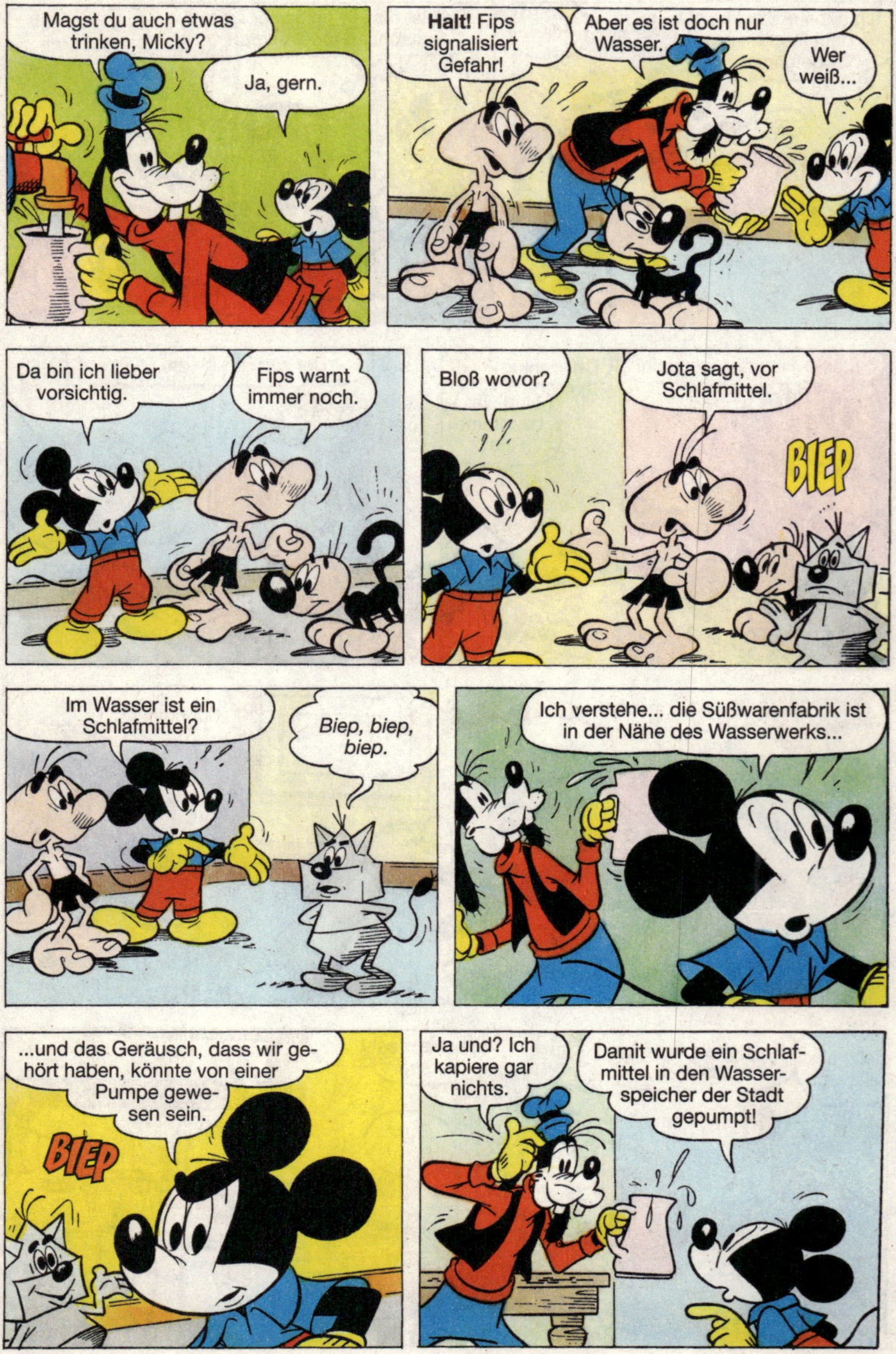
Magst du auch etwas trinken, Micky?
Ja, gern.
Halt! Fips signalisiert Gefahr!
Aber es ist doch nur Wasser.
Wer weiß...
Da bin ich lieber vorsichtig.
Fips warnt immer noch.
Bloß wovor?
Jota sagt, vor Schlafmittel.
BIEP
Im Wasser ist ein Schlafmittel?
Biep, biep, biep.
Ich verstehe... die Süßwarenfabrik ist in der Nähe des Wasserwerks...
...und das Geräusch, dass wir gehört haben, könnte von einer Pumpe gewesen sein.
BIEP
Ja und? Ich kapiere gar nichts.
Damit wurde ein Schlafmittel in den Wasserspeicher der Stadt gepumpt!

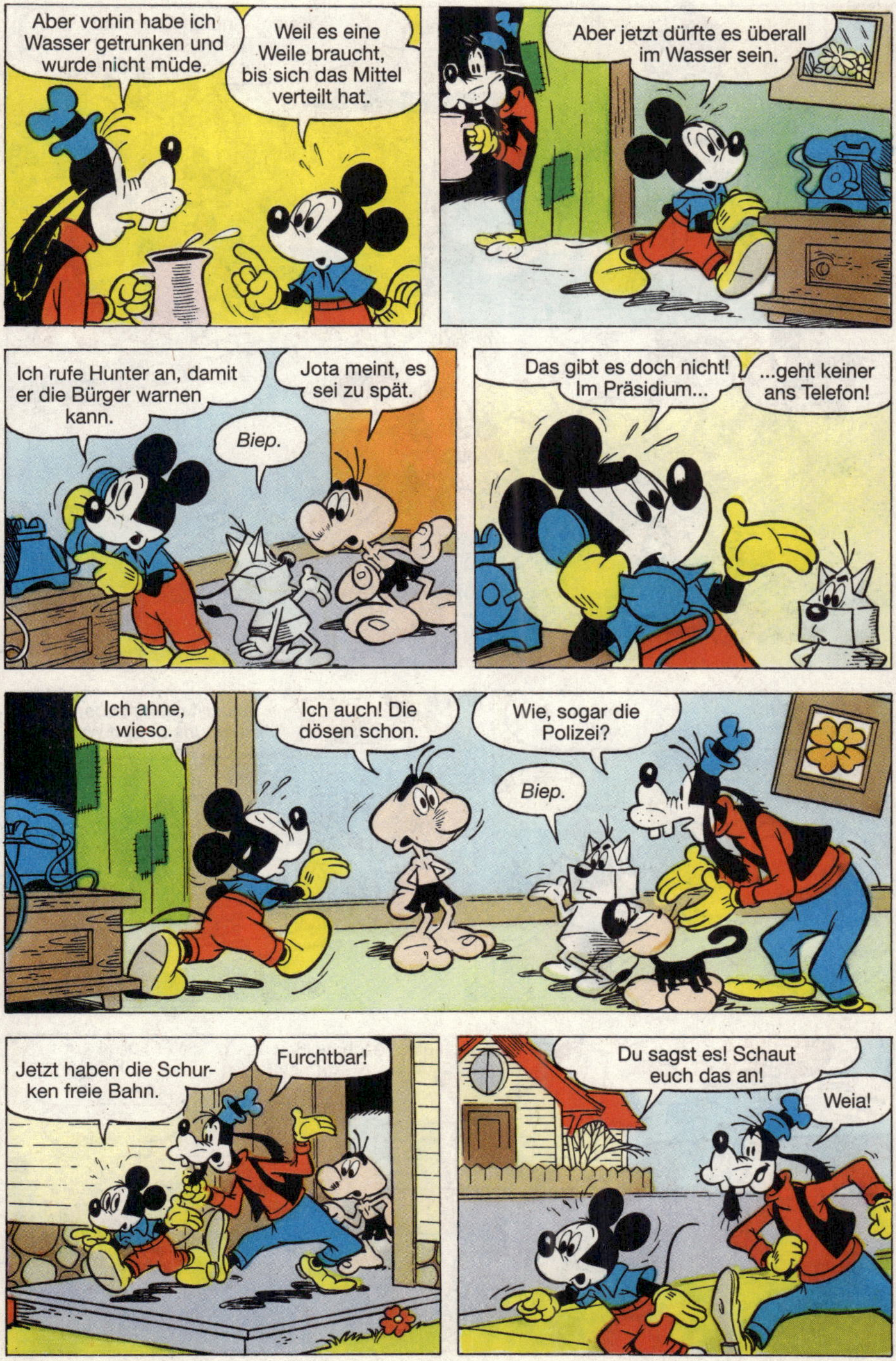
Aber vorhin habe ich Wasser getrunken und wurde nicht müde.
Weil es eine Weile braucht, bis sich das Mittel verteilt hat.
Aber jetzt dürfte es überall im Wasser sein.
Ich rufe Hunter an, damit er die Bürger warnen kann.
Jota meint, es sei zu spät.
Biep.
Das gibt es doch nicht! Im Präsidium...
...geht keiner ans Telefon!
Ich ahne, wieso.
Ich auch! Die dösen schon.
Wie, sogar die Polizei?
Biep.
Jetzt haben die Schurken freie Bahn.
Furchtbar!
Du sagst es! Schaut euch das an!
Weia!

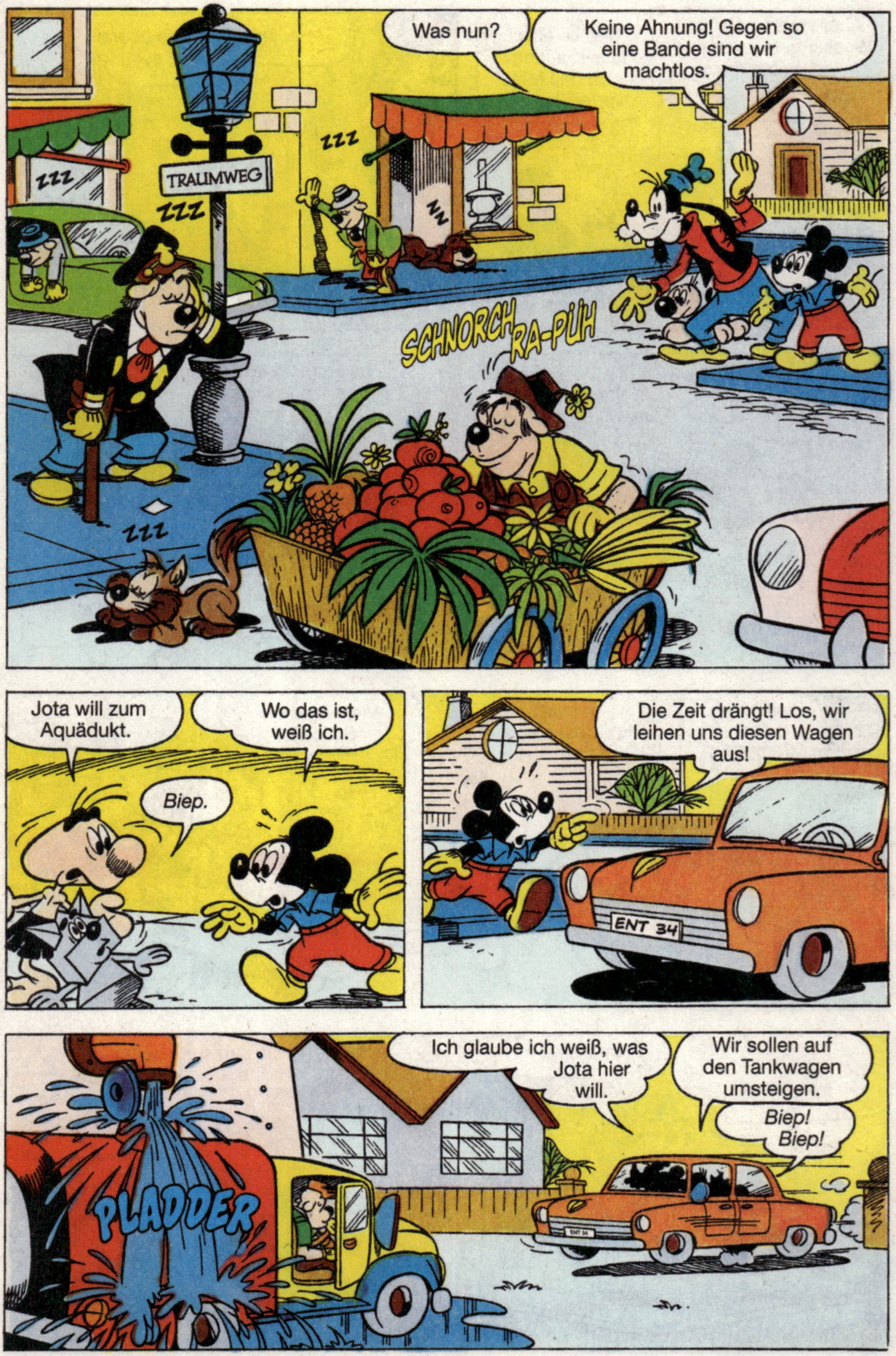
Was nun?
Keine Ahnung! Gegen so eine Bande sind wir machtlos.
TRAUMWEG
ZZZ
SCHNORCH RA-PÜH
Jota will zum Aquädukt.
Wo das ist, weiß ich.
Biep.
Die Zeit drängt! Los, wir leihen uns diesen Wagen aus!
ENT 34
Ich glaube ich weiß, was Jota hier will.
Wir sollen auf den Tankwagen umsteigen.
Biep! Biep!
PLADDER

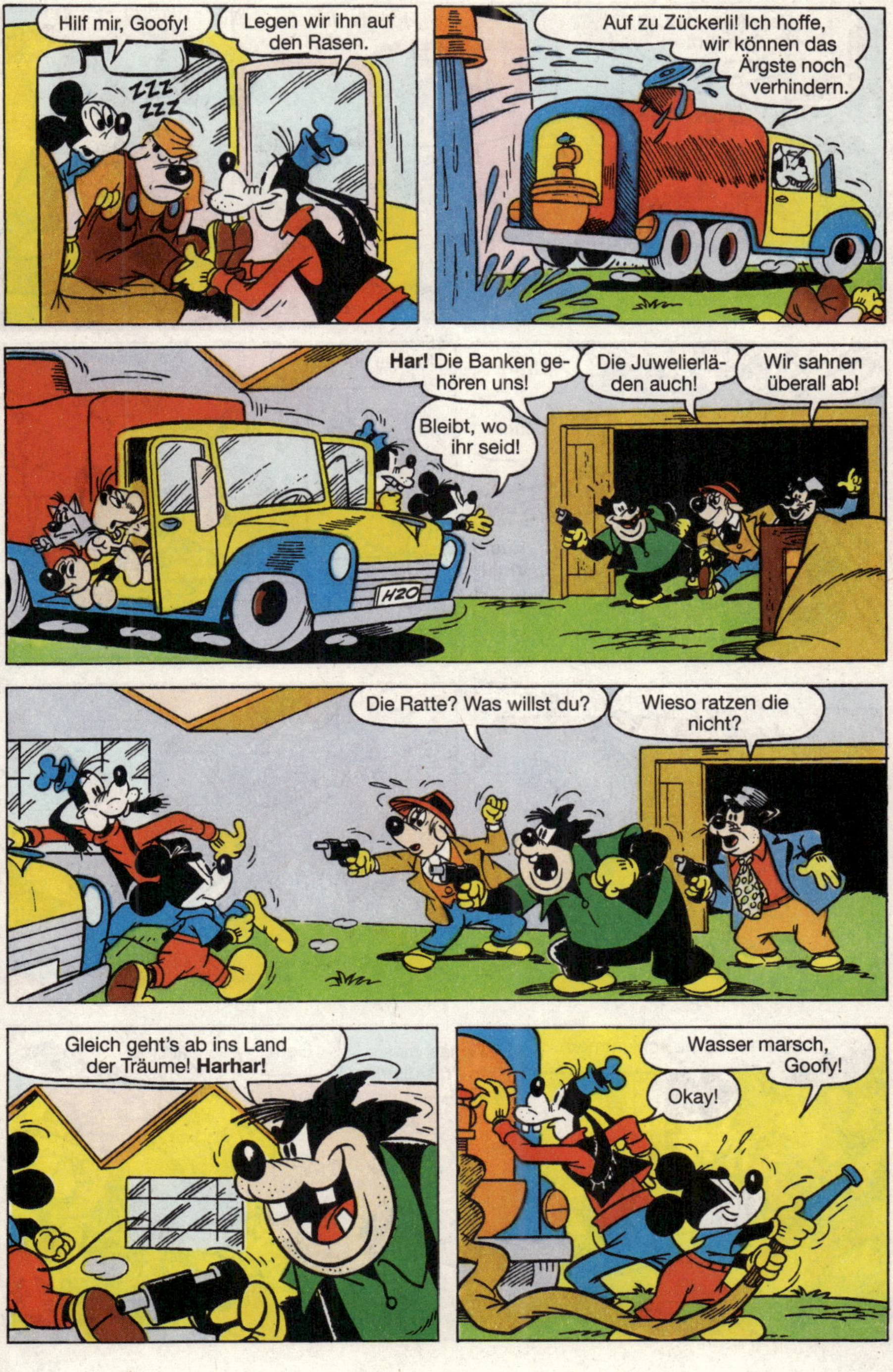
Hilf mir, Goofy!
Legen wir ihn auf den Rasen.
ZZZ ZZZ
Auf zu Zückerli! Ich hoffe, wir können das Ärgste noch verhindern.
Har! Die Banken gehören uns!
Die Juwelierläden auch!
Wir sahnen überall ab!
Bleibt, wo ihr seid!
H2O
Die Ratte? Was willst du?
Wieso ratzen die nicht?
Gleich geht's ab ins Land der Träume! Harhar!
Wasser marsch, Goofy!
Okay!

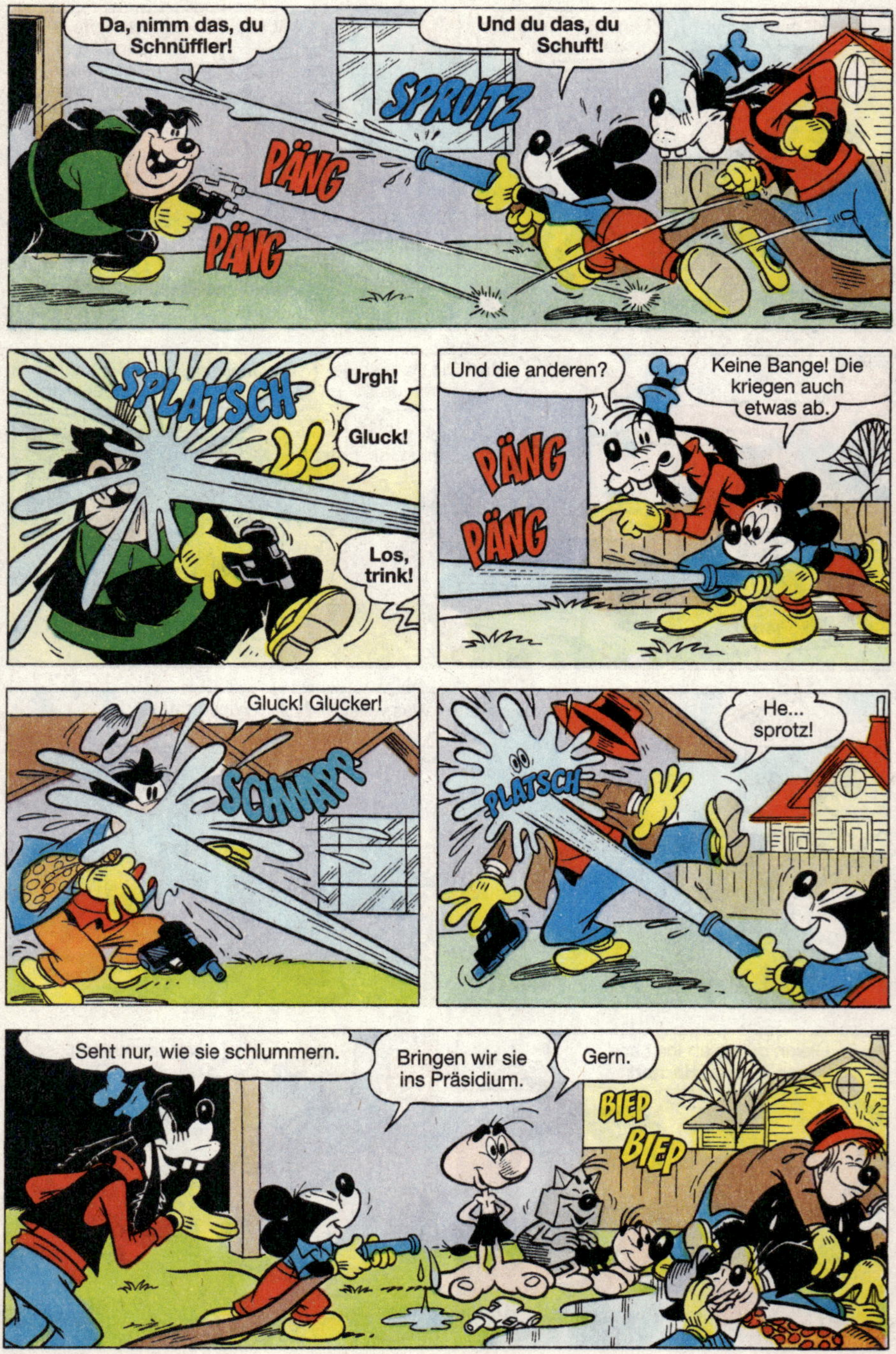
Da, nimm das, du Schnüffler!
Und du das, du Schuft!
SPRUTZ
PÄNG
PÄNG
SPLATSCH
Urgh!
Gluck!
Los, trink!
Und die anderen?
Keine Bange! Die kriegen auch etwas ab.
PÄNG
PÄNG
Gluck! Glucker!
SCHWAPP
He... sprotz!
PLATSCH
Seht nur, wie sie schlummern.
Bringen wir sie ins Präsidium.
Gern.
BIEP
BIEP

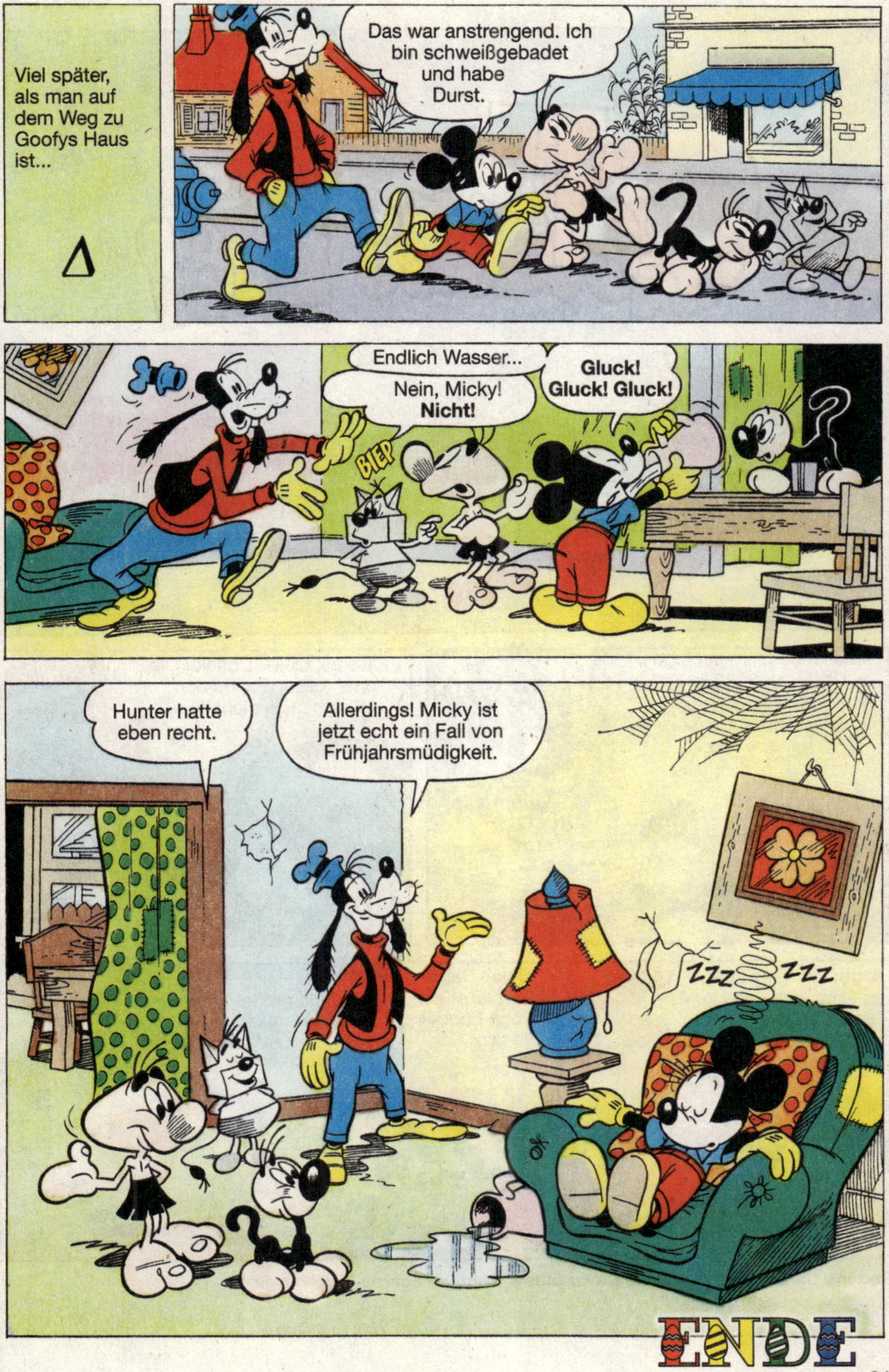
Viel später, als man auf dem Weg zu Goofys Haus ist...
Das war anstrengend. Ich bin schweißgebadet und habe Durst.
Endlich Wasser...
Nein, Micky! **Nicht!**
BIEP
Gluck! Gluck! Gluck!
Hunter hatte eben recht.
Allerdings! Micky ist jetzt echt ein Fall von Frühjahrsmüdigkeit.
ZZZ ZZZ
ENDE

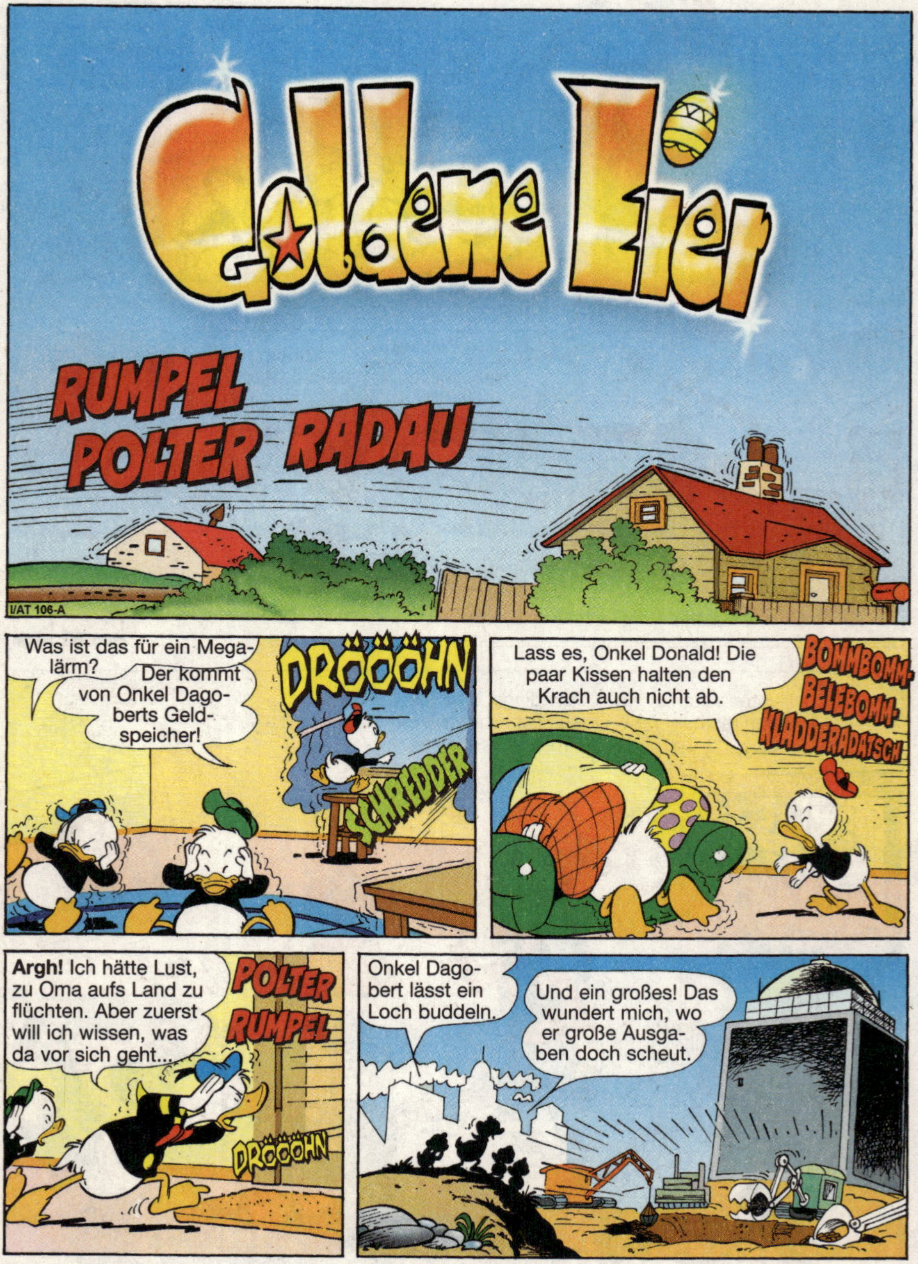

Rodolfo Cimino (Story), **Giorgio Cavazzano** & **Romano Scarpa** (Zeichnungen)

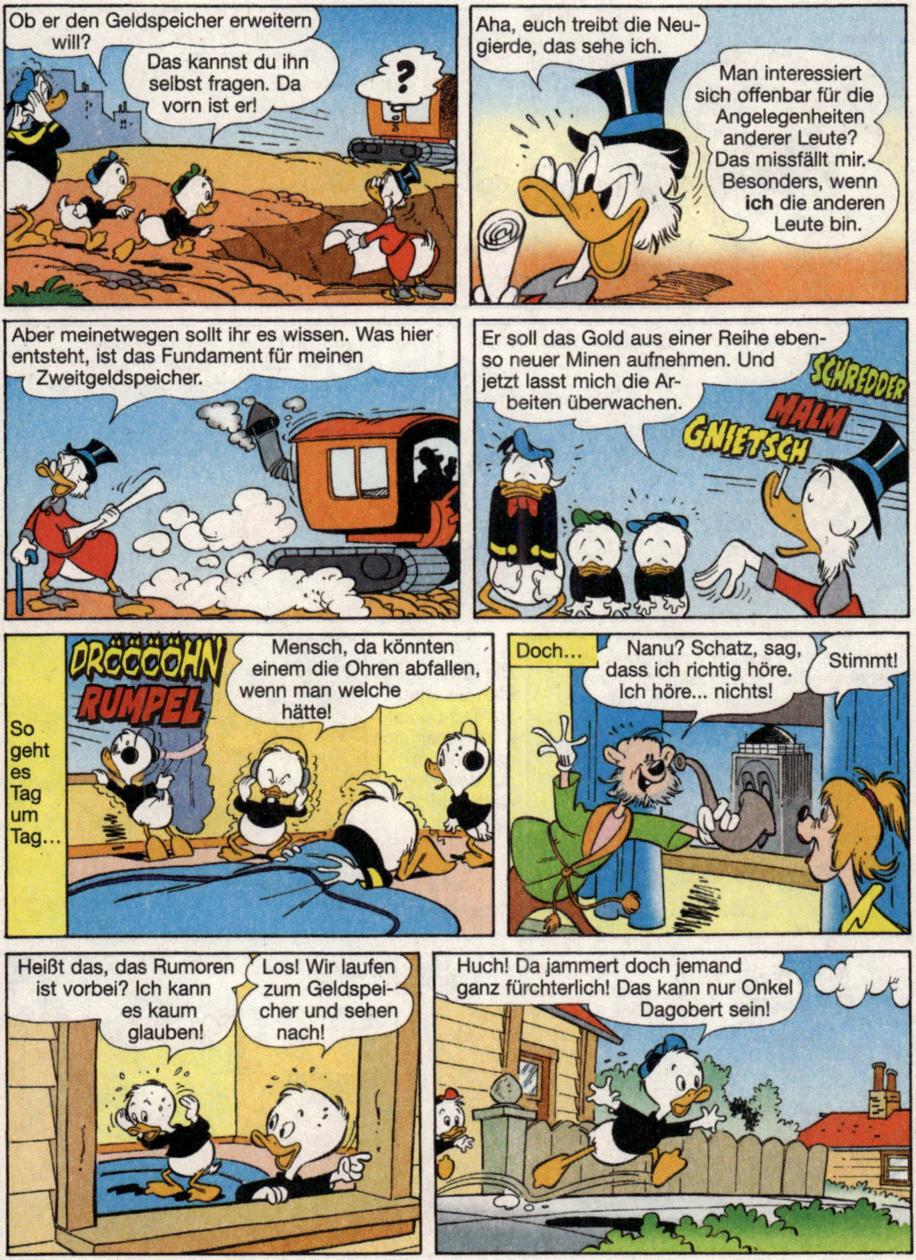
Ob er den Geldspeicher erweitern will?
Das kannst du ihn selbst fragen. Da vorn ist er!
?
Aha, euch treibt die Neugierde, das sehe ich.
Man interessiert sich offenbar für die Angelegenheiten anderer Leute? Das missfällt mir. Besonders, wenn **ich** die anderen Leute bin.
Aber meinetwegen sollt ihr es wissen. Was hier entsteht, ist das Fundament für meinen Zweitgeldspeicher.
Er soll das Gold aus einer Reihe ebenso neuer Minen aufnehmen. Und jetzt lasst mich die Arbeiten überwachen.
SCHREDDER
MALM
GNIETSCH
So geht es Tag um Tag...
DRÖÖÖÖHN
RUMPEL
Mensch, da könnten einem die Ohren abfallen, wenn man welche hätte!
Doch...
Nanu? Schatz, sag, dass ich richtig höre. Ich höre... nichts!
Stimmt!
Heißt das, das Rumoren ist vorbei? Ich kann es kaum glauben!
Los! Wir laufen zum Geldspeicher und sehen nach!
Huch! Da jammert doch jemand ganz fürchterlich! Das kann nur Onkel Dagobert sein!

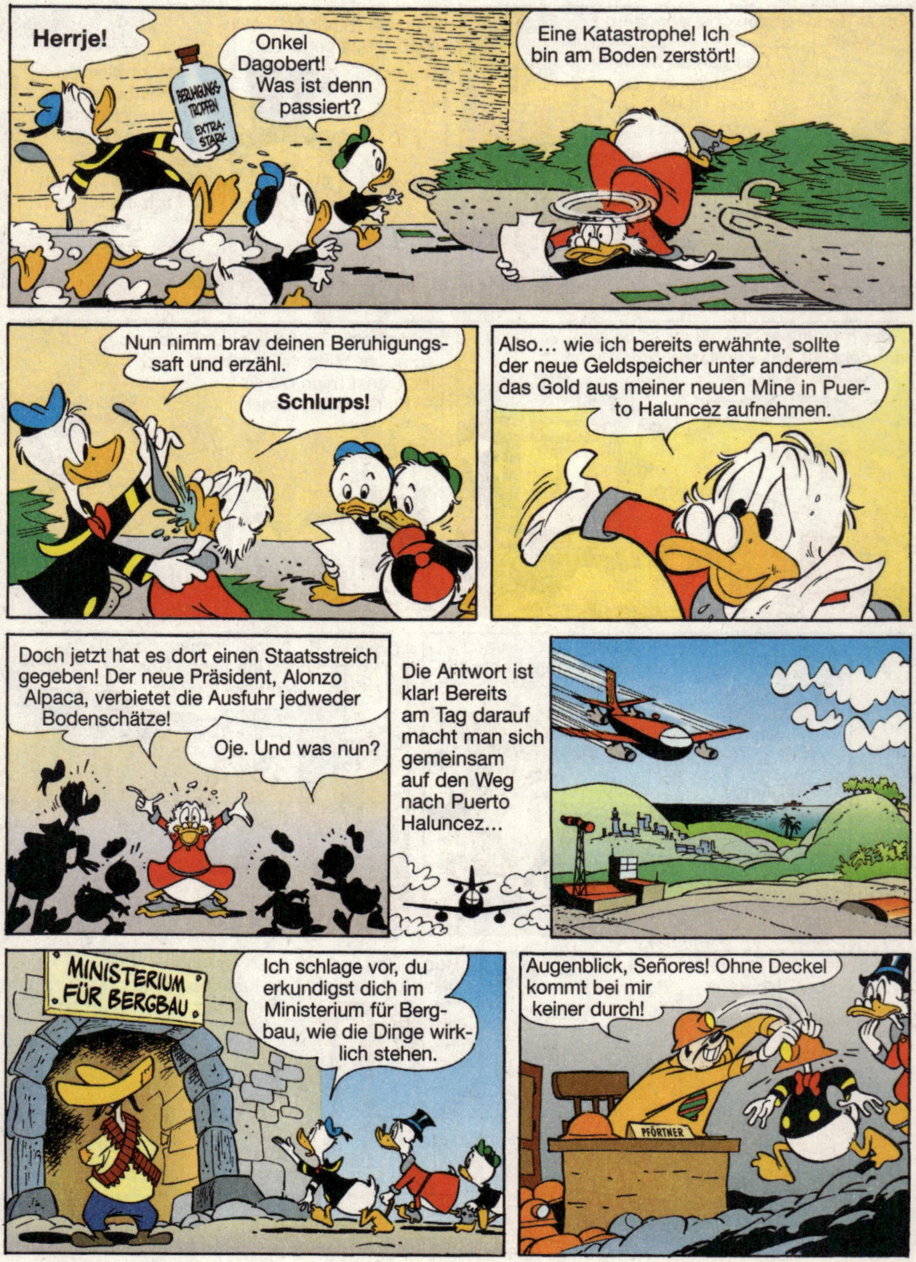
Herrje!
BERUHIGUNGS-TROPFEN EXTRA-STARK
Onkel Dagobert! Was ist denn passiert?
Eine Katastrophe! Ich bin am Boden zerstört!
Nun nimm brav deinen Beruhigungssaft und erzähl.
Schlurps!
Also… wie ich bereits erwähnte, sollte der neue Geldspeicher unter anderem das Gold aus meiner neuen Mine in Puerto Haluncez aufnehmen.
Doch jetzt hat es dort einen Staatsstreich gegeben! Der neue Präsident, Alonzo Alpaca, verbietet die Ausfuhr jedweder Bodenschätze!
Oje. Und was nun?
Die Antwort ist klar! Bereits am Tag darauf macht man sich gemeinsam auf den Weg nach Puerto Haluncez…
MINISTERIUM FÜR BERGBAU
Ich schlage vor, du erkundigst dich im Ministerium für Bergbau, wie die Dinge wirklich stehen.
Augenblick, Señores! Ohne Deckel kommt bei mir keiner durch!
PFÖRTNER

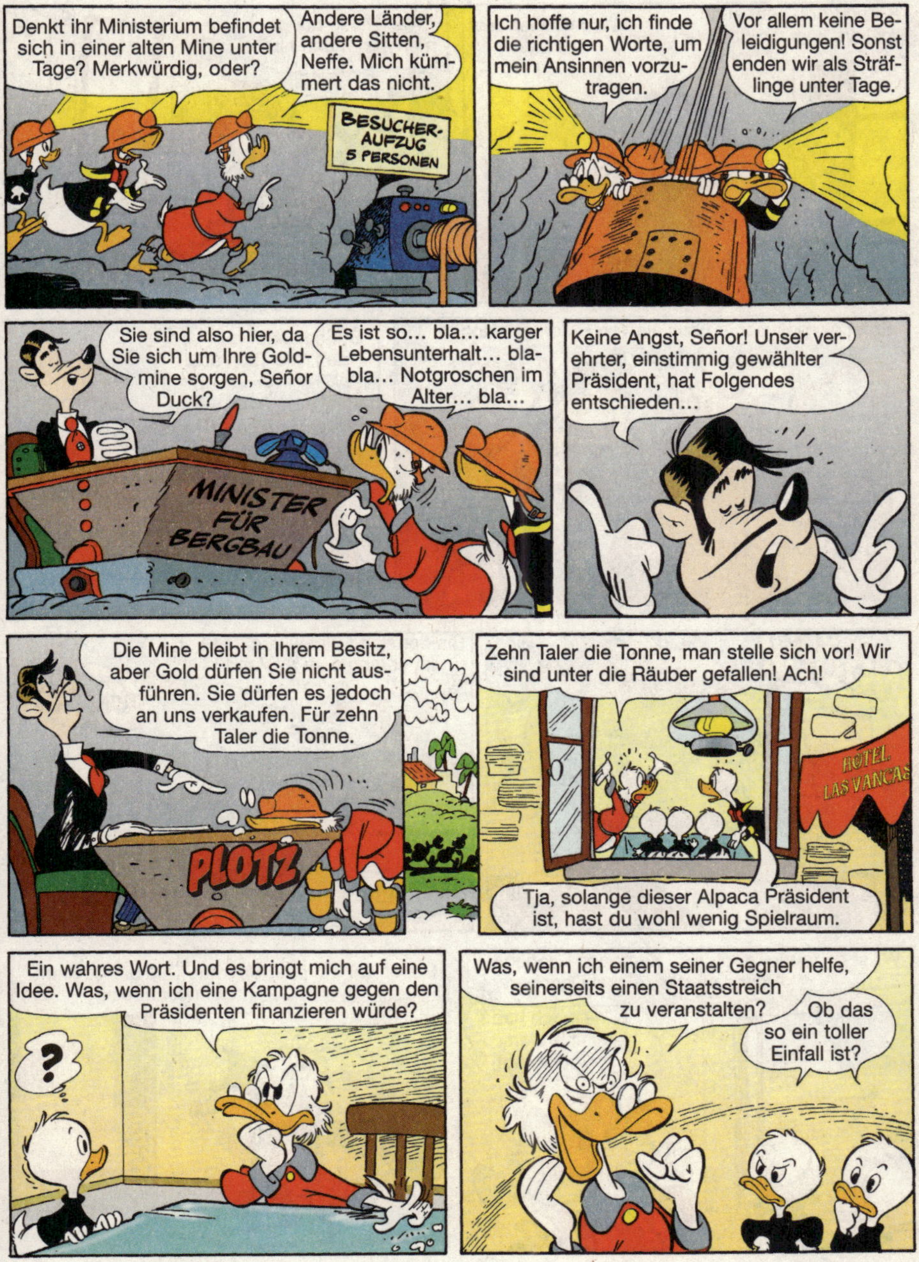
Denkt ihr Ministerium befindet sich in einer alten Mine unter Tage? Merkwürdig, oder?
Andere Länder, andere Sitten, Neffe. Mich kümmert das nicht.
BESUCHER-AUFZUG 5 PERSONEN
Ich hoffe nur, ich finde die richtigen Worte, um mein Ansinnen vorzutragen.
Vor allem keine Beleidigungen! Sonst enden wir als Sträflinge unter Tage.
Sie sind also hier, da Sie sich um Ihre Goldmine sorgen, Señor Duck?
Es ist so… bla… karger Lebensunterhalt… blabla… Notgroschen im Alter… bla…
MINISTER FÜR BERGBAU
Keine Angst, Señor! Unser verehrter, einstimmig gewählter Präsident, hat Folgendes entschieden…
Die Mine bleibt in Ihrem Besitz, aber Gold dürfen Sie nicht ausführen. Sie dürfen es jedoch an uns verkaufen. Für zehn Taler die Tonne.
PLOTZ
Zehn Taler die Tonne, man stelle sich vor! Wir sind unter die Räuber gefallen! Ach!
HOTEL LAS VANCAS
Tja, solange dieser Alpaca Präsident ist, hast du wohl wenig Spielraum.
Ein wahres Wort. Und es bringt mich auf eine Idee. Was, wenn ich eine Kampagne gegen den Präsidenten finanzieren würde?
?
Was, wenn ich einem seiner Gegner helfe, seinerseits einen Staatsstreich zu veranstalten?
Ob das so ein toller Einfall ist?

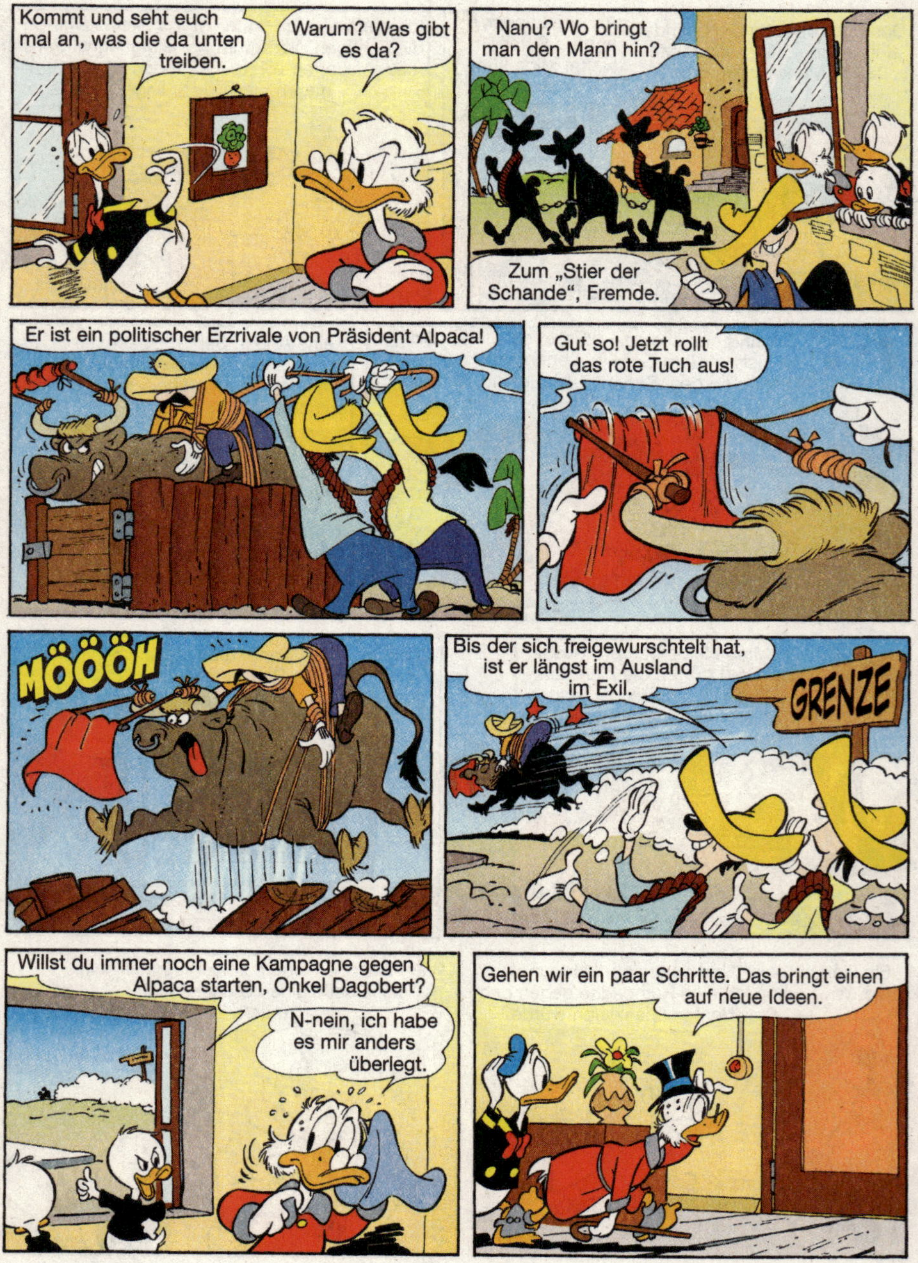
Kommt und seht euch mal an, was die da unten treiben.
Warum? Was gibt es da?
Nanu? Wo bringt man den Mann hin?
Zum „Stier der Schande“, Fremde.
Er ist ein politischer Erzrivale von Präsident Alpaca!
Gut so! Jetzt rollt das rote Tuch aus!
MÖÖÖH
Bis der sich freigewurschtelt hat, ist er längst im Ausland im Exil.
GRENZE
Willst du immer noch eine Kampagne gegen Alpaca starten, Onkel Dagobert?
N-nein, ich habe es mir anders überlegt.
Gehen wir ein paar Schritte. Das bringt einen auf neue Ideen.

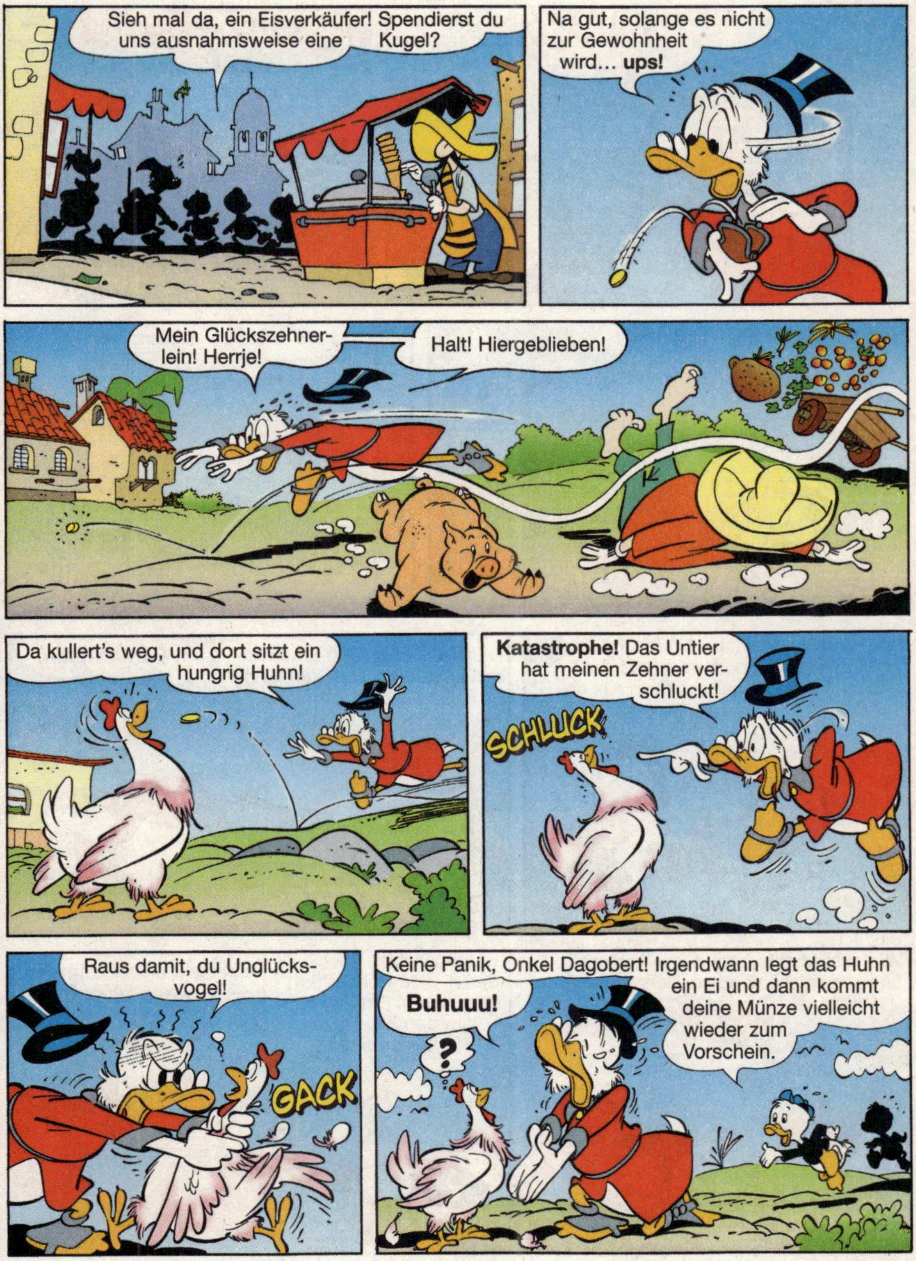
Sieh mal da, ein Eisverkäufer! Spendierst du uns ausnahmsweise eine Kugel?
Na gut, solange es nicht zur Gewohnheit wird… **ups!**
Mein Glückszehnerlein! Herrje!
Halt! Hiergeblieben!
Da kullert's weg, und dort sitzt ein hungrig Huhn!
Katastrophe! Das Untier hat meinen Zehner verschluckt!
SCHLUCK
Raus damit, du Unglücksvogel!
GACK
Keine Panik, Onkel Dagobert! Irgendwann legt das Huhn ein Ei und dann kommt deine Münze vielleicht wieder zum Vorschein.
Buhuuu!
?

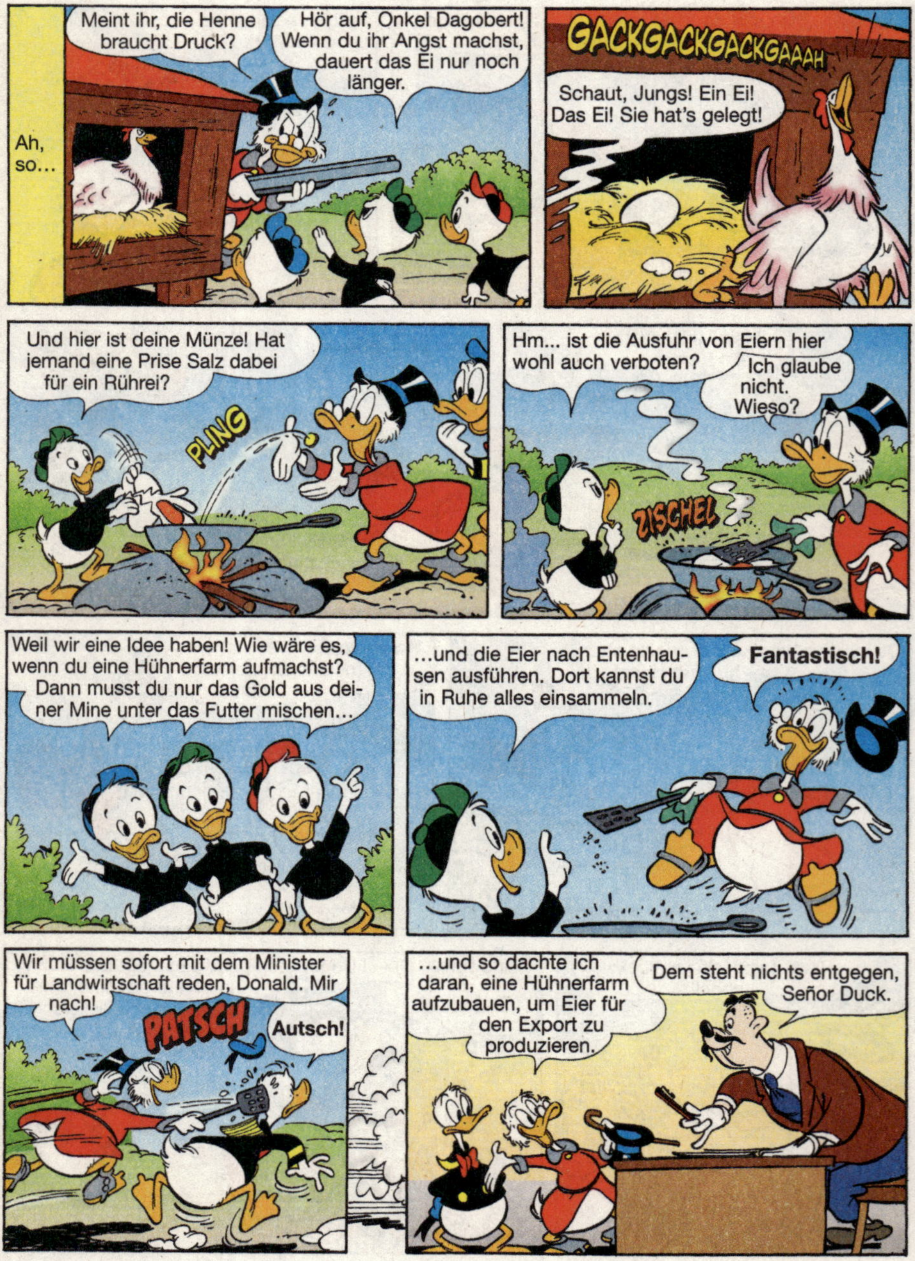
Meint ihr, die Henne braucht Druck?
Hör auf, Onkel Dagobert! Wenn du ihr Angst machst, dauert das Ei nur noch länger.
Ah, so...
GACKGACKGACKGAAAH
Schaut, Jungs! Ein Ei! Das Ei! Sie hat's gelegt!
Und hier ist deine Münze! Hat jemand eine Prise Salz dabei für ein Rührei?
PLING
Hm... ist die Ausfuhr von Eiern hier wohl auch verboten?
Ich glaube nicht. Wieso?
ZISCHEL
Weil wir eine Idee haben! Wie wäre es, wenn du eine Hühnerfarm aufmachst? Dann musst du nur das Gold aus deiner Mine unter das Futter mischen...
...und die Eier nach Entenhausen ausführen. Dort kannst du in Ruhe alles einsammeln.
Fantastisch!
Wir müssen sofort mit dem Minister für Landwirtschaft reden, Donald. Mir nach!
PATSCH
Autsch!
...und so dachte ich daran, eine Hühnerfarm aufzubauen, um Eier für den Export zu produzieren.
Dem steht nichts entgegen, Señor Duck.

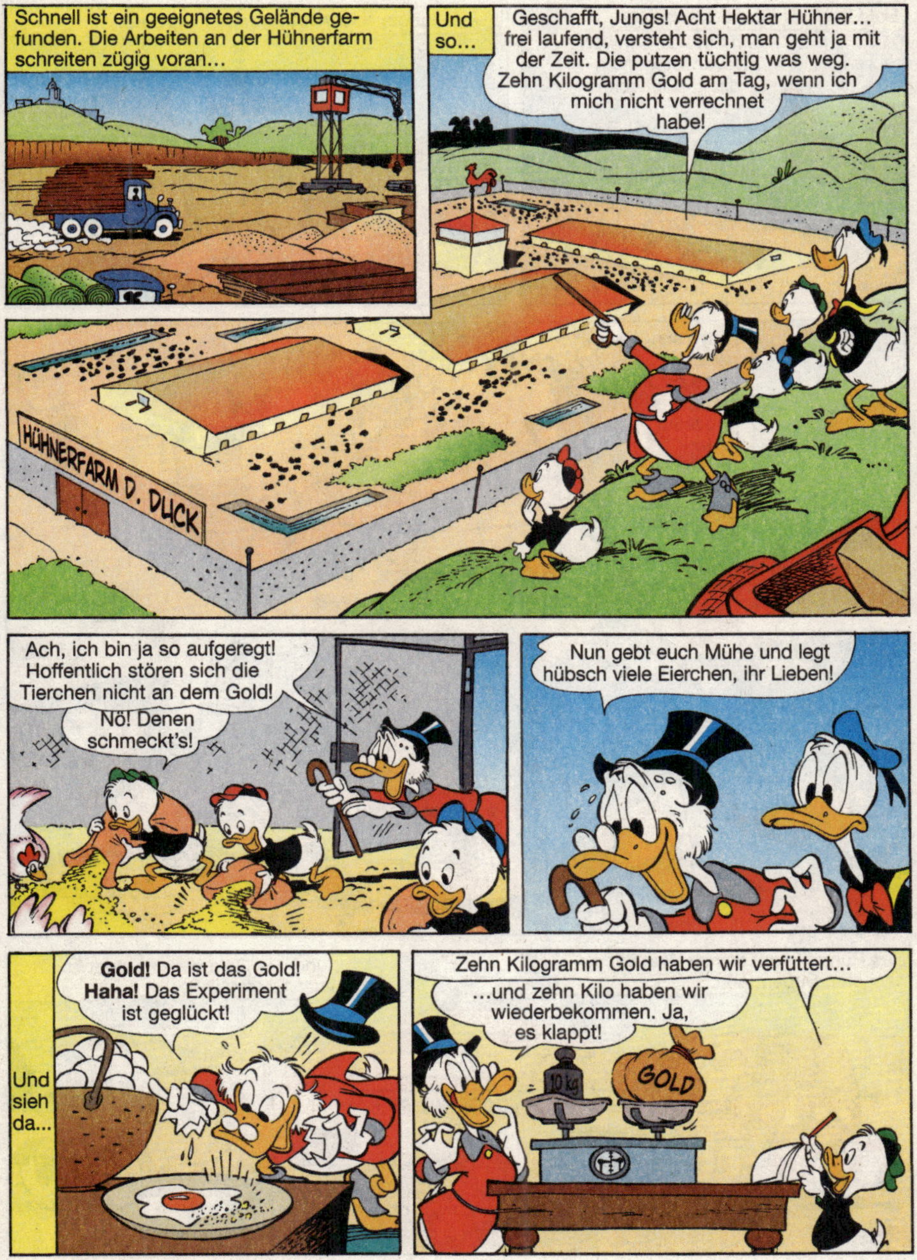
Schnell ist ein geeignetes Gelände gefunden. Die Arbeiten an der Hühnerfarm schreiten zügig voran…
Und so…
Geschafft, Jungs! Acht Hektar Hühner… frei laufend, versteht sich, man geht ja mit der Zeit. Die putzen tüchtig was weg. Zehn Kilogramm Gold am Tag, wenn ich mich nicht verrechnet habe!
HÜHNERFARM D. DUCK
Ach, ich bin ja so aufgeregt! Hoffentlich stören sich die Tierchen nicht an dem Gold!
Nö! Denen schmeckt's!
Nun gebt euch Mühe und legt hübsch viele Eierchen, ihr Lieben!
Und sieh da…
Gold! Da ist das Gold! Haha! Das Experiment ist geglückt!
Zehn Kilogramm Gold haben wir verfüttert…
…und zehn Kilo haben wir wiederbekommen. Ja, es klappt!
10 kg
GOLD

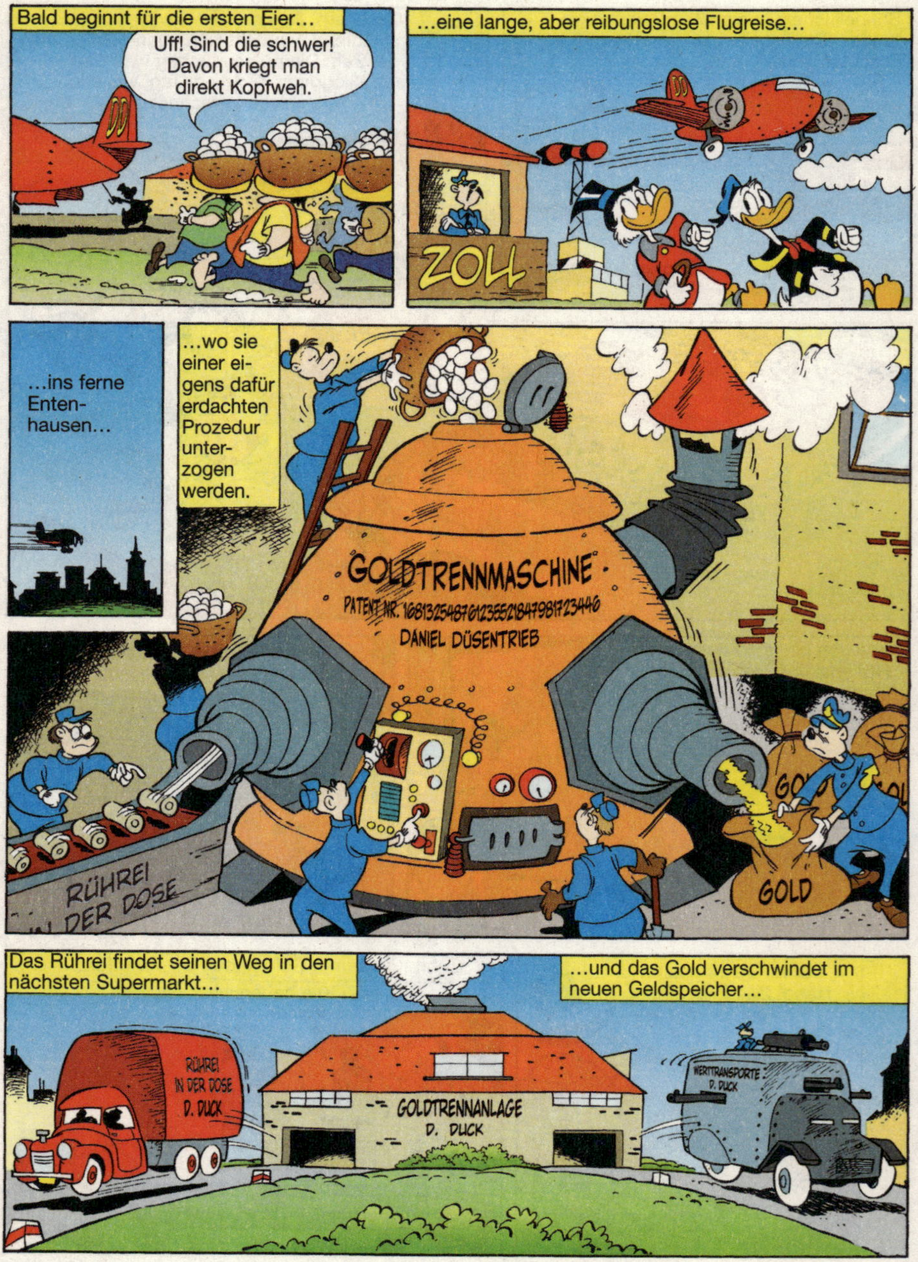
Bald beginnt für die ersten Eier…
Uff! Sind die schwer! Davon kriegt man direkt Kopfweh.
…eine lange, aber reibungslose Flugreise…
ZOLL
…ins ferne Entenhausen…
…wo sie einer eigens dafür erdachten Prozedur unterzogen werden.
GOLDTRENNMASCHINE
PATENT NR. 168132548761235521847981723446
DANIEL DÜSENTRIEB
RÜHREI IN DER DOSE
GOLD
Das Rührei findet seinen Weg in den nächsten Supermarkt…
…und das Gold verschwindet im neuen Geldspeicher…
RÜHREI IN DER DOSE D. DUCK
GOLDTRENNANLAGE D. DUCK
WERTTRANSPORTE D. DUCK

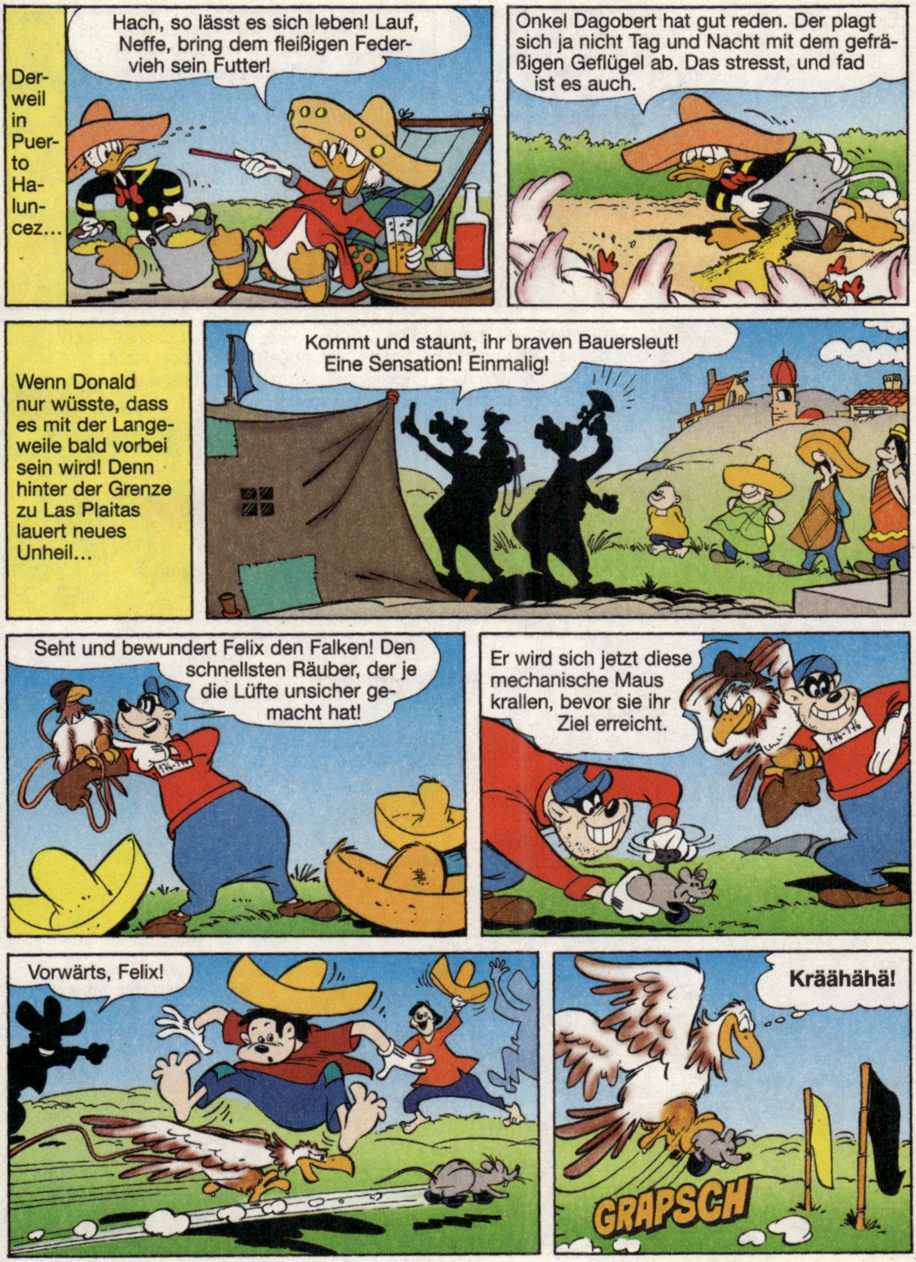
Derweil in Puerto Haluncez…
Hach, so lässt es sich leben! Lauf, Neffe, bring dem fleißigen Federvieh sein Futter!
Onkel Dagobert hat gut reden. Der plagt sich ja nicht Tag und Nacht mit dem gefräßigen Geflügel ab. Das stresst, und fad ist es auch.
Wenn Donald nur wüsste, dass es mit der Langeweile bald vorbei sein wird! Denn hinter der Grenze zu Las Plaitas lauert neues Unheil…
Kommt und staunt, ihr braven Bauersleut! Eine Sensation! Einmalig!
Seht und bewundert Felix den Falken! Den schnellsten Räuber, der je die Lüfte unsicher gemacht hat!
Er wird sich jetzt diese mechanische Maus krallen, bevor sie ihr Ziel erreicht.
Vorwärts, Felix!
Krääḧähä!
GRAPSCH

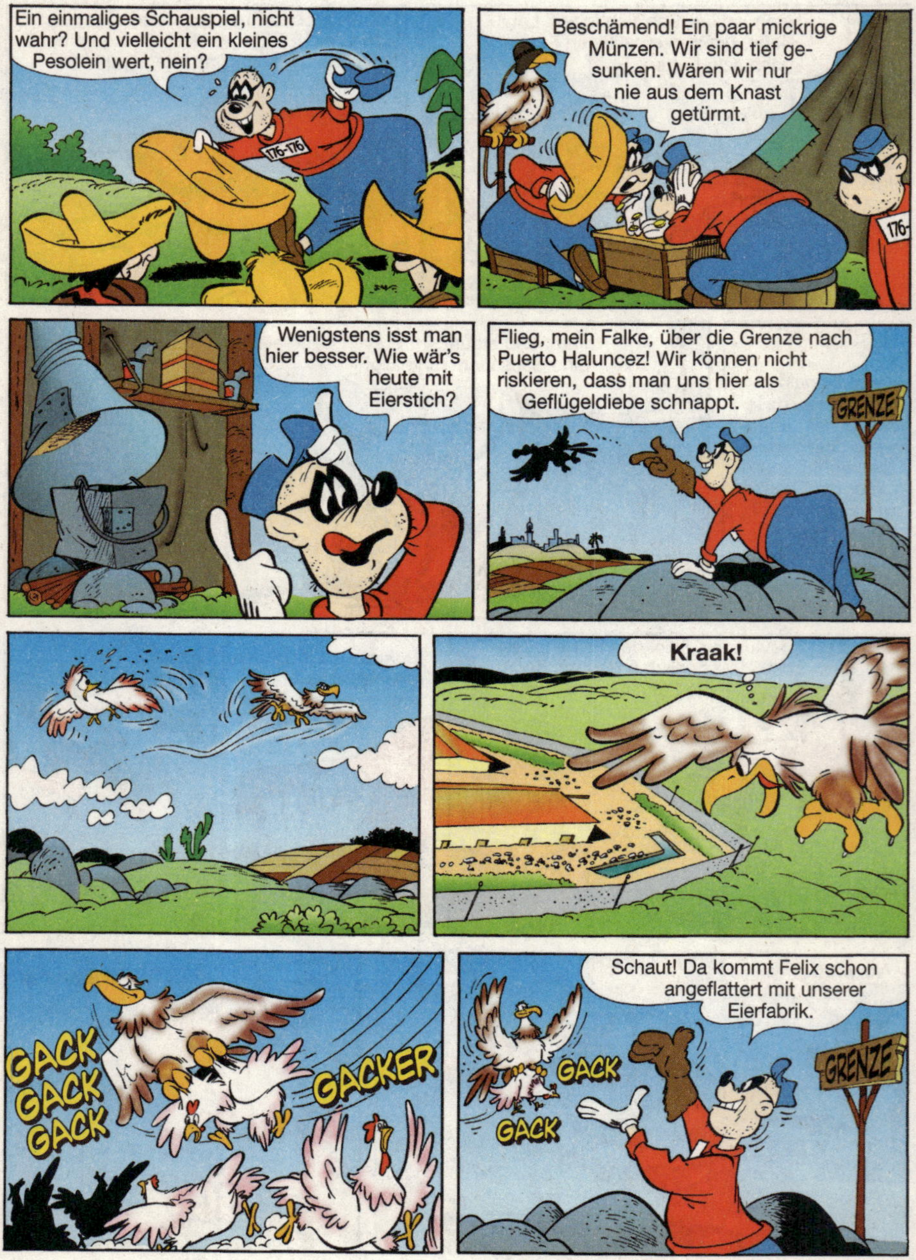
Ein einmaliges Schauspiel, nicht wahr? Und vielleicht ein kleines Pesolein wert, nein?
176-176
Beschämend! Ein paar mickrige Münzen. Wir sind tief gesunken. Wären wir nur nie aus dem Knast getürmt.
Wenigstens isst man hier besser. Wie wär's heute mit Eierstich?
Flieg, mein Falke, über die Grenze nach Puerto Haluncez! Wir können nicht riskieren, dass man uns hier als Geflügeldiebe schnappt.
GRENZE
Kraak!
GACK
GACK
GACK
GACKER
Schaut! Da kommt Felix schon angeflattert mit unserer Eierfabrik.
GACK
GACK
GRENZE

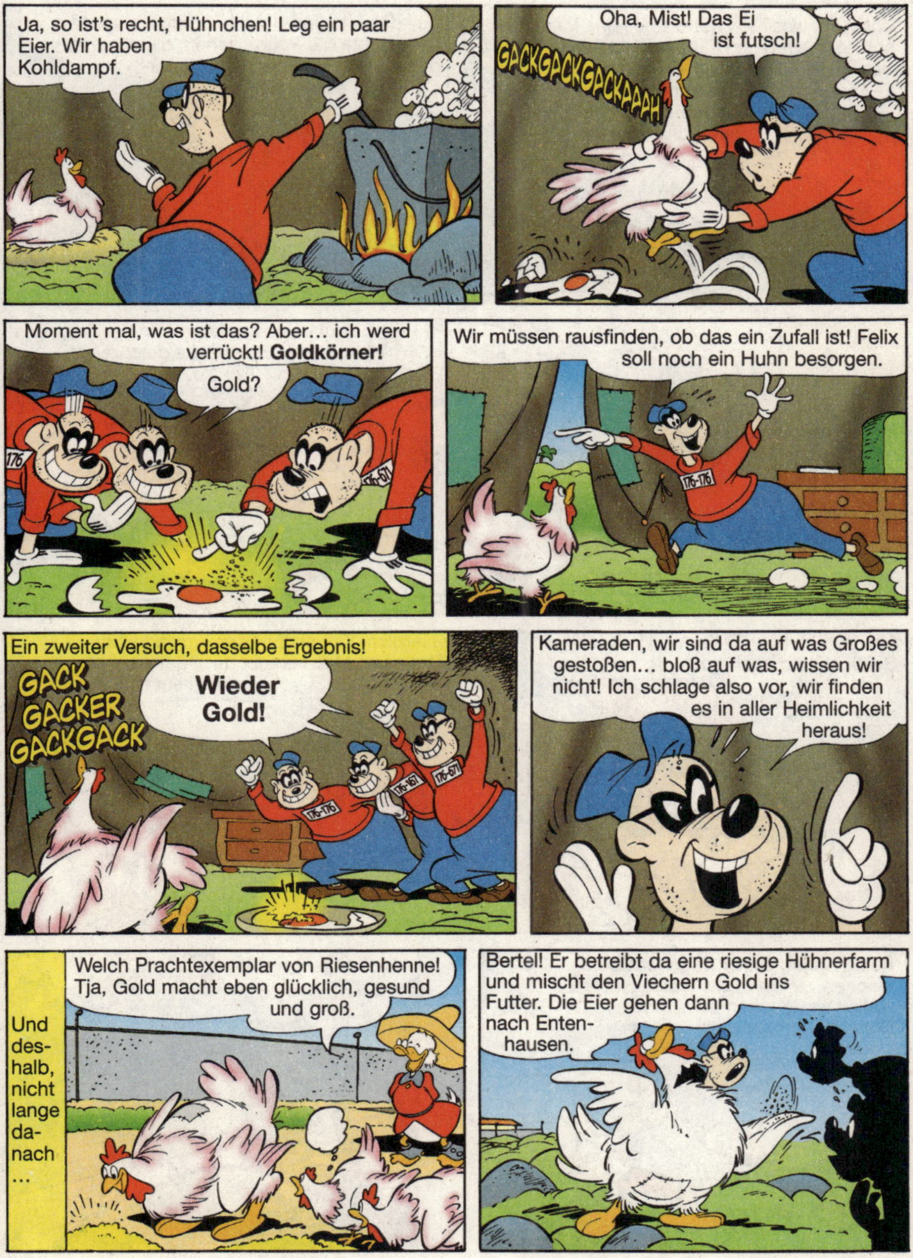
Ja, so ist's recht, Hühnchen! Leg ein paar Eier. Wir haben Kohldampf.
Oha, Mist! Das Ei ist futsch!
GACKGACKGACKAAAAH
Moment mal, was ist das? Aber… ich werd verrückt! **Goldkörner!**
Gold?
Wir müssen rausfinden, ob das ein Zufall ist! Felix soll noch ein Huhn besorgen.
Ein zweiter Versuch, dasselbe Ergebnis!
GACK GACKER GACKGACK
Wieder Gold!
Kameraden, wir sind da auf was Großes gestoßen… bloß auf was, wissen wir nicht! Ich schlage also vor, wir finden es in aller Heimlichkeit heraus!
Und deshalb, nicht lange danach …
Welch Prachtexemplar von Riesenhenne! Tja, Gold macht eben glücklich, gesund und groß.
Bertel! Er betreibt da eine riesige Hühnerfarm und mischt den Viechern Gold ins Futter. Die Eier gehen dann nach Entenhausen.

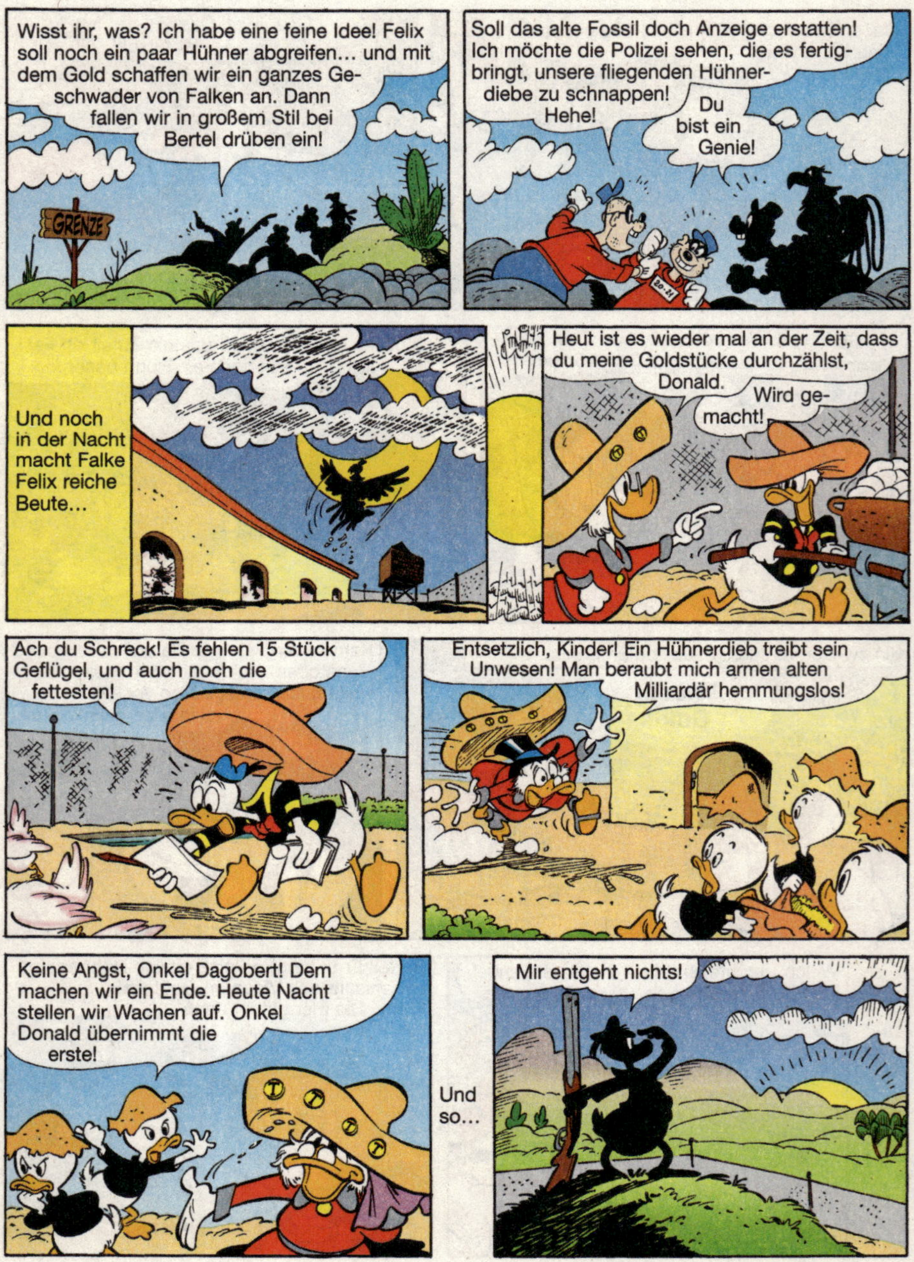
Wisst ihr, was? Ich habe eine feine Idee! Felix soll noch ein paar Hühner abgreifen… und mit dem Gold schaffen wir ein ganzes Geschwader von Falken an. Dann fallen wir in großem Stil bei Bertel drüben ein!
GRENZE
Soll das alte Fossil doch Anzeige erstatten! Ich möchte die Polizei sehen, die es fertigbringt, unsere fliegenden Hühnerdiebe zu schnappen! Hehe!
Du bist ein Genie!
Und noch in der Nacht macht Falke Felix reiche Beute…
Heut ist es wieder mal an der Zeit, dass du meine Goldstücke durchzählst, Donald.
Wird gemacht!
Ach du Schreck! Es fehlen 15 Stück Geflügel, und auch noch die fettesten!
Entsetzlich, Kinder! Ein Hühnerdieb treibt sein Unwesen! Man beraubt mich armen alten Milliardär hemmungslos!
Keine Angst, Onkel Dagobert! Dem machen wir ein Ende. Heute Nacht stellen wir Wachen auf. Onkel Donald übernimmt die erste!
Und so…
Mir entgeht nichts!

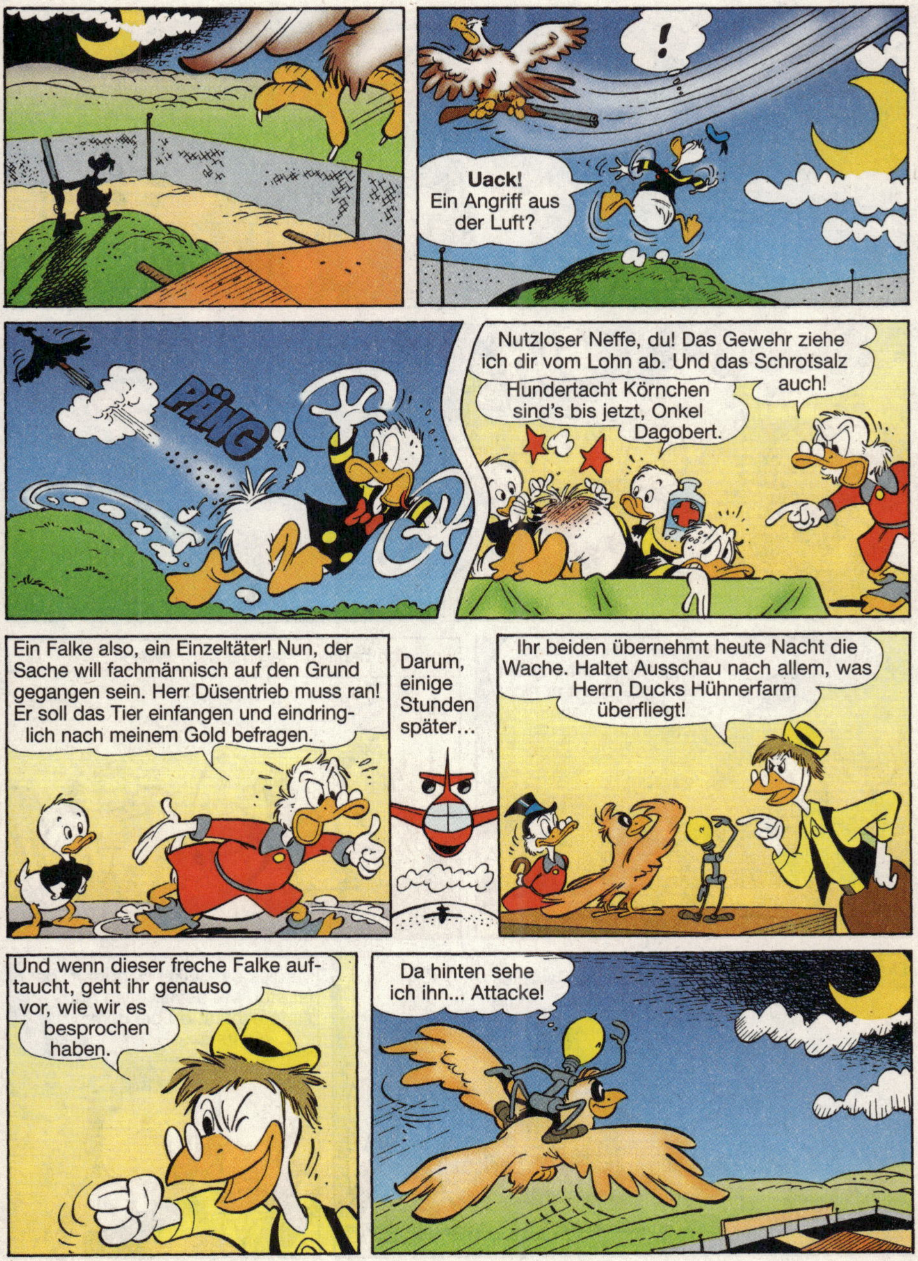
!
Uack! Ein Angriff aus der Luft?
PÄNG
Nutzloser Neffe, du! Das Gewehr ziehe ich dir vom Lohn ab. Und das Schrotsalz auch!
Hundertacht Körnchen sind's bis jetzt, Onkel Dagobert.
Ein Falke also, ein Einzeltäter! Nun, der Sache will fachmännisch auf den Grund gegangen sein. Herr Düsentrieb muss ran! Er soll das Tier einfangen und eindringlich nach meinem Gold befragen.
Darum, einige Stunden später…
Ihr beiden übernehmt heute Nacht die Wache. Haltet Ausschau nach allem, was Herrn Ducks Hühnerfarm überfliegt!
Und wenn dieser freche Falke auftaucht, geht ihr genauso vor, wie wir es besprochen haben.
Da hinten sehe ich ihn... Attacke!

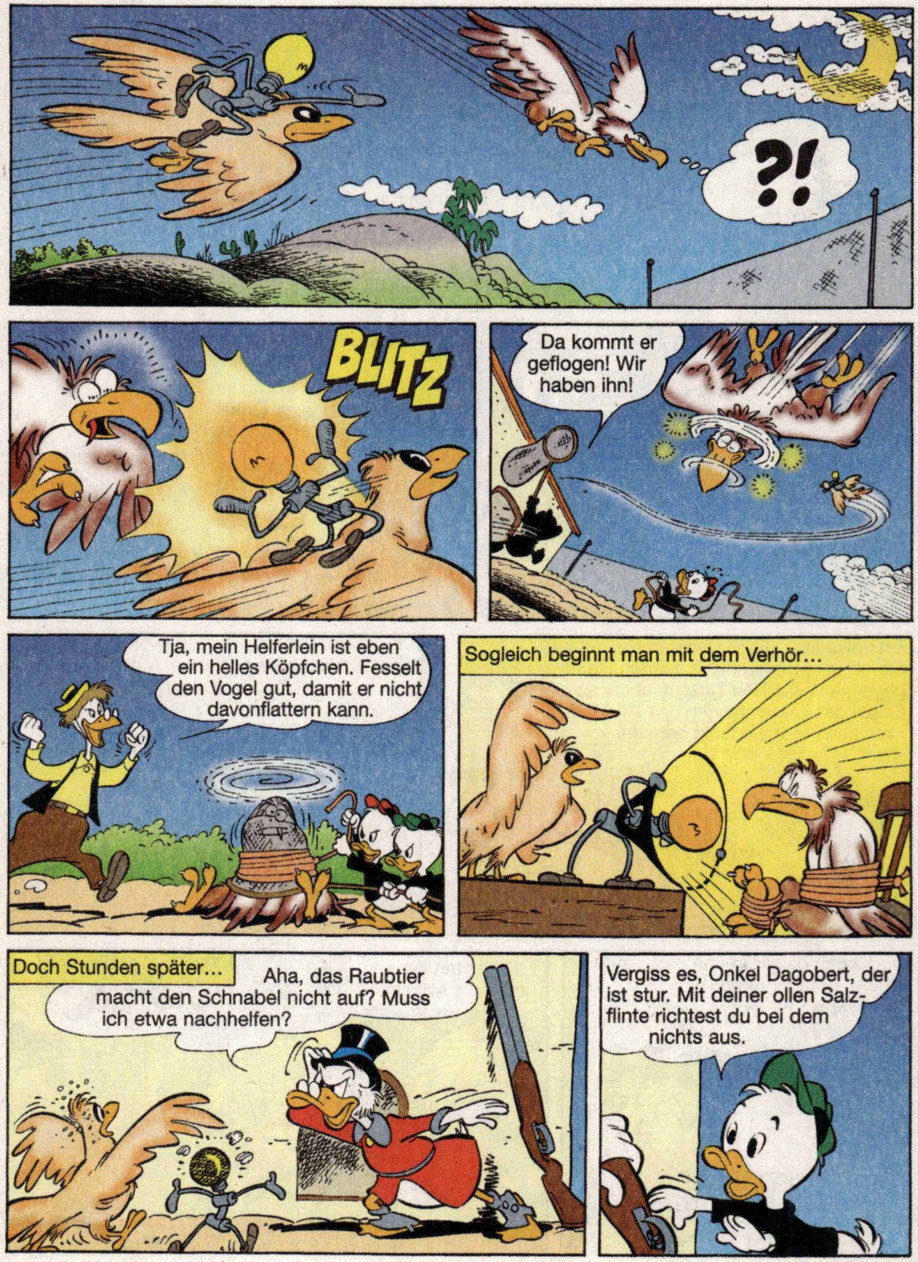
?!
BLITZ
Da kommt er geflogen! Wir haben ihn!
Tja, mein Helferlein ist eben ein helles Köpfchen. Fesselt den Vogel gut, damit er nicht davonflattern kann.
Sogleich beginnt man mit dem Verhör…
Doch Stunden später…
Aha, das Raubtier macht den Schnabel nicht auf? Muss ich etwa nachhelfen?
Vergiss es, Onkel Dagobert, der ist stur. Mit deiner ollen Salzflinte richtest du bei dem nichts aus.

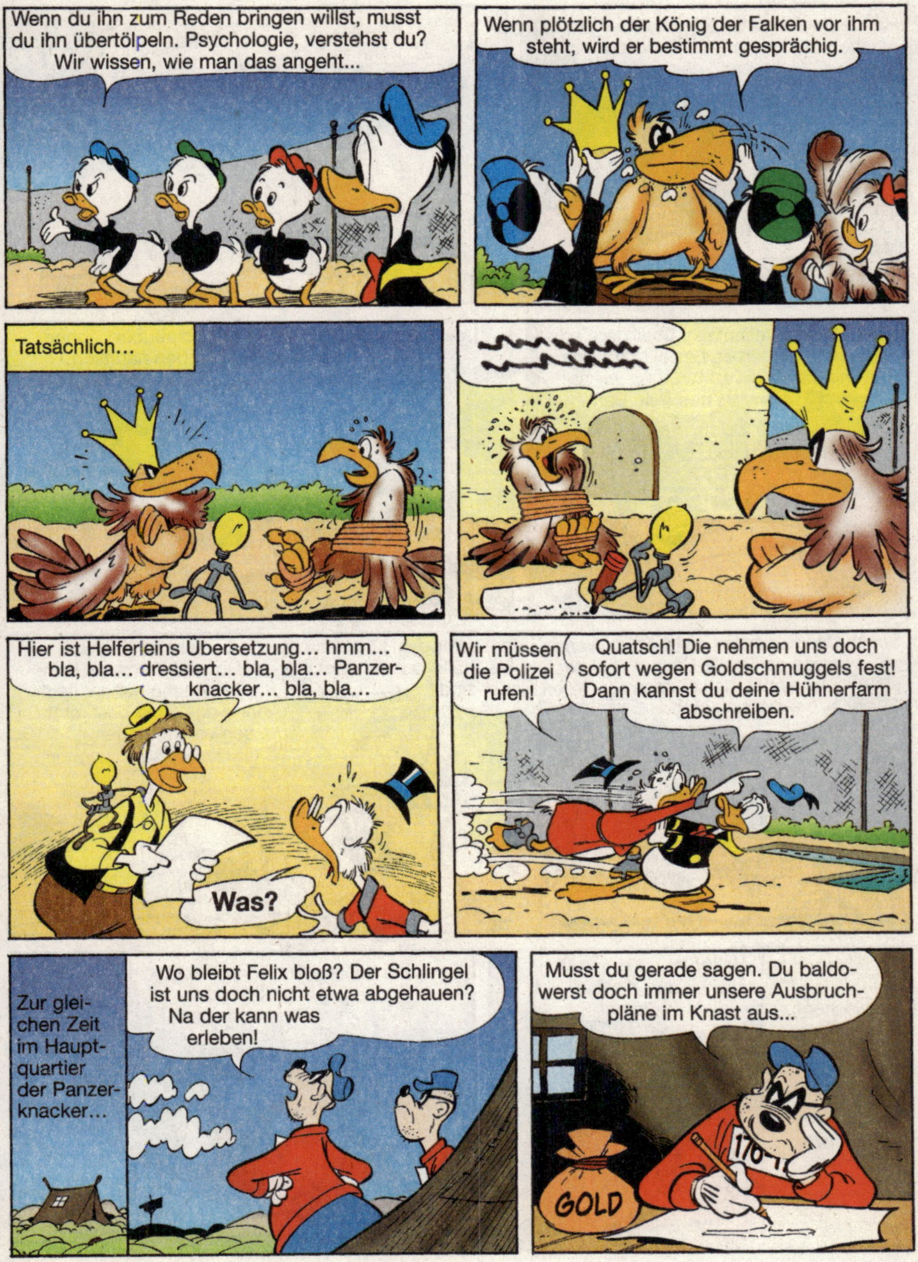
Wenn du ihn zum Reden bringen willst, musst du ihn übertölpeln. Psychologie, verstehst du? Wir wissen, wie man das angeht...
Wenn plötzlich der König der Falken vor ihm steht, wird er bestimmt gesprächig.
Tatsächlich...
Hier ist Helferleins Übersetzung... hmm... bla, bla... dressiert... bla, bla... Panzerknacker... bla, bla...
Was?
Wir müssen die Polizei rufen!
Quatsch! Die nehmen uns doch sofort wegen Goldschmuggels fest! Dann kannst du deine Hühnerfarm abschreiben.
Zur gleichen Zeit im Hauptquartier der Panzerknacker...
Wo bleibt Felix bloß? Der Schlingel ist uns doch nicht etwa abgehauen? Na der kann was erleben!
Musst du gerade sagen. Du baldowerst doch immer unsere Ausbruchpläne im Knast aus...
GOLD

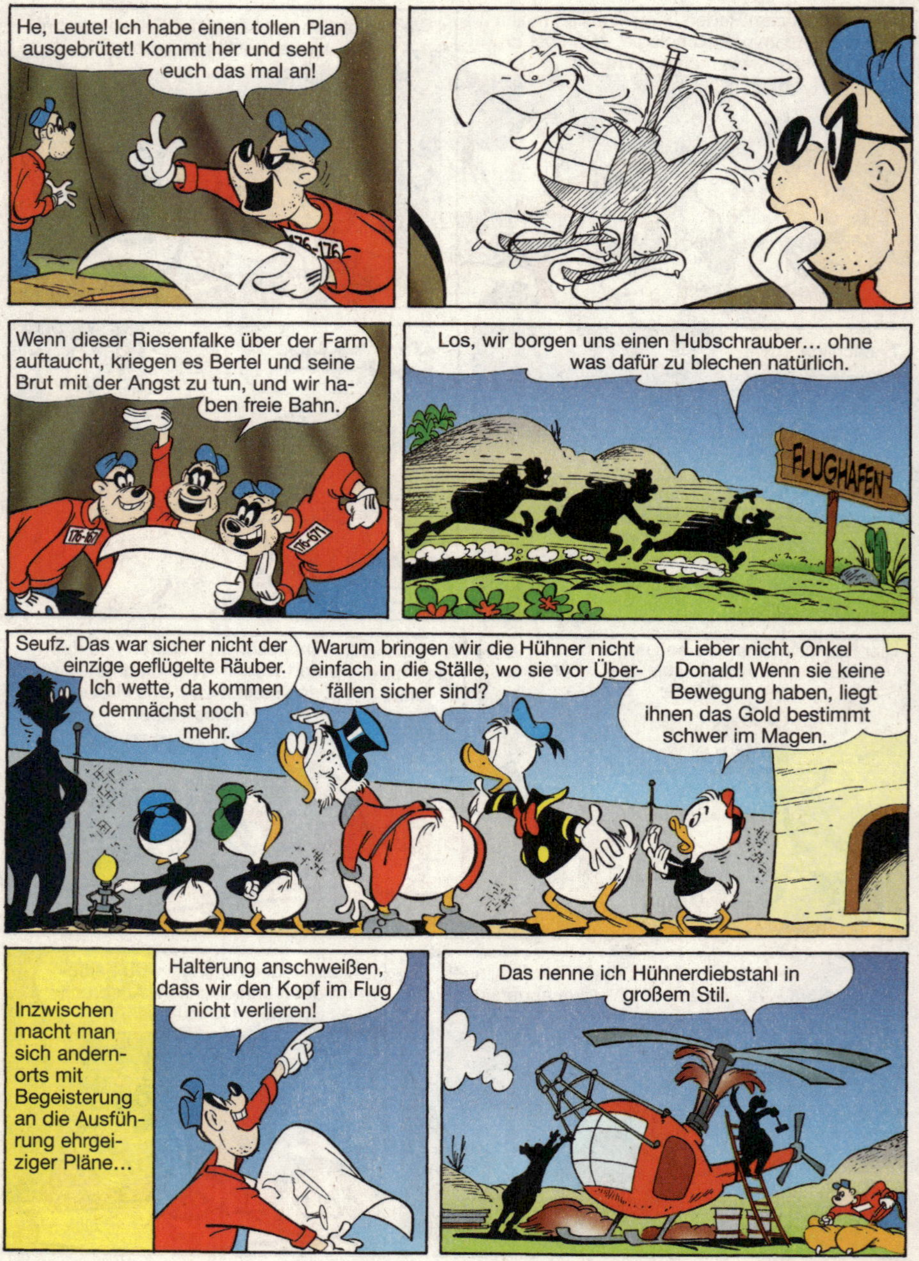
He, Leute! Ich habe einen tollen Plan ausgebrütet! Kommt her und seht euch das mal an!
Wenn dieser Riesenfalke über der Farm auftaucht, kriegen es Bertel und seine Brut mit der Angst zu tun, und wir haben freie Bahn.
Los, wir borgen uns einen Hubschrauber… ohne was dafür zu blechen natürlich.
FLUGHAFEN
Seufz. Das war sicher nicht der einzige geflügelte Räuber. Ich wette, da kommen demnächst noch mehr.
Warum bringen wir die Hühner nicht einfach in die Ställe, wo sie vor Überfällen sicher sind?
Lieber nicht, Onkel Donald! Wenn sie keine Bewegung haben, liegt ihnen das Gold bestimmt schwer im Magen.
Inzwischen macht man sich andernorts mit Begeisterung an die Ausführung ehrgeiziger Pläne…
Halterung anschweißen, dass wir den Kopf im Flug nicht verlieren!
Das nenne ich Hühnerdiebstahl in großem Stil.

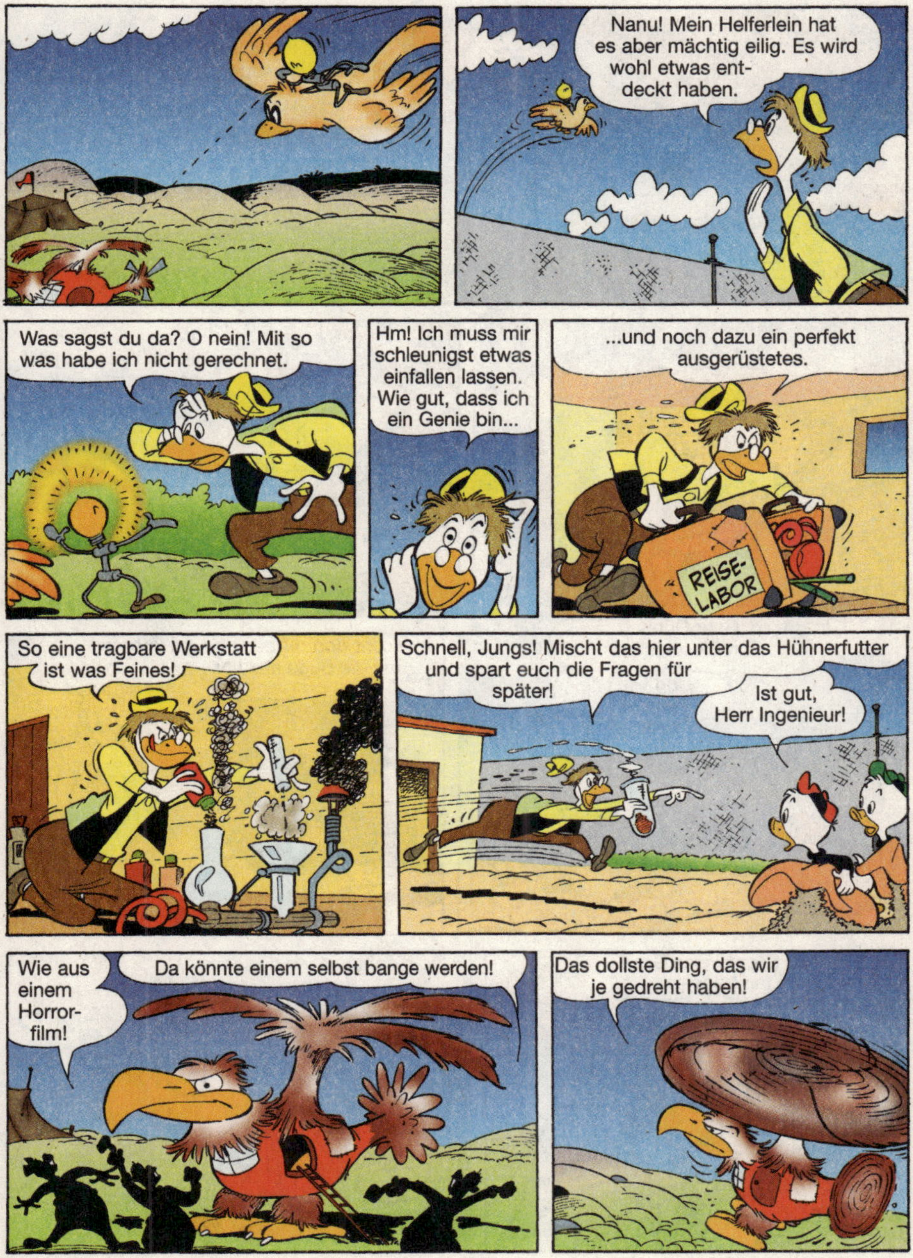
Nanu! Mein Helferlein hat es aber mächtig eilig. Es wird wohl etwas entdeckt haben.
Was sagst du da? O nein! Mit so was habe ich nicht gerechnet.
Hm! Ich muss mir schleunigst etwas einfallen lassen. Wie gut, dass ich ein Genie bin...
...und noch dazu ein perfekt ausgerüstetes.
REISE-LABOR
So eine tragbare Werkstatt ist was Feines!
Schnell, Jungs! Mischt das hier unter das Hühnerfutter und spart euch die Fragen für später!
Ist gut, Herr Ingenieur!
Wie aus einem Horror-film!
Da könnte einem selbst bange werden!
Das dollste Ding, das wir je gedreht haben!

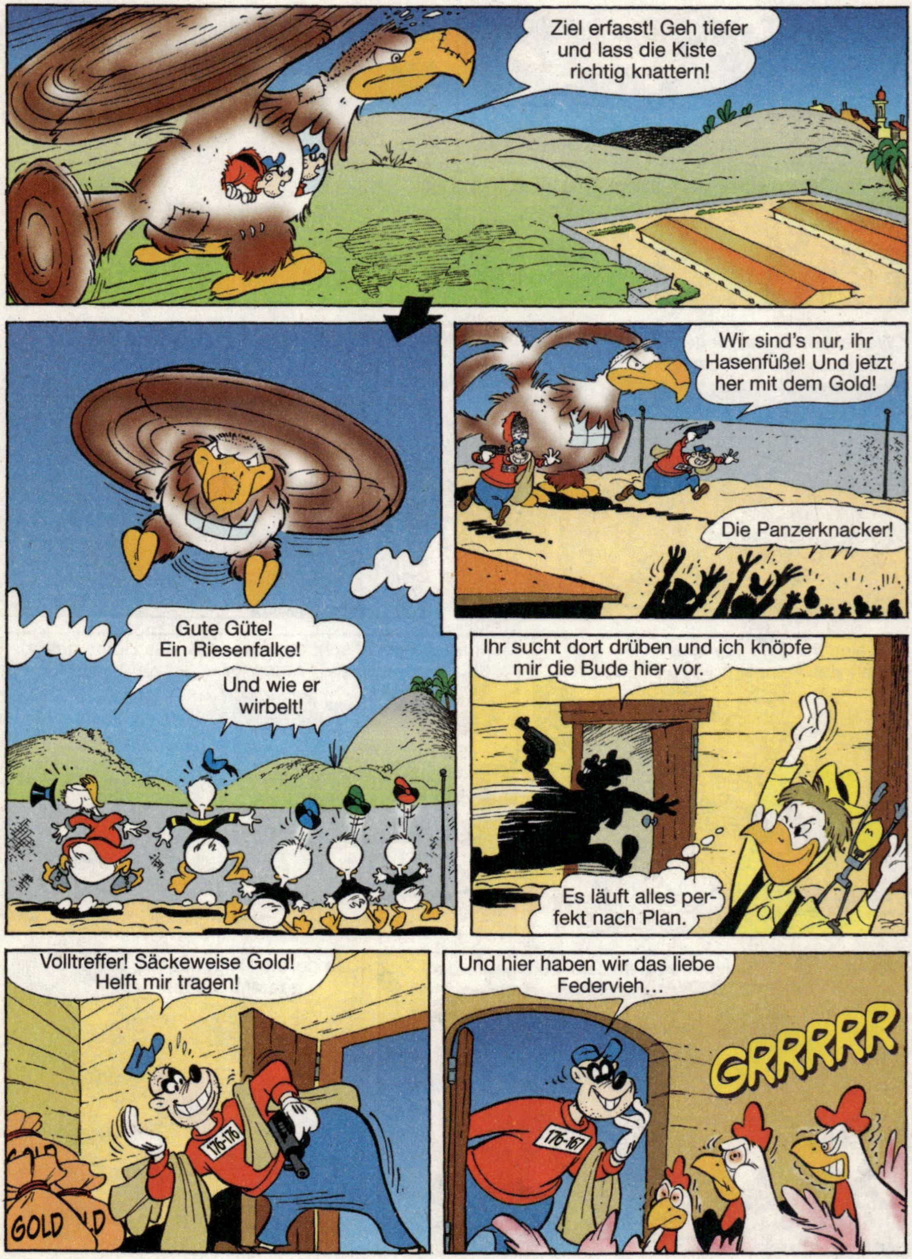
Ziel erfasst! Geh tiefer und lass die Kiste richtig knattern!
Gute Güte! Ein Riesenfalke!
Und wie er wirbelt!
Wir sind's nur, ihr Hasenfüße! Und jetzt her mit dem Gold!
Die Panzerknacker!
Ihr sucht dort drüben und ich knöpfe mir die Bude hier vor.
Es läuft alles perfekt nach Plan.
Volltreffer! Säckeweise Gold! Helft mir tragen!
176-176
GOLD
Und hier haben wir das liebe Federvieh...
176-167
GRRRRR

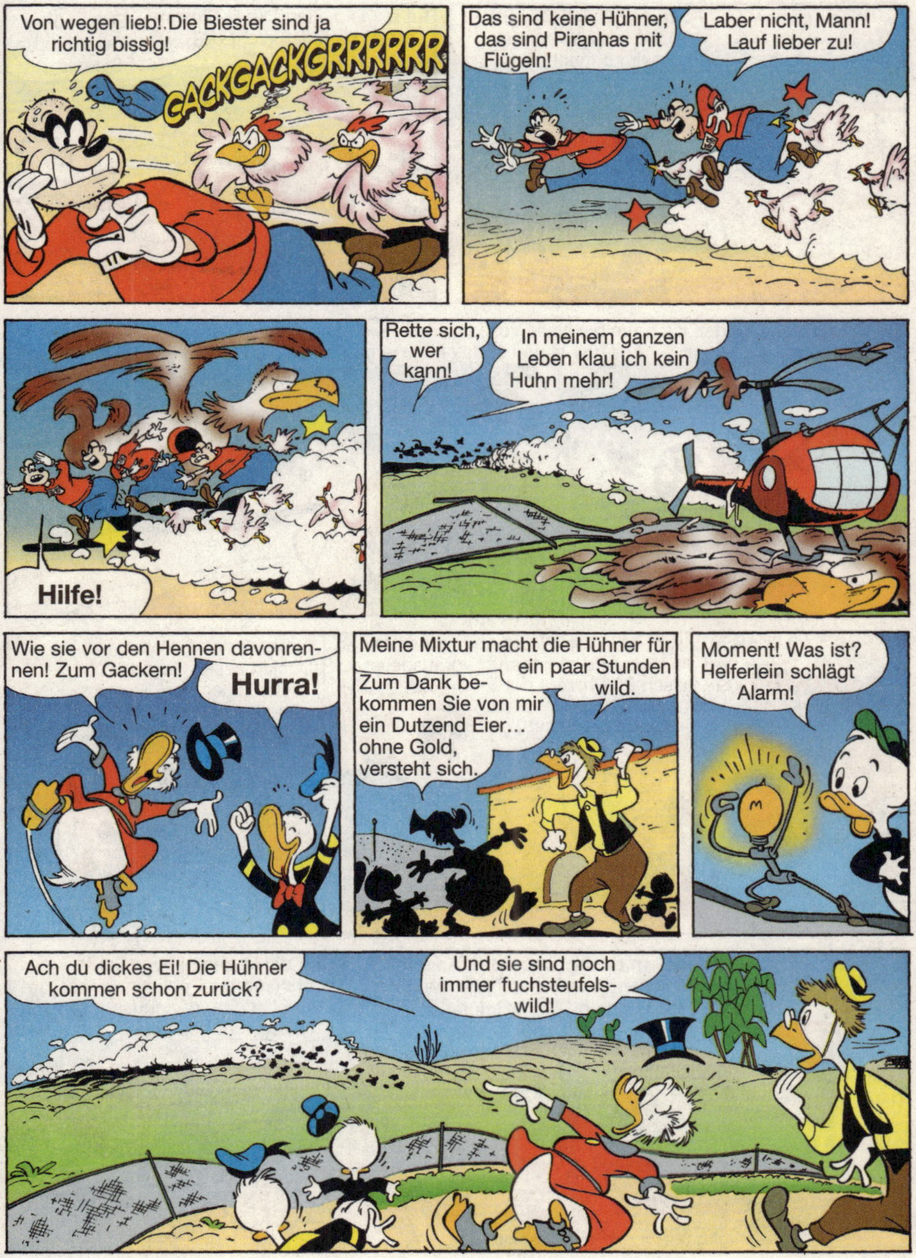
Von wegen lieb!.Die Biester sind ja richtig bissig!
GACKGACKGRRRRRR
Das sind keine Hühner, das sind Piranhas mit Flügeln!
Laber nicht, Mann! Lauf lieber zu!
Hilfe!
Rette sich, wer kann!
In meinem ganzen Leben klau ich kein Huhn mehr!
Wie sie vor den Hennen davonrennen! Zum Gackern!
Hurra!
Meine Mixtur macht die Hühner für ein paar Stunden wild.
Zum Dank bekommen Sie von mir ein Dutzend Eier… ohne Gold, versteht sich.
Moment! Was ist? Helferlein schlägt Alarm!
Ach du dickes Ei! Die Hühner kommen schon zurück?
Und sie sind noch immer fuchsteufelswild!

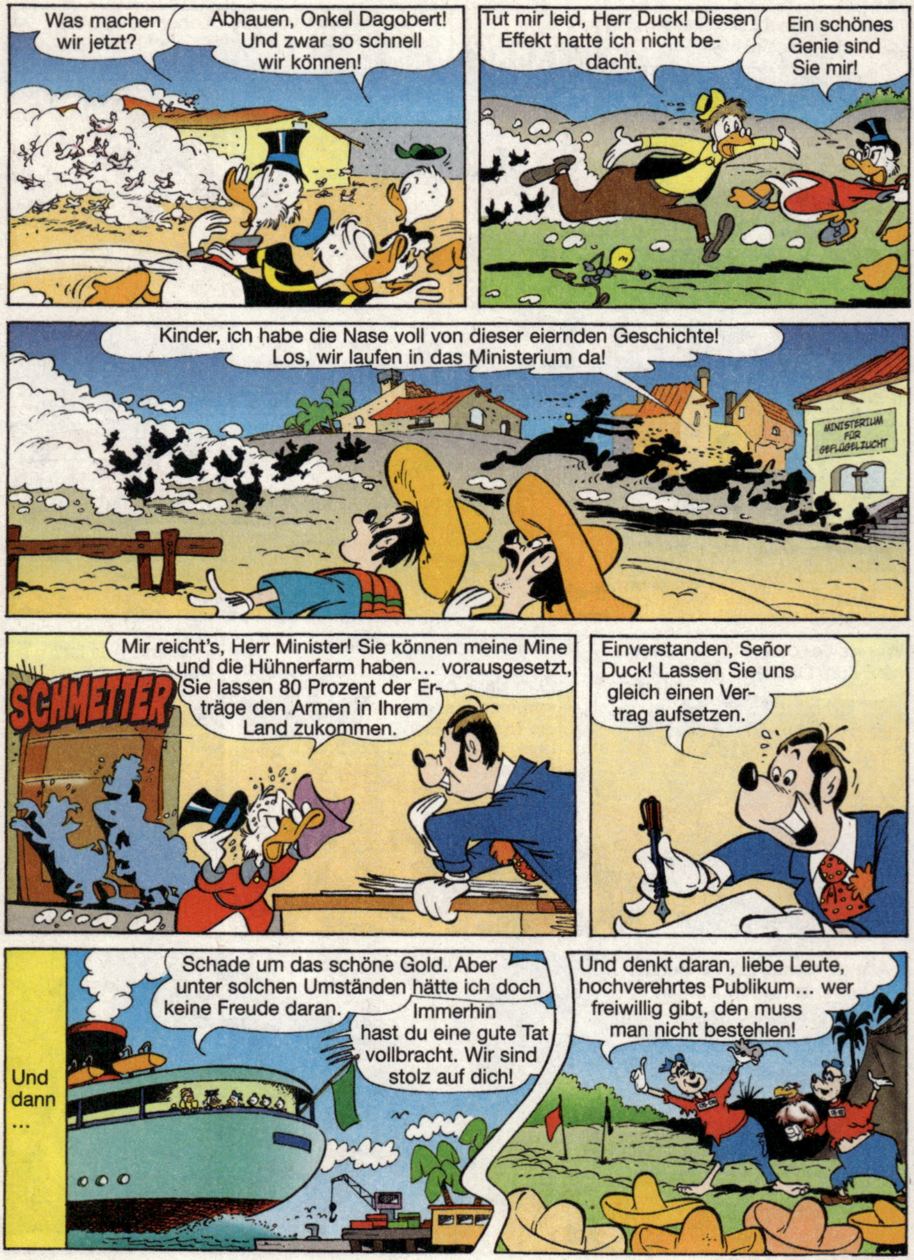
Was machen wir jetzt?
Abhauen, Onkel Dagobert! Und zwar so schnell wir können!
Tut mir leid, Herr Duck! Diesen Effekt hatte ich nicht bedacht.
Ein schönes Genie sind Sie mir!
Kinder, ich habe die Nase voll von dieser eiernden Geschichte! Los, wir laufen in das Ministerium da!
MINISTERIUM FÜR GEFLÜGELZUCHT
SCHMETTER
Mir reicht's, Herr Minister! Sie können meine Mine und die Hühnerfarm haben… vorausgesetzt, Sie lassen 80 Prozent der Erträge den Armen in Ihrem Land zukommen.
Einverstanden, Señor Duck! Lassen Sie uns gleich einen Vertrag aufsetzen.
Und dann …
Schade um das schöne Gold. Aber unter solchen Umständen hätte ich doch keine Freude daran.
Immerhin hast du eine gute Tat vollbracht. Wir sind stolz auf dich!
Und denkt daran, liebe Leute, hochverehrtes Publikum… wer freiwillig gibt, den muss man nicht bestehlen!

ENDE

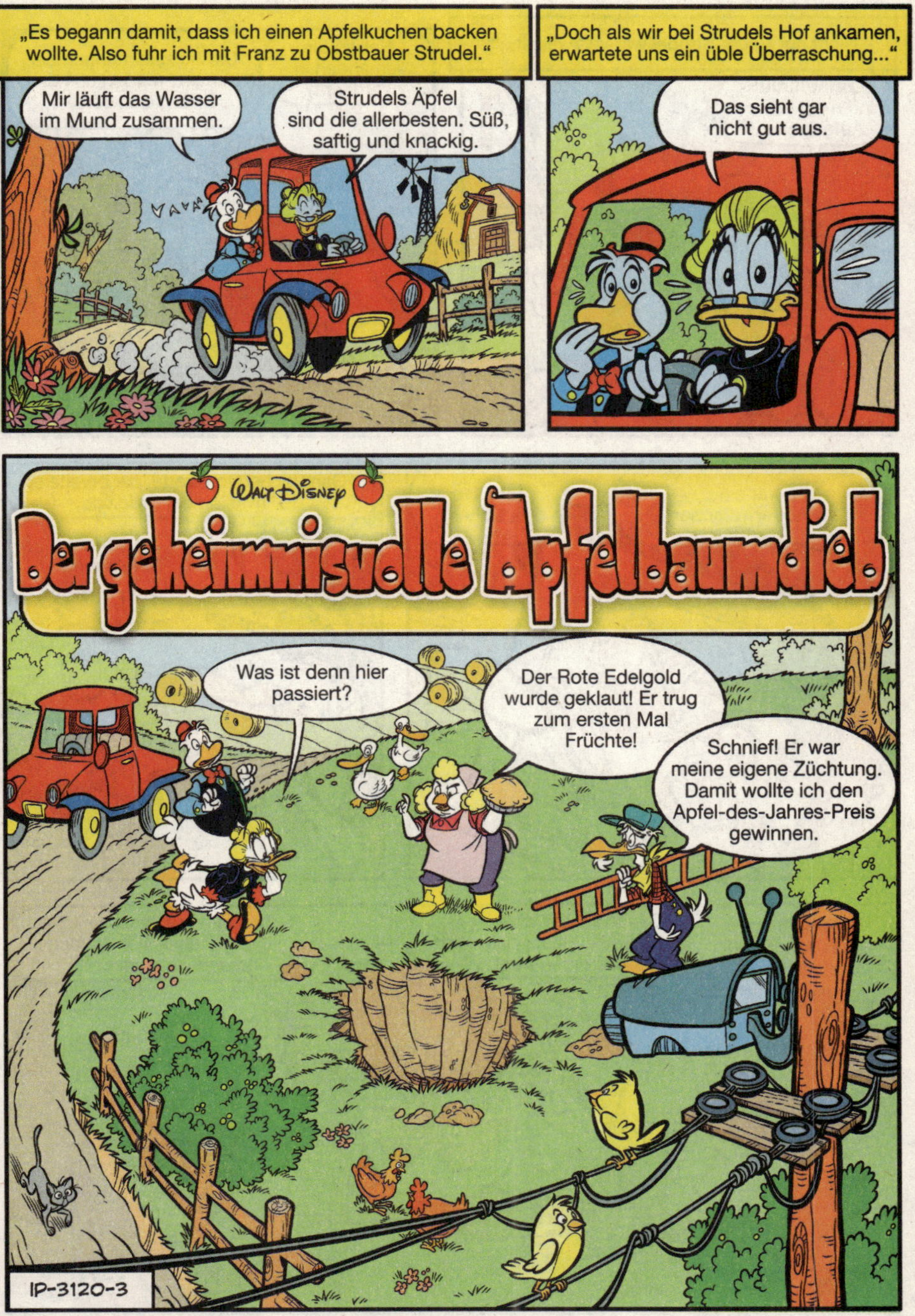

Gabriele Mazzoleni (Story), **Paolo Campinoti** (Zeichnungen)

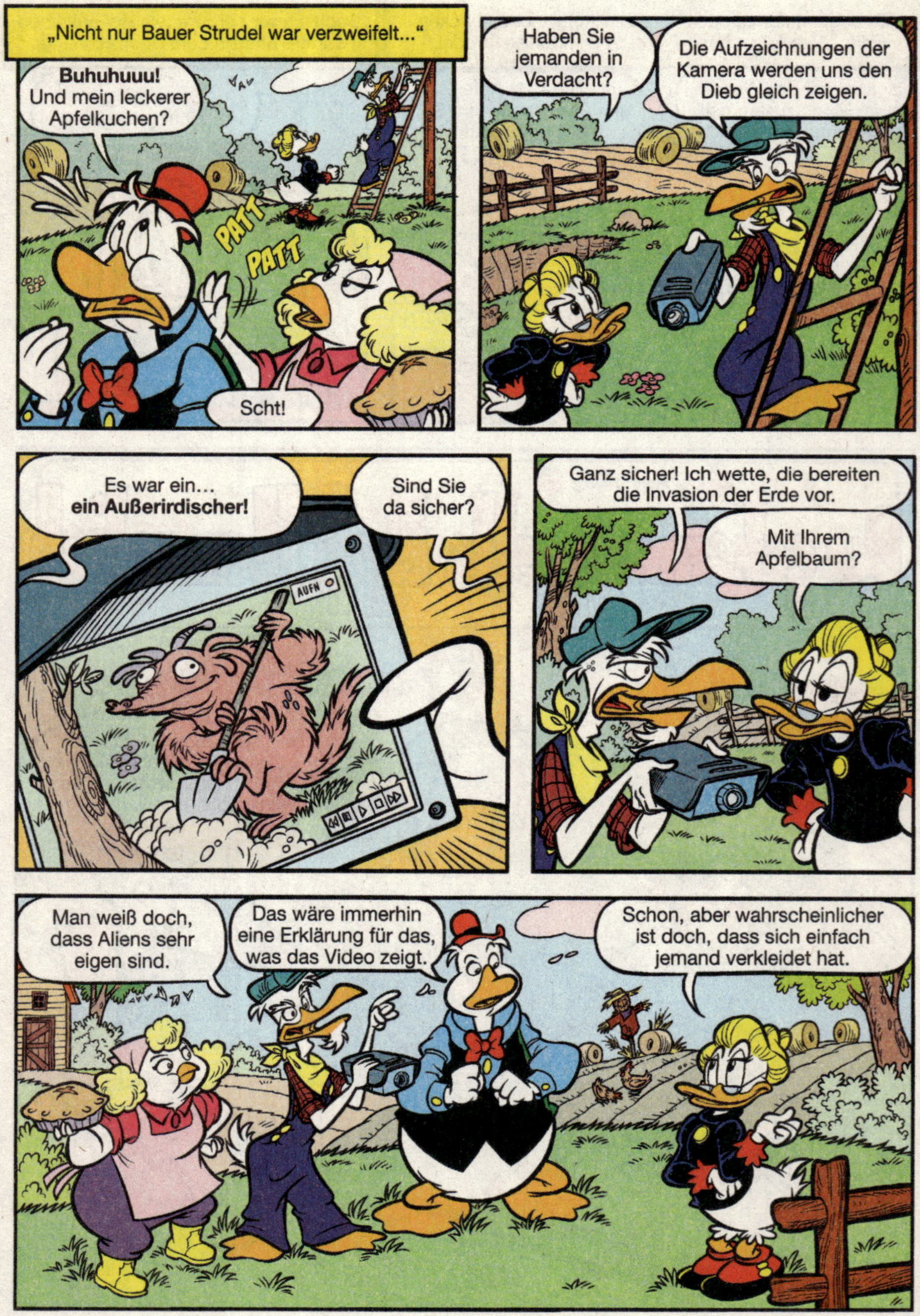
„Nicht nur Bauer Strudel war verzweifelt…“
Buhuhuuu! Und mein leckerer Apfelkuchen?
PATT
PATT
Scht!
Haben Sie jemanden in Verdacht?
Die Aufzeichnungen der Kamera werden uns den Dieb gleich zeigen.
Es war ein… **ein Außerirdischer!**
Sind Sie da sicher?
AUFN
Ganz sicher! Ich wette, die bereiten die Invasion der Erde vor.
Mit Ihrem Apfelbaum?
Man weiß doch, dass Aliens sehr eigen sind.
Das wäre immerhin eine Erklärung für das, was das Video zeigt.
Schon, aber wahrscheinlicher ist doch, dass sich einfach jemand verkleidet hat.

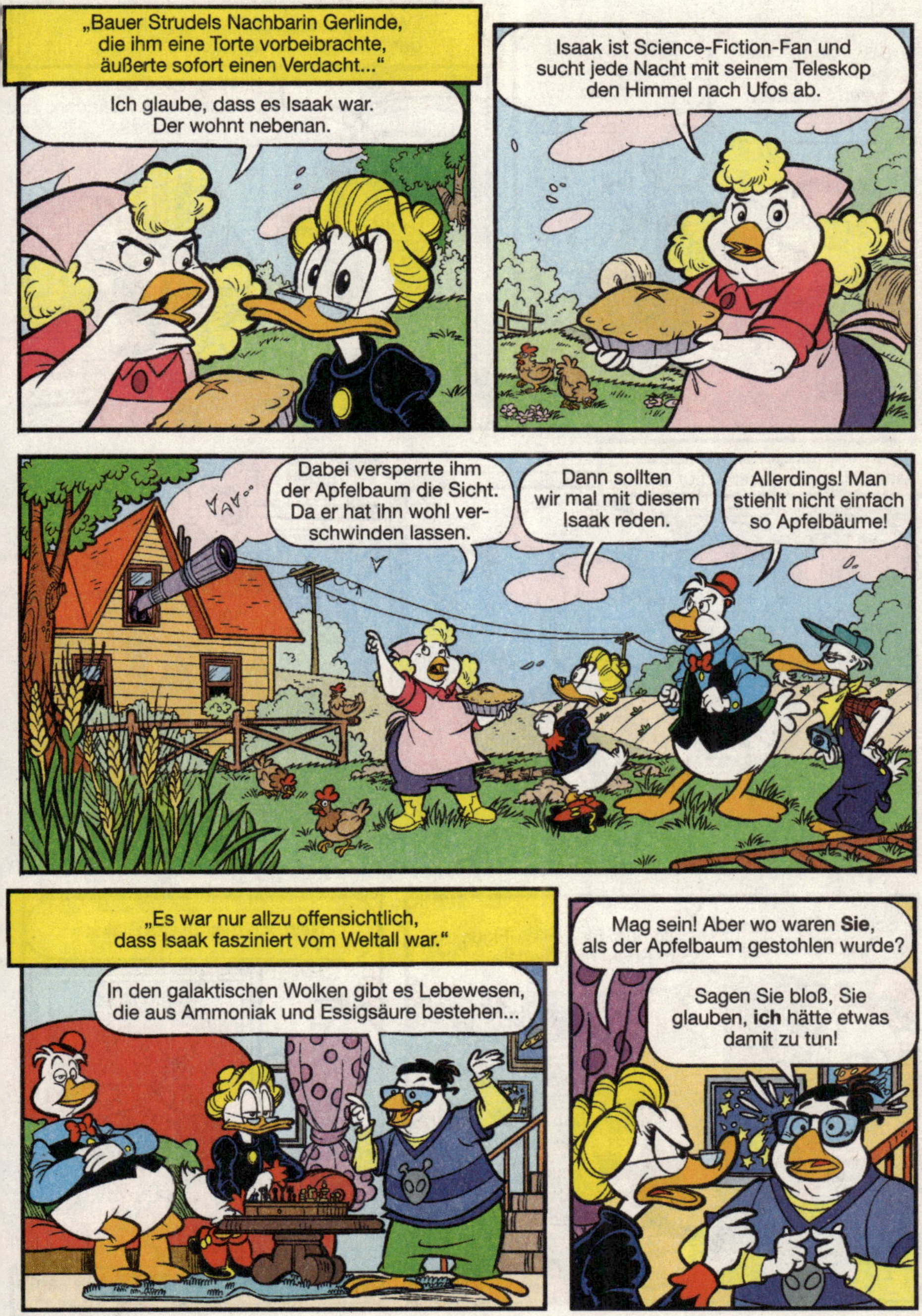
„Bauer Strudels Nachbarin Gerlinde, die ihm eine Torte vorbeibrachte, äußerte sofort einen Verdacht..."
Ich glaube, dass es Isaak war. Der wohnt nebenan.
Isaak ist Science-Fiction-Fan und sucht jede Nacht mit seinem Teleskop den Himmel nach Ufos ab.
Dabei versperrte ihm der Apfelbaum die Sicht. Da er hat ihn wohl verschwinden lassen.
Dann sollten wir mal mit diesem Isaak reden.
Allerdings! Man stiehlt nicht einfach so Apfelbäume!
„Es war nur allzu offensichtlich, dass Isaak fasziniert vom Weltall war."
In den galaktischen Wolken gibt es Lebewesen, die aus Ammoniak und Essigsäure bestehen...
Mag sein! Aber wo waren **Sie**, als der Apfelbaum gestohlen wurde?
Sagen Sie bloß, Sie glauben, **ich** hätte etwas damit zu tun!

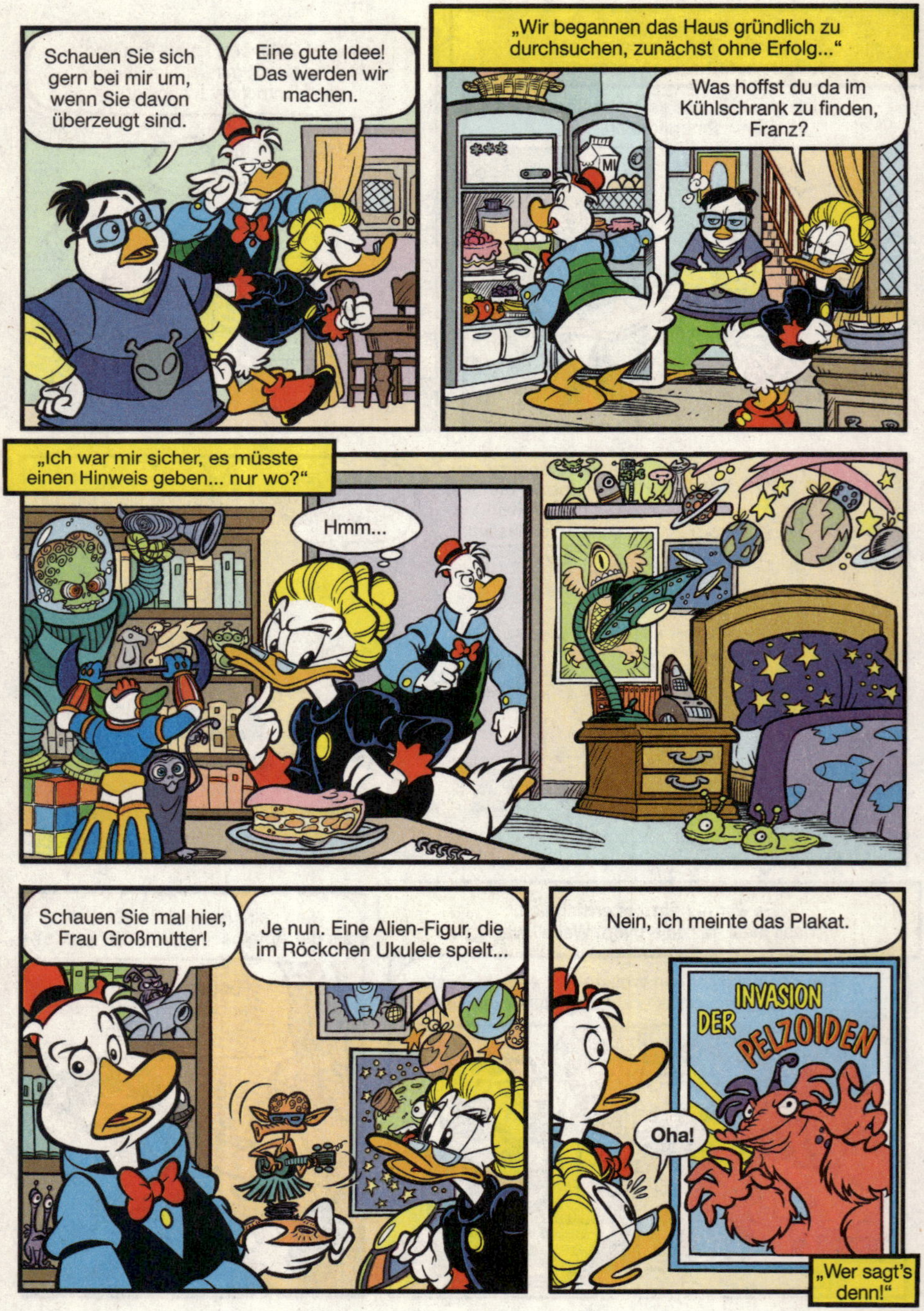
Schauen Sie sich gern bei mir um, wenn Sie davon überzeugt sind.
Eine gute Idee! Das werden wir machen.
„Wir begannen das Haus gründlich zu durchsuchen, zunächst ohne Erfolg..."
Was hoffst du da im Kühlschrank zu finden, Franz?
„Ich war mir sicher, es müsste einen Hinweis geben... nur wo?"
Hmm...
Schauen Sie mal hier, Frau Großmutter!
Je nun. Eine Alien-Figur, die im Röckchen Ukulele spielt...
Nein, ich meinte das Plakat.
INVASION DER PELZOIDEN
Oha!
„Wer sagt's denn!"

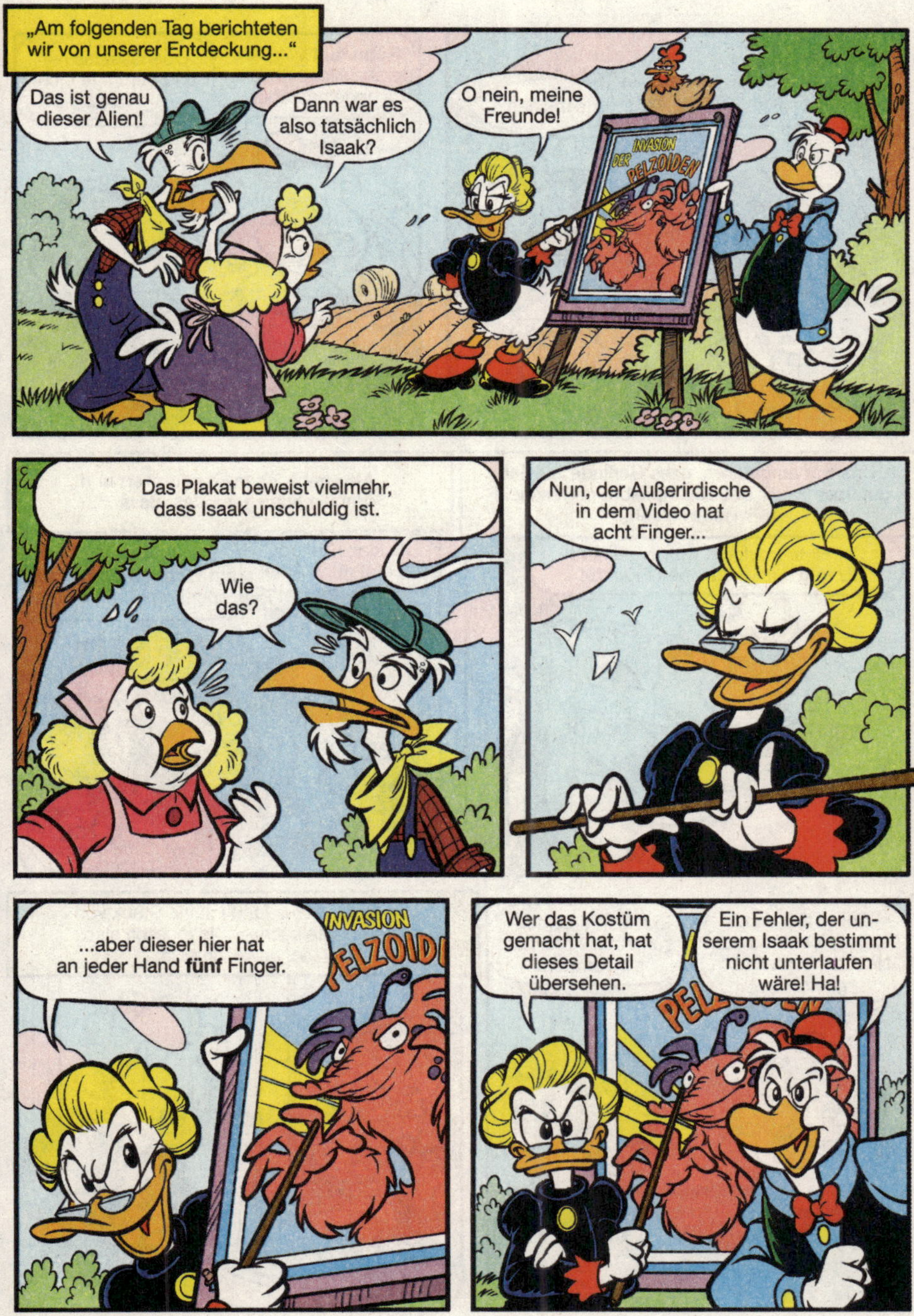
„Am folgenden Tag berichteten wir von unserer Entdeckung...“
Das ist genau dieser Alien!
Dann war es also tatsächlich Isaak?
O nein, meine Freunde!
INVASION DER PELZOIDEN
Das Plakat beweist vielmehr, dass Isaak unschuldig ist.
Wie das?
Nun, der Außerirdische in dem Video hat acht Finger...
...aber dieser hier hat an jeder Hand **fünf** Finger.
Wer das Kostüm gemacht hat, hat dieses Detail übersehen.
Ein Fehler, der unserem Isaak bestimmt nicht unterlaufen wäre! Ha!

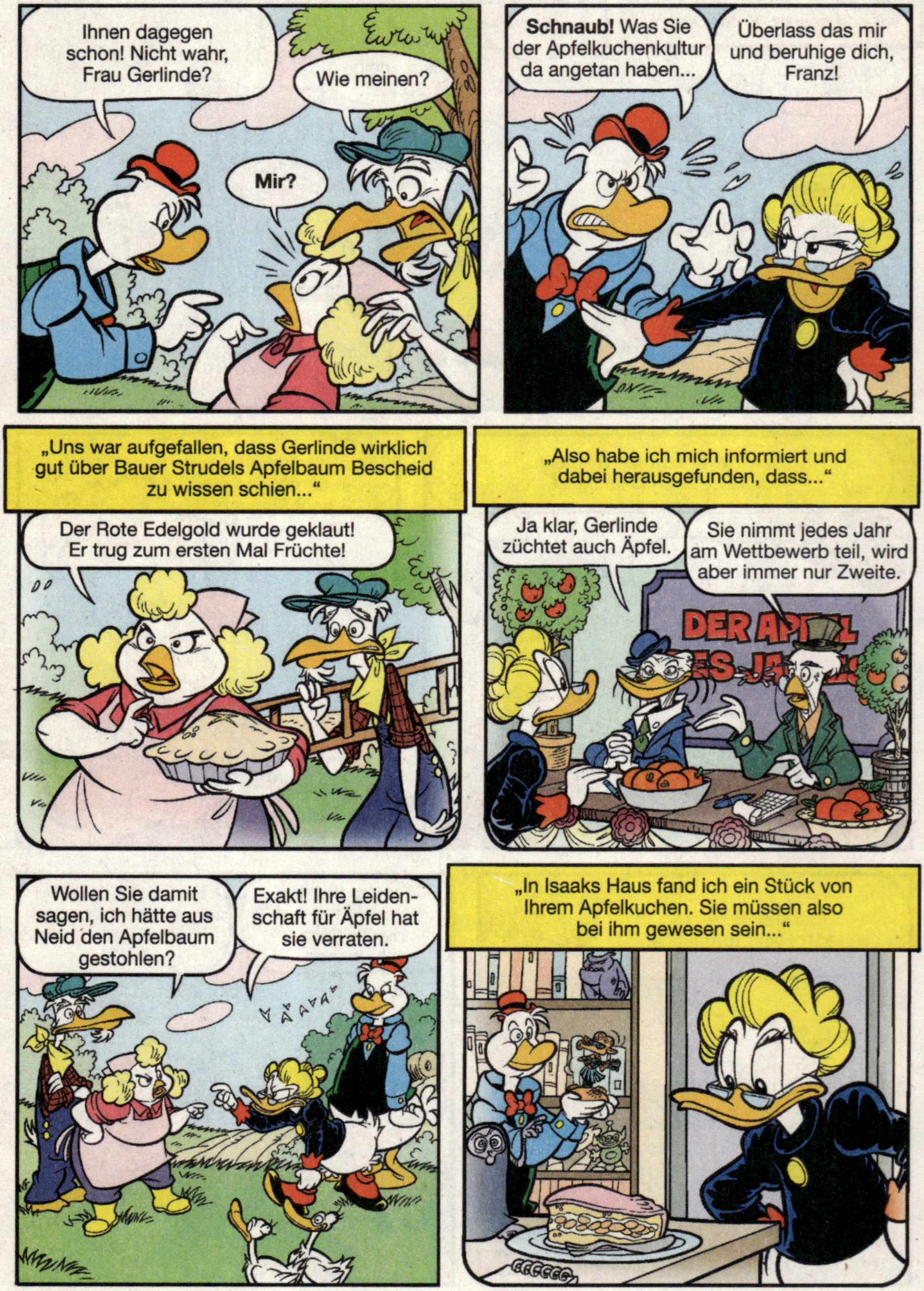

Ihnen dagegen schon! Nicht wahr, Frau Gerlinde?
Wie meinen?
Mir?
Schnaub! Was Sie der Apfelkuchenkultur da angetan haben...
Überlass das mir und beruhige dich, Franz!
„Uns war aufgefallen, dass Gerlinde wirklich gut über Bauer Strudels Apfelbaum Bescheid zu wissen schien..."
Der Rote Edelgold wurde geklaut! Er trug zum ersten Mal Früchte!
„Also habe ich mich informiert und dabei herausgefunden, dass..."
Ja klar, Gerlinde züchtet auch Äpfel.
Sie nimmt jedes Jahr am Wettbewerb teil, wird aber immer nur Zweite.
Wollen Sie damit sagen, ich hätte aus Neid den Apfelbaum gestohlen?
Exakt! Ihre Leidenschaft für Äpfel hat sie verraten.
„In Isaaks Haus fand ich ein Stück von Ihrem Apfelkuchen. Sie müssen also bei ihm gewesen sein..."

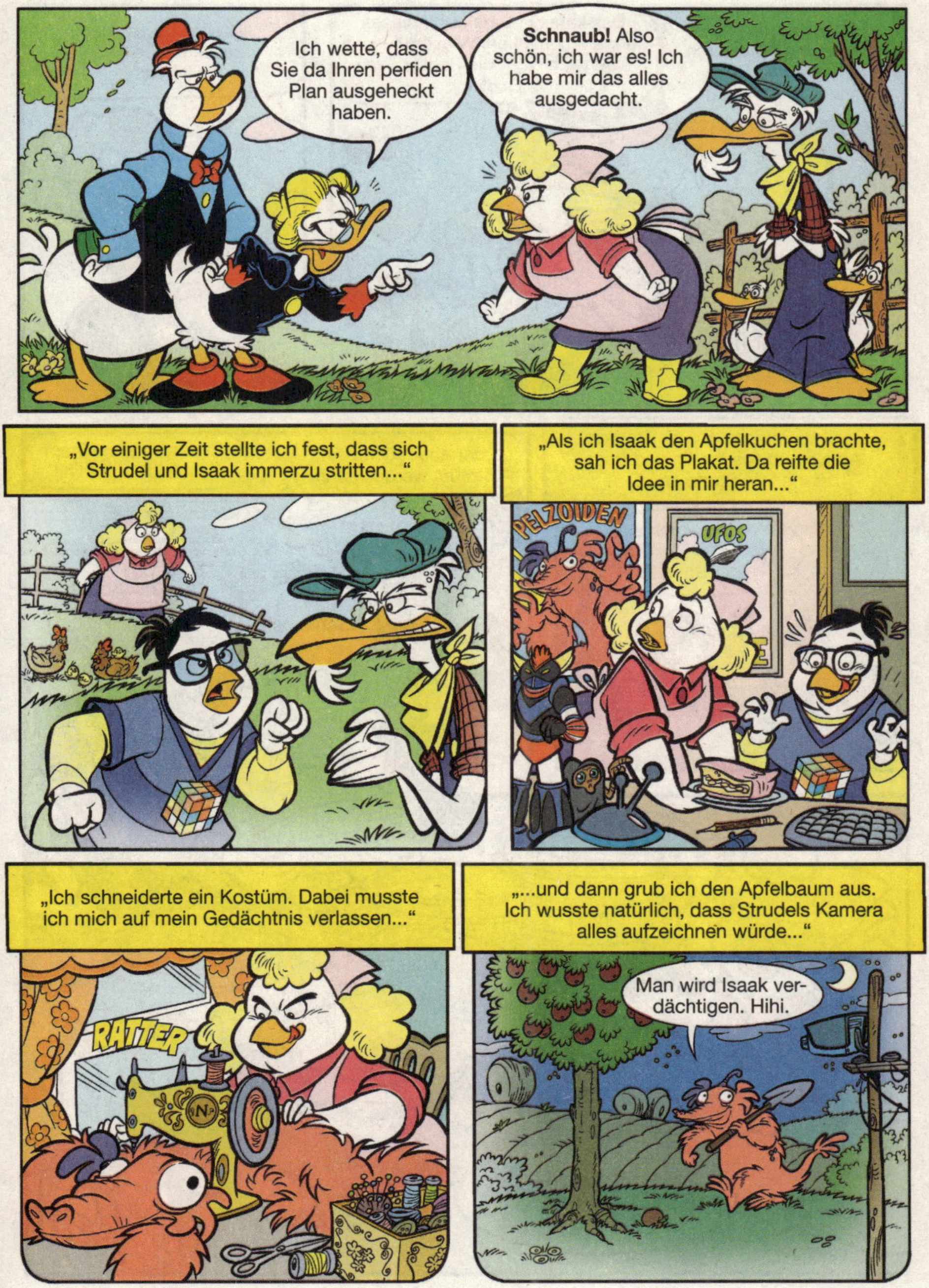

Ich wette, dass Sie da Ihren perfiden Plan ausgeheckt haben.
Schnaub! Also schön, ich war es! Ich habe mir das alles ausgedacht.
„Vor einiger Zeit stellte ich fest, dass sich Strudel und Isaak immerzu stritten...“
„Als ich Isaak den Apfelkuchen brachte, sah ich das Plakat. Da reifte die Idee in mir heran...“
PELZOIDEN
UFOS
„Ich schneiderte ein Kostüm. Dabei musste ich mich auf mein Gedächtnis verlassen...“
RATTER
„...und dann grub ich den Apfelbaum aus. Ich wusste natürlich, dass Strudels Kamera alles aufzeichnen würde...“
Man wird Isaak verdächtigen. Hihi.

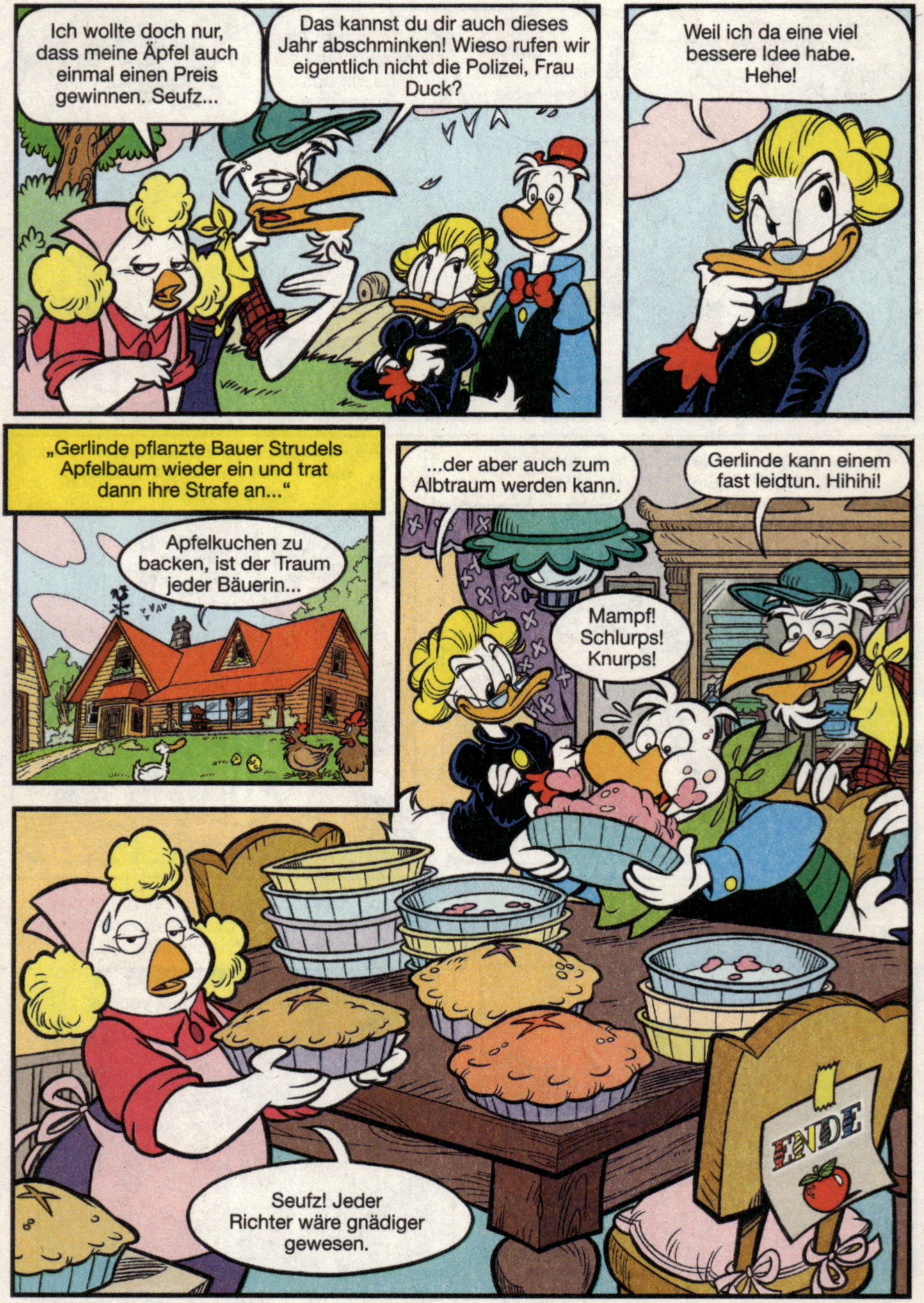
Ich wollte doch nur, dass meine Äpfel auch einmal einen Preis gewinnen. Seufz...
Das kannst du dir auch dieses Jahr abschminken! Wieso rufen wir eigentlich nicht die Polizei, Frau Duck?
Weil ich da eine viel bessere Idee habe. Hehe!
„Gerlinde pflanzte Bauer Strudels Apfelbaum wieder ein und trat dann ihre Strafe an..."
Apfelkuchen zu backen, ist der Traum jeder Bäuerin...
...der aber auch zum Albtraum werden kann.
Gerlinde kann einem fast leidtun. Hihihi!
Mampf! Schlurps! Knurps!
Seufz! Jeder Richter wäre gnädiger gewesen.
ENDE

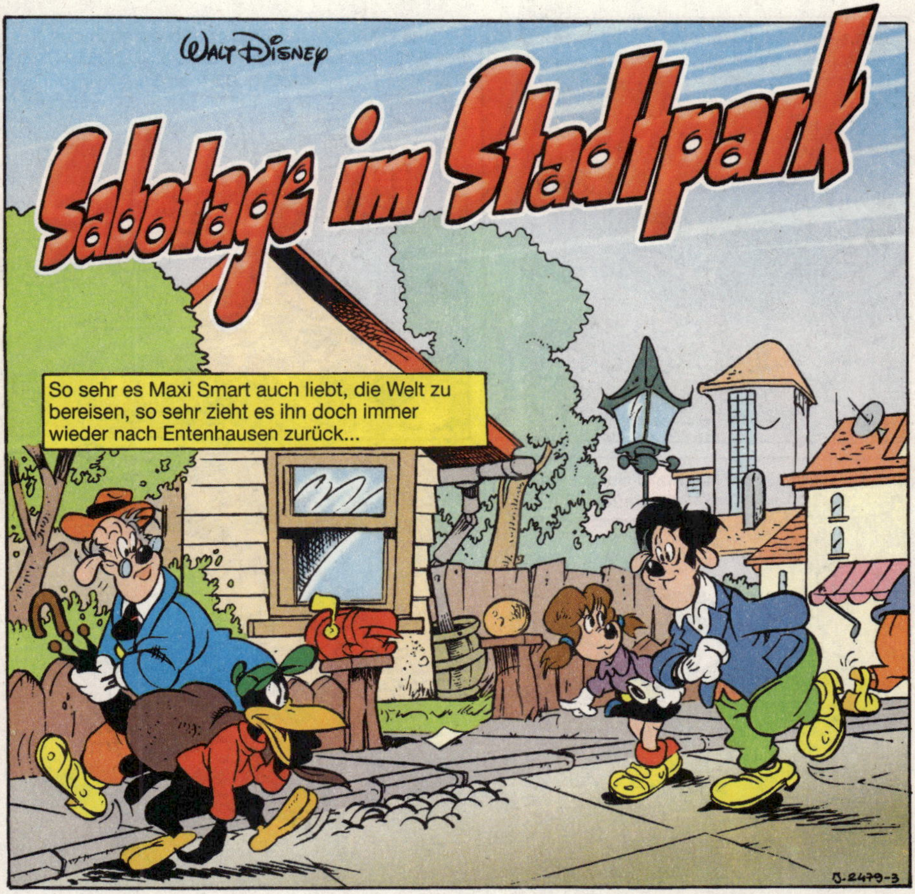

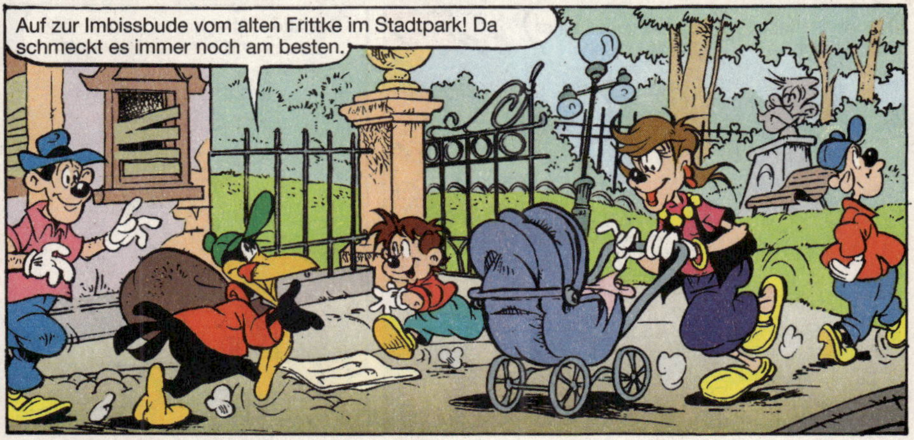

Created 2003

Carlo Panaro (Story), **Sergio Asteriti** (Zeichnungen)

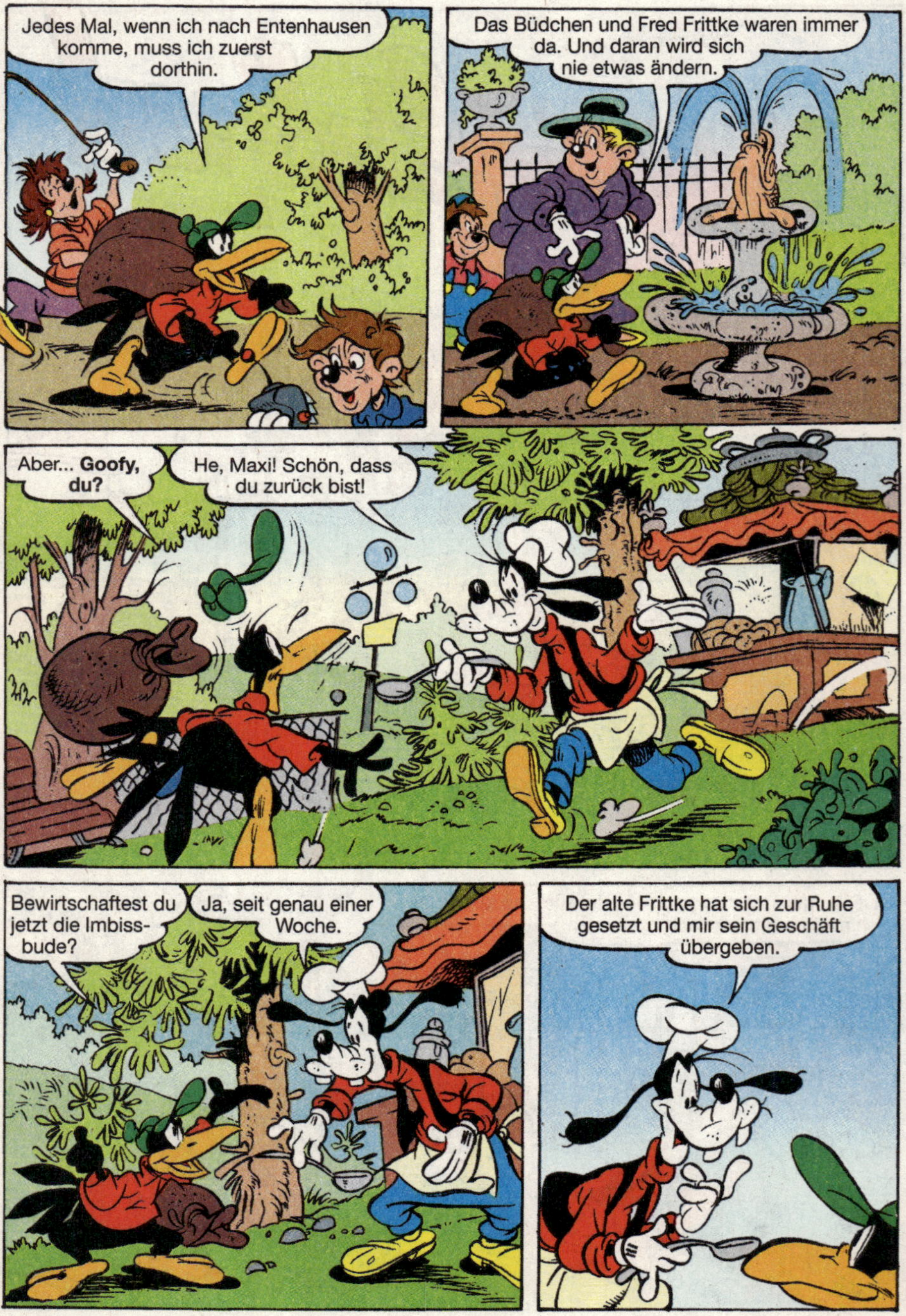
Jedes Mal, wenn ich nach Entenhausen komme, muss ich zuerst dorthin.
Das Büdchen und Fred Frittke waren immer da. Und daran wird sich nie etwas ändern.
Aber... **Goofy, du?**
He, Maxi! Schön, dass du zurück bist!
Bewirtschaftest du jetzt die Imbiss-bude?
Ja, seit genau einer Woche.
Der alte Frittke hat sich zur Ruhe gesetzt und mir sein Geschäft übergeben.

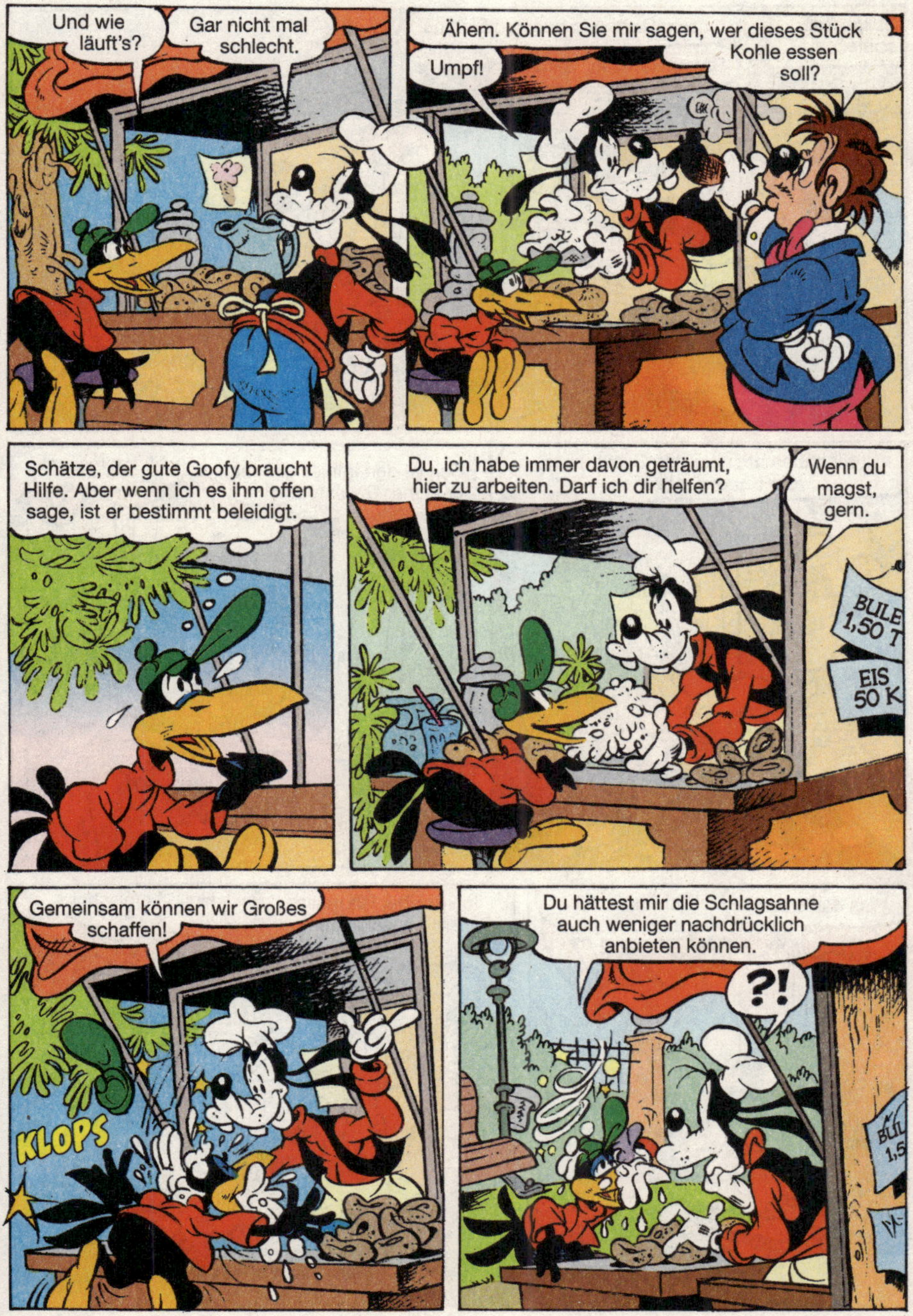
Und wie läuft's?
Gar nicht mal schlecht.
Ähem. Können Sie mir sagen, wer dieses Stück Kohle essen soll?
Umpf!
Schätze, der gute Goofy braucht Hilfe. Aber wenn ich es ihm offen sage, ist er bestimmt beleidigt.
Du, ich habe immer davon geträumt, hier zu arbeiten. Darf ich dir helfen?
Wenn du magst, gern.
BULE 1,50 T
EIS 50 K
Gemeinsam können wir Großes schaffen!
KLOPS
Du hättest mir die Schlagsahne auch weniger nachdrücklich anbieten können.
?!

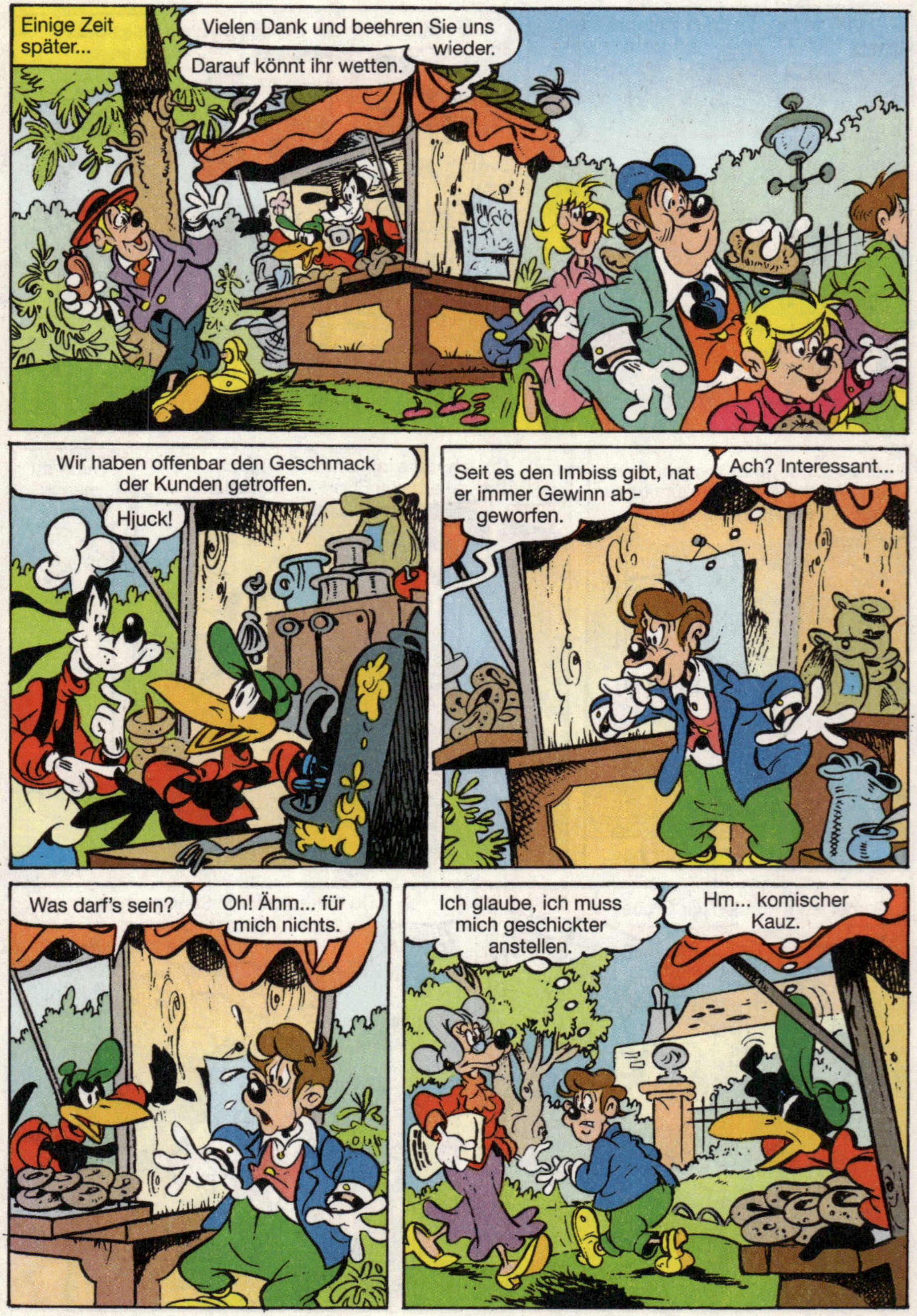
Einige Zeit später...
Vielen Dank und beehren Sie uns wieder.
Darauf könnt ihr wetten.
Wir haben offenbar den Geschmack der Kunden getroffen.
Hjuck!
Seit es den Imbiss gibt, hat er immer Gewinn abgeworfen.
Ach? Interessant...
Was darf's sein?
Oh! Ähm... für mich nichts.
Ich glaube, ich muss mich geschickter anstellen.
Hm... komischer Kauz.

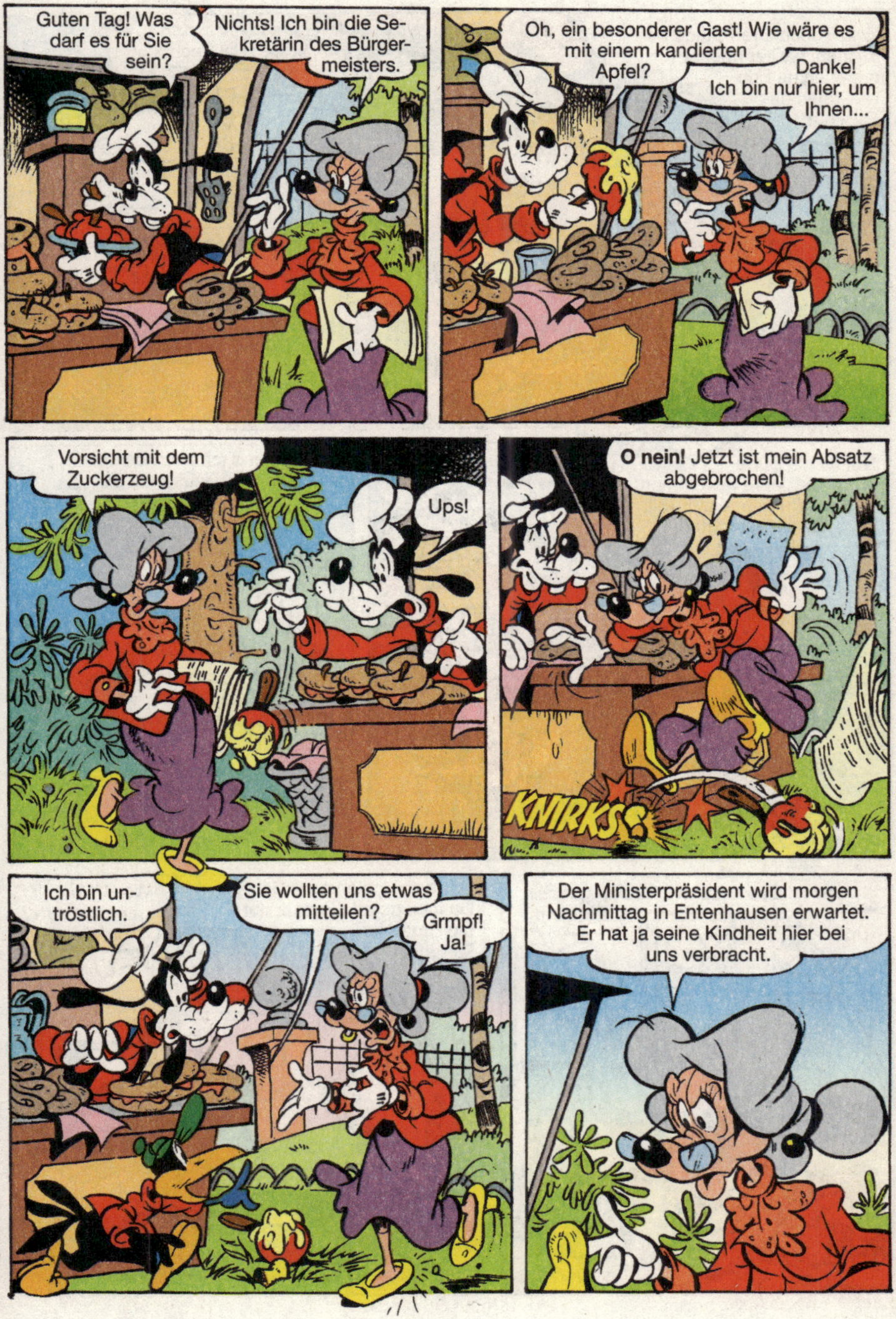
Guten Tag! Was darf es für Sie sein?
Nichts! Ich bin die Sekretärin des Bürgermeisters.
Oh, ein besonderer Gast! Wie wäre es mit einem kandierten Apfel?
Danke! Ich bin nur hier, um Ihnen...
Vorsicht mit dem Zuckerzeug!
Ups!
O nein! Jetzt ist mein Absatz abgebrochen!
KNIRKS
Ich bin untröstlich.
Sie wollten uns etwas mitteilen?
Grmpf! Ja!
Der Ministerpräsident wird morgen Nachmittag in Entenhausen erwartet. Er hat ja seine Kindheit hier bei uns verbracht.

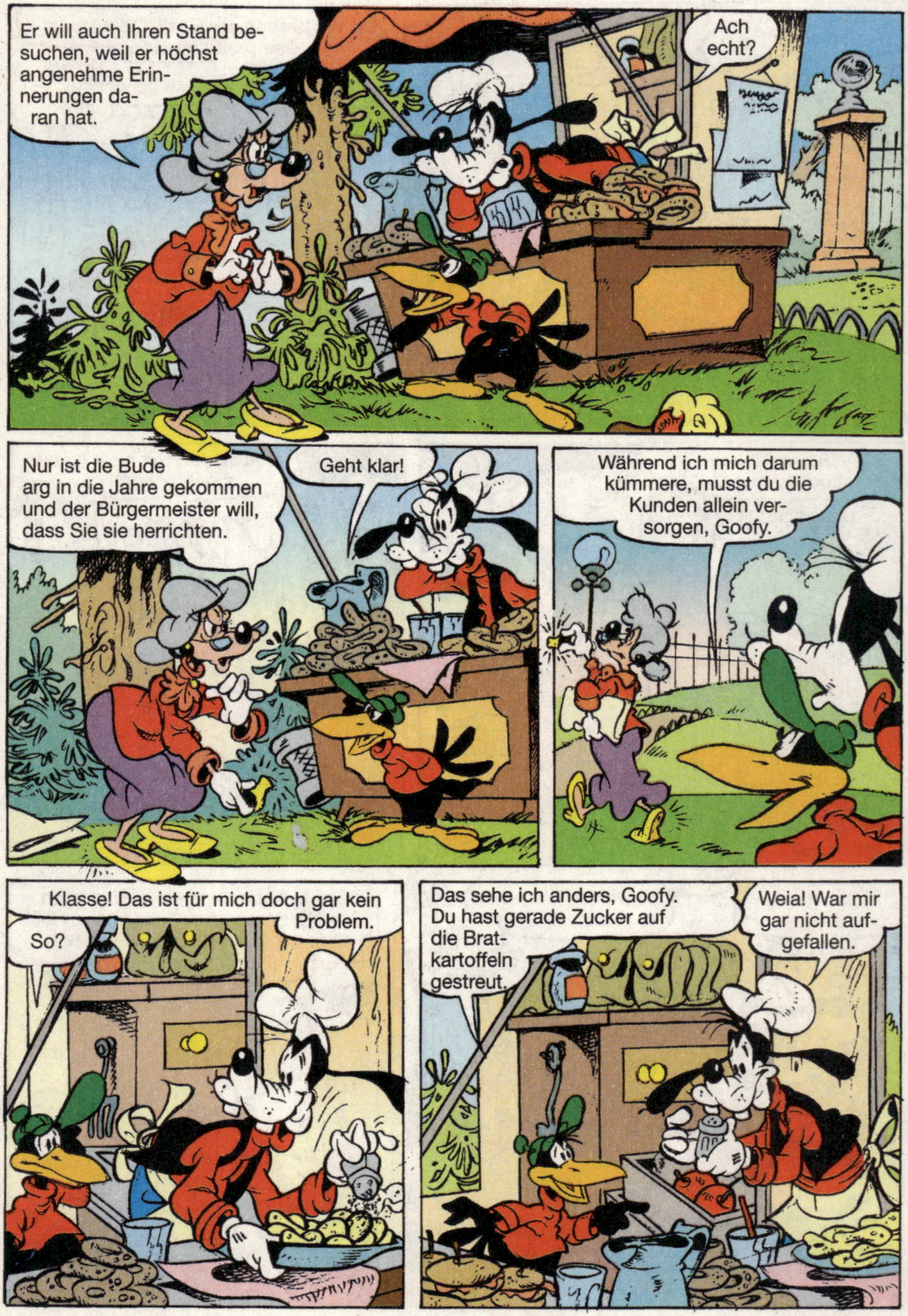
Er will auch Ihren Stand besuchen, weil er höchst angenehme Erinnerungen daran hat.
Ach echt?
Nur ist die Bude arg in die Jahre gekommen und der Bürgermeister will, dass Sie sie herrichten.
Geht klar!
Während ich mich darum kümmere, musst du die Kunden allein versorgen, Goofy.
Klasse! Das ist für mich doch gar kein Problem.
So?
Das sehe ich anders, Goofy. Du hast gerade Zucker auf die Bratkartoffeln gestreut.
Weia! War mir gar nicht aufgefallen.

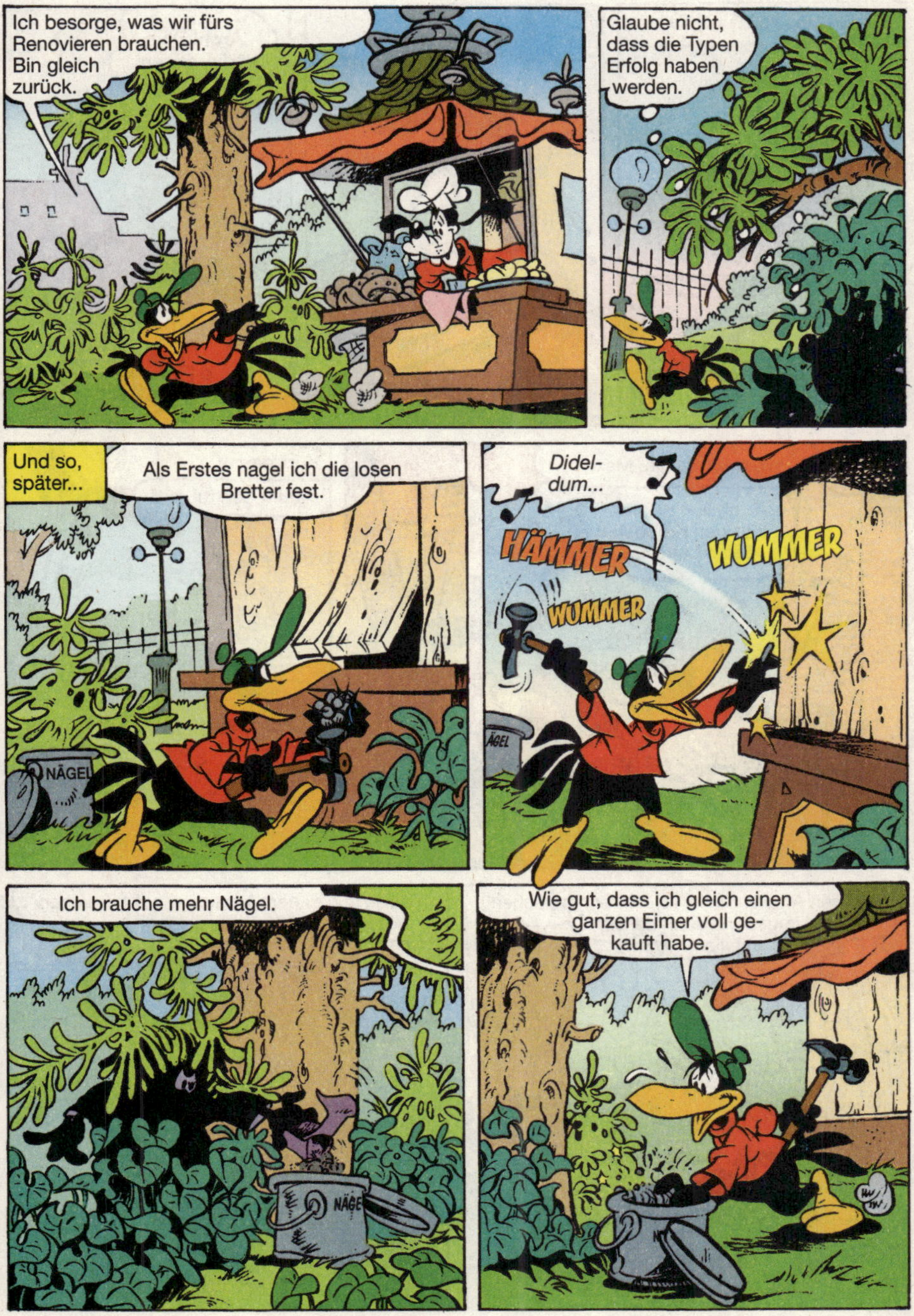
Ich besorge, was wir fürs Renovieren brauchen. Bin gleich zurück.
Glaube nicht, dass die Typen Erfolg haben werden.
Und so, später...
Als Erstes nagel ich die losen Bretter fest.
NÄGEL
Didel-dum...
HÄMMER
WUMMER
WUMMER
Ich brauche mehr Nägel.
NÄGE
Wie gut, dass ich gleich einen ganzen Eimer voll ge-kauft habe.

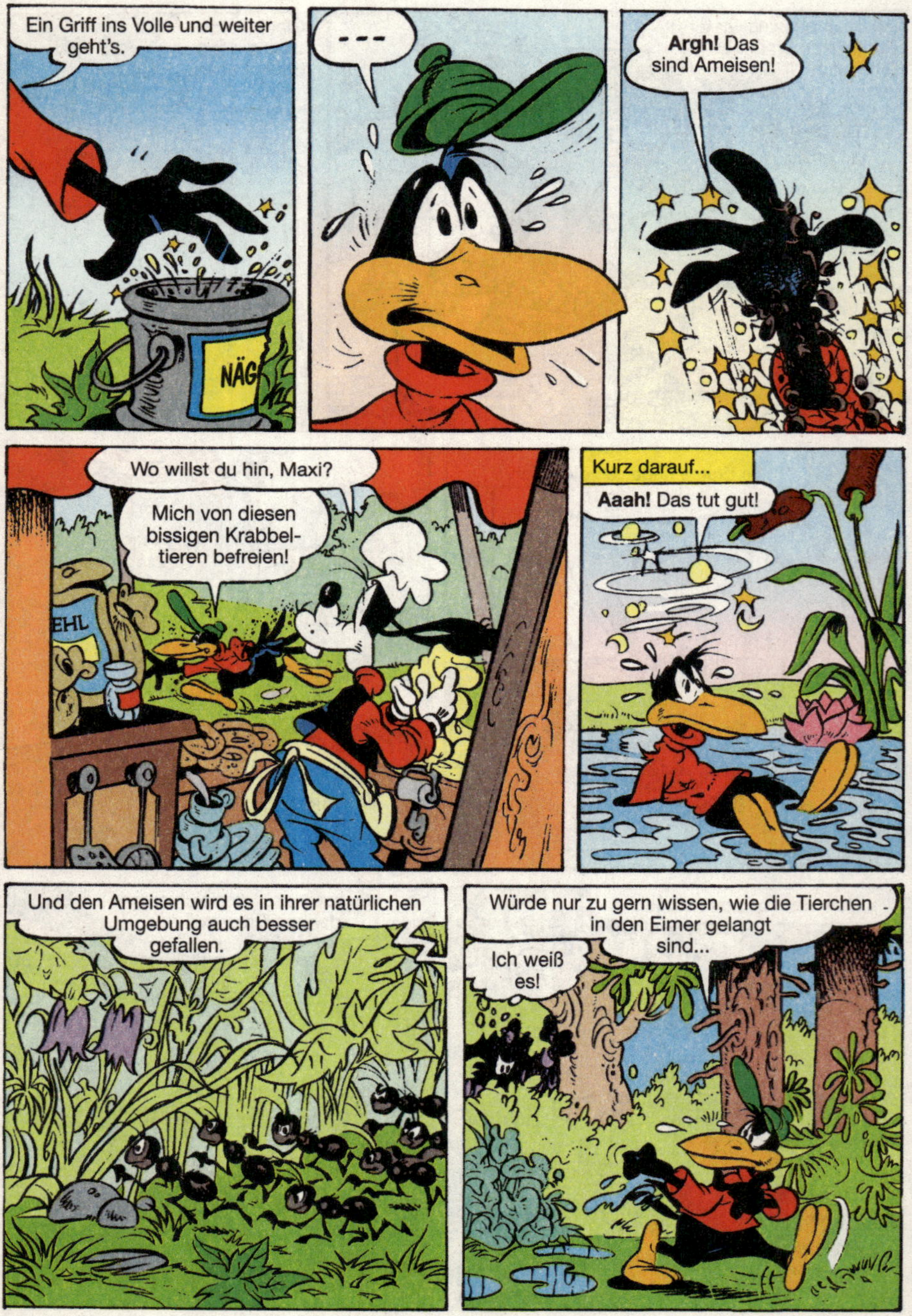
Ein Griff ins Volle und weiter geht's.
NÄG

Argh! Das sind Ameisen!
Wo willst du hin, Maxi?
Mich von diesen bissigen Krabbeltieren befreien!
EHL
Kurz darauf...
Aaah! Das tut gut!
Und den Ameisen wird es in ihrer natürlichen Umgebung auch besser gefallen.
Würde nur zu gern wissen, wie die Tierchen in den Eimer gelangt sind...
Ich weiß es!

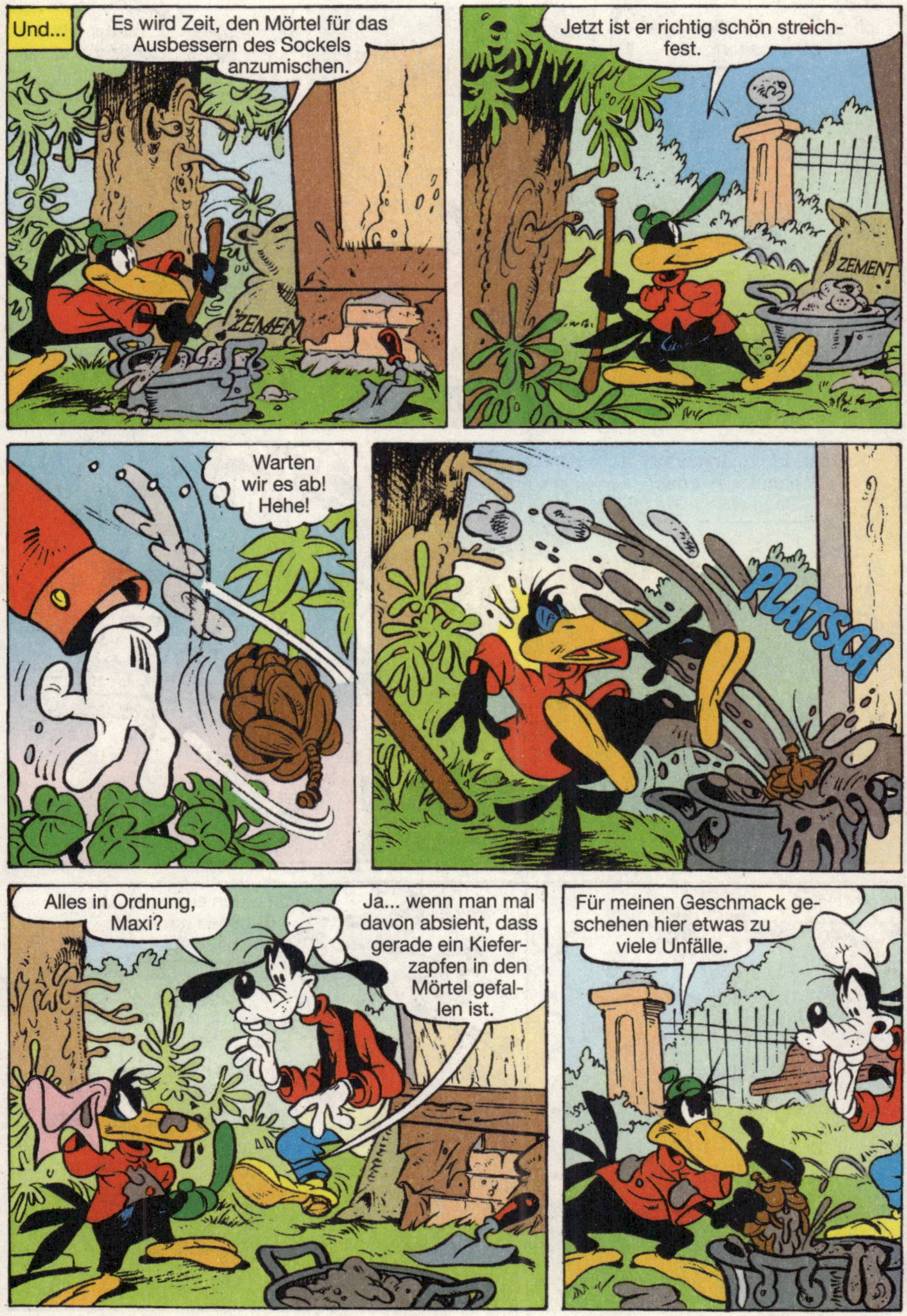

Und...
Es wird Zeit, den Mörtel für das Ausbessern des Sockels anzumischen.
ZEMENT
Jetzt ist er richtig schön streichfest.
ZEMENT
Warten wir es ab! Hehe!
PLATSCH
Alles in Ordnung, Maxi?
Ja... wenn man mal davon absieht, dass gerade ein Kiefer-zapfen in den Mörtel gefal-len ist.
Für meinen Geschmack ge-schehen hier etwas zu viele Unfälle.

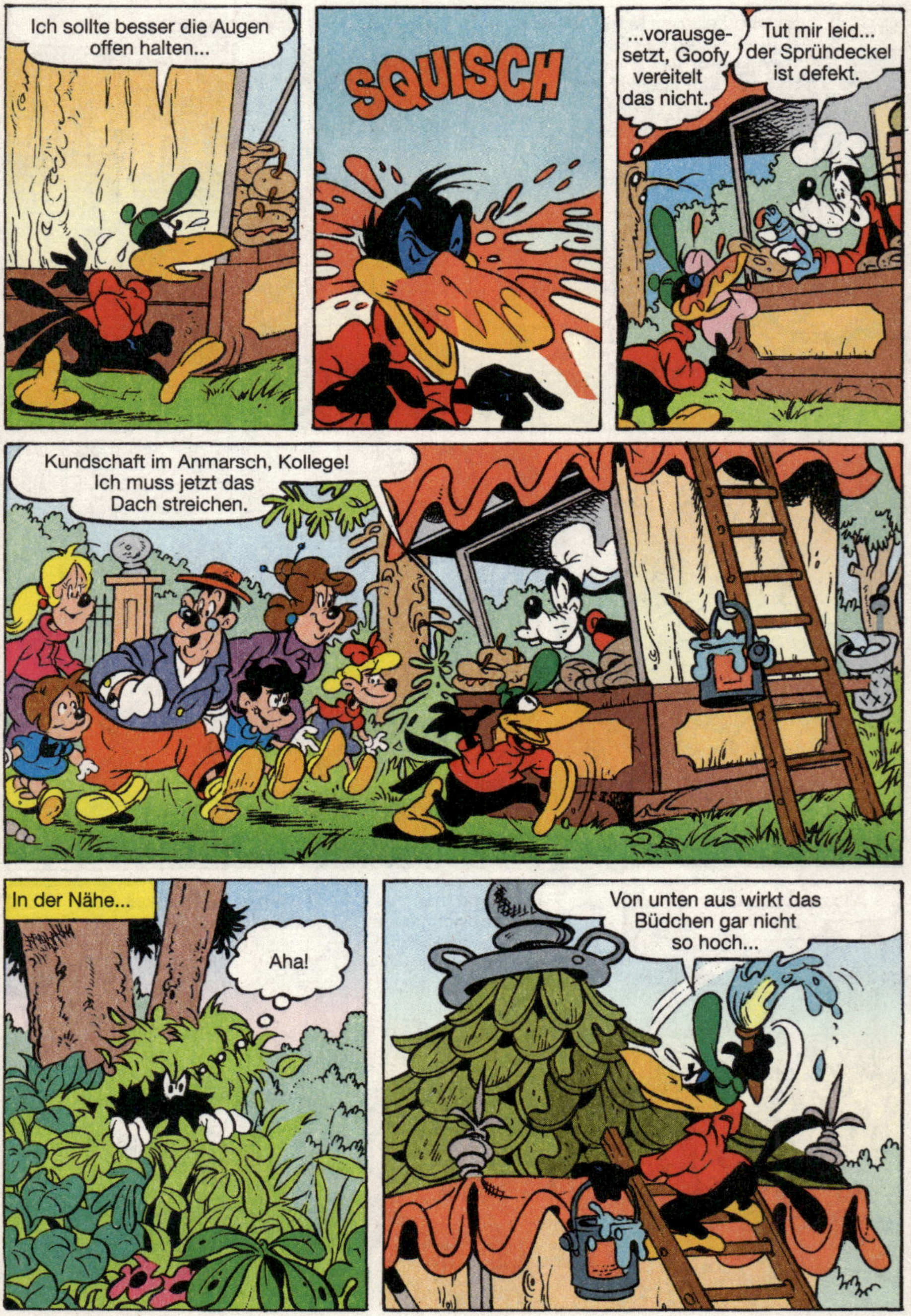
Ich sollte besser die Augen offen halten...
SQUISCH
...vorausgesetzt, Goofy vereitelt das nicht.
Tut mir leid... der Sprühdeckel ist defekt.
Kundschaft im Anmarsch, Kollege! Ich muss jetzt das Dach streichen.
In der Nähe...
Aha!
Von unten aus wirkt das Büdchen gar nicht so hoch...

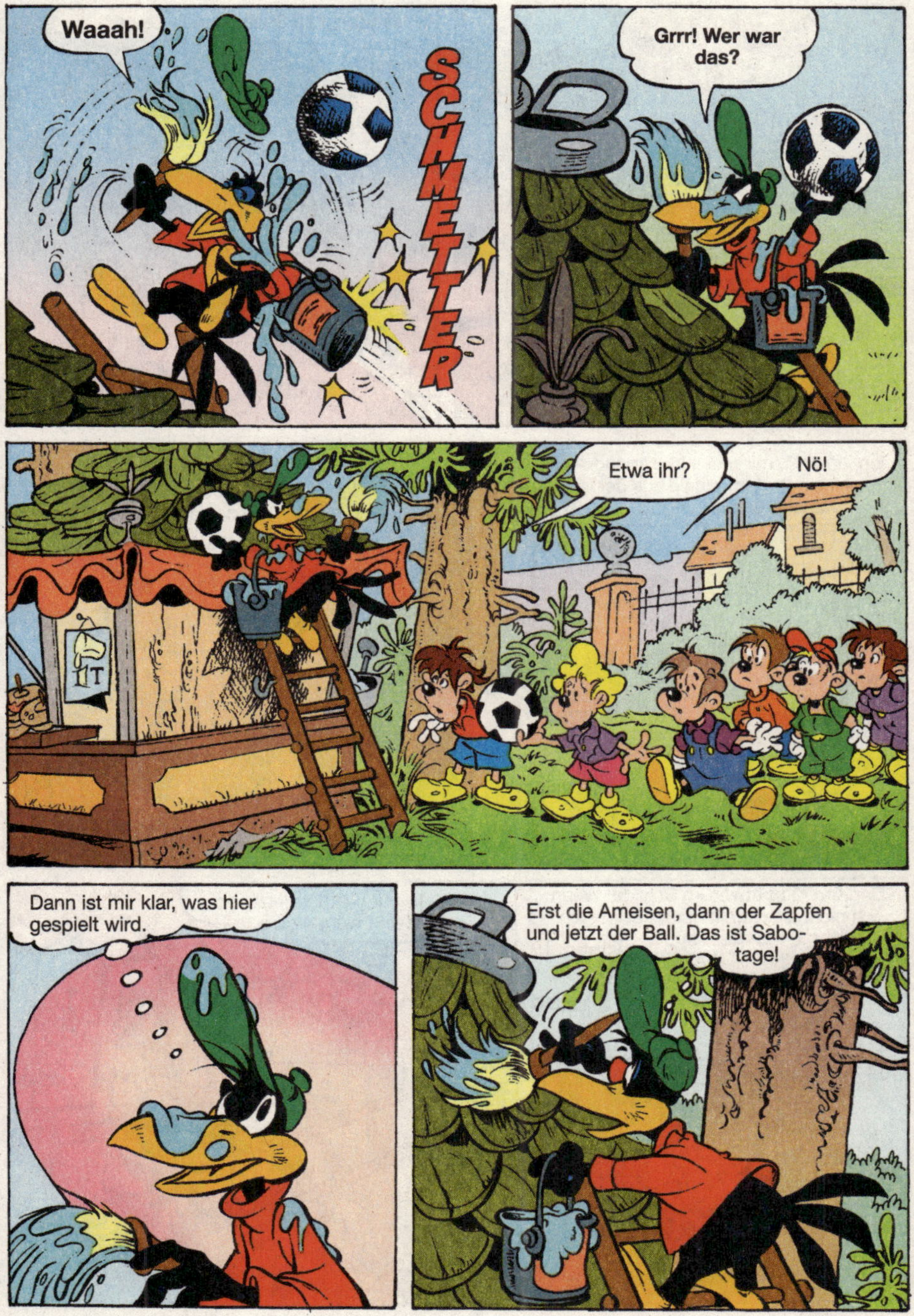
Waaah!
SCHMETTER
Grrr! Wer war das?
Etwa ihr?
Nö!
Dann ist mir klar, was hier gespielt wird.
Erst die Ameisen, dann der Zapfen und jetzt der Ball. Das ist Sabotage!

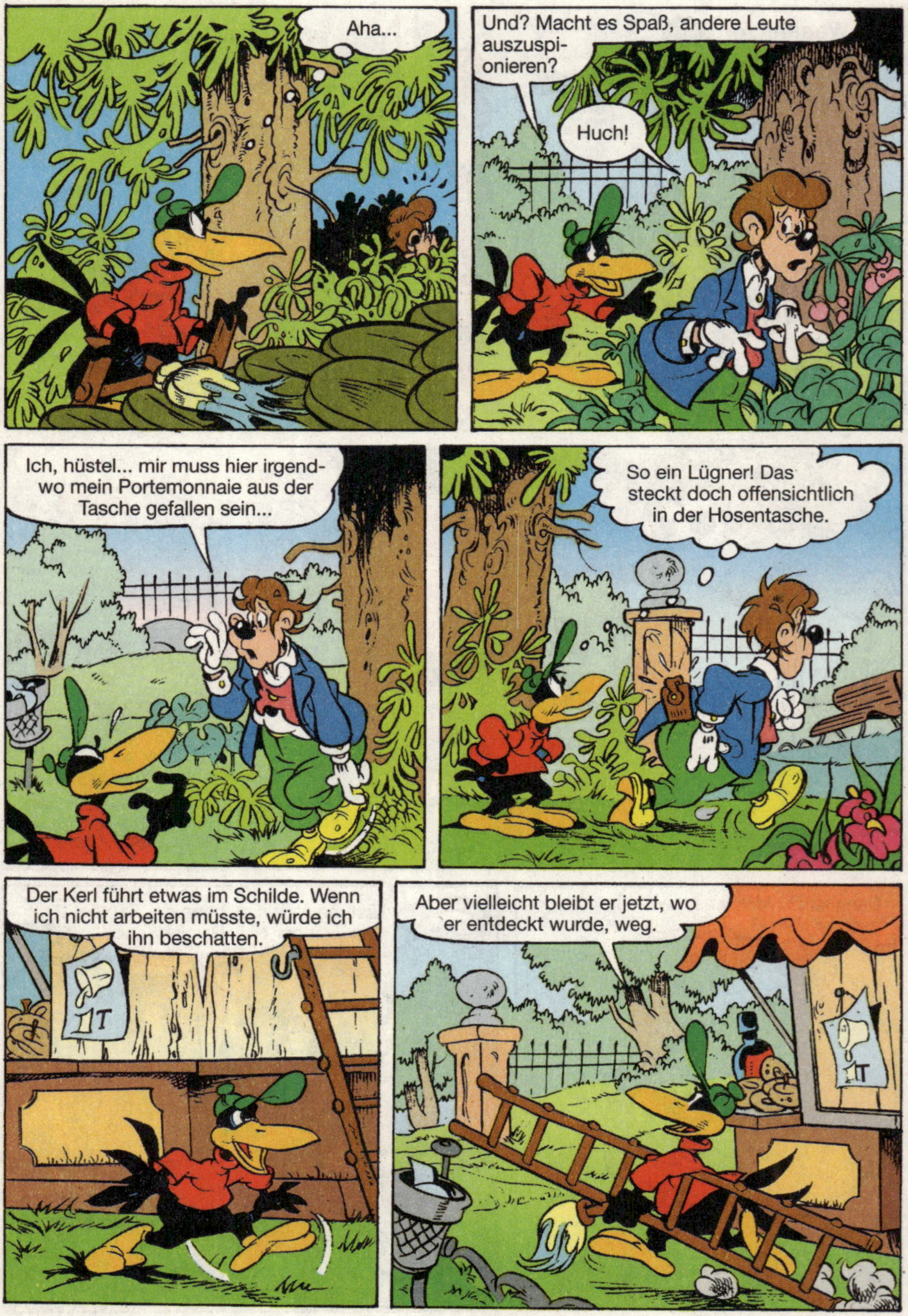
Aha...
Und? Macht es Spaß, andere Leute auszuspionieren?
Huch!
Ich, hüstel... mir muss hier irgendwo mein Portemonnaie aus der Tasche gefallen sein...
So ein Lügner! Das steckt doch offensichtlich in der Hosentasche.
Der Kerl führt etwas im Schilde. Wenn ich nicht arbeiten müsste, würde ich ihn beschatten.
Aber vielleicht bleibt er jetzt, wo er entdeckt wurde, weg.

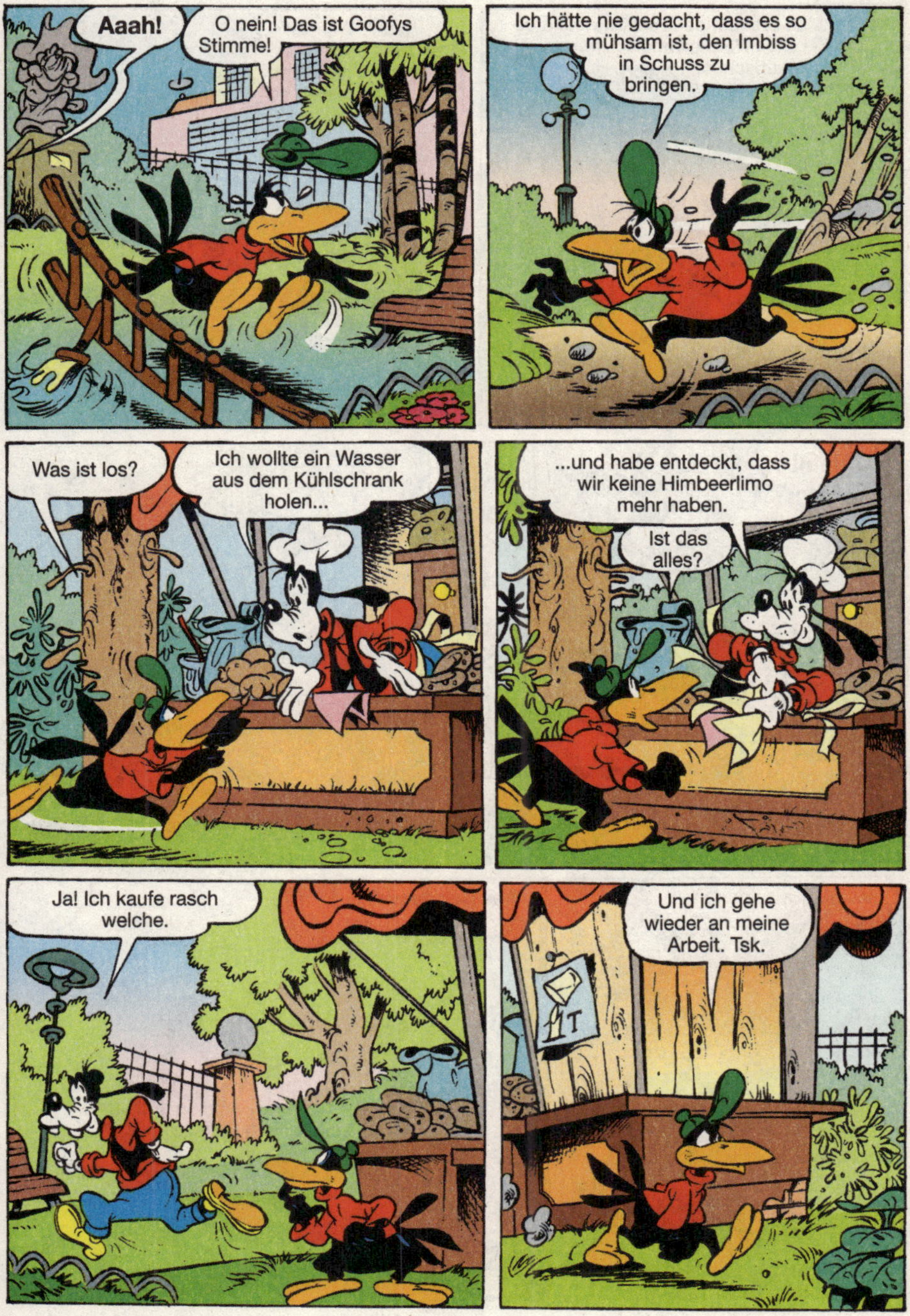
Aaah!
O nein! Das ist Goofys Stimme!
Ich hätte nie gedacht, dass es so mühsam ist, den Imbiss in Schuss zu bringen.
Was ist los?
Ich wollte ein Wasser aus dem Kühlschrank holen...
...und habe entdeckt, dass wir keine Himbeerlimo mehr haben.
Ist das alles?
Ja! Ich kaufe rasch welche.
Und ich gehe wieder an meine Arbeit. Tsk.

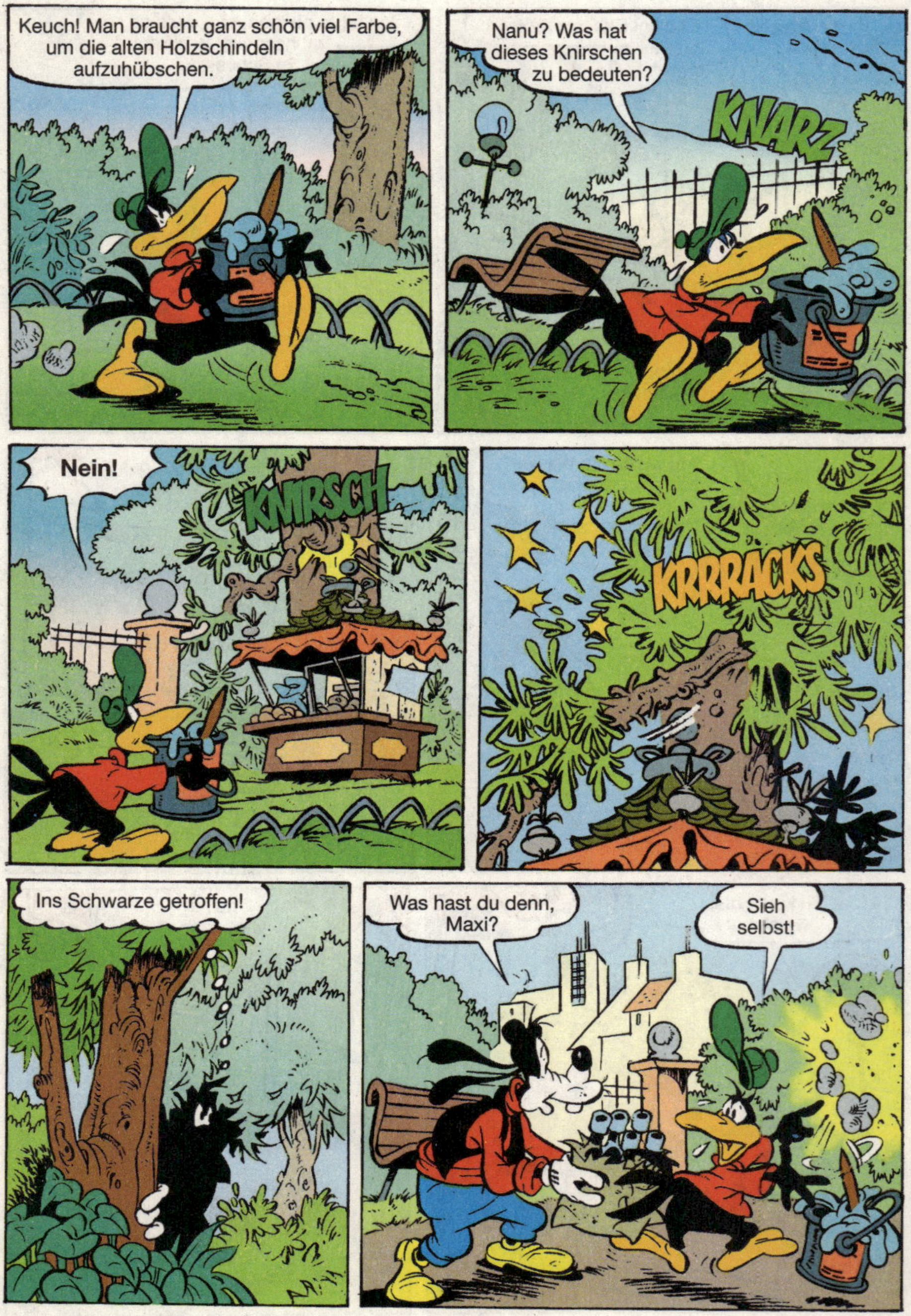
Keuch! Man braucht ganz schön viel Farbe, um die alten Holzschindeln aufzuhübschen.
Nanu? Was hat dieses Knirschen zu bedeuten?
KNARZ
Nein!
KNIRSCH
KRRRACKS
Ins Schwarze getroffen!
Was hast du denn, Maxi?
Sieh selbst!

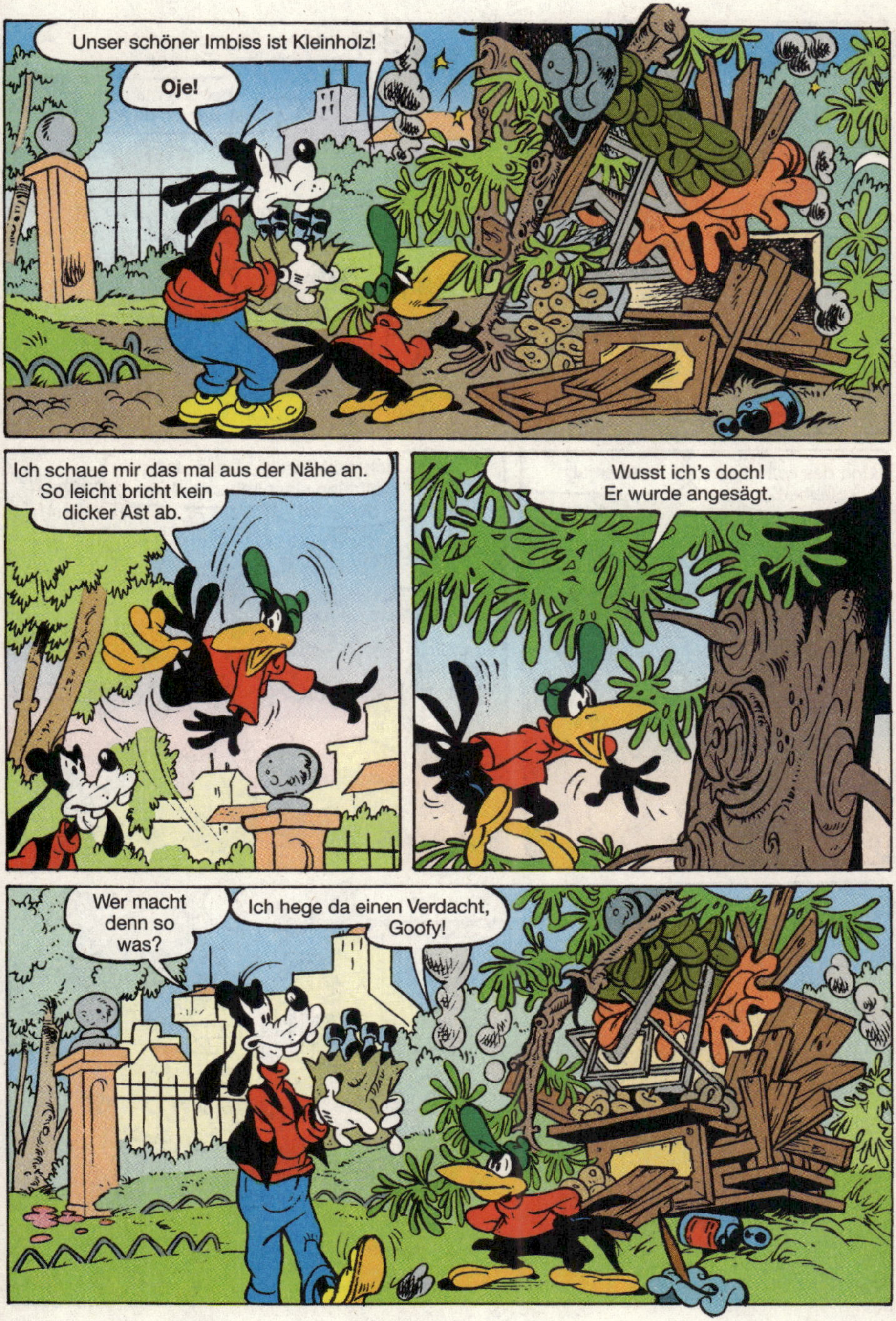
Unser schöner Imbiss ist Kleinholz!
Oje!
Ich schaue mir das mal aus der Nähe an. So leicht bricht kein dicker Ast ab.
Wusst ich's doch! Er wurde angesägt.
Wer macht denn so was?
Ich hege da einen Verdacht, Goofy!

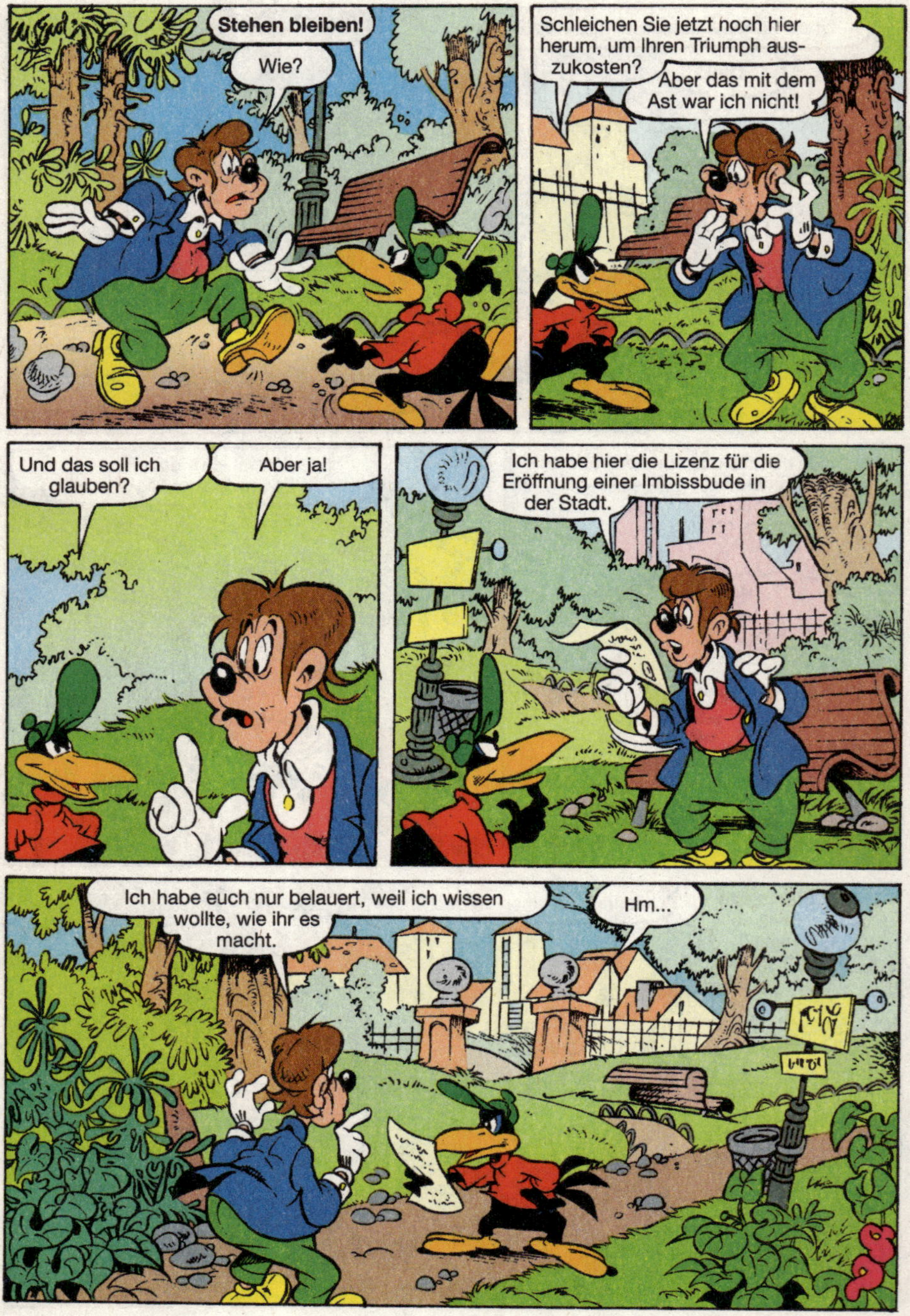

Stehen bleiben!
Wie?
Schleichen Sie jetzt noch hier herum, um Ihren Triumph aus-zukosten?
Aber das mit dem Ast war ich nicht!
Und das soll ich glauben?
Aber ja!
Ich habe hier die Lizenz für die Eröffnung einer Imbissbude in der Stadt.
Ich habe euch nur belauert, weil ich wissen wollte, wie ihr es macht.
Hm...

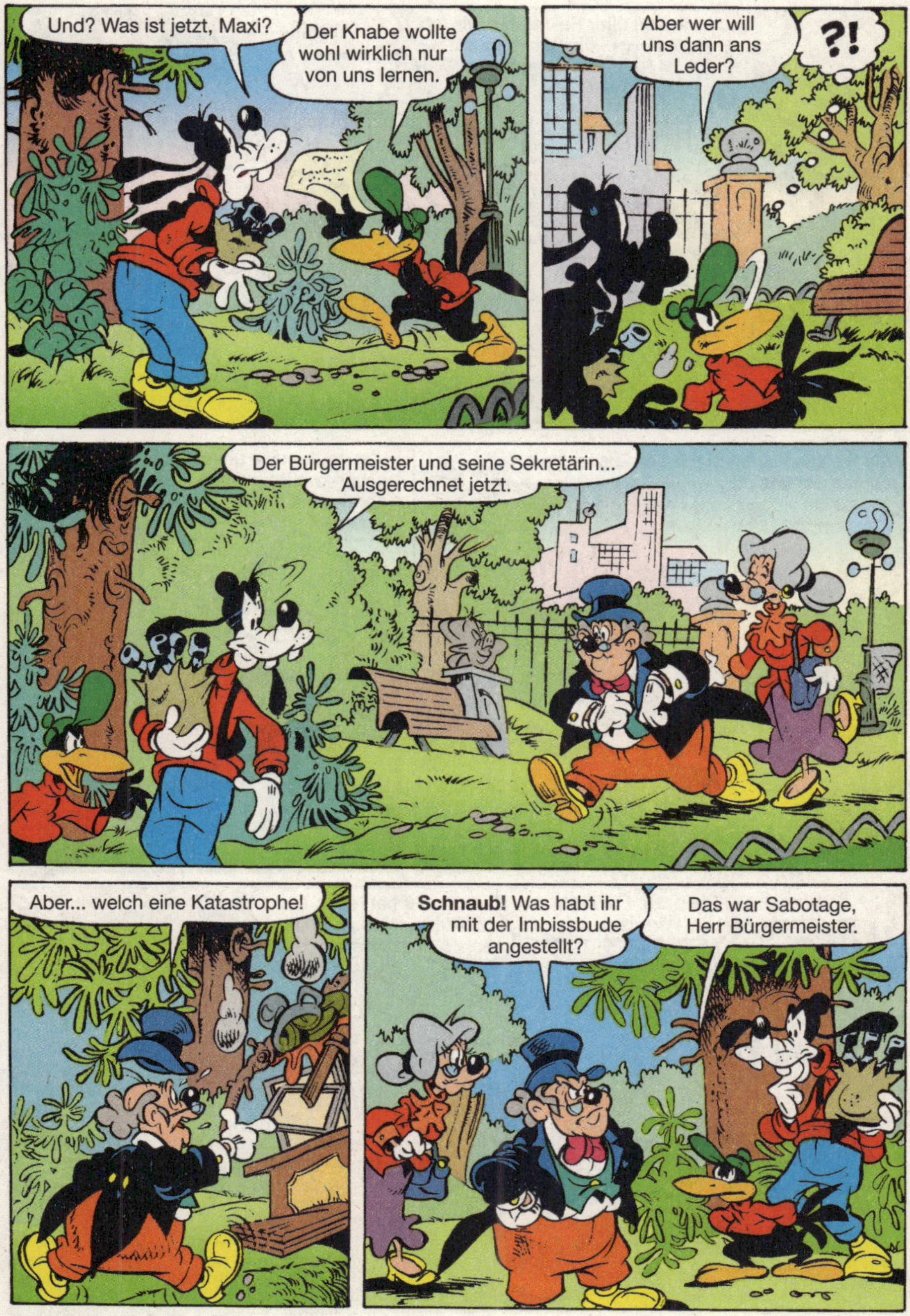
Und? Was ist jetzt, Maxi?
Der Knabe wollte wohl wirklich nur von uns lernen.
Aber wer will uns dann ans Leder?
?!
Der Bürgermeister und seine Sekretärin... Ausgerechnet jetzt.
Aber... welch eine Katastrophe!
Schnaub! Was habt ihr mit der Imbissbude angestellt?
Das war Sabotage, Herr Bürgermeister.

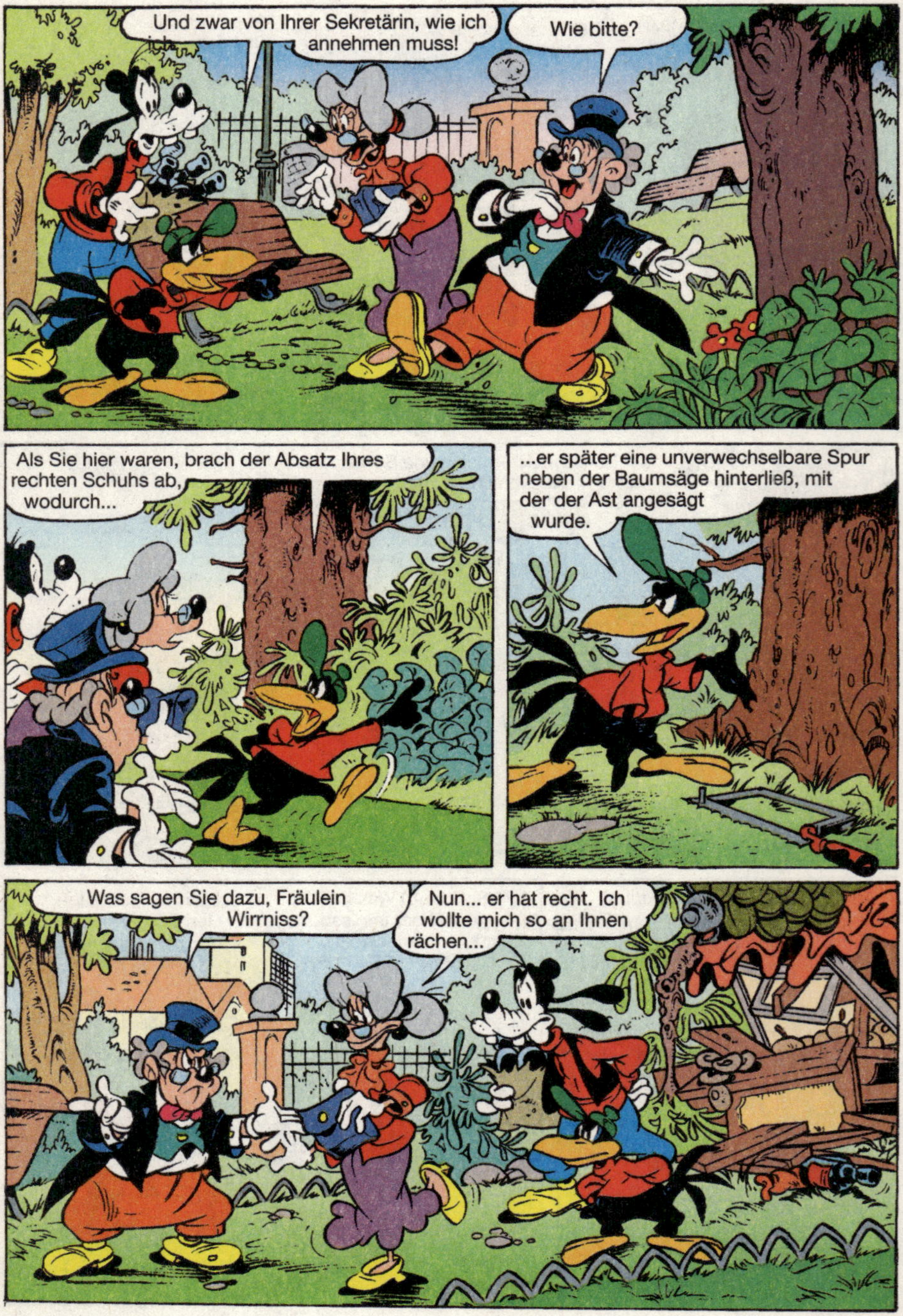
Und zwar von Ihrer Sekretärin, wie ich annehmen muss!
Wie bitte?
Als Sie hier waren, brach der Absatz Ihres rechten Schuhs ab, wodurch...
...er später eine unverwechselbare Spur neben der Baumsäge hinterließ, mit der der Ast angesägt wurde.
Was sagen Sie dazu, Fräulein Wirrniss?
Nun... er hat recht. Ich wollte mich so an Ihnen rächen...

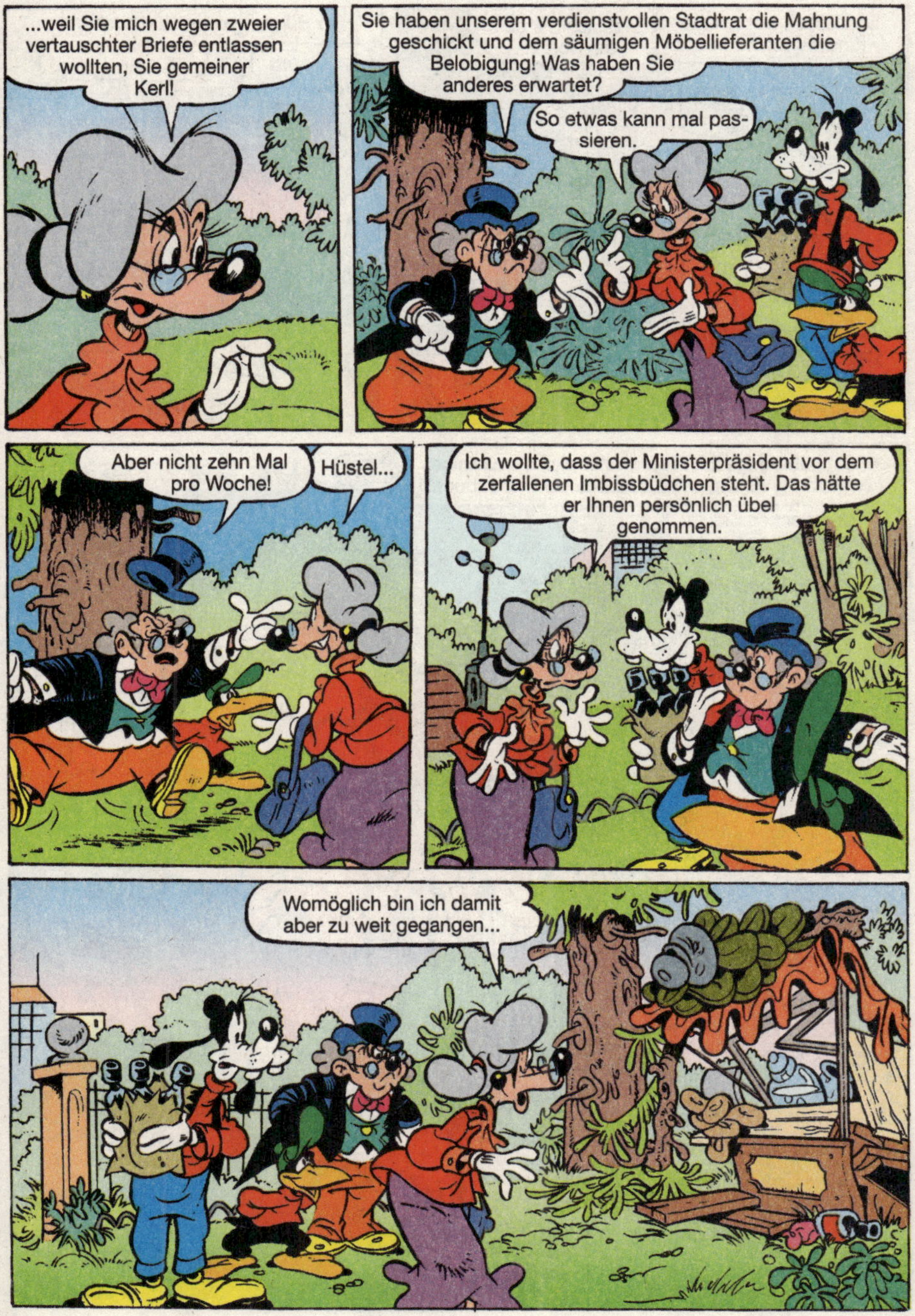
...weil Sie mich wegen zweier vertauschter Briefe entlassen wollten, Sie gemeiner Kerl!
Sie haben unserem verdienstvollen Stadtrat die Mahnung geschickt und dem säumigen Möbellieferanten die Belobigung! Was haben Sie anderes erwartet?
So etwas kann mal passieren.
Aber nicht zehn Mal pro Woche!
Hüstel...
Ich wollte, dass der Ministerpräsident vor dem zerfallenen Imbissbüdchen steht. Das hätte er Ihnen persönlich übel genommen.
Womöglich bin ich damit aber zu weit gegangen...

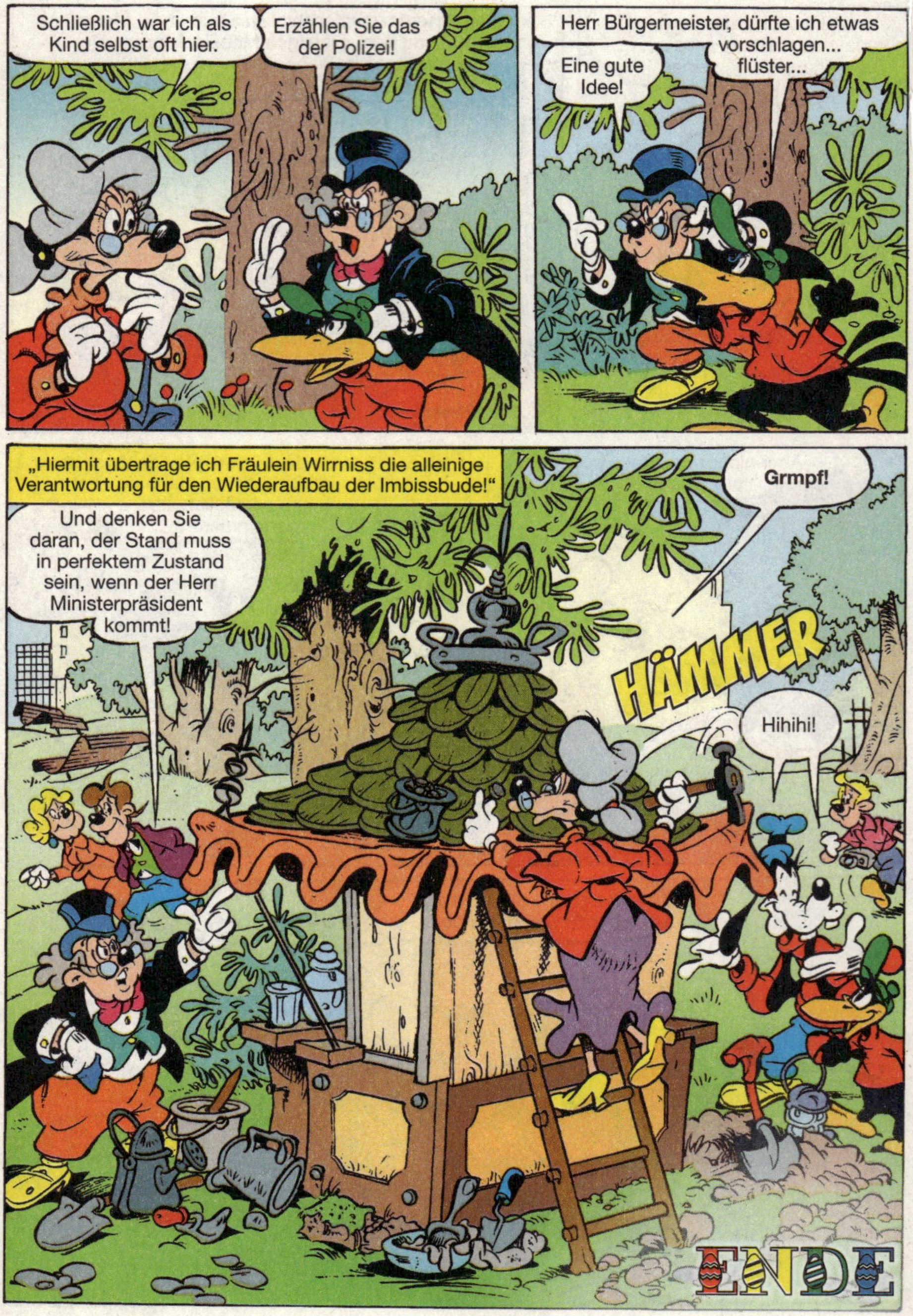

Schließlich war ich als Kind selbst oft hier.
Erzählen Sie das der Polizei!
Herr Bürgermeister, dürfte ich etwas vorschlagen... flüster...
Eine gute Idee!
„Hiermit übertrage ich Fräulein Wirrniss die alleinige Verantwortung für den Wiederaufbau der Imbissbude!“
Und denken Sie daran, der Stand muss in perfektem Zustand sein, wenn der Herr Ministerpräsident kommt!
Grmpf!
HÄMMER
Hihihi!
ENDE

Walt Disney

Im Schnellkurs

Gärtnern leicht gemacht

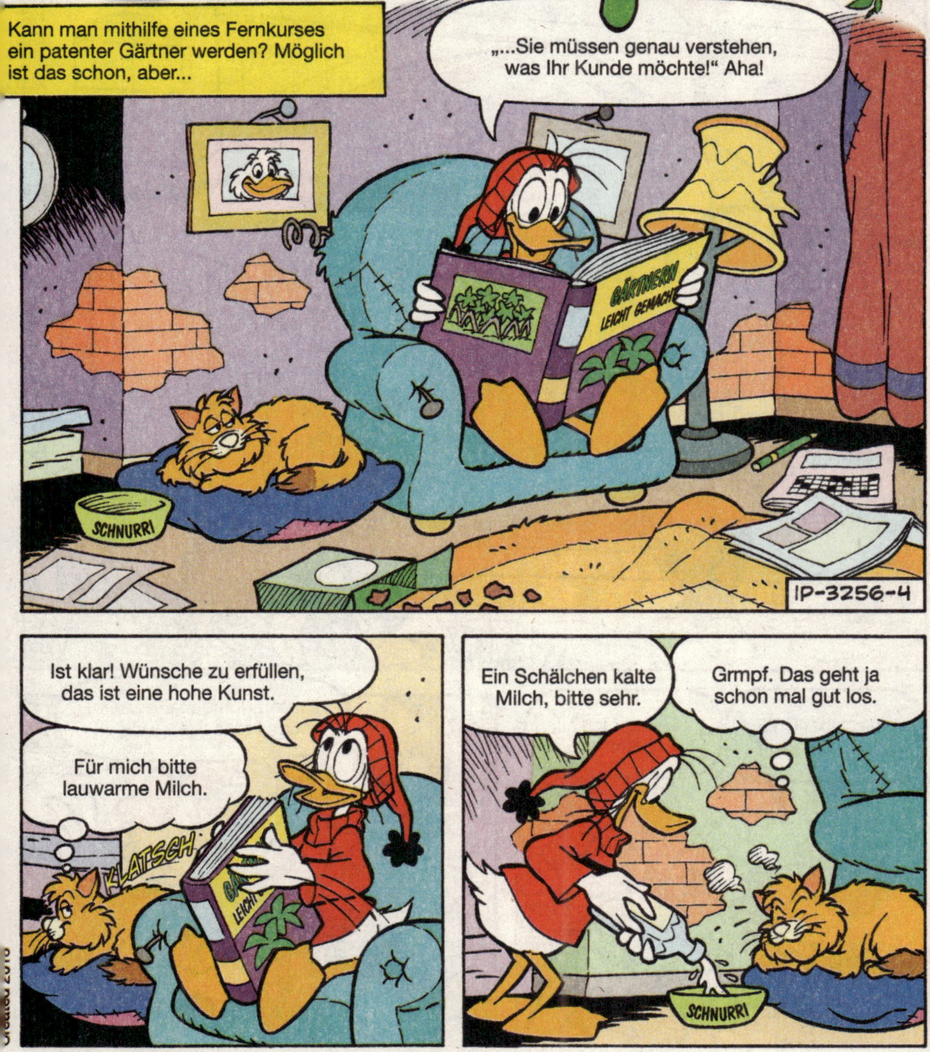

Augusto Macchetto (Story), **Sandro Del Conte** (Zeichnungen)

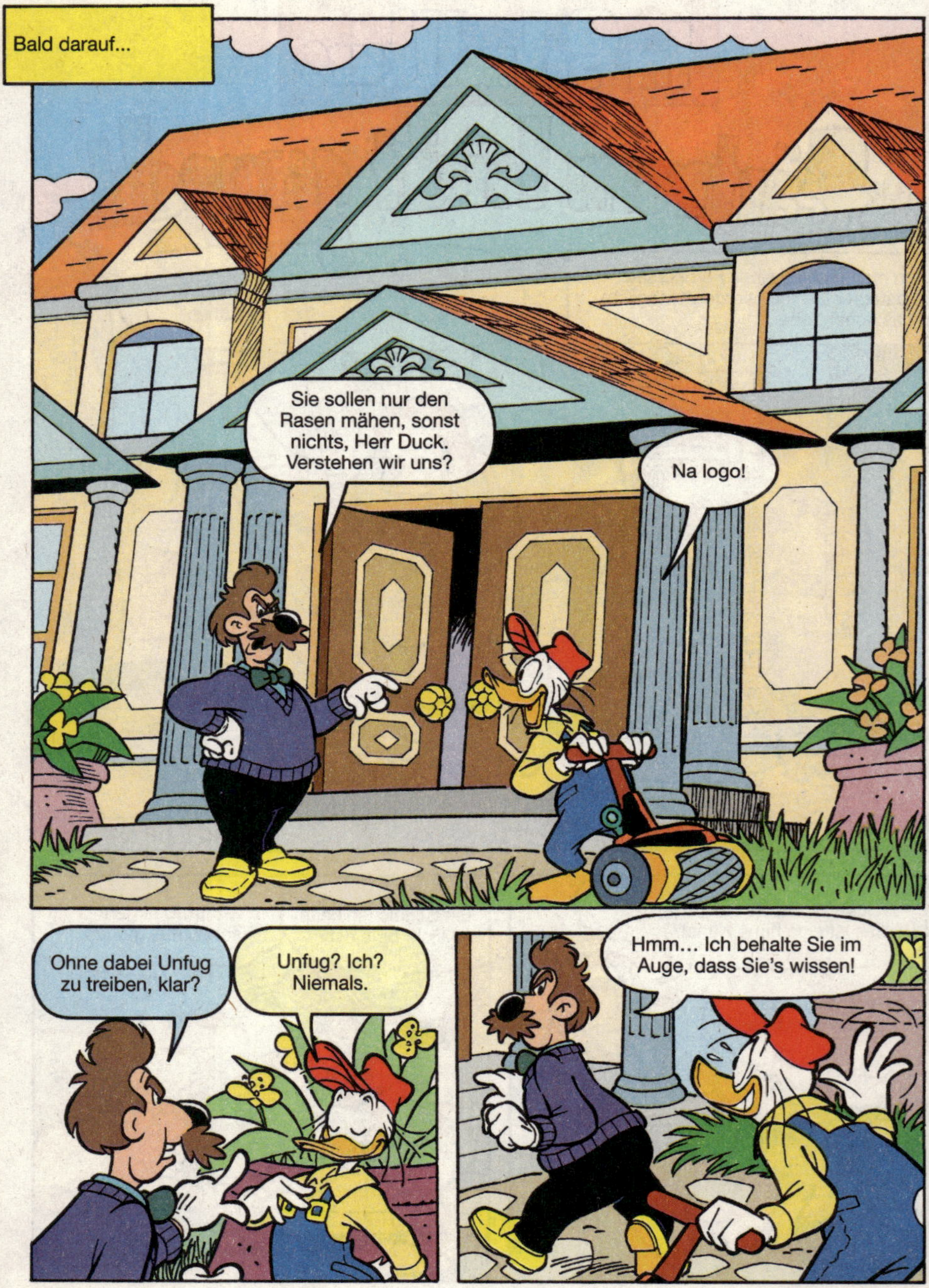
Bald darauf...
Sie sollen nur den Rasen mähen, sonst nichts, Herr Duck. Verstehen wir uns?
Na logo!
Ohne dabei Unfug zu treiben, klar?
Unfug? Ich? Niemals.
Hmm... Ich behalte Sie im Auge, dass Sie's wissen!

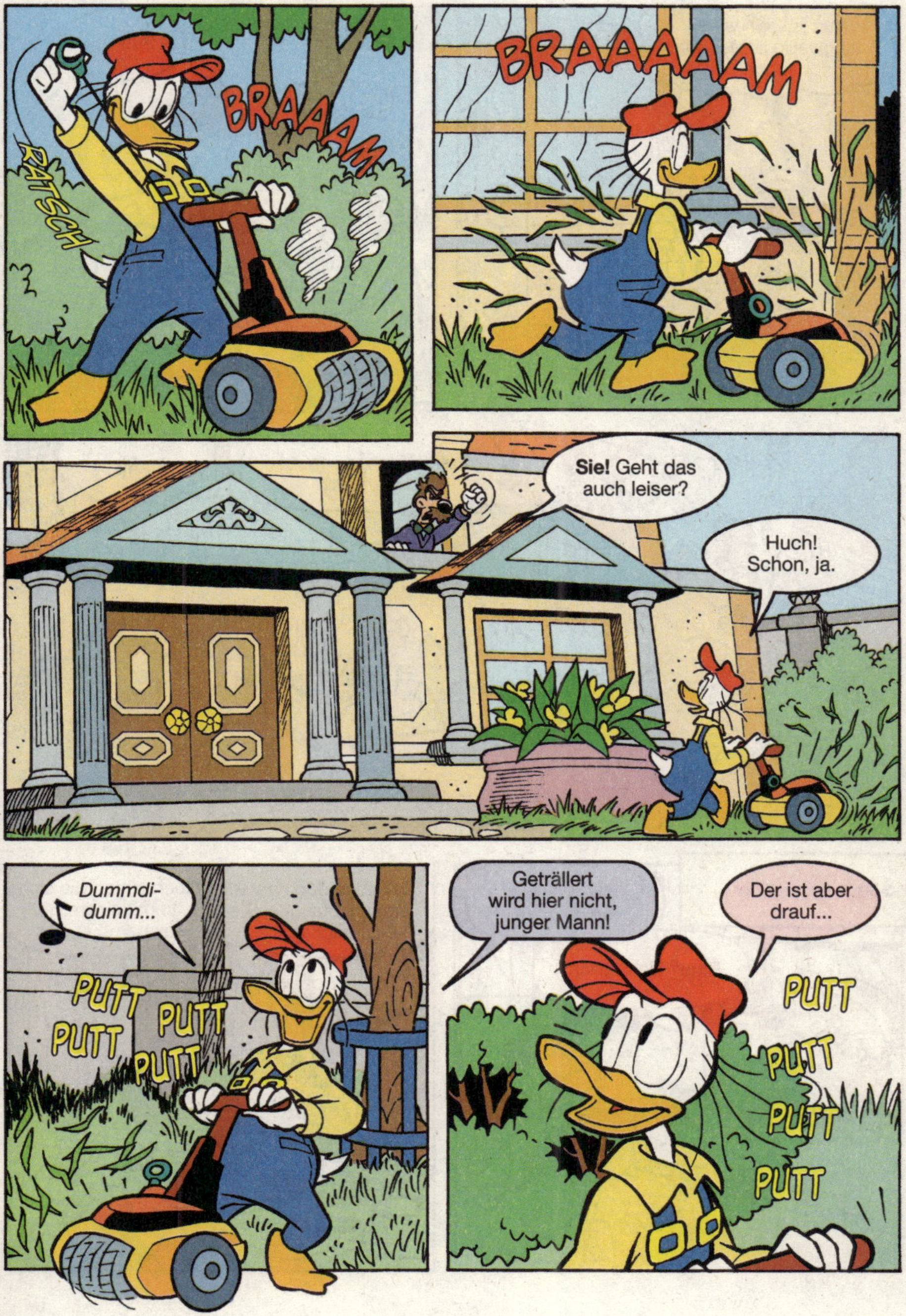
RATSCH
BRAAAM
BRAAAAAM
Sie! Geht das auch leiser?
Huch! Schon, ja.
Dummdi-dumm...
PUTT PUTT PUTT PUTT
Geträllert wird hier nicht, junger Mann!
Der ist aber drauf...
PUTT PUTT PUTT PUTT

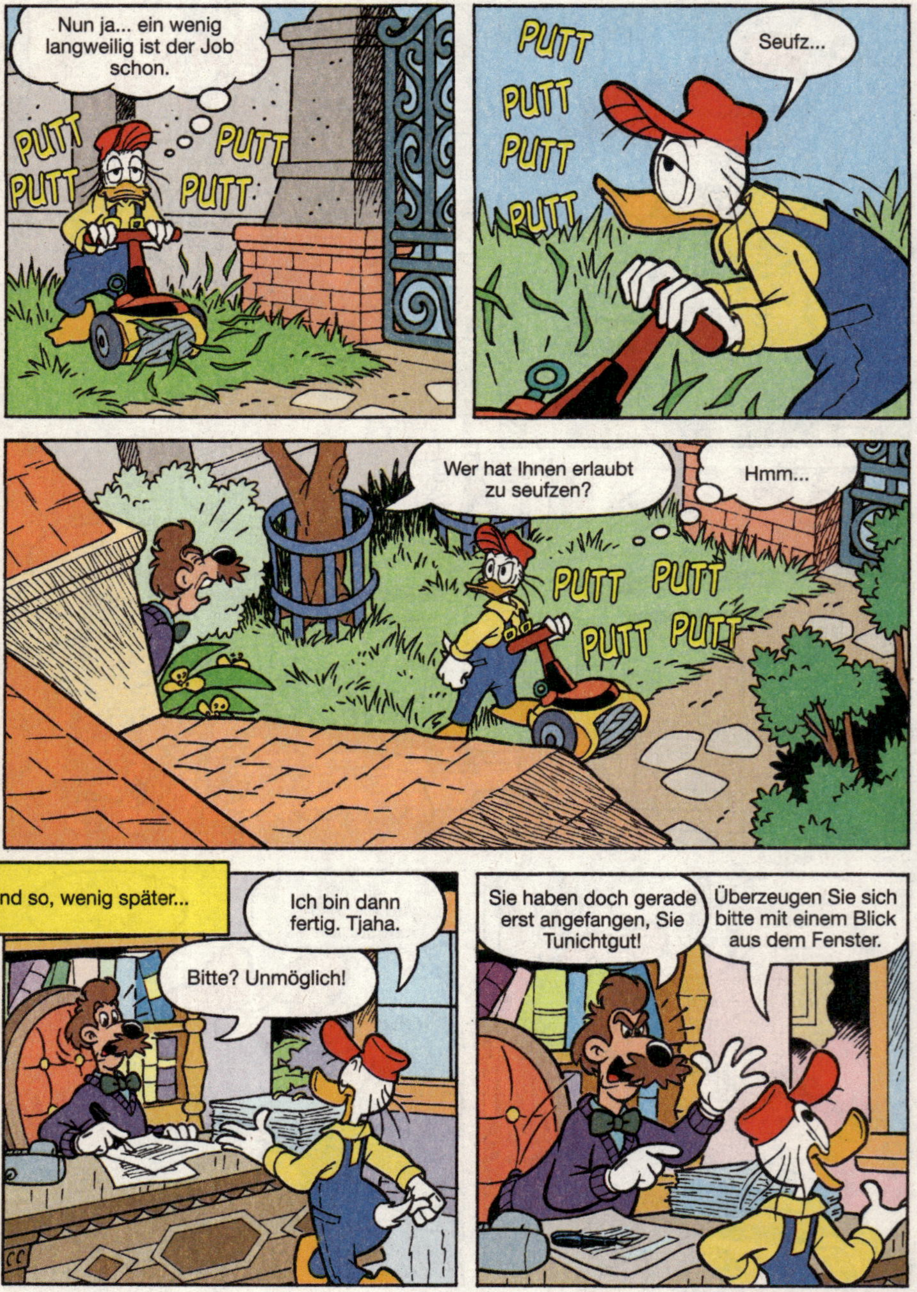
Nun ja... ein wenig langweilig ist der Job schon.
PUTT PUTT PUTT PUTT
PUTT PUTT PUTT PUTT
Seufz...
Wer hat Ihnen erlaubt zu seufzen?
Hmm...
PUTT PUTT PUTT PUTT
Und so, wenig später...
Ich bin dann fertig. Tjaha.
Bitte? Unmöglich!
Sie haben doch gerade erst angefangen, Sie Tunichtgut!
Überzeugen Sie sich bitte mit einem Blick aus dem Fenster.

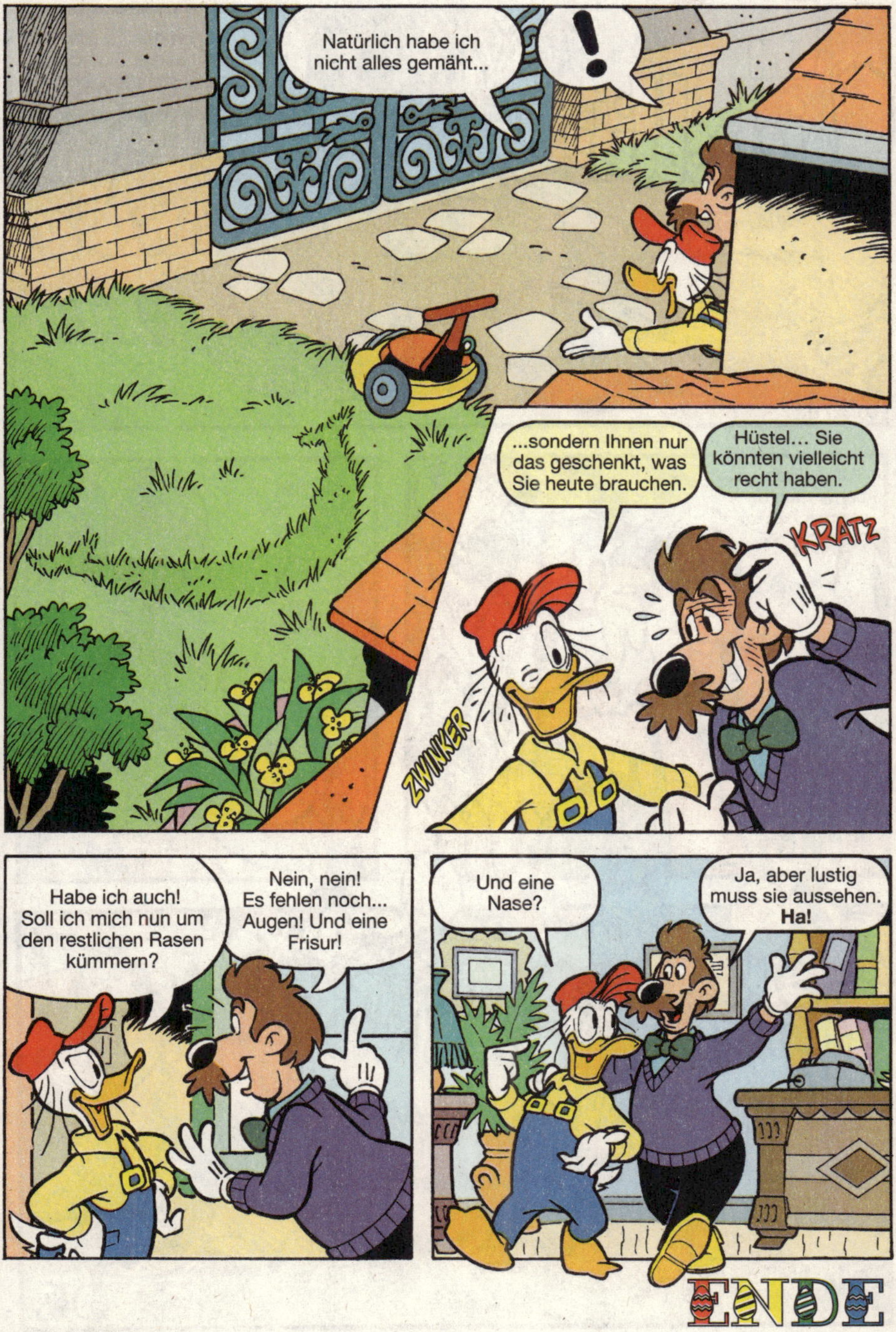
Natürlich habe ich nicht alles gemäht...
!
...sondern Ihnen nur das geschenkt, was Sie heute brauchen.
Hüstel... Sie könnten vielleicht recht haben.
KRATZ
ZWINKER
Habe ich auch! Soll ich mich nun um den restlichen Rasen kümmern?
Nein, nein! Es fehlen noch... Augen! Und eine Frisur!
Und eine Nase?
Ja, aber lustig muss sie aussehen. **Ha!**
ENDE

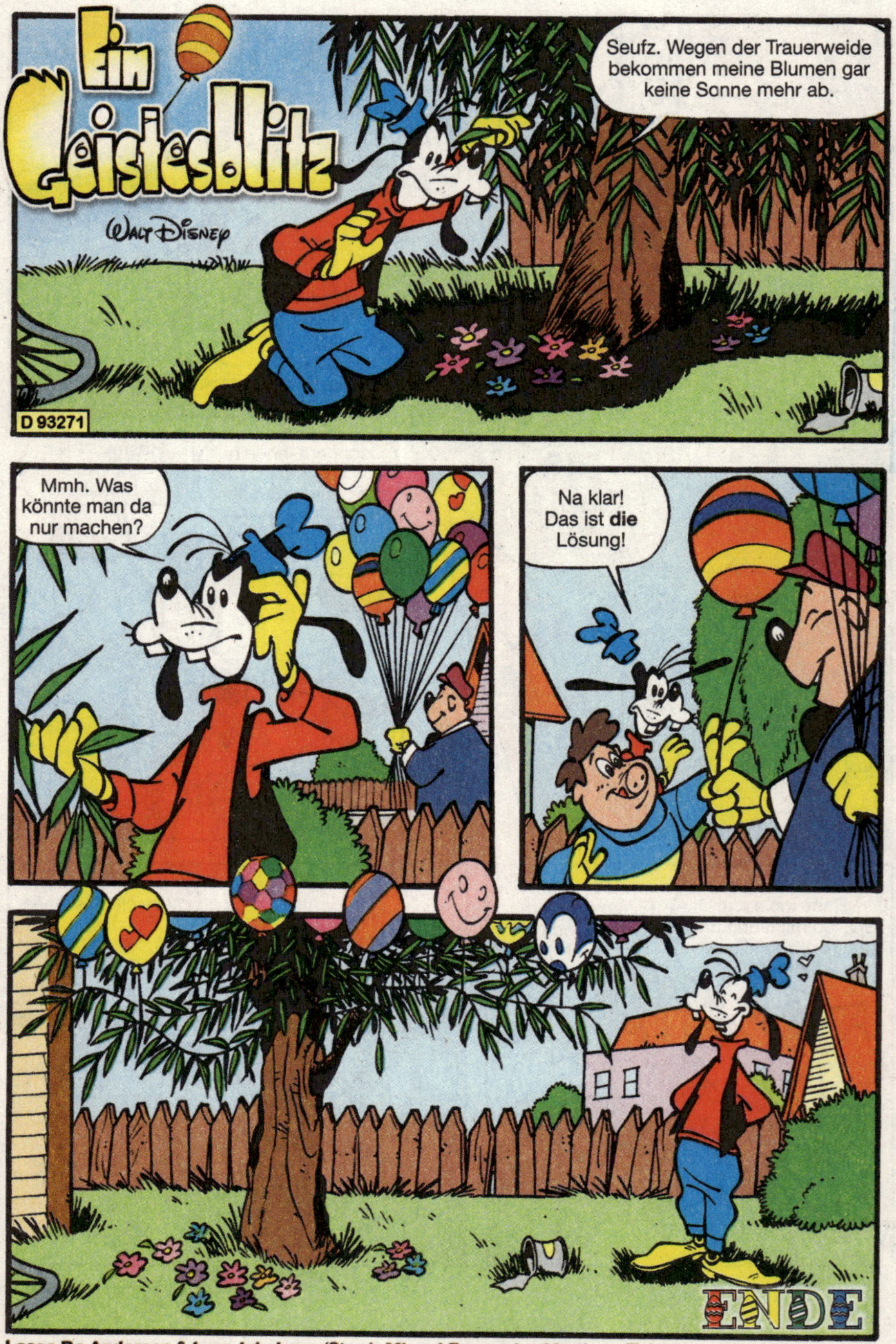

Lasse Bo Andersen & **Lars Jakobsen** (Story), **Miguel Fernandez Martinez** (Zeichnungen)

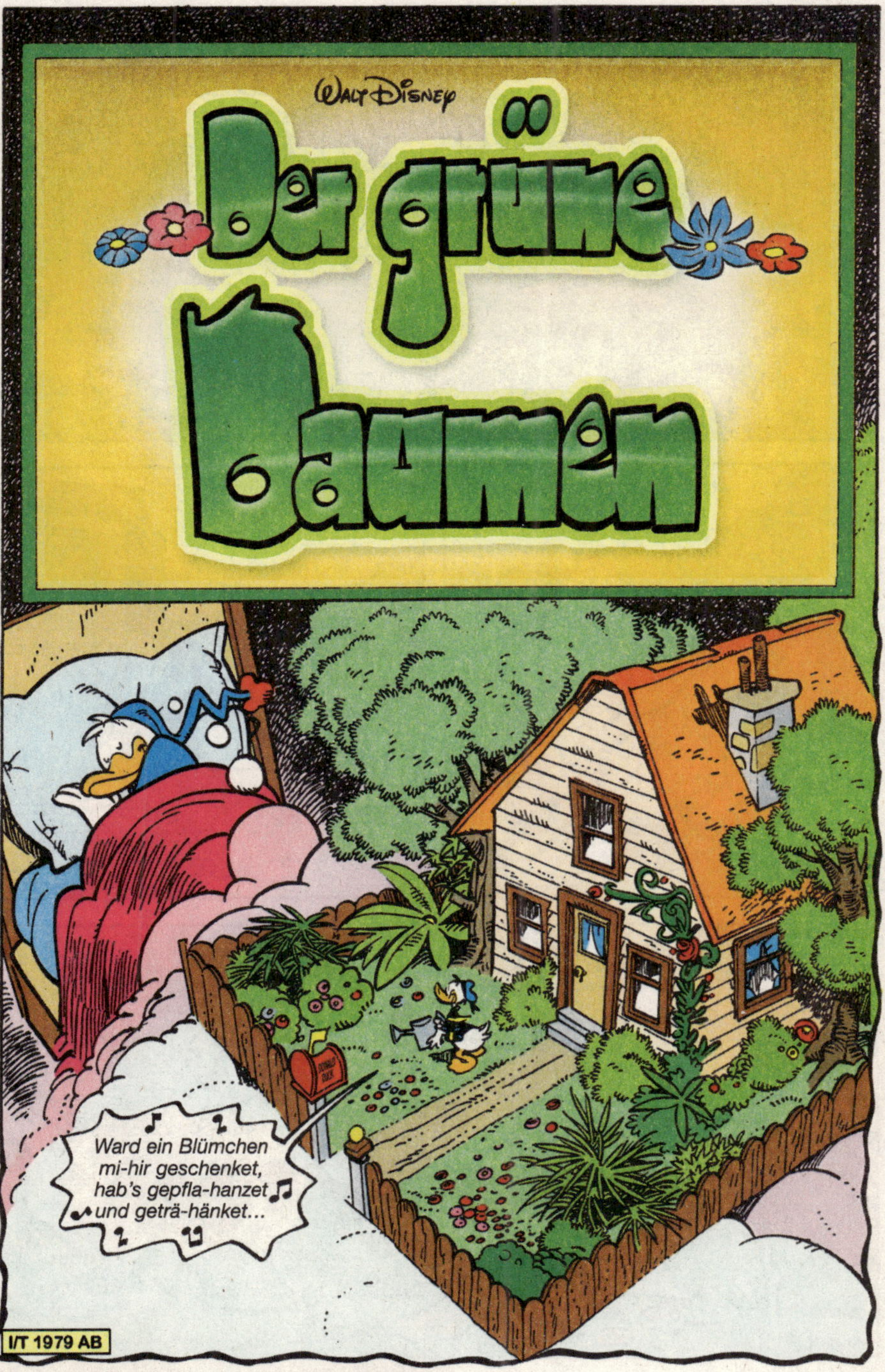

Fabio Michelini (Story), **Corrado Mastantuono** (Zeichnungen)

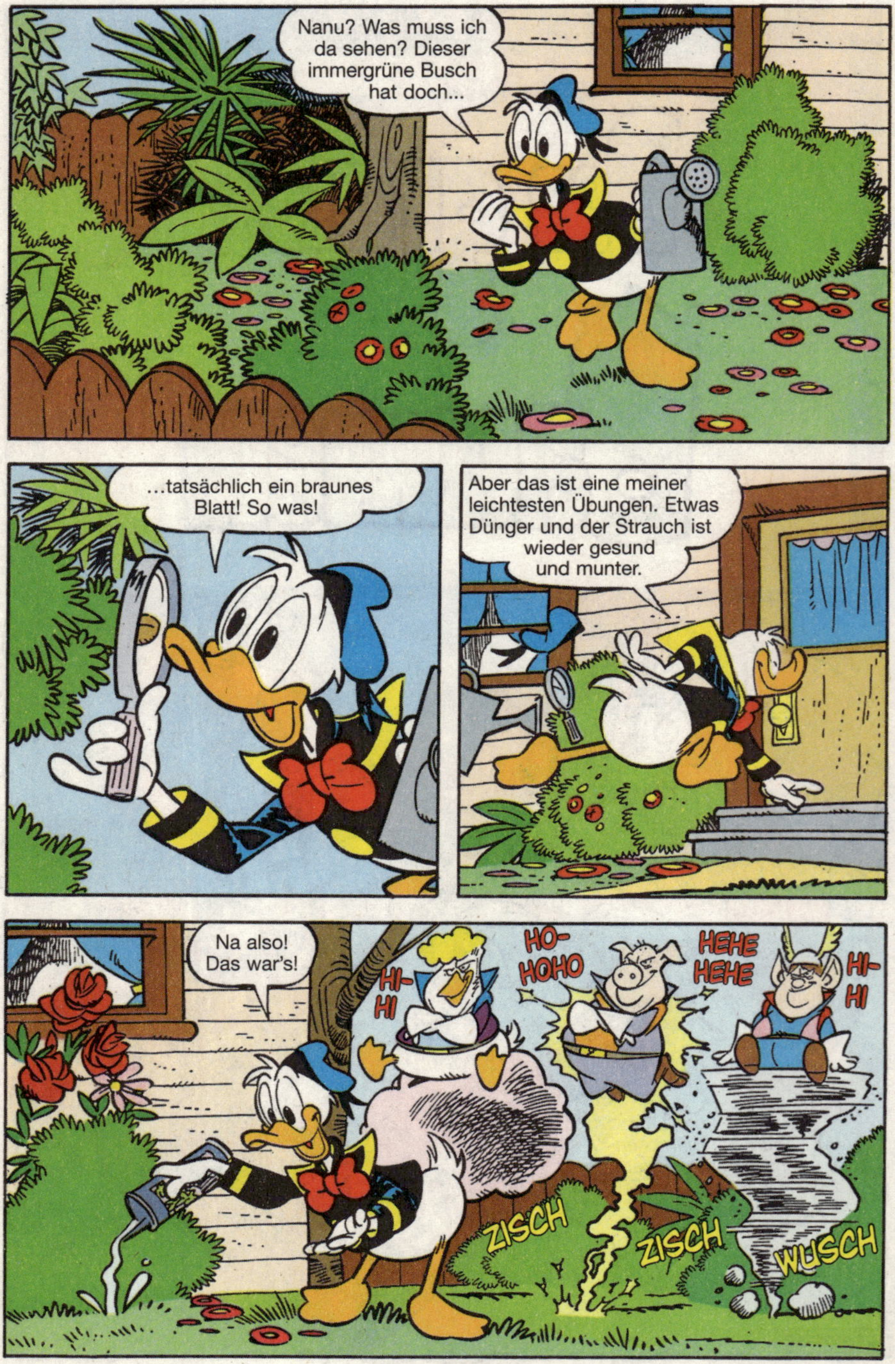

Nanu? Was muss ich da sehen? Dieser immergrüne Busch hat doch...
...tatsächlich ein braunes Blatt! So was!
Aber das ist eine meiner leichtesten Übungen. Etwas Dünger und der Strauch ist wieder gesund und munter.
Na also! Das war's!
HI-HI
HO-HOHO
HEHE HEHE
HI-HI
ZISCH
ZISCH
WUSCH

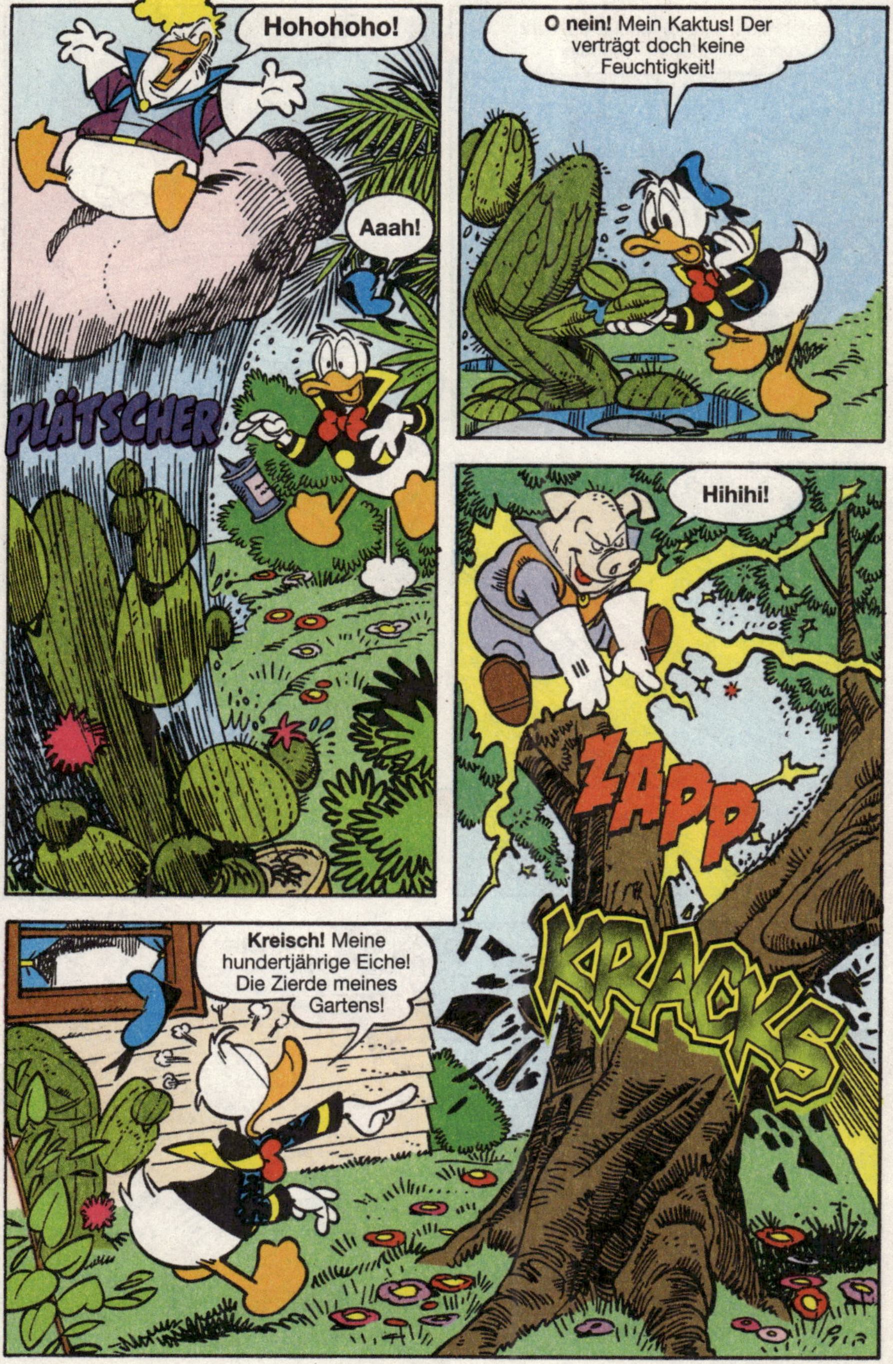

Hohohoho!
Aaah!
PLÄTSCHER
O nein! Mein Kaktus! Der verträgt doch keine Feuchtigkeit!
Hihihi!
ZAPP
KRACKS
Kreisch! Meine hundertjährige Eiche! Die Zierde meines Gartens!

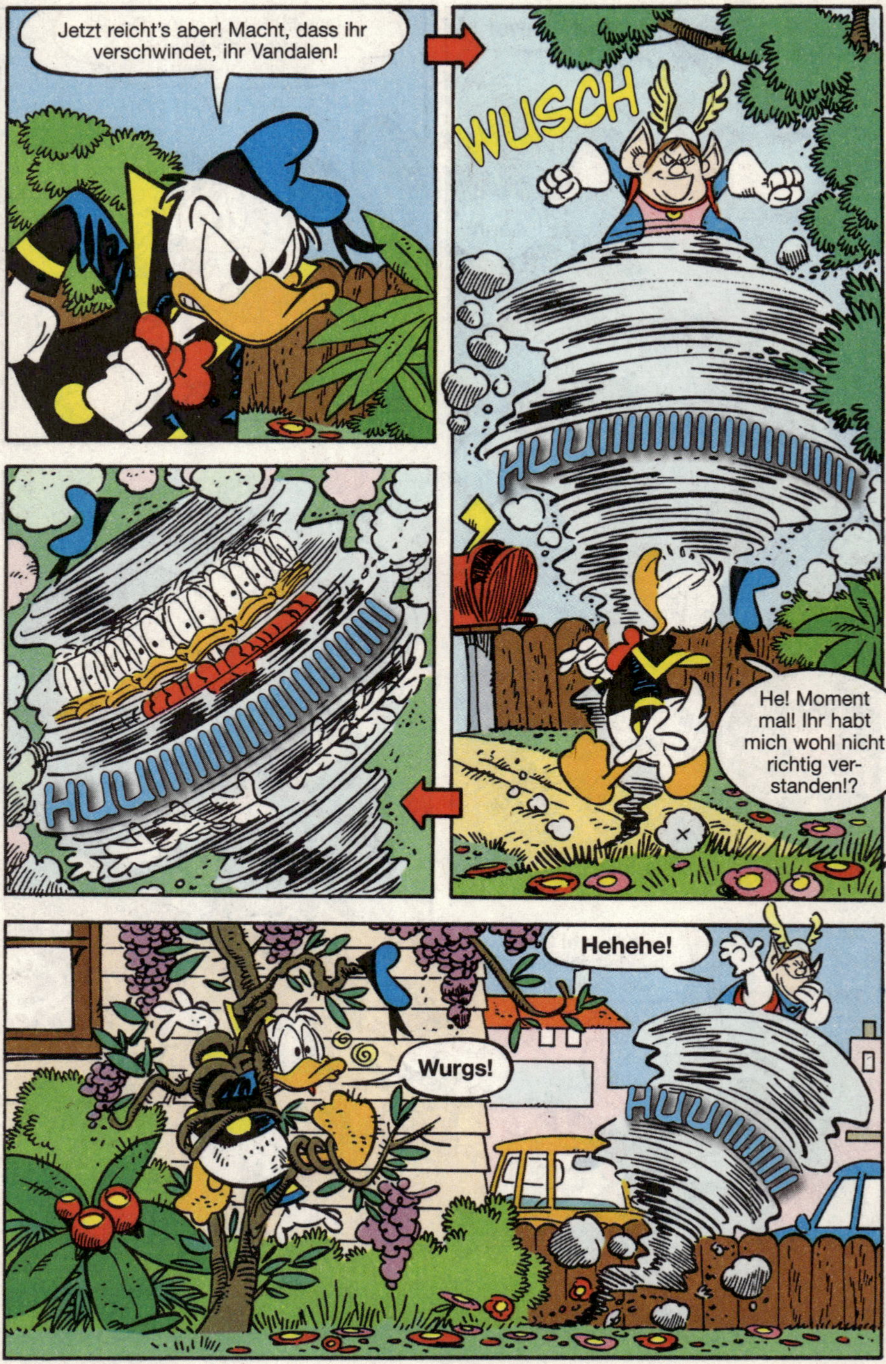
Jetzt reicht's aber! Macht, dass ihr verschwindet, ihr Vandalen!
WUSCH
HUUIIIIIIIIIIII
He! Moment mal! Ihr habt mich wohl nicht richtig verstanden!?
HUUIIIIIIIIIIII
Hehehe!
Wurgs!
HUUIIIIIII

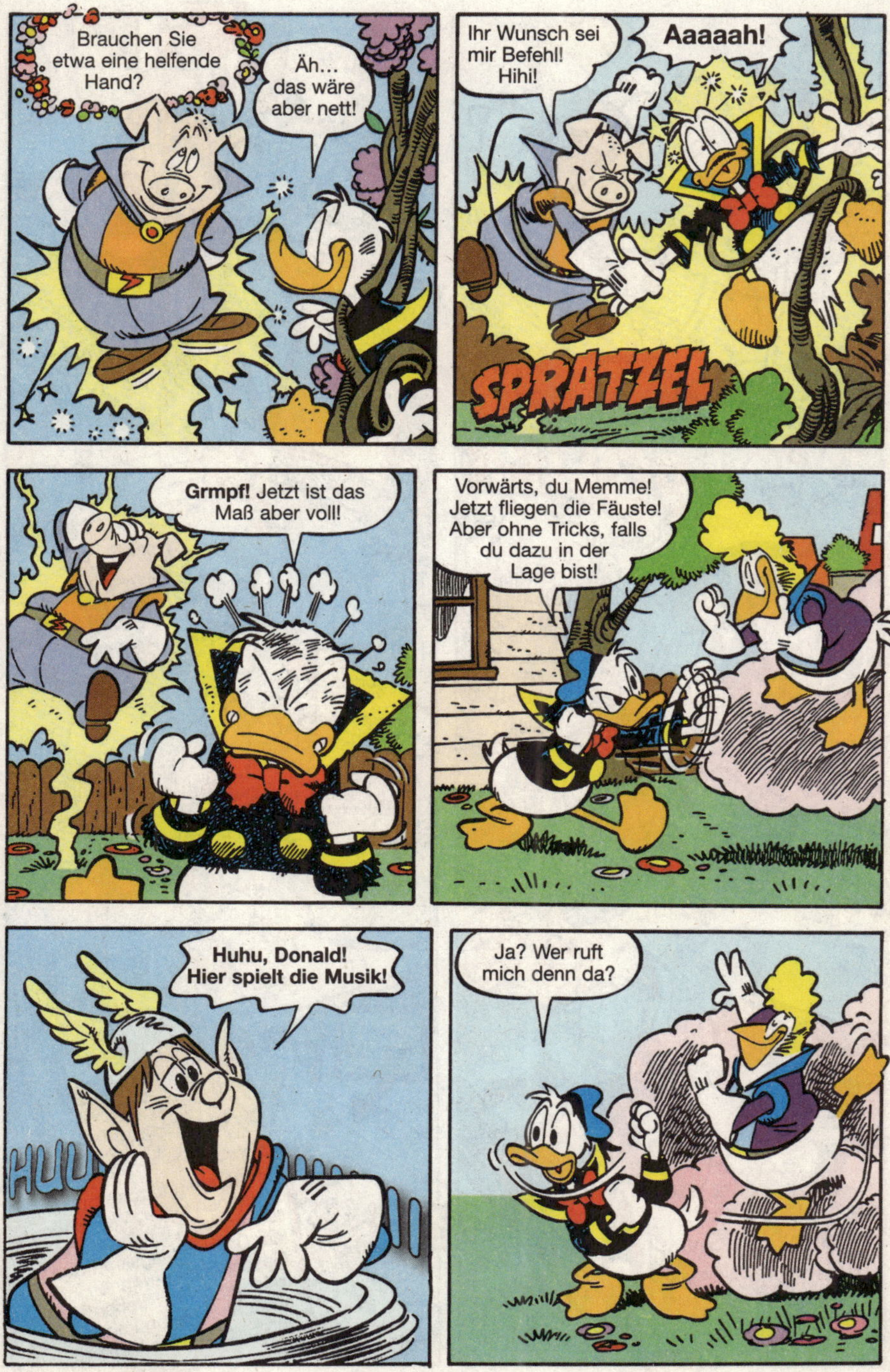

Brauchen Sie etwa eine helfende Hand?
Äh... das wäre aber nett!
Ihr Wunsch sei mir Befehl! Hihi!
Aaaaah!
SPRATZEL
Grmpf! Jetzt ist das Maß aber voll!
Vorwärts, du Memme! Jetzt fliegen die Fäuste! Aber ohne Tricks, falls du dazu in der Lage bist!
Huhu, Donald! Hier spielt die Musik!
Ja? Wer ruft mich denn da?

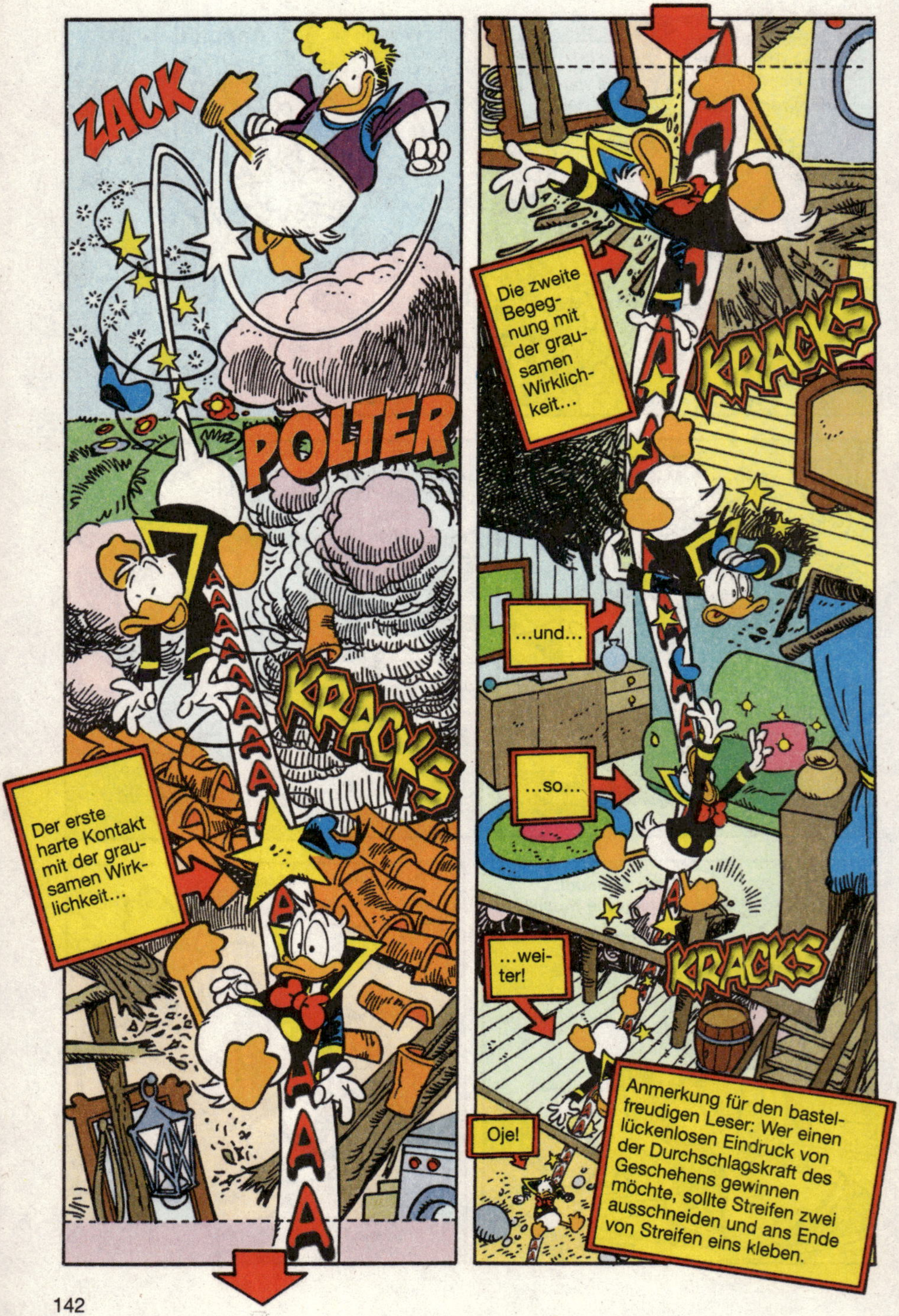
ZACK
POLTER
KRACKS
Der erste harte Kontakt mit der grausamen Wirklichkeit…
Die zweite Begegnung mit der grausamen Wirklichkeit…
KRACKS
…und…
…so…
…weiter!
KRACKS
Oje!
Anmerkung für den bastelfreudigen Leser: Wer einen lückenlosen Eindruck von der Durchschlagskraft des Geschehens gewinnen möchte, sollte Streifen zwei ausschneiden und ans Ende von Streifen eins kleben.

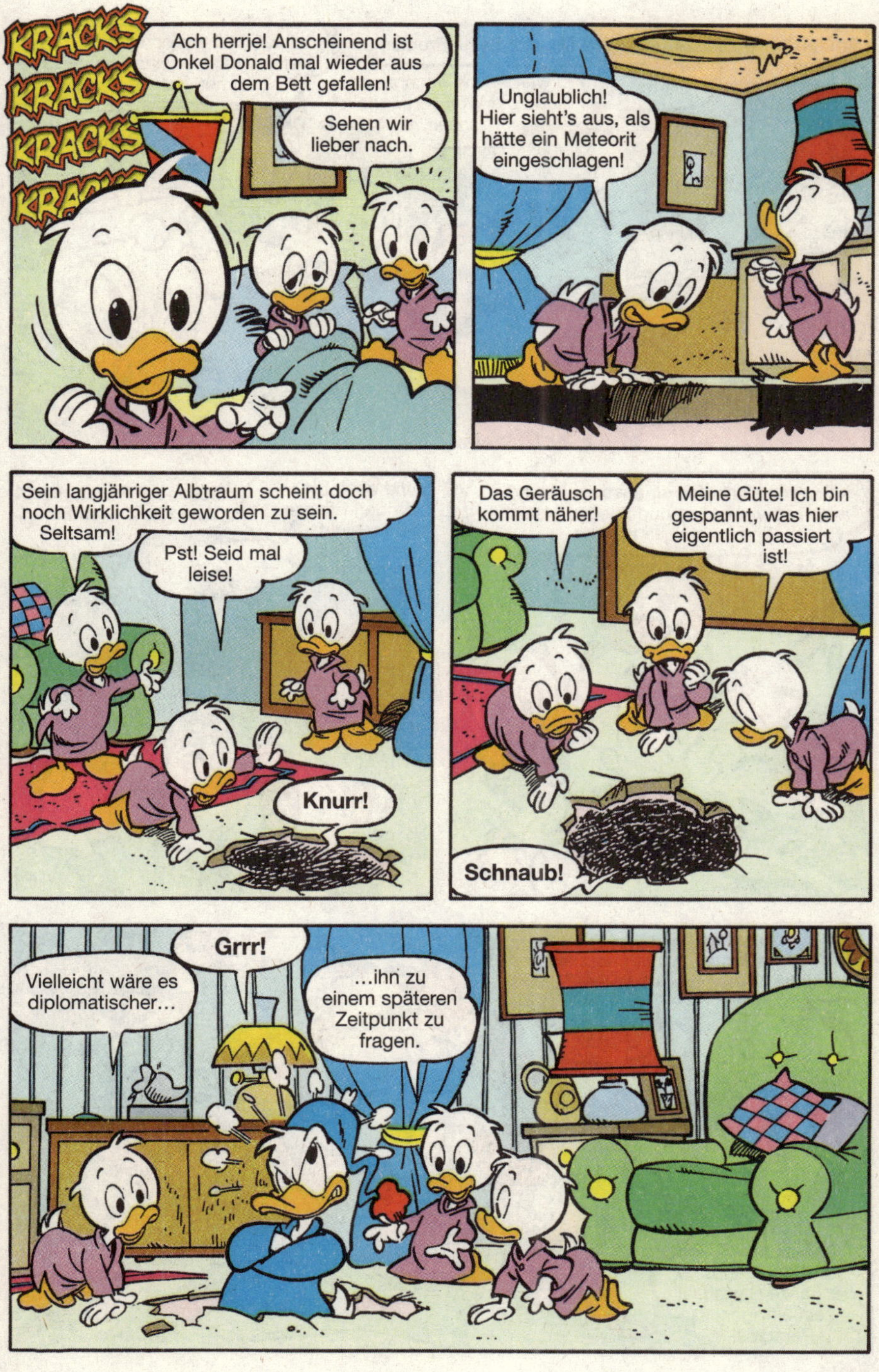
KRACKS
KRACKS
KRACKS
Ach herrje! Anscheinend ist Onkel Donald mal wieder aus dem Bett gefallen!
Sehen wir lieber nach.
Unglaublich! Hier sieht's aus, als hätte ein Meteorit eingeschlagen!
Sein langjähriger Albtraum scheint doch noch Wirklichkeit geworden zu sein. Seltsam!
Pst! Seid mal leise!
Knurr!
Das Geräusch kommt näher!
Meine Güte! Ich bin gespannt, was hier eigentlich passiert ist!
Schnaub!
Vielleicht wäre es diplomatischer…
Grrr!
…ihn zu einem späteren Zeitpunkt zu fragen.

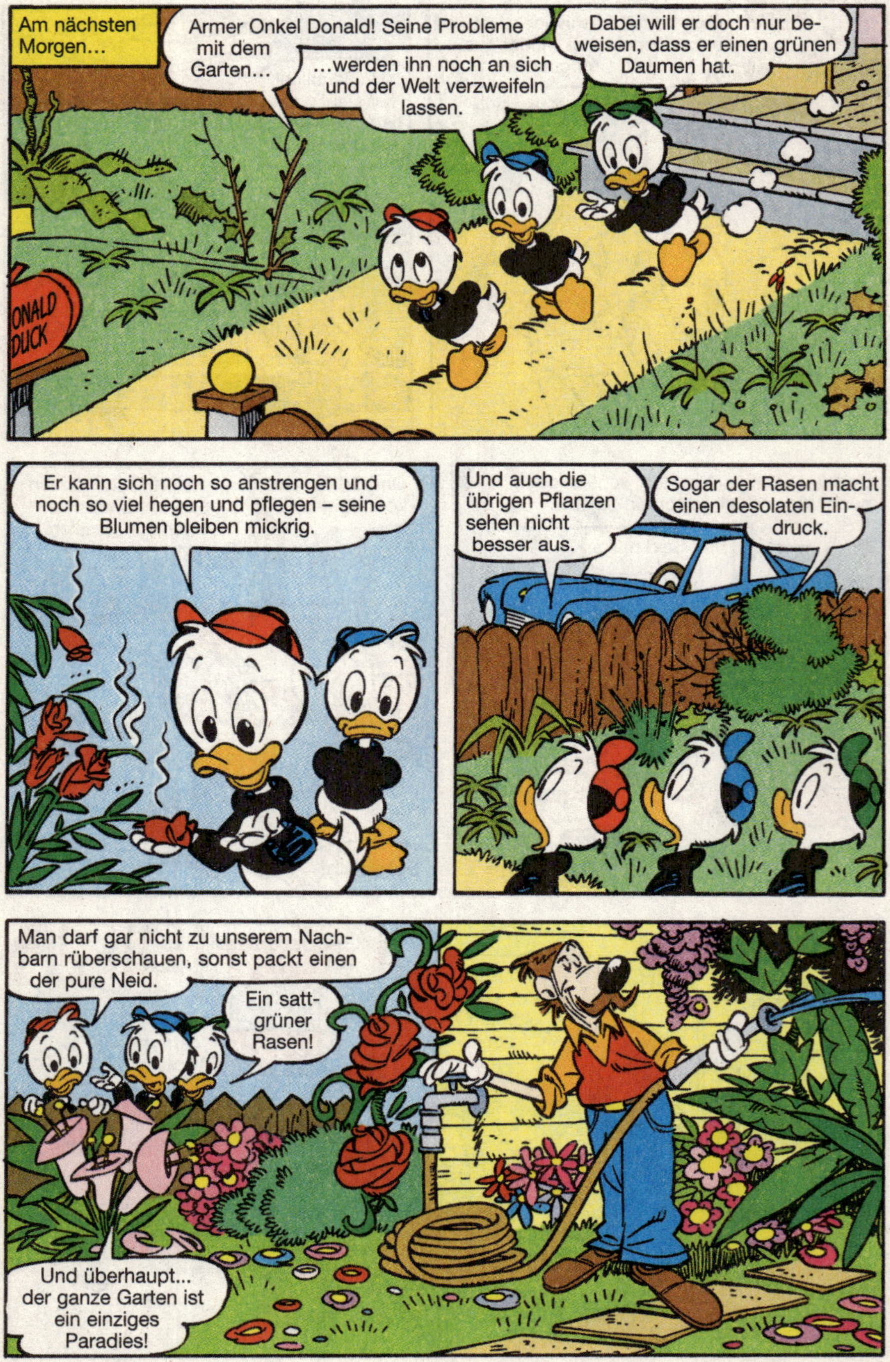
Am nächsten Morgen…
Armer Onkel Donald! Seine Probleme mit dem Garten…
…werden ihn noch an sich und der Welt verzweifeln lassen.
Dabei will er doch nur beweisen, dass er einen grünen Daumen hat.
DONALD DUCK
Er kann sich noch so anstrengen und noch so viel hegen und pflegen – seine Blumen bleiben mickrig.
Und auch die übrigen Pflanzen sehen nicht besser aus.
Sogar der Rasen macht einen desolaten Eindruck.
Man darf gar nicht zu unserem Nachbarn rüberschauen, sonst packt einen der pure Neid.
Ein sattgrüner Rasen!
Und überhaupt… der ganze Garten ist ein einziges Paradies!

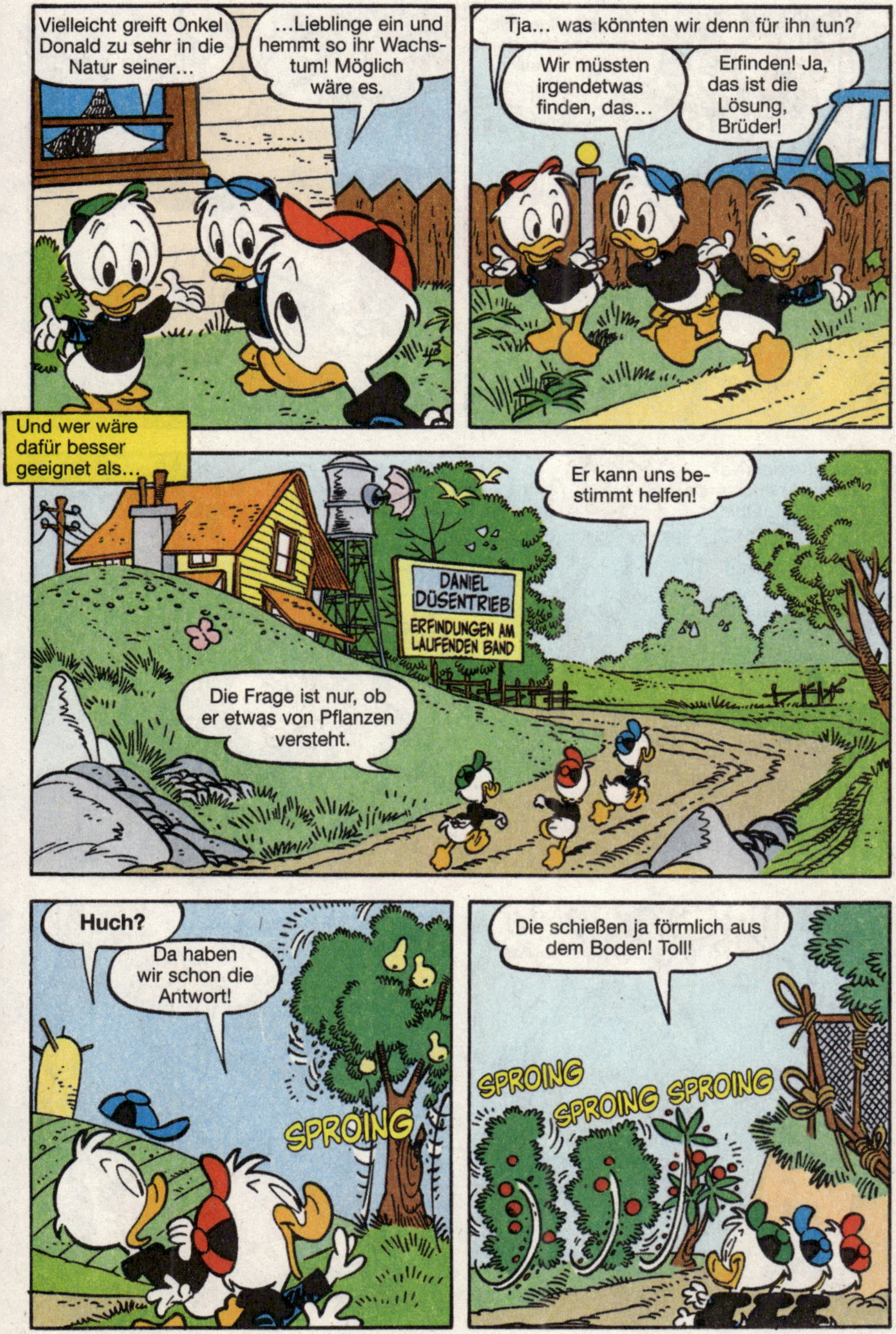
Vielleicht greift Onkel Donald zu sehr in die Natur seiner…
…Lieblinge ein und hemmt so ihr Wachstum! Möglich wäre es.
Tja… was könnten wir denn für ihn tun?
Wir müssten irgendetwas finden, das…
Erfinden! Ja, das ist die Lösung, Brüder!
Und wer wäre dafür besser geeignet als…
Er kann uns bestimmt helfen!
DANIEL DÜSENTRIEB
ERFINDUNGEN AM LAUFENDEN BAND
Die Frage ist nur, ob er etwas von Pflanzen versteht.
Huch?
Da haben wir schon die Antwort!
SPROING
Die schießen ja förmlich aus dem Boden! Toll!
SPROING
SPROING SPROING

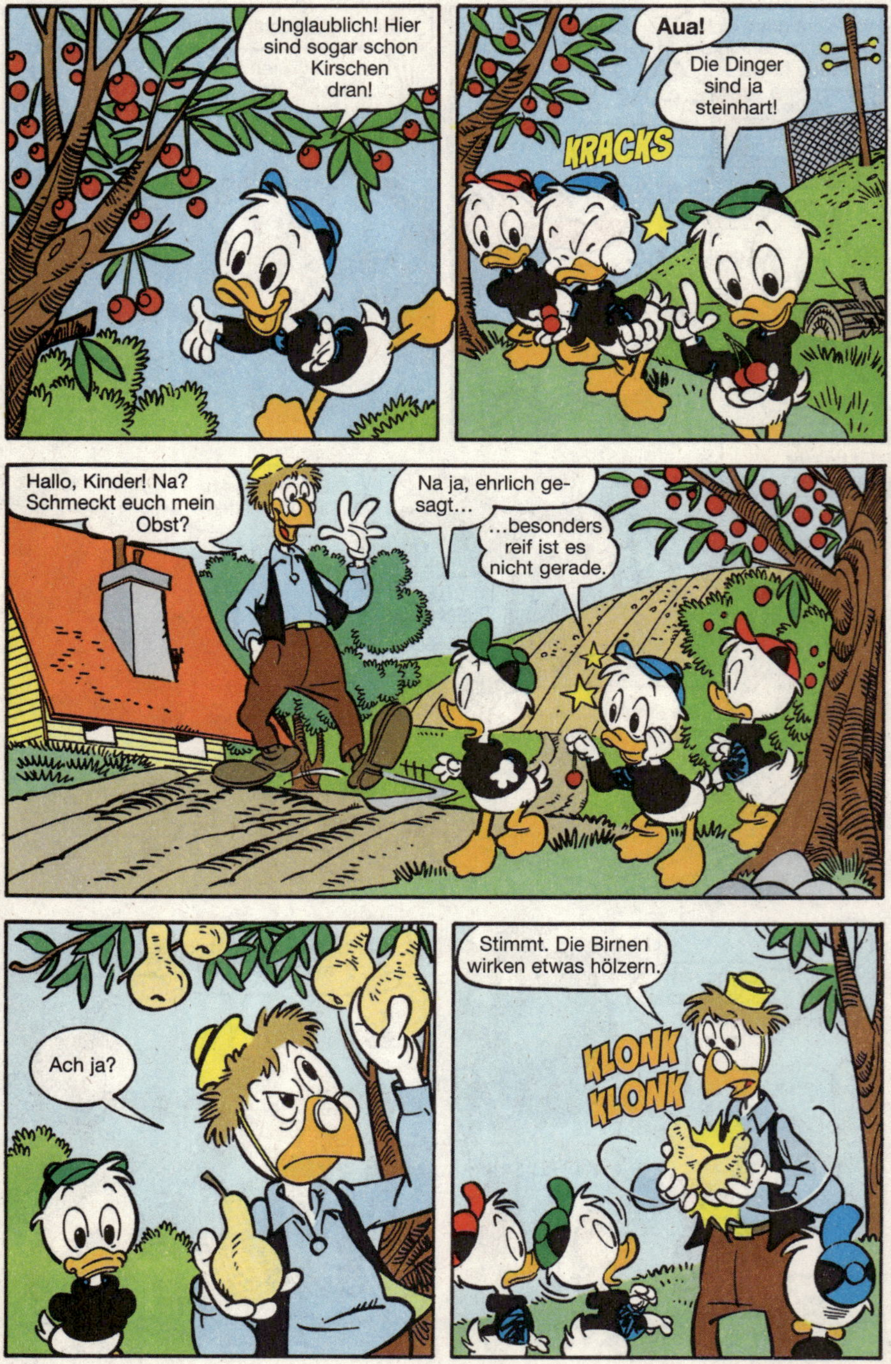

Unglaublich! Hier sind sogar schon Kirschen dran!
Aua!
Die Dinger sind ja steinhart!
KRACKS
Hallo, Kinder! Na? Schmeckt euch mein Obst?
Na ja, ehrlich gesagt…
…besonders reif ist es nicht gerade.
Ach ja?
Stimmt. Die Birnen wirken etwas hölzern.
KLONK
KLONK

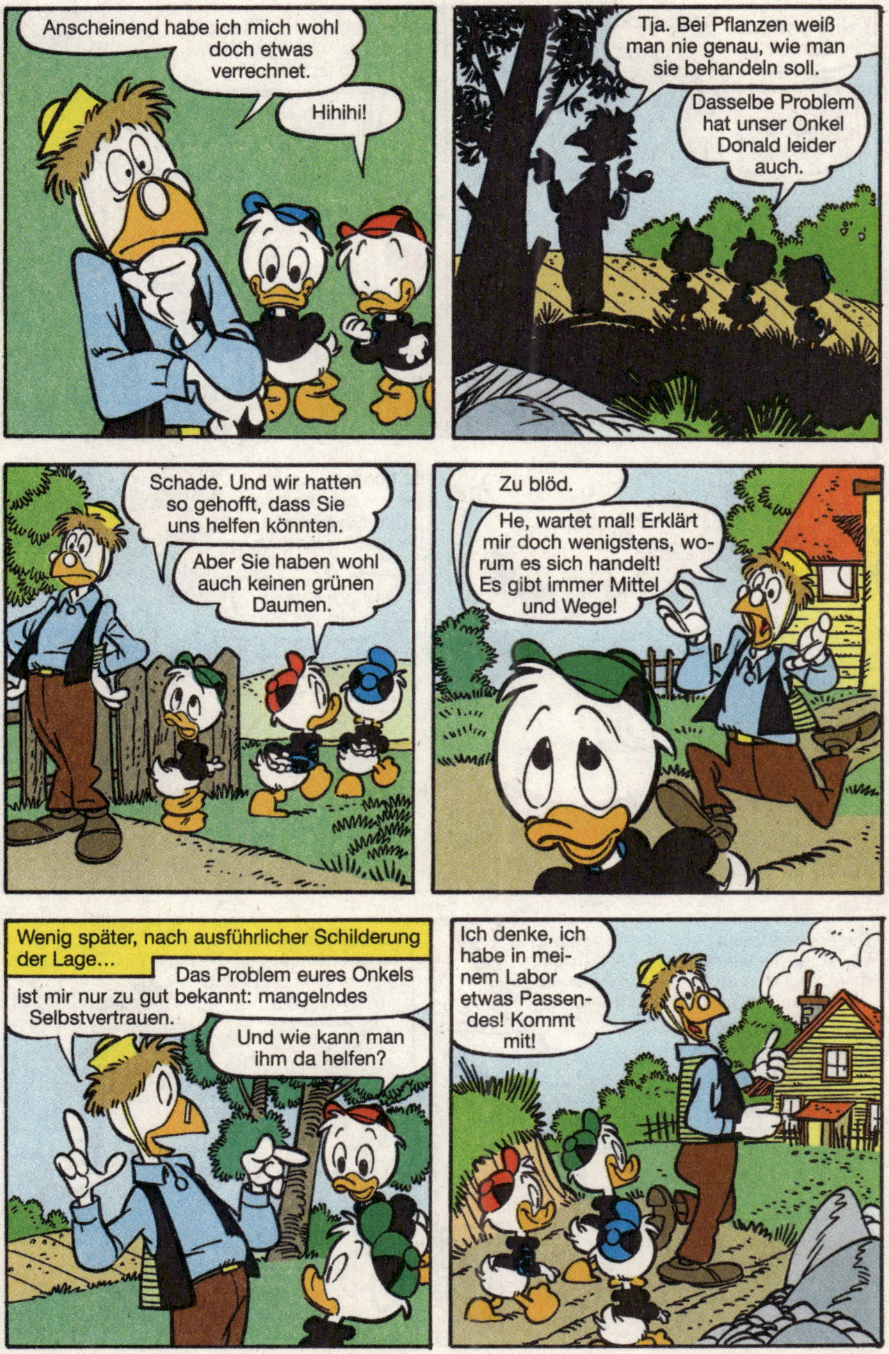
Anscheinend habe ich mich wohl doch etwas verrechnet.
Hihihi!
Tja. Bei Pflanzen weiß man nie genau, wie man sie behandeln soll.
Dasselbe Problem hat unser Onkel Donald leider auch.
Schade. Und wir hatten so gehofft, dass Sie uns helfen könnten.
Aber Sie haben wohl auch keinen grünen Daumen.
Zu blöd.
He, wartet mal! Erklärt mir doch wenigstens, worum es sich handelt! Es gibt immer Mittel und Wege!
Wenig später, nach ausführlicher Schilderung der Lage...
Das Problem eures Onkels ist mir nur zu gut bekannt: mangelndes Selbstvertrauen.
Und wie kann man ihm da helfen?
Ich denke, ich habe in meinem Labor etwas Passendes! Kommt mit!

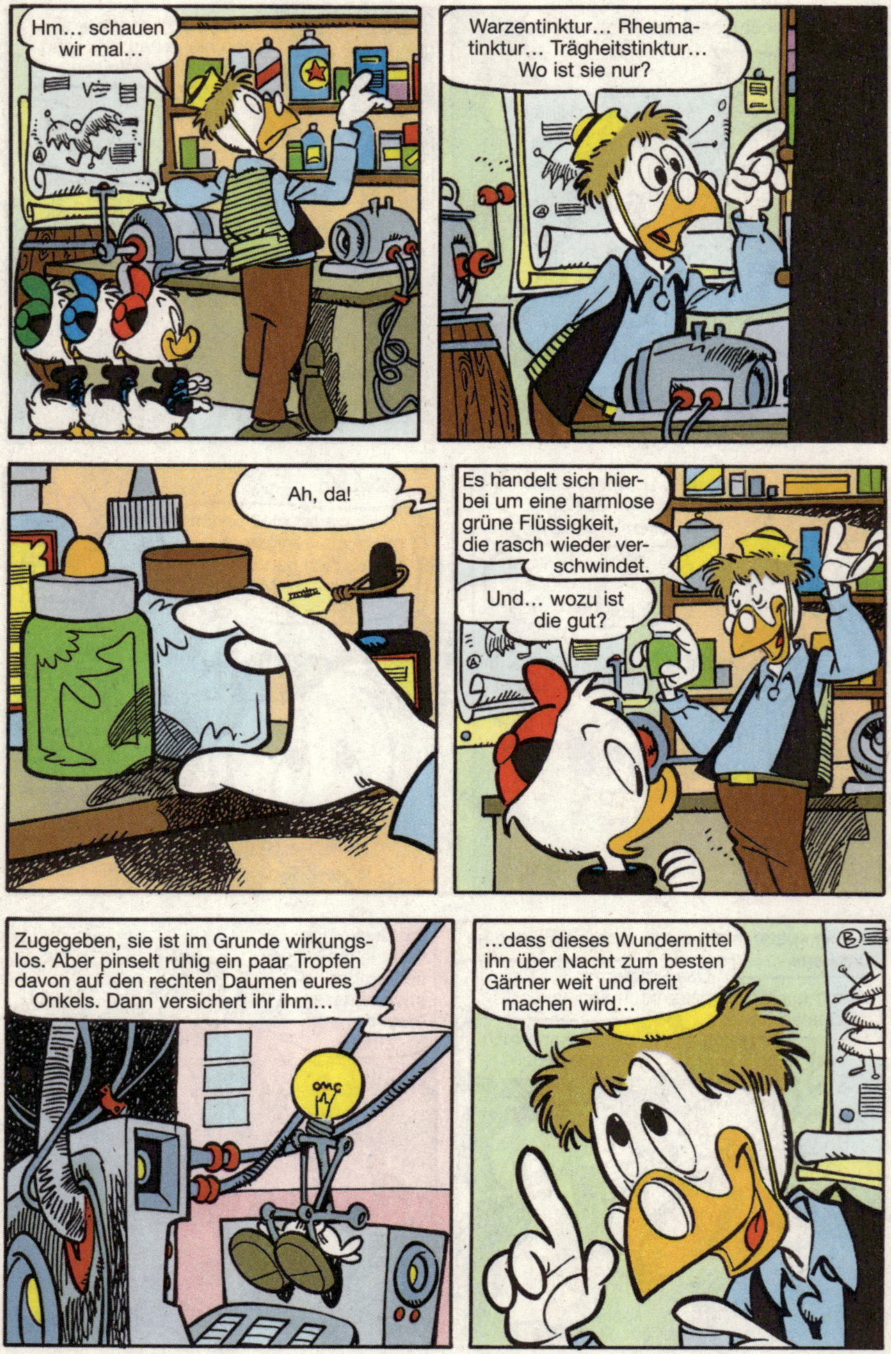
Hm... schauen wir mal...
Warzentinktur... Rheumatinktur... Trägheitstinktur... Wo ist sie nur?
Ah, da!
Es handelt sich hierbei um eine harmlose grüne Flüssigkeit, die rasch wieder verschwindet.
Und... wozu ist die gut?
Zugegeben, sie ist im Grunde wirkungslos. Aber pinselt ruhig ein paar Tropfen davon auf den rechten Daumen eures Onkels. Dann versichert ihr ihm...
...dass dieses Wundermittel ihn über Nacht zum besten Gärtner weit und breit machen wird...

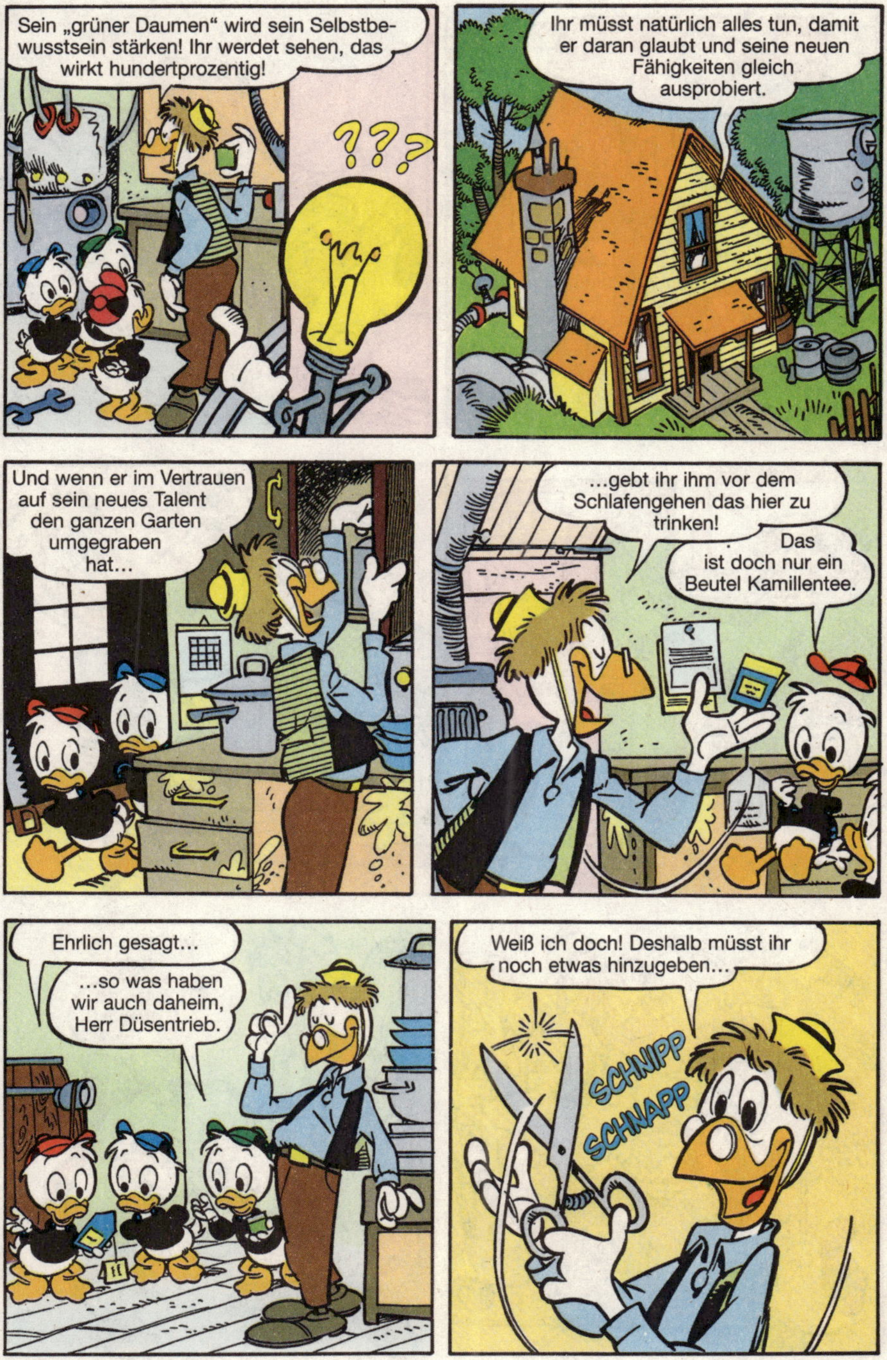
Sein „grüner Daumen“ wird sein Selbstbewusstsein stärken! Ihr werdet sehen, das wirkt hundertprozentig!
???
Ihr müsst natürlich alles tun, damit er daran glaubt und seine neuen Fähigkeiten gleich ausprobiert.
Und wenn er im Vertrauen auf sein neues Talent den ganzen Garten umgegraben hat…
…gebt ihr ihm vor dem Schlafengehen das hier zu trinken!
Das ist doch nur ein Beutel Kamillentee.
Ehrlich gesagt…
…so was haben wir auch daheim, Herr Düsentrieb.
Weiß ich doch! Deshalb müsst ihr noch etwas hinzugeben…
SCHNIPP
SCHNAPP

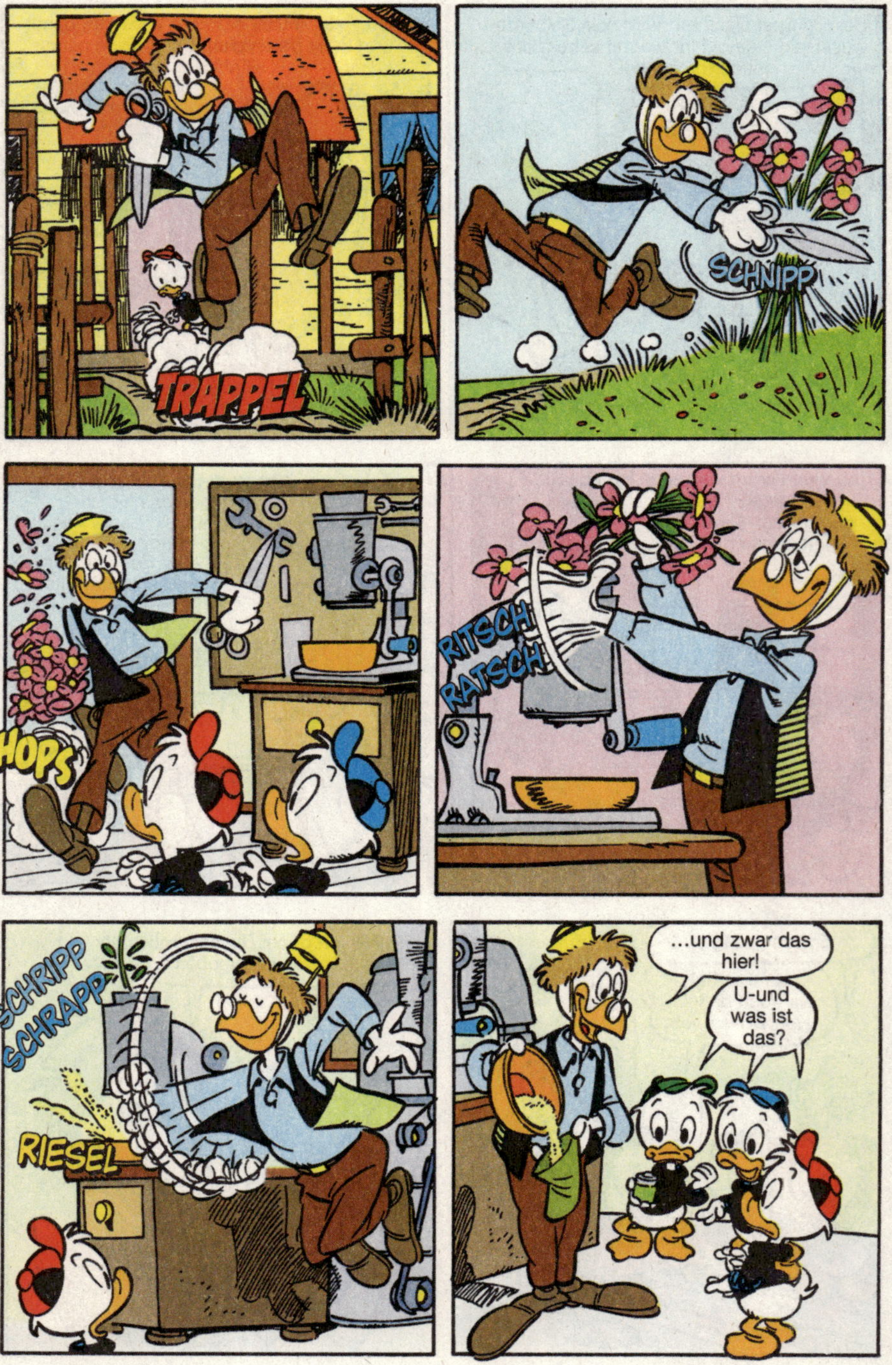
TRAPPEL
SCHNIPP
HOPS
RITSCH
RATSCH
SCHRIPP
SCHRAPP
RIESEL
...und zwar das hier!
U-und was ist das?

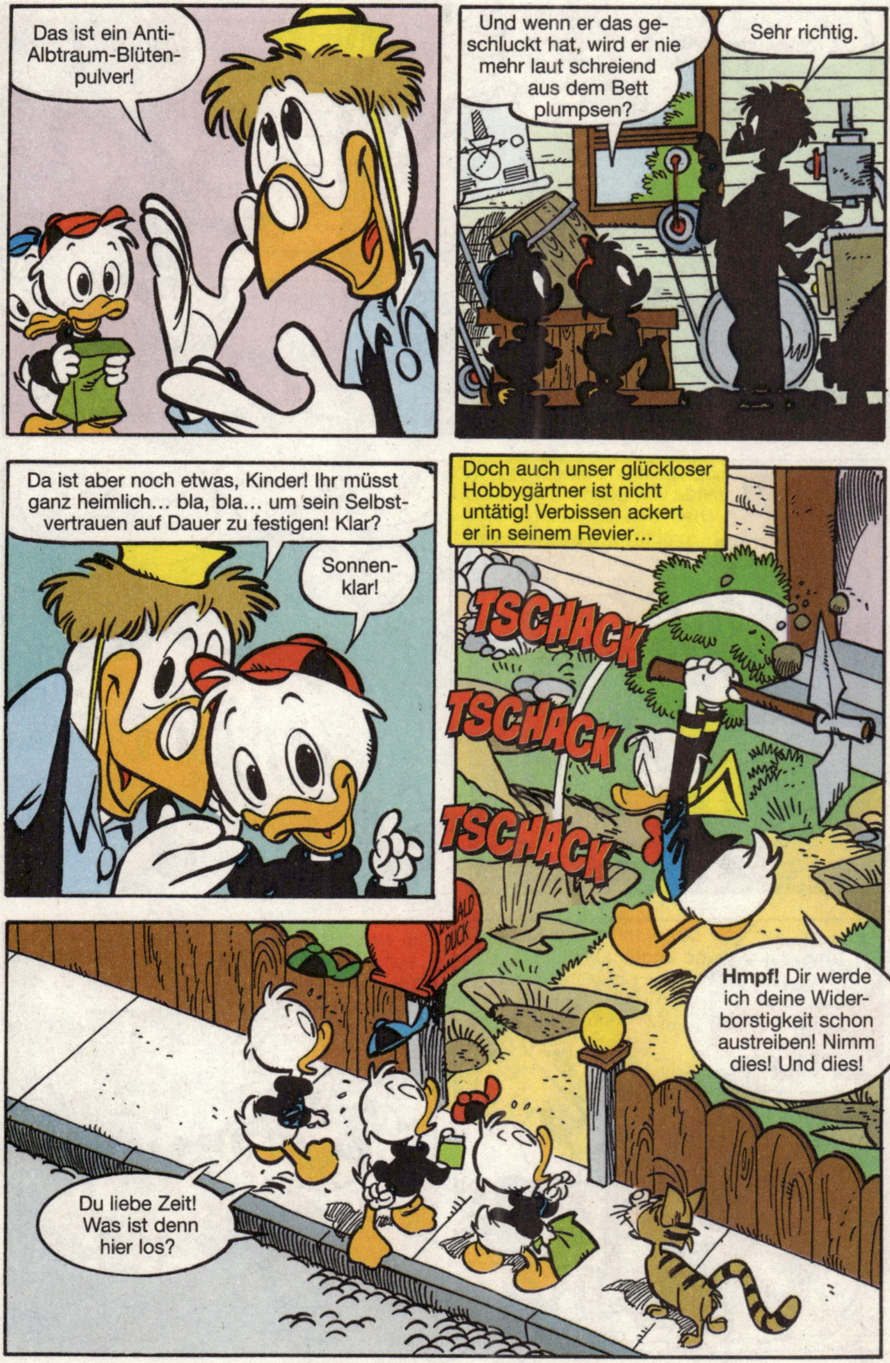
Das ist ein Anti-Albtraum-Blütenpulver!
Und wenn er das geschluckt hat, wird er nie mehr laut schreiend aus dem Bett plumpsen?
Sehr richtig.
Da ist aber noch etwas, Kinder! Ihr müsst ganz heimlich… bla, bla… um sein Selbstvertrauen auf Dauer zu festigen! Klar?
Sonnenklar!
Doch auch unser glückloser Hobbygärtner ist nicht untätig! Verbissen ackert er in seinem Revier…
TSCHACK
TSCHACK
TSCHACK
Hmpf! Dir werde ich deine Widerborstigkeit schon austreiben! Nimm dies! Und dies!
Du liebe Zeit! Was ist denn hier los?

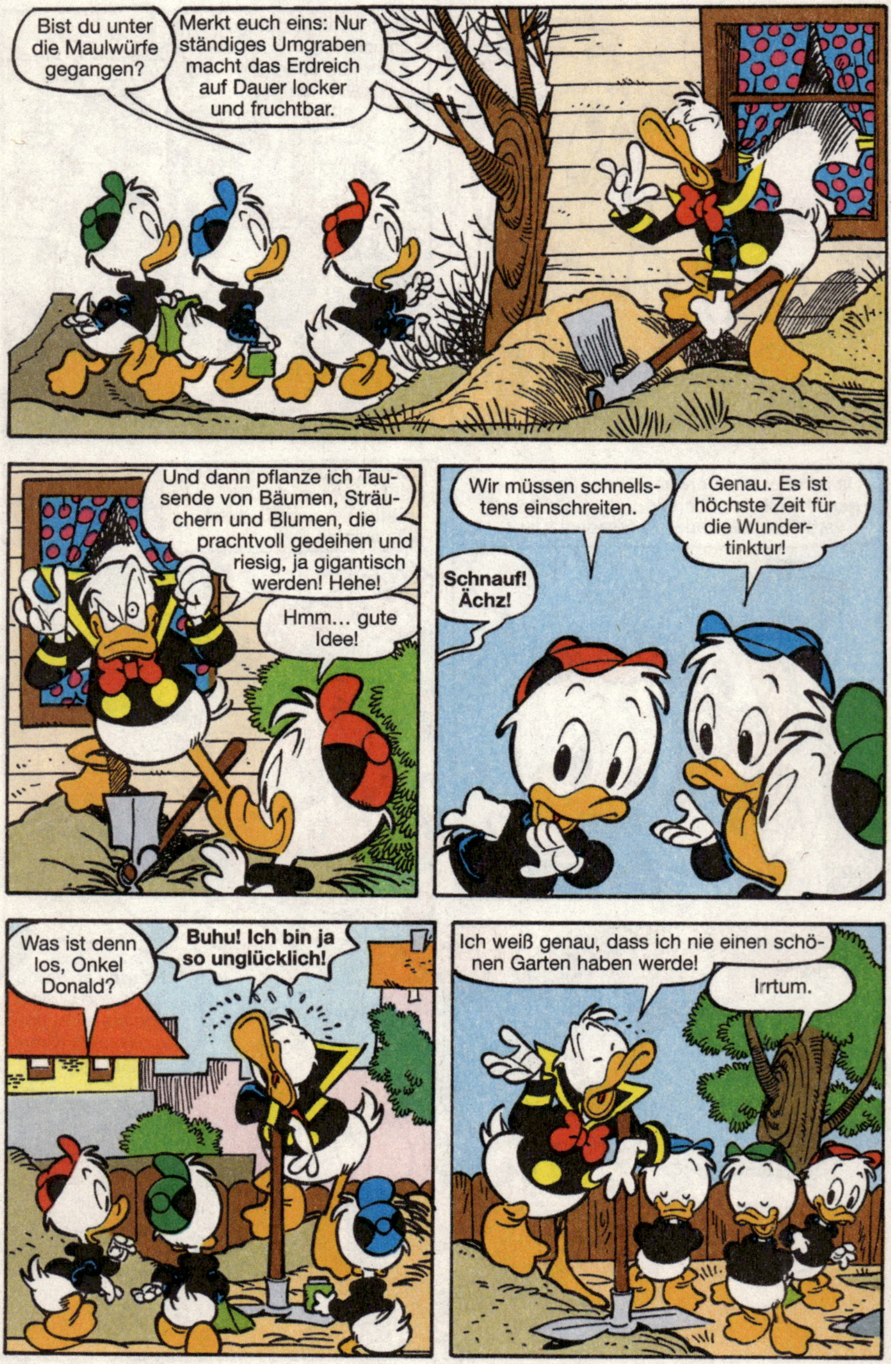
Bist du unter die Maulwürfe gegangen?
Merkt euch eins: Nur ständiges Umgraben macht das Erdreich auf Dauer locker und fruchtbar.
Und dann pflanze ich Tausende von Bäumen, Sträuchern und Blumen, die prachtvoll gedeihen und riesig, ja gigantisch werden! Hehe!
Hmm... gute Idee!
Wir müssen schnellstens einschreiten.
Genau. Es ist höchste Zeit für die Wundertinktur!
Schnauf! Ächz!
Was ist denn los, Onkel Donald?
Buhu! Ich bin ja so unglücklich!
Ich weiß genau, dass ich nie einen schönen Garten haben werde!
Irrtum.

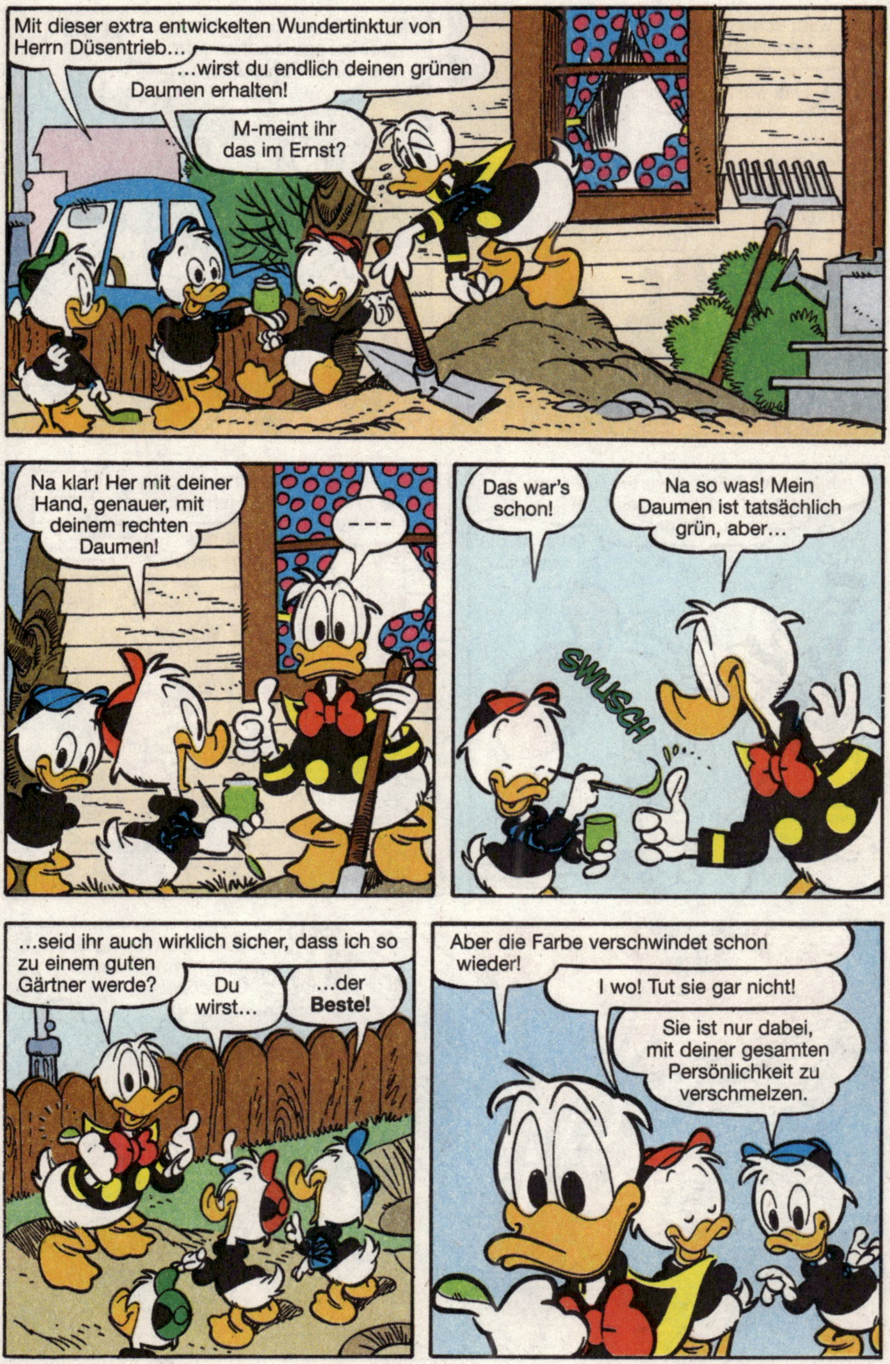
Mit dieser extra entwickelten Wundertinktur von Herrn Düsentrieb…
…wirst du endlich deinen grünen Daumen erhalten!
M-meint ihr das im Ernst?
Na klar! Her mit deiner Hand, genauer, mit deinem rechten Daumen!
– – –
Das war's schon!
Na so was! Mein Daumen ist tatsächlich grün, aber…
SWUSCH
…seid ihr auch wirklich sicher, dass ich so zu einem guten Gärtner werde?
Du wirst…
…der **Beste!**
Aber die Farbe verschwindet schon wieder!
I wo! Tut sie gar nicht!
Sie ist nur dabei, mit deiner gesamten Persönlichkeit zu verschmelzen.

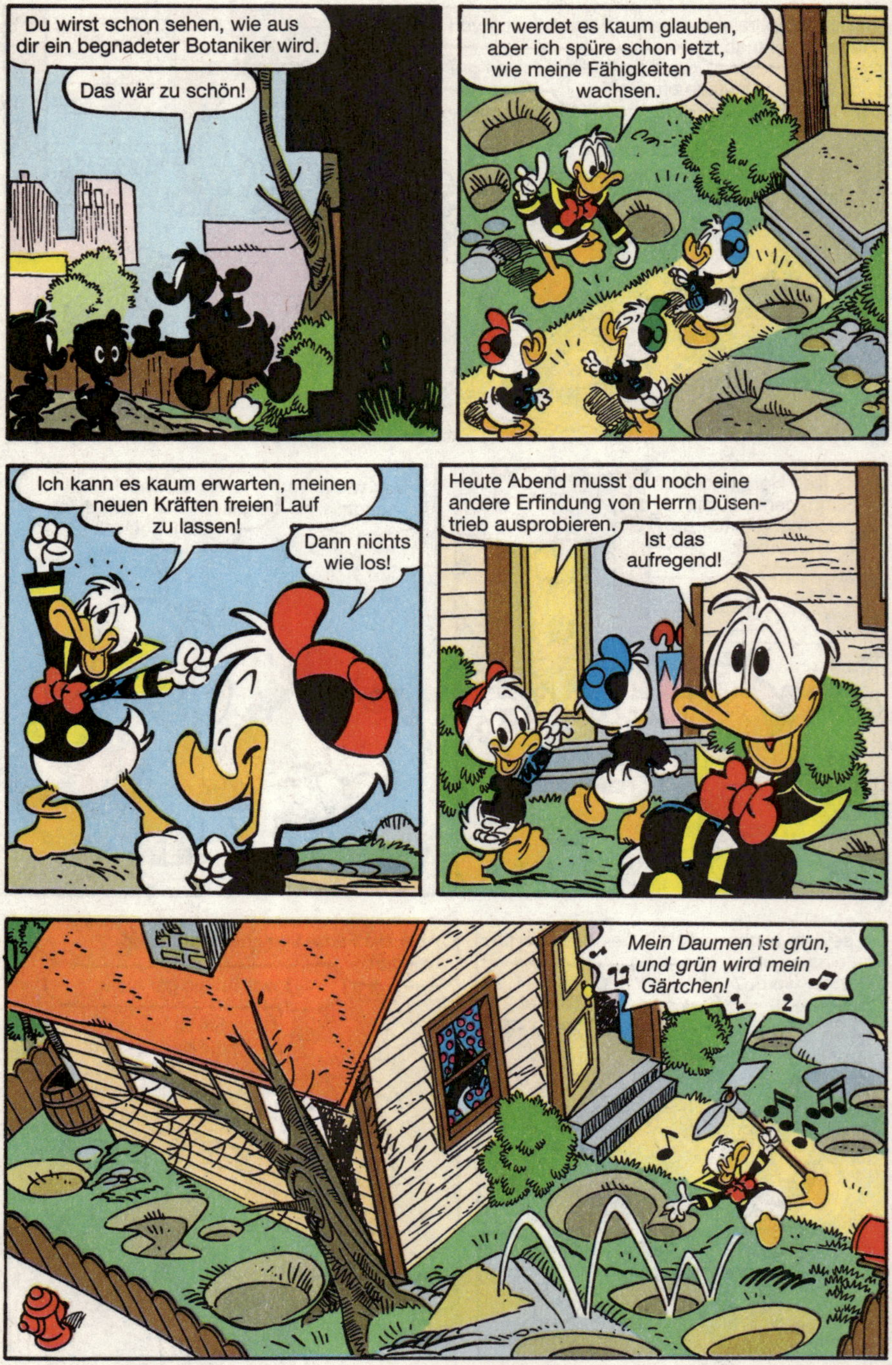

Du wirst schon sehen, wie aus dir ein begnadeter Botaniker wird.
Das wär zu schön!
Ihr werdet es kaum glauben, aber ich spüre schon jetzt, wie meine Fähigkeiten wachsen.
Ich kann es kaum erwarten, meinen neuen Kräften freien Lauf zu lassen!
Dann nichts wie los!
Heute Abend musst du noch eine andere Erfindung von Herrn Düsentrieb ausprobieren.
Ist das aufregend!
Mein Daumen ist grün, und grün wird mein Gärtchen!

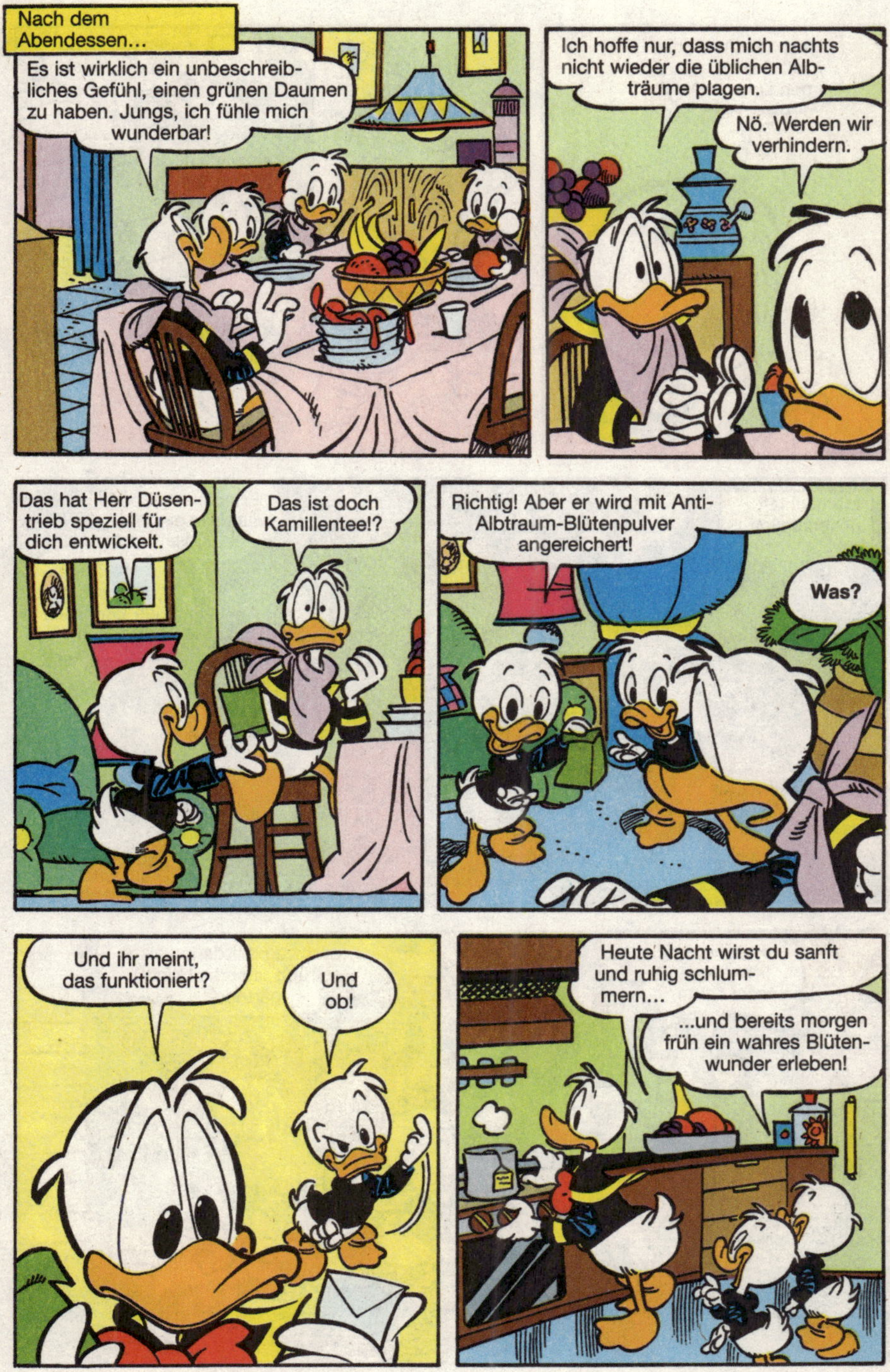
Nach dem Abendessen...
Es ist wirklich ein unbeschreibliches Gefühl, einen grünen Daumen zu haben. Jungs, ich fühle mich wunderbar!
Ich hoffe nur, dass mich nachts nicht wieder die üblichen Albträume plagen.
Nö. Werden wir verhindern.
Das hat Herr Düsentrieb speziell für dich entwickelt.
Das ist doch Kamillentee!?
Richtig! Aber er wird mit Anti-Albtraum-Blütenpulver angereichert!
Was?
Und ihr meint, das funktioniert?
Und ob!
Heute Nacht wirst du sanft und ruhig schlummern...
...und bereits morgen früh ein wahres Blütenwunder erleben!

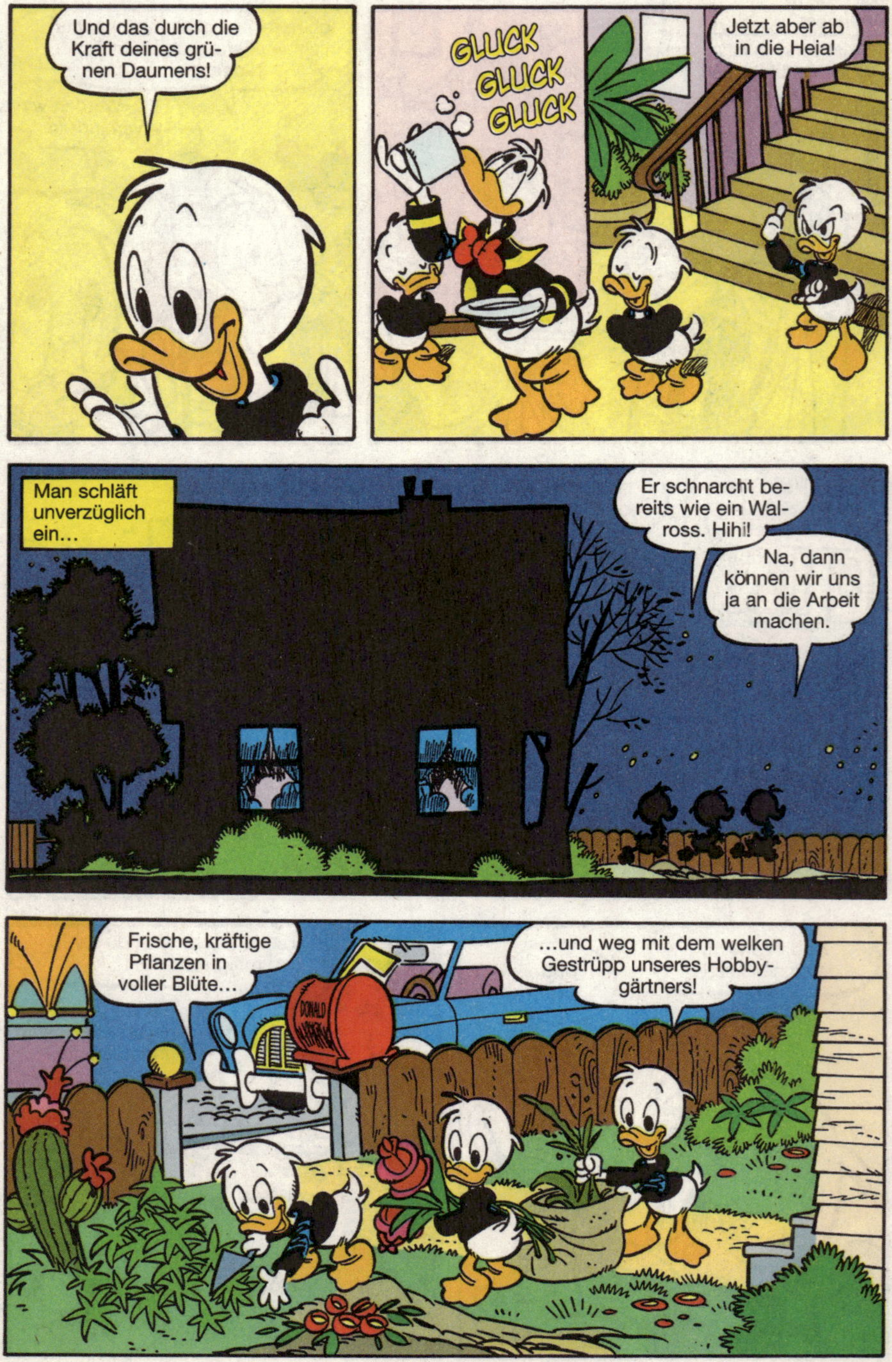
Und das durch die Kraft deines grünen Daumens!
GLUCK GLUCK GLUCK
Jetzt aber ab in die Heia!
Man schläft unverzüglich ein…
Er schnarcht bereits wie ein Walross. Hihi!
Na, dann können wir uns ja an die Arbeit machen.
Frische, kräftige Pflanzen in voller Blüte…
…und weg mit dem welken Gestrüpp unseres Hobbygärtners!

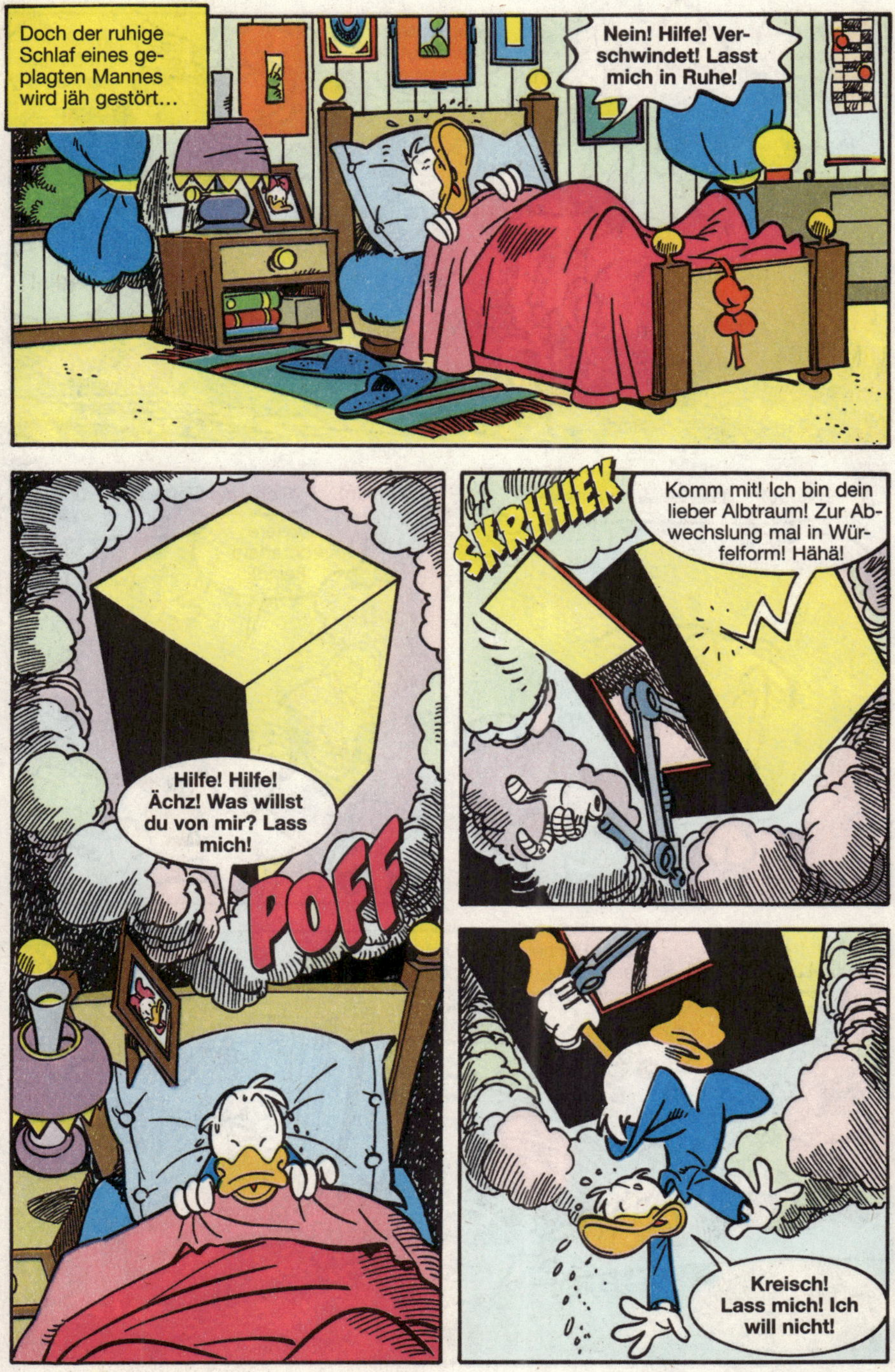
Doch der ruhige Schlaf eines geplagten Mannes wird jäh gestört…
Nein! Hilfe! Verschwindet! Lasst mich in Ruhe!
Hilfe! Hilfe! Ächz! Was willst du von mir? Lass mich!
POFF
SKRIIIIIEK
Komm mit! Ich bin dein lieber Albtraum! Zur Abwechslung mal in Würfelform! Hähä!
Kreisch! Lass mich! Ich will nicht!

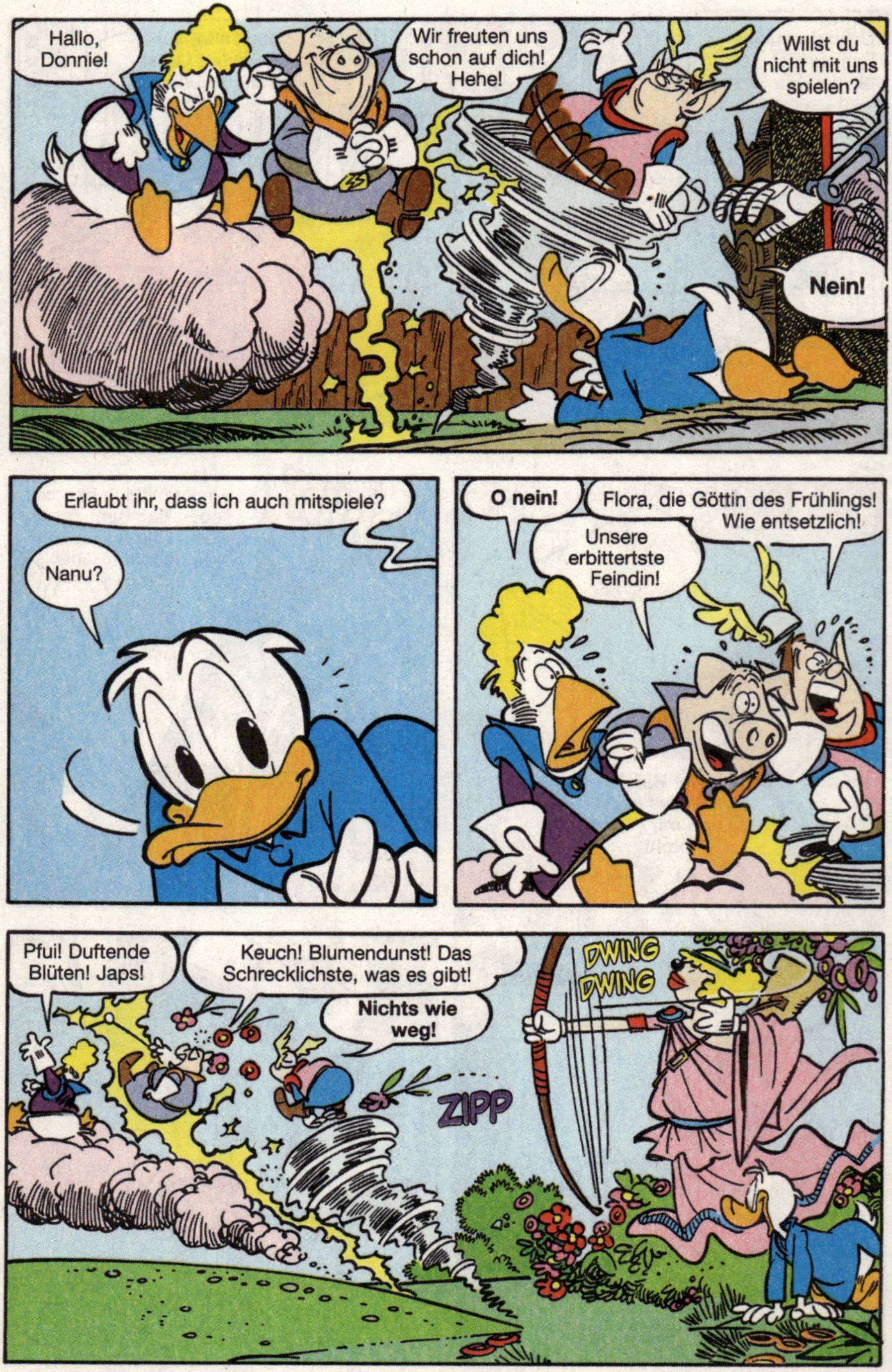
Hallo, Donnie!
Wir freuten uns schon auf dich! Hehe!
Willst du nicht mit uns spielen?
Nein!
Erlaubt ihr, dass ich auch mitspiele?
Nanu?
O nein!
Flora, die Göttin des Frühlings! Wie entsetzlich!
Unsere erbittertste Feindin!
Pfui! Duftende Blüten! Japs!
Keuch! Blumendunst! Das Schrecklichste, was es gibt!
Nichts wie weg!
DWING DWING
ZIPP

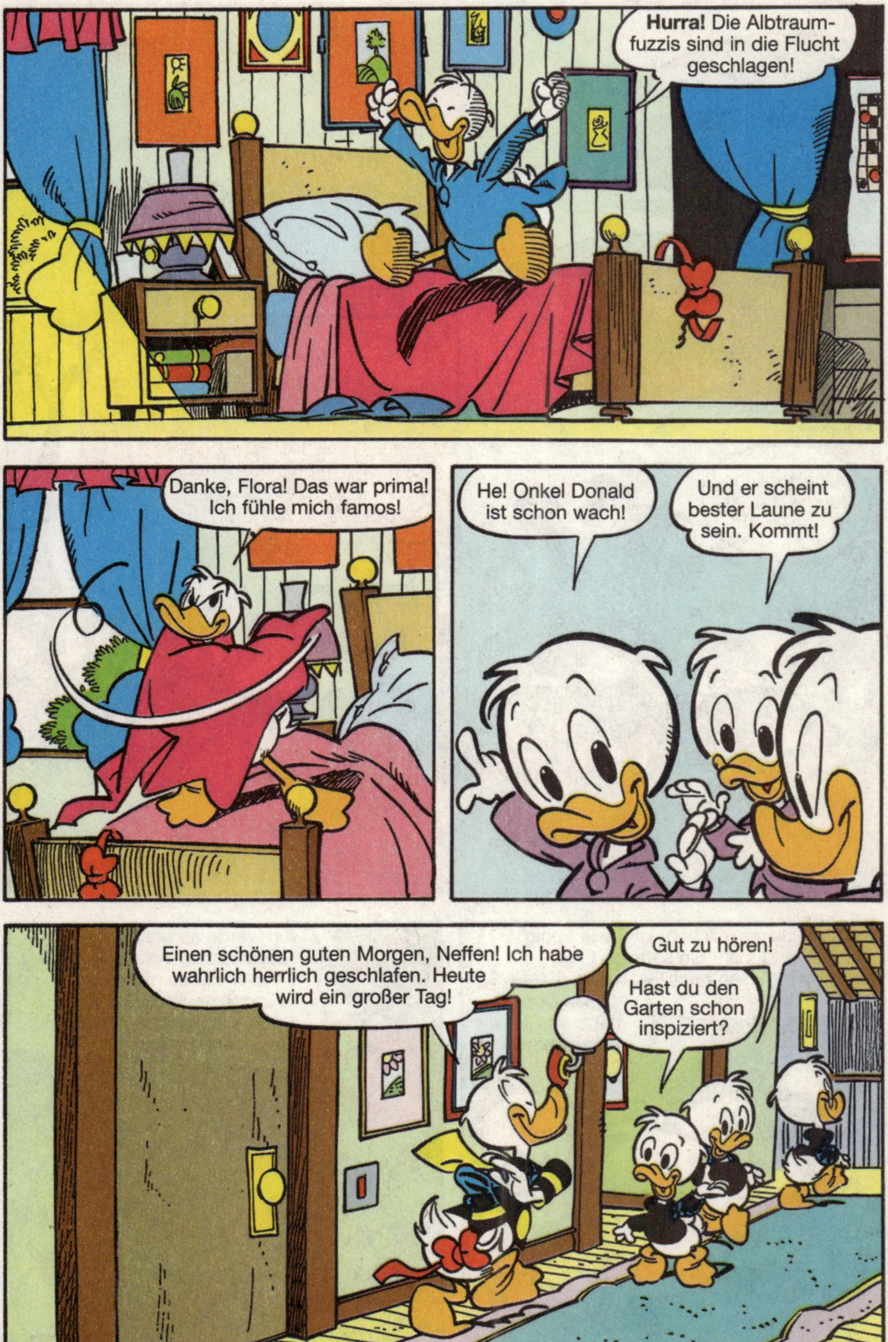
Hurra! Die Albtraumfuzzis sind in die Flucht geschlagen!
Danke, Flora! Das war prima! Ich fühle mich famos!
He! Onkel Donald ist schon wach!
Und er scheint bester Laune zu sein. Kommt!
Einen schönen guten Morgen, Neffen! Ich habe wahrlich herrlich geschlafen. Heute wird ein großer Tag!
Gut zu hören!
Hast du den Garten schon inspiziert?

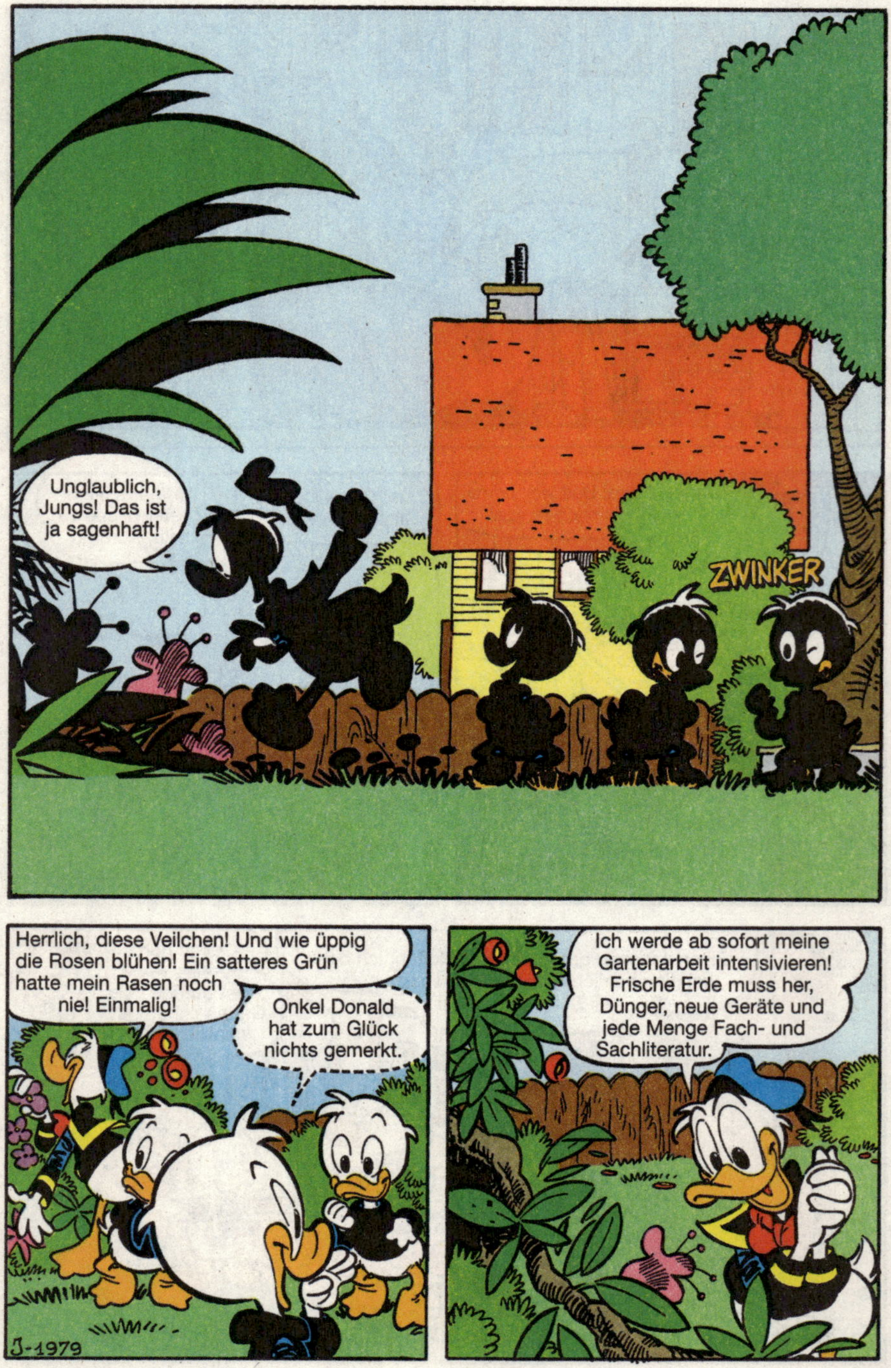
Unglaublich, Jungs! Das ist ja sagenhaft!
ZWINKER
Herrlich, diese Veilchen! Und wie üppig die Rosen blühen! Ein satteres Grün hatte mein Rasen noch nie! Einmalig!
Onkel Donald hat zum Glück nichts gemerkt.
Ich werde ab sofort meine Gartenarbeit intensivieren! Frische Erde muss her, Dünger, neue Geräte und jede Menge Fach- und Sachliteratur.

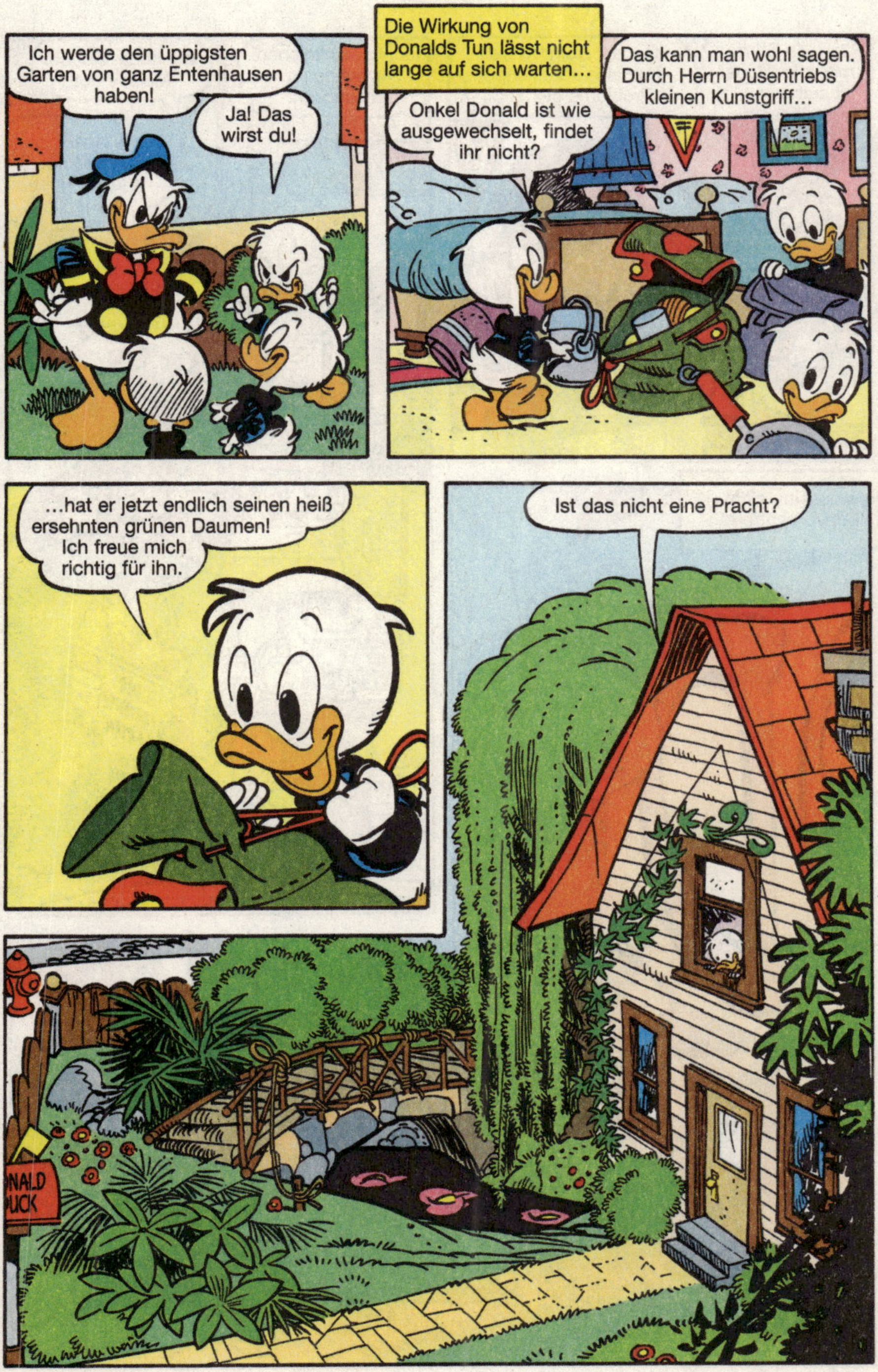
Ich werde den üppigsten Garten von ganz Entenhausen haben!
Ja! Das wirst du!
Die Wirkung von Donalds Tun lässt nicht lange auf sich warten…
Onkel Donald ist wie ausgewechselt, findet ihr nicht?
Das kann man wohl sagen. Durch Herrn Düsentriebs kleinen Kunstgriff…
…hat er jetzt endlich seinen heiß ersehnten grünen Daumen! Ich freue mich richtig für ihn.
Ist das nicht eine Pracht?

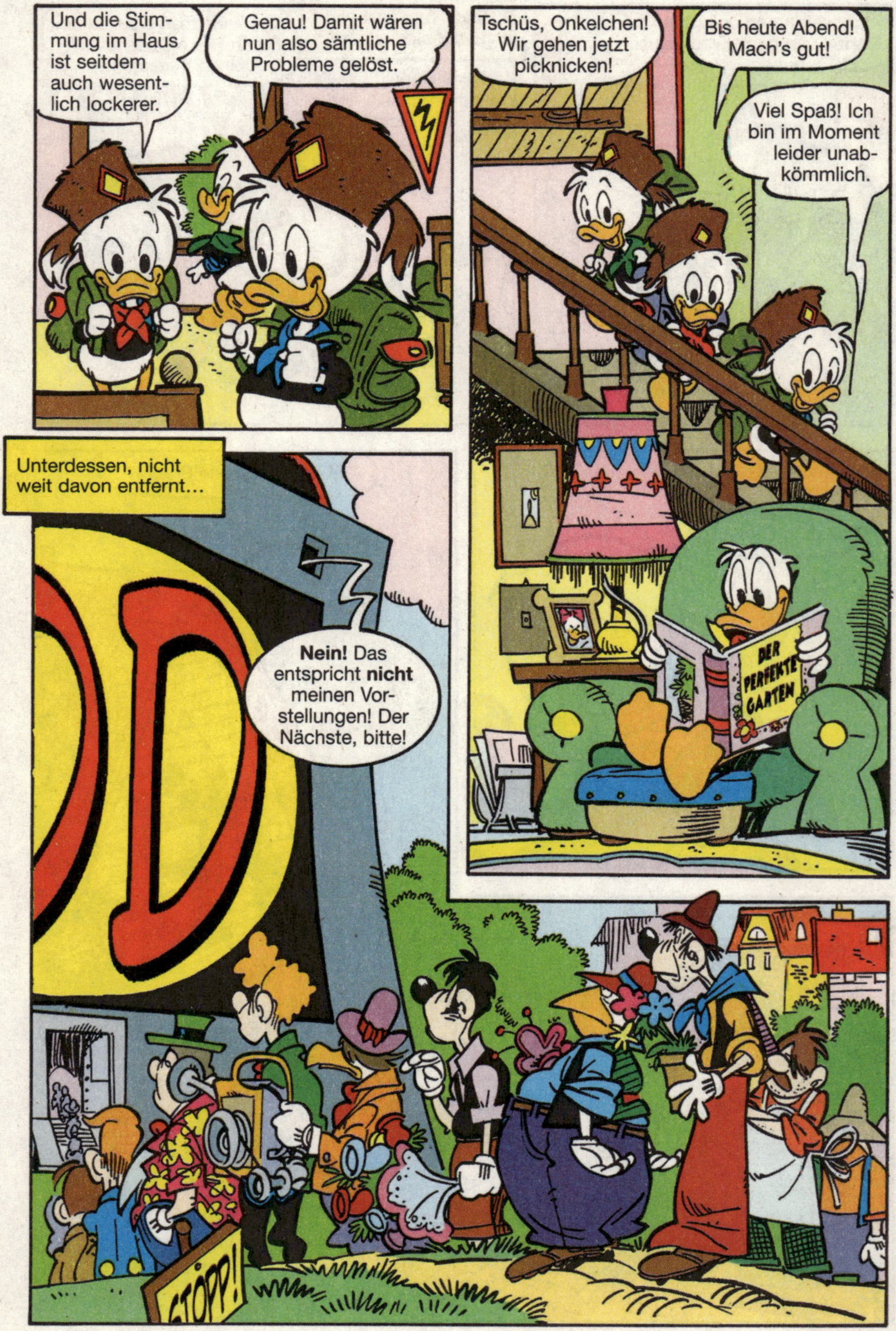

Und die Stimmung im Haus ist seitdem auch wesentlich lockerer.
Genau! Damit wären nun also sämtliche Probleme gelöst.
Tschüs, Onkelchen! Wir gehen jetzt picknicken!
Bis heute Abend! Mach's gut!
Viel Spaß! Ich bin im Moment leider unabkömmlich.
DER PERFEKTE GARTEN
Unterdessen, nicht weit davon entfernt…
Nein! Das entspricht **nicht** meinen Vorstellungen! Der Nächste, bitte!
STOPP!

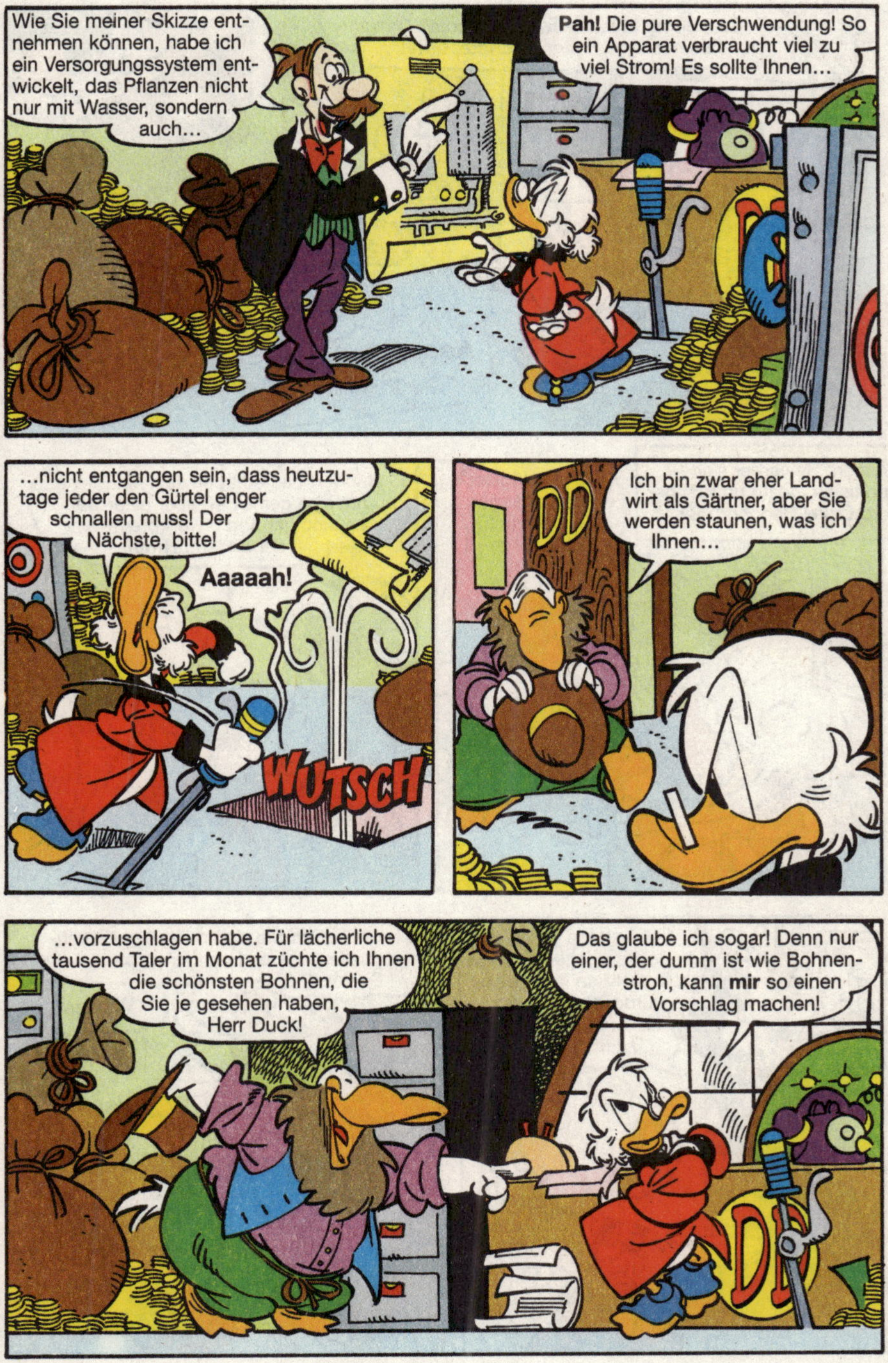
Wie Sie meiner Skizze entnehmen können, habe ich ein Versorgungssystem entwickelt, das Pflanzen nicht nur mit Wasser, sondern auch…
Pah! Die pure Verschwendung! So ein Apparat verbraucht viel zu viel Strom! Es sollte Ihnen…
…nicht entgangen sein, dass heutzutage jeder den Gürtel enger schnallen muss! Der Nächste, bitte!
Aaaaah!
WUTSCH
Ich bin zwar eher Landwirt als Gärtner, aber Sie werden staunen, was ich Ihnen…
…vorzuschlagen habe. Für lächerliche tausend Taler im Monat züchte ich Ihnen die schönsten Bohnen, die Sie je gesehen haben, Herr Duck!
Das glaube ich sogar! Denn nur einer, der dumm ist wie Bohnenstroh, kann **mir** so einen Vorschlag machen!

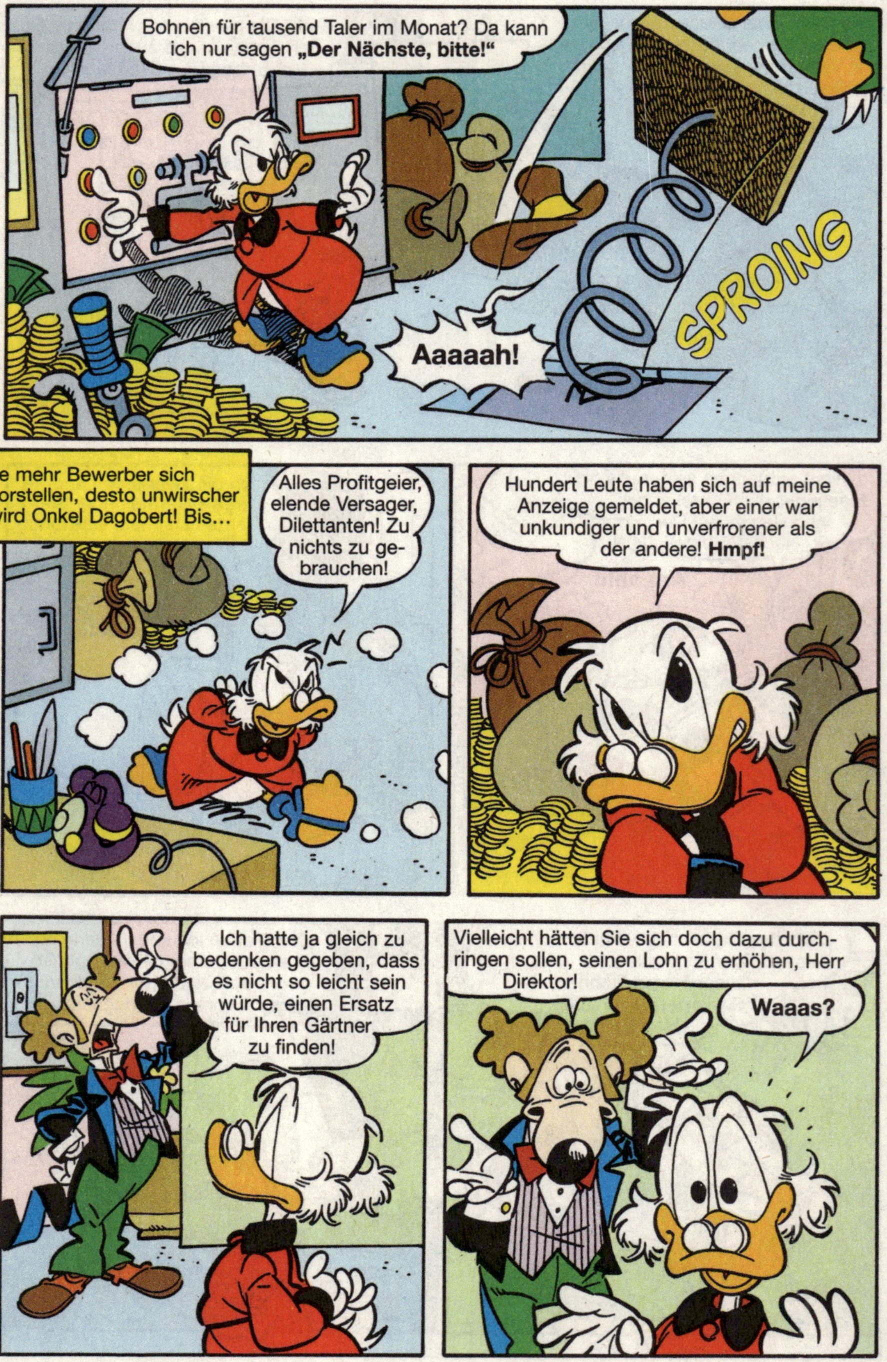
Bohnen für tausend Taler im Monat? Da kann ich nur sagen **„Der Nächste, bitte!"**
Aaaaah!
SPROING
Je mehr Bewerber sich vorstellen, desto unwirscher wird Onkel Dagobert! Bis…
Alles Profitgeier, elende Versager, Dilettanten! Zu nichts zu gebrauchen!
Hundert Leute haben sich auf meine Anzeige gemeldet, aber einer war unkundiger und unverfrorener als der andere! **Hmpf!**
Ich hatte ja gleich zu bedenken gegeben, dass es nicht so leicht sein würde, einen Ersatz für Ihren Gärtner zu finden!
Vielleicht hätten Sie sich doch dazu durchringen sollen, seinen Lohn zu erhöhen, Herr Direktor!
Waaas?

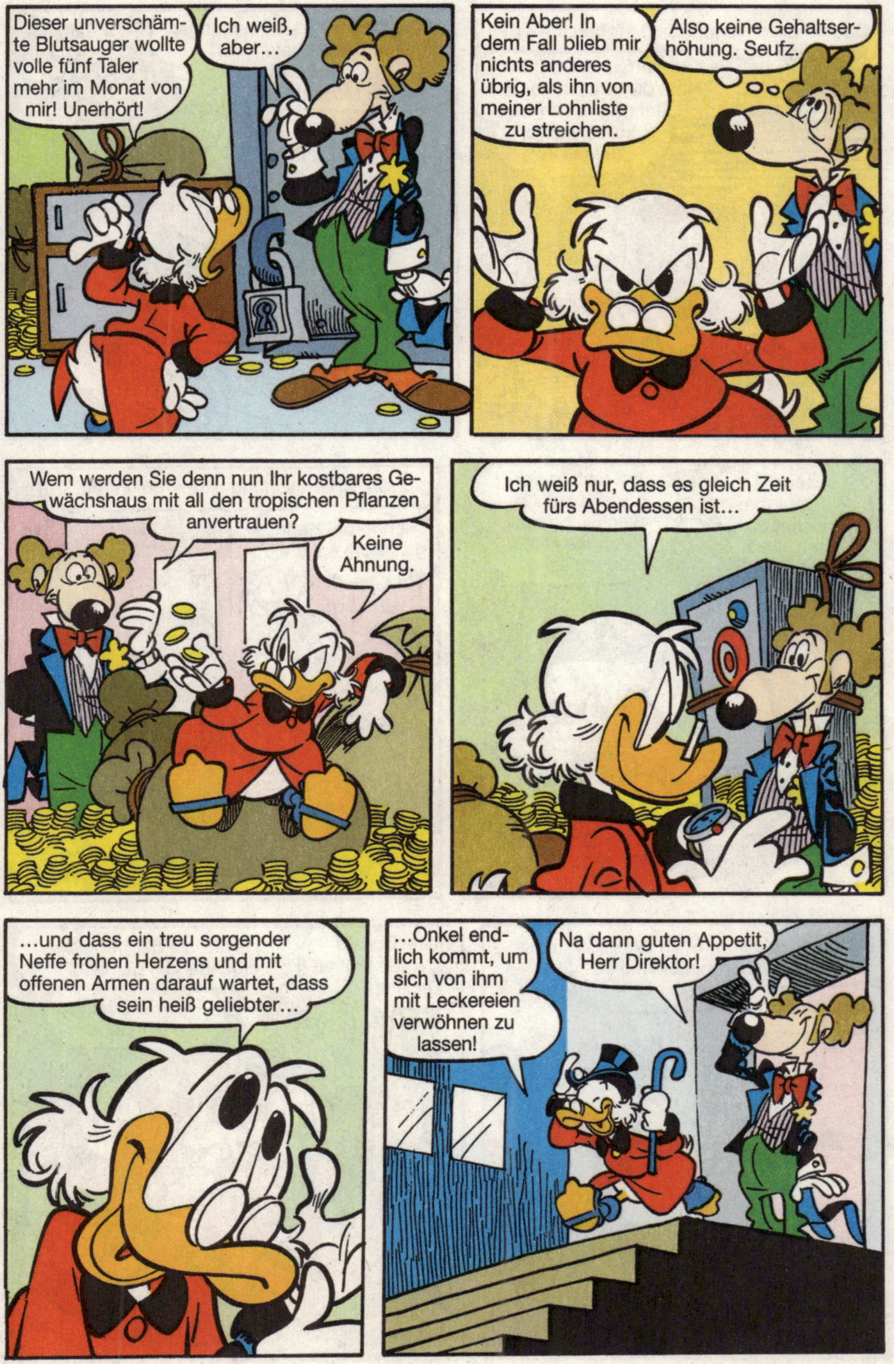
Dieser unverschämte Blutsauger wollte volle fünf Taler mehr im Monat von mir! Unerhört!
Ich weiß, aber…
Kein Aber! In dem Fall blieb mir nichts anderes übrig, als ihn von meiner Lohnliste zu streichen.
Also keine Gehaltserhöhung. Seufz.
Wem werden Sie denn nun Ihr kostbares Gewächshaus mit all den tropischen Pflanzen anvertrauen?
Keine Ahnung.
Ich weiß nur, dass es gleich Zeit fürs Abendessen ist…
…und dass ein treu sorgender Neffe frohen Herzens und mit offenen Armen darauf wartet, dass sein heiß geliebter…
…Onkel endlich kommt, um sich von ihm mit Leckereien verwöhnen zu lassen!
Na dann guten Appetit, Herr Direktor!

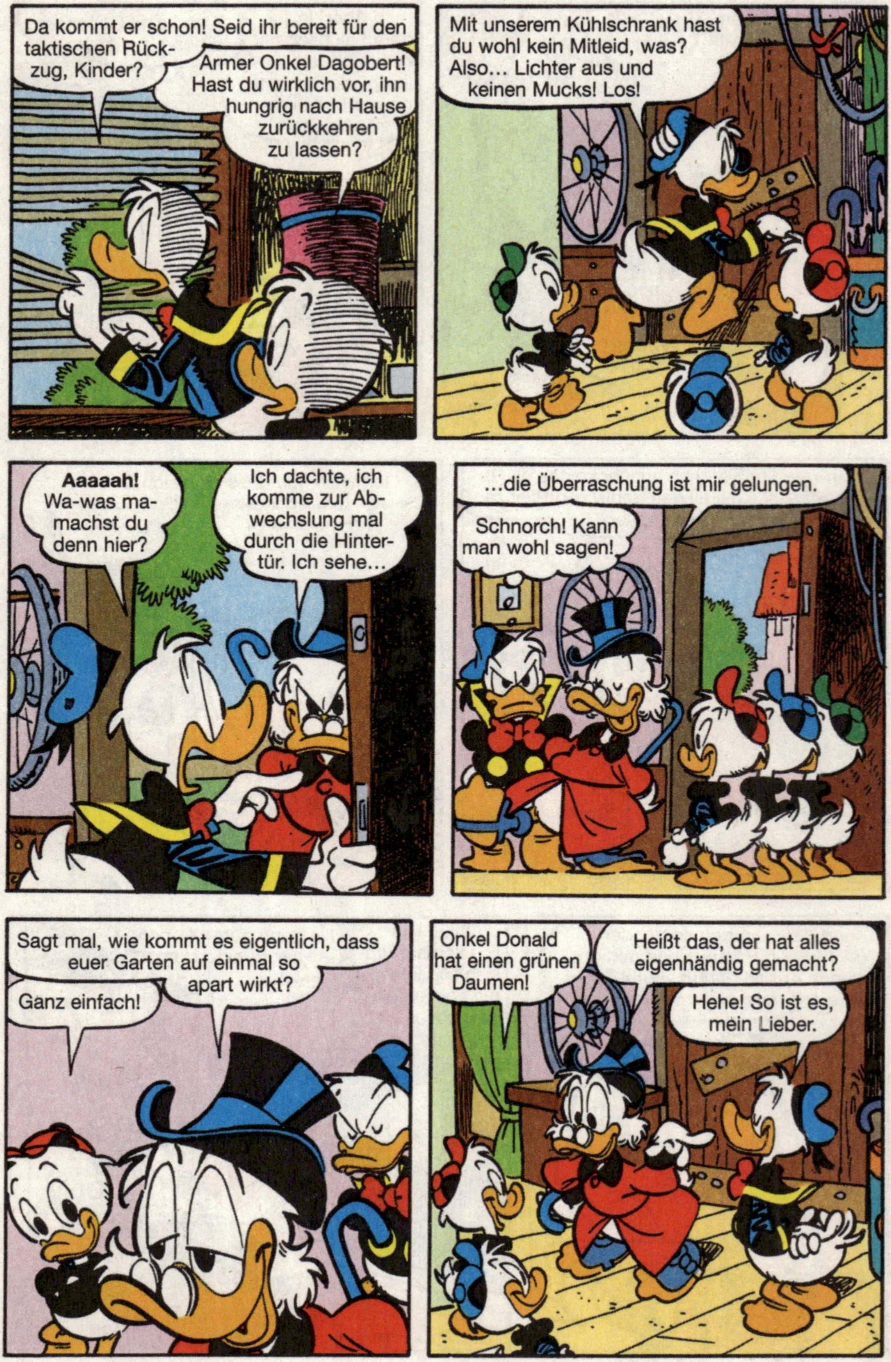
Da kommt er schon! Seid ihr bereit für den taktischen Rück-zug, Kinder?
Armer Onkel Dagobert! Hast du wirklich vor, ihn hungrig nach Hause zurückkehren zu lassen?
Mit unserem Kühlschrank hast du wohl kein Mitleid, was? Also... Lichter aus und keinen Mucks! Los!
Aaaaah! Wa-was ma-machst du denn hier?
Ich dachte, ich komme zur Ab-wechslung mal durch die Hinter-tür. Ich sehe...
...die Überraschung ist mir gelungen.
Schnorch! Kann man wohl sagen!
Sagt mal, wie kommt es eigentlich, dass euer Garten auf einmal so apart wirkt?
Ganz einfach!
Onkel Donald hat einen grünen Daumen!
Heißt das, der hat alles eigenhändig gemacht?
Hehe! So ist es, mein Lieber.

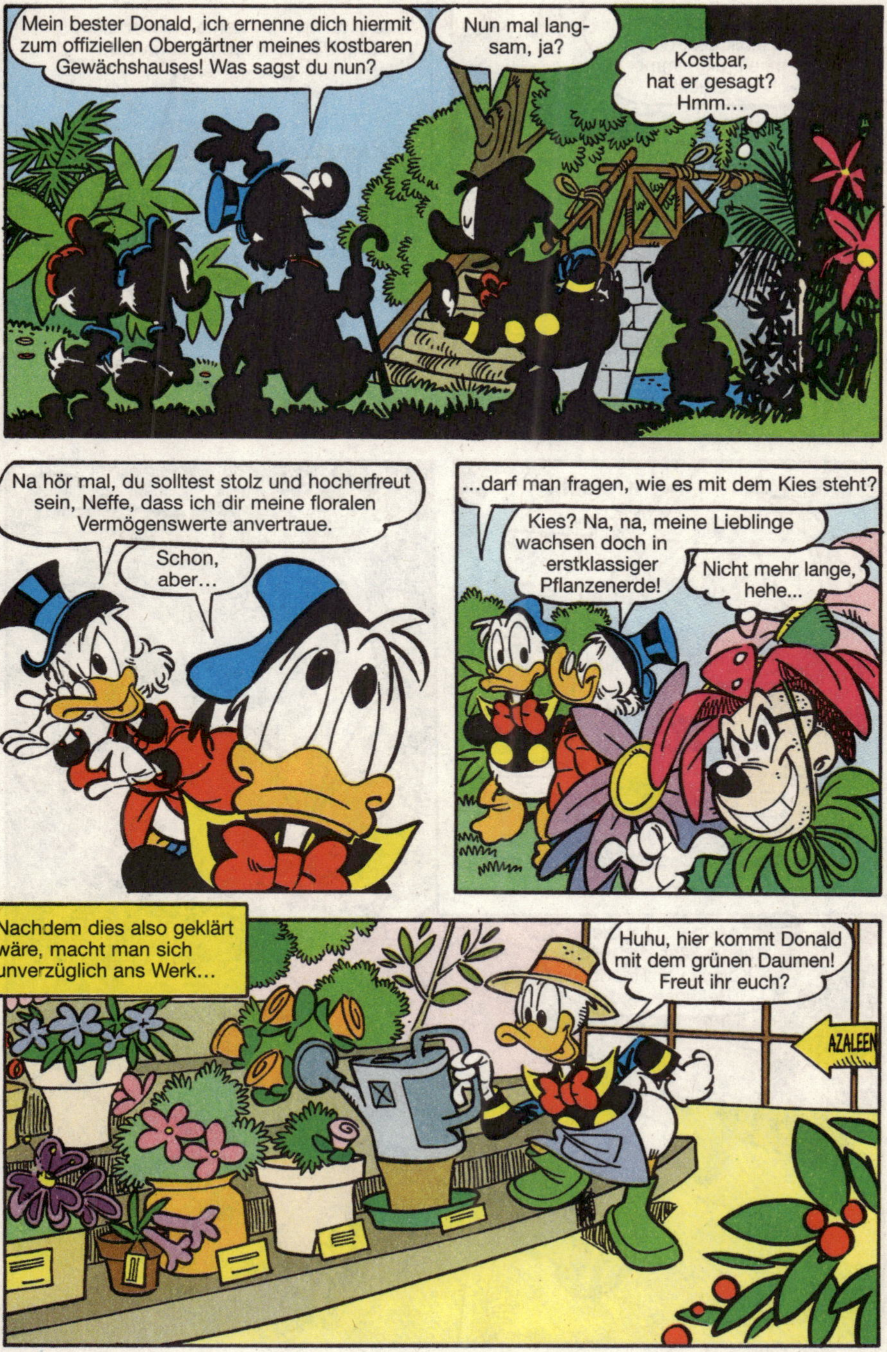
Mein bester Donald, ich ernenne dich hiermit zum offiziellen Obergärtner meines kostbaren Gewächshauses! Was sagst du nun?
Nun mal langsam, ja?
Kostbar, hat er gesagt? Hmm…
Na hör mal, du solltest stolz und hocherfreut sein, Neffe, dass ich dir meine floralen Vermögenswerte anvertraue.
Schon, aber…
…darf man fragen, wie es mit dem Kies steht?
Kies? Na, na, meine Lieblinge wachsen doch in erstklassiger Pflanzenerde!
Nicht mehr lange, hehe...
Nachdem dies also geklärt wäre, macht man sich unverzüglich ans Werk…
Huhu, hier kommt Donald mit dem grünen Daumen! Freut ihr euch?
AZALEEN

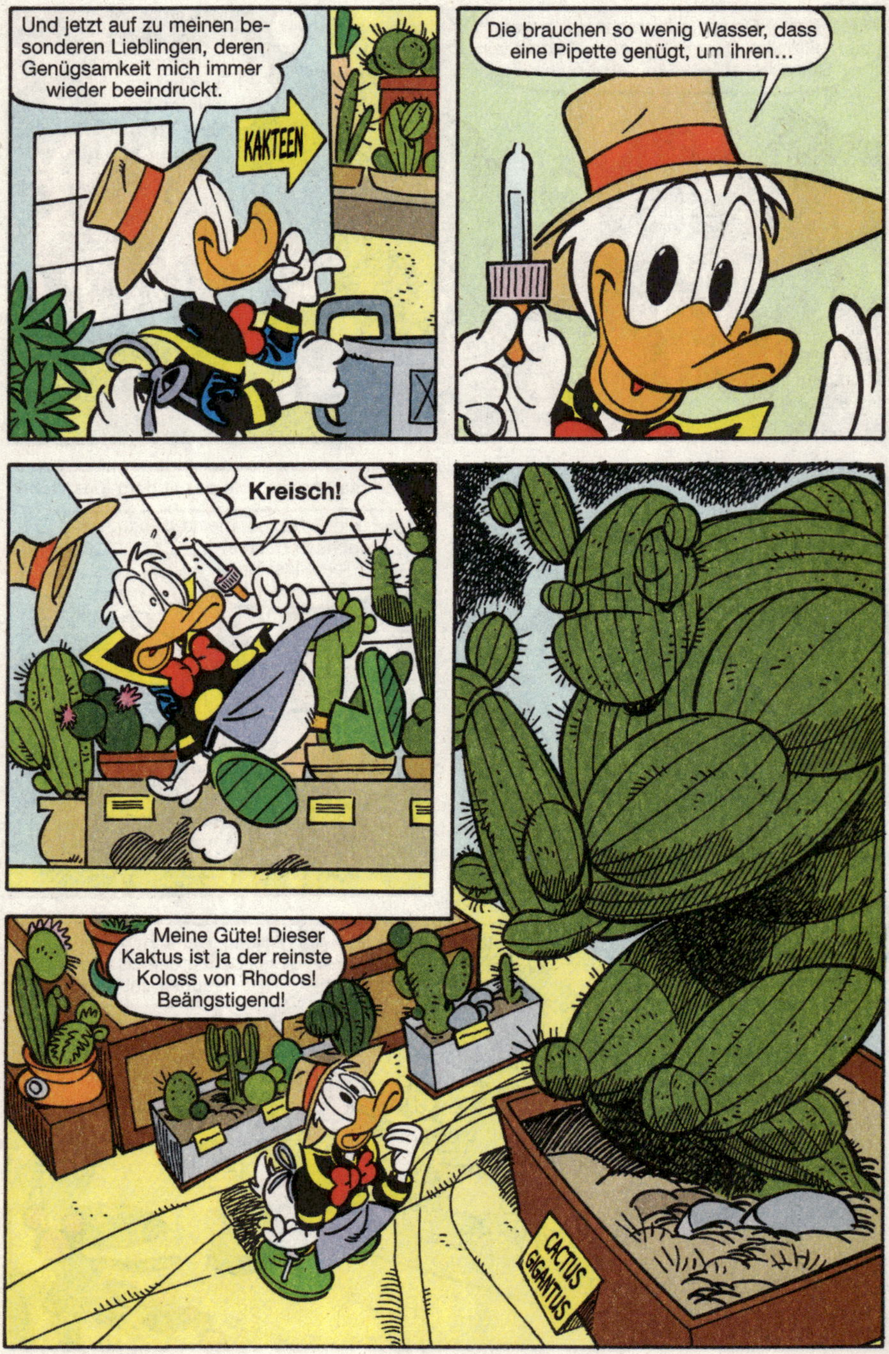
Und jetzt auf zu meinen besonderen Lieblingen, deren Genügsamkeit mich immer wieder beeindruckt.
KAKTEEN
Die brauchen so wenig Wasser, dass eine Pipette genügt, um ihren...
Kreisch!
Meine Güte! Dieser Kaktus ist ja der reinste Koloss von Rhodos! Beängstigend!
CACTUS GIGANTUS

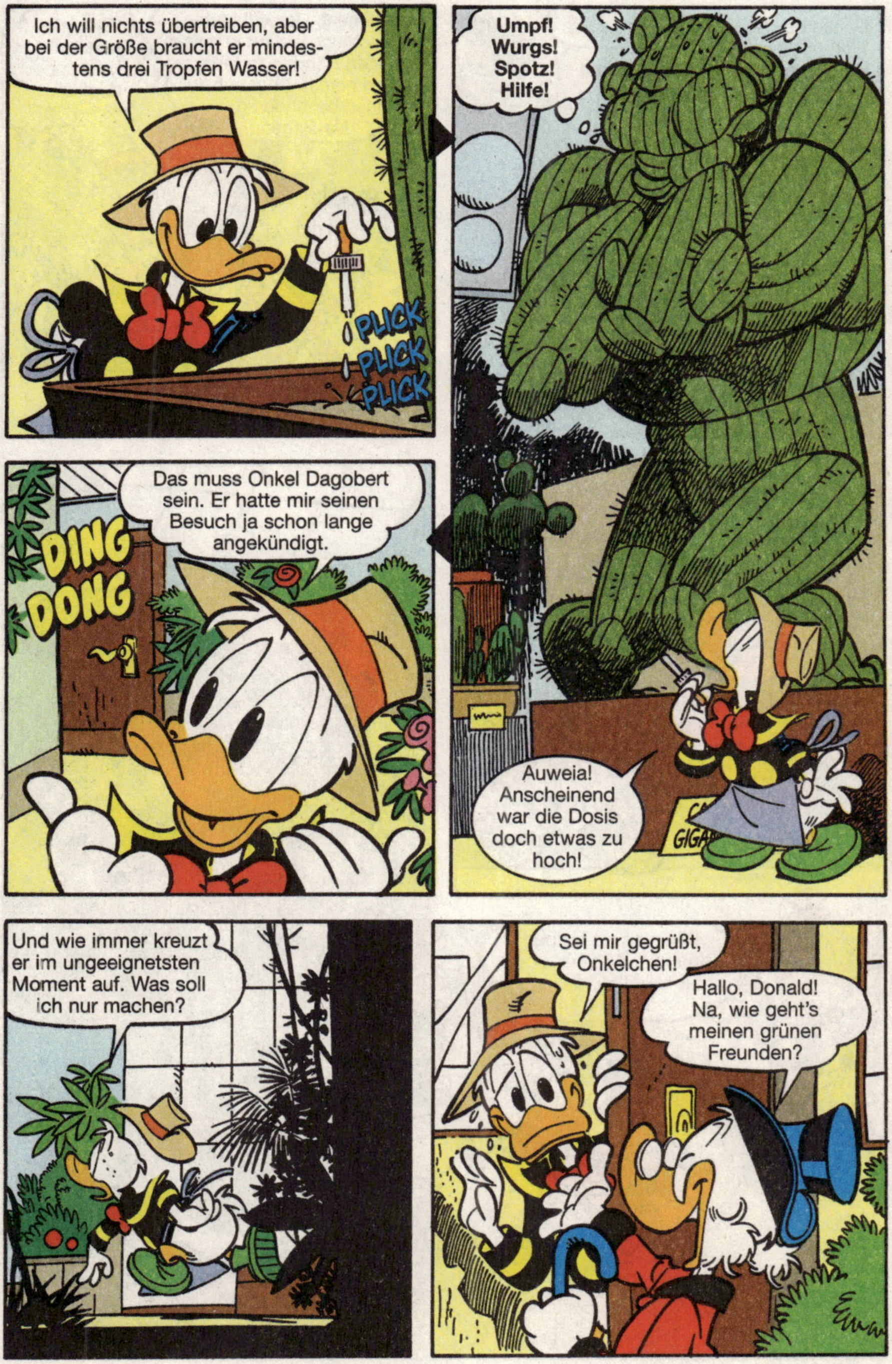
Ich will nichts übertreiben, aber bei der Größe braucht er mindestens drei Tropfen Wasser!
PLICK PLICK PLICK
Umpf! Wurgs! Spotz! Hilfe!
DING DONG
Das muss Onkel Dagobert sein. Er hatte mir seinen Besuch ja schon lange angekündigt.
Auweia! Anscheinend war die Dosis doch etwas zu hoch!
Und wie immer kreuzt er im ungeeignetsten Moment auf. Was soll ich nur machen?
Sei mir gegrüßt, Onkelchen!
Hallo, Donald! Na, wie geht's meinen grünen Freunden?

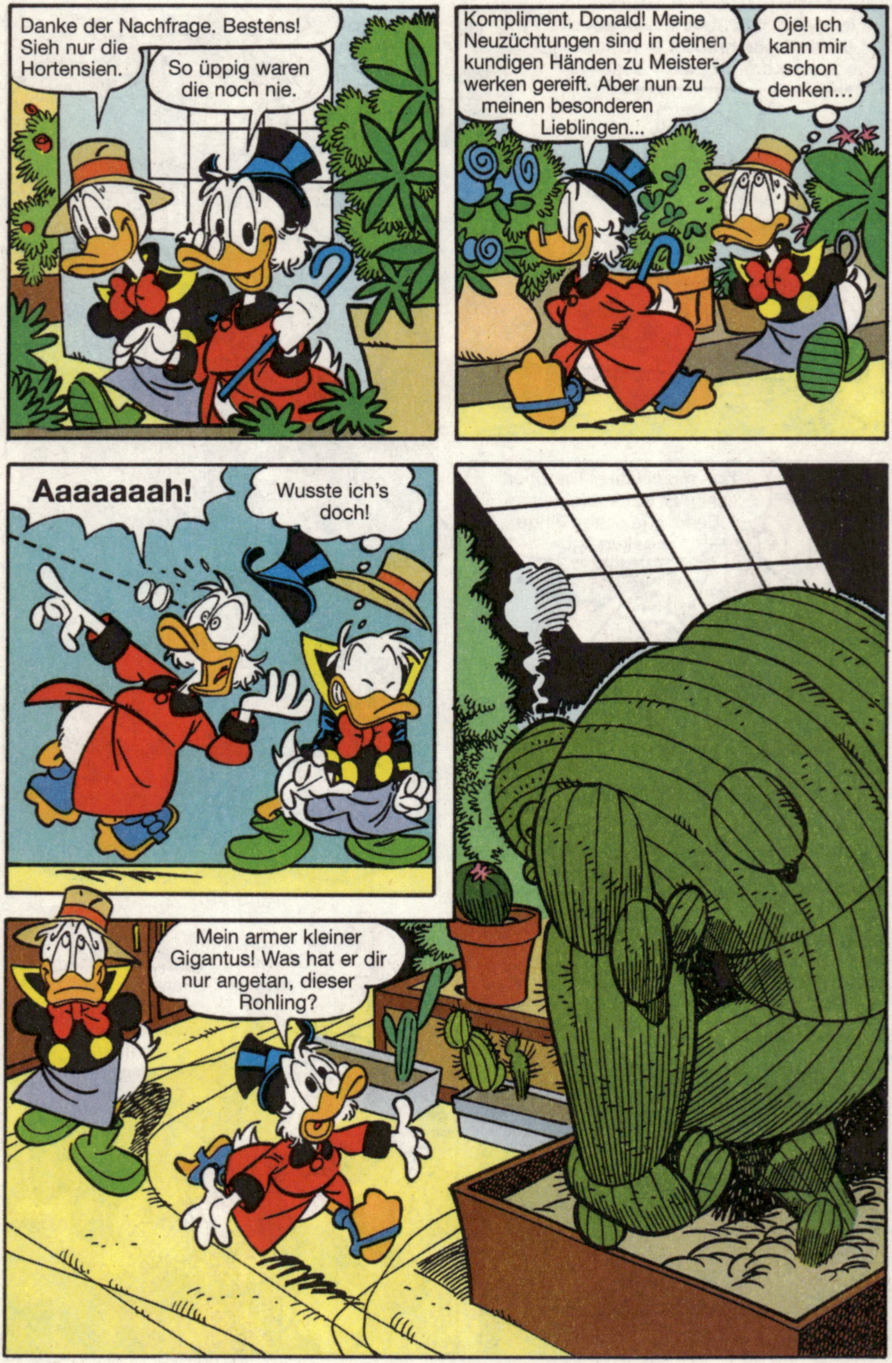
Danke der Nachfrage. Bestens! Sieh nur die Hortensien.
So üppig waren die noch nie.
Kompliment, Donald! Meine Neuzüchtungen sind in deinen kundigen Händen zu Meisterwerken gereift. Aber nun zu meinen besonderen Lieblingen...
Oje! Ich kann mir schon denken...
Aaaaaaah!
Wusste ich's doch!
Mein armer kleiner Gigantus! Was hat er dir nur angetan, dieser Rohling?

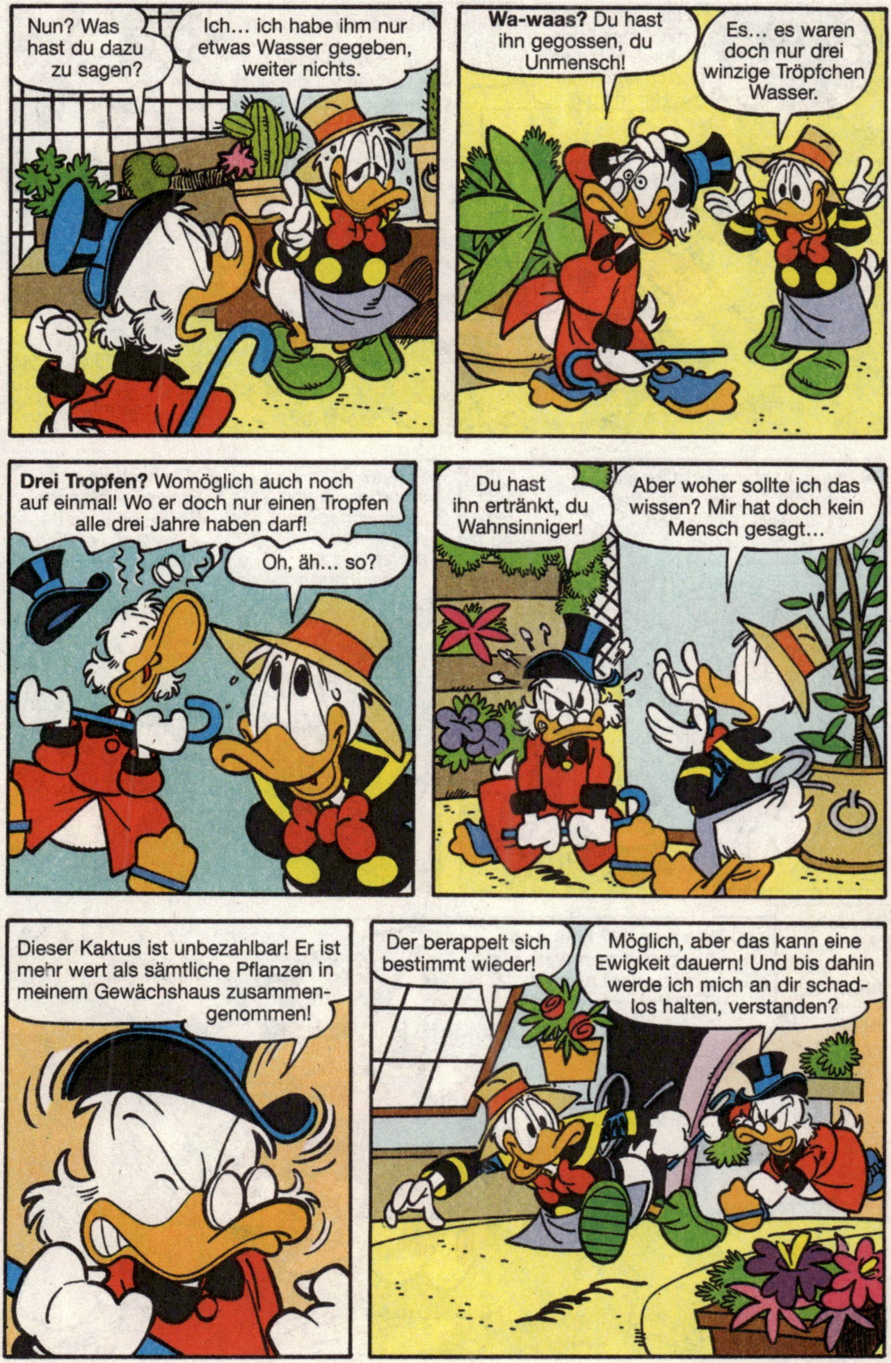

Nun? Was hast du dazu zu sagen?
Ich… ich habe ihm nur etwas Wasser gegeben, weiter nichts.
Wa-waas? Du hast ihn gegossen, du Unmensch!
Es… es waren doch nur drei winzige Tröpfchen Wasser.
Drei Tropfen? Womöglich auch noch auf einmal! Wo er doch nur einen Tropfen alle drei Jahre haben darf!
Oh, äh… so?
Du hast ihn ertränkt, du Wahnsinniger!
Aber woher sollte ich das wissen? Mir hat doch kein Mensch gesagt…
Dieser Kaktus ist unbezahlbar! Er ist mehr wert als sämtliche Pflanzen in meinem Gewächshaus zusammengenommen!
Der berappelt sich bestimmt wieder!
Möglich, aber das kann eine Ewigkeit dauern! Und bis dahin werde ich mich an dir schadlos halten, verstanden?

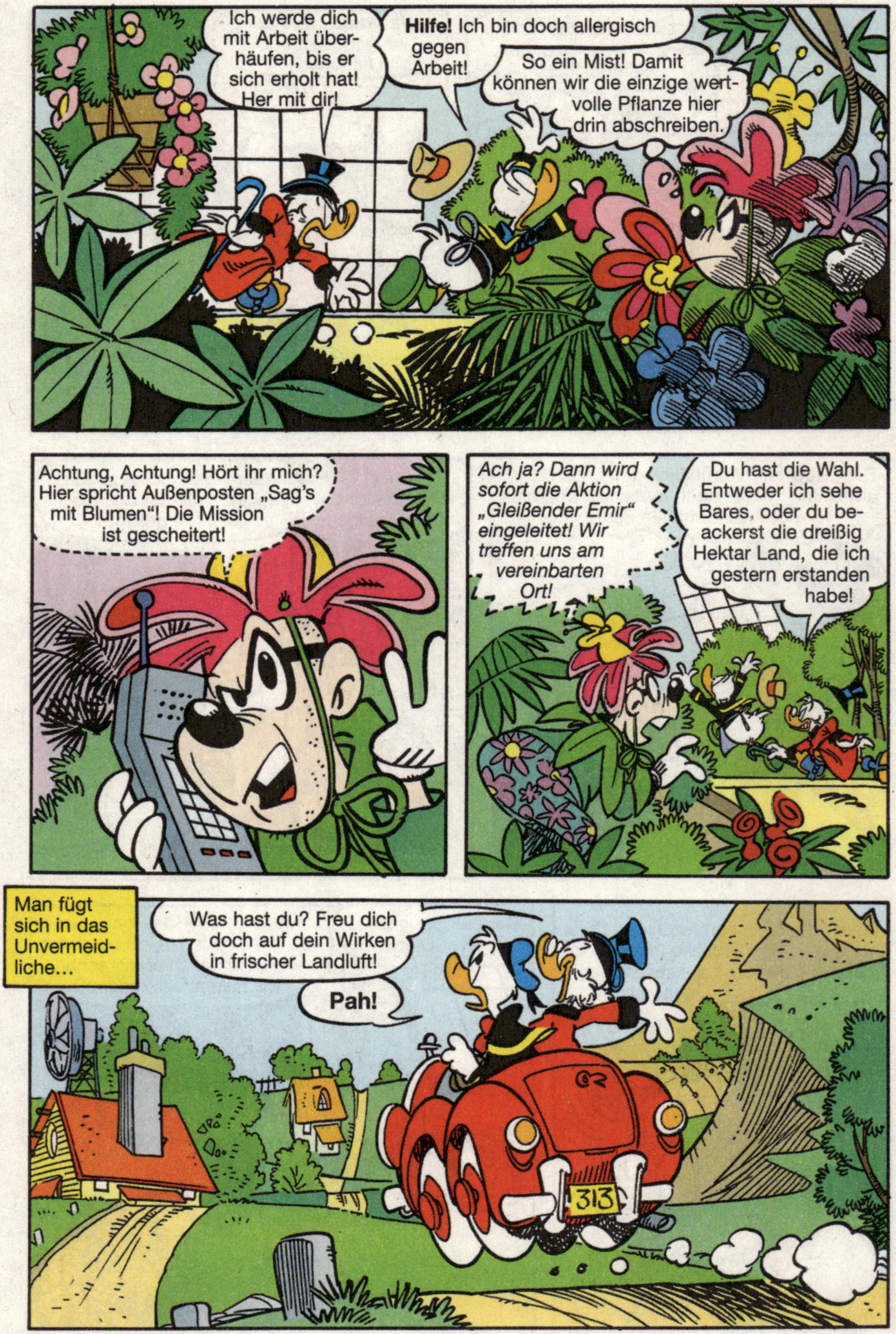
Ich werde dich mit Arbeit überhäufen, bis er sich erholt hat! Her mit dir!
Hilfe! Ich bin doch allergisch gegen Arbeit!
So ein Mist! Damit können wir die einzige wertvolle Pflanze hier drin abschreiben.
Achtung, Achtung! Hört ihr mich? Hier spricht Außenposten „Sag's mit Blumen“! Die Mission ist gescheitert!
Ach ja? Dann wird sofort die Aktion „Gleißender Emir“ eingeleitet! Wir treffen uns am vereinbarten Ort!
Du hast die Wahl. Entweder ich sehe Bares, oder du beackerst die dreißig Hektar Land, die ich gestern erstanden habe!
Man fügt sich in das Unvermeidliche...
Was hast du? Freu dich doch auf dein Wirken in frischer Landluft!
Pah!
313

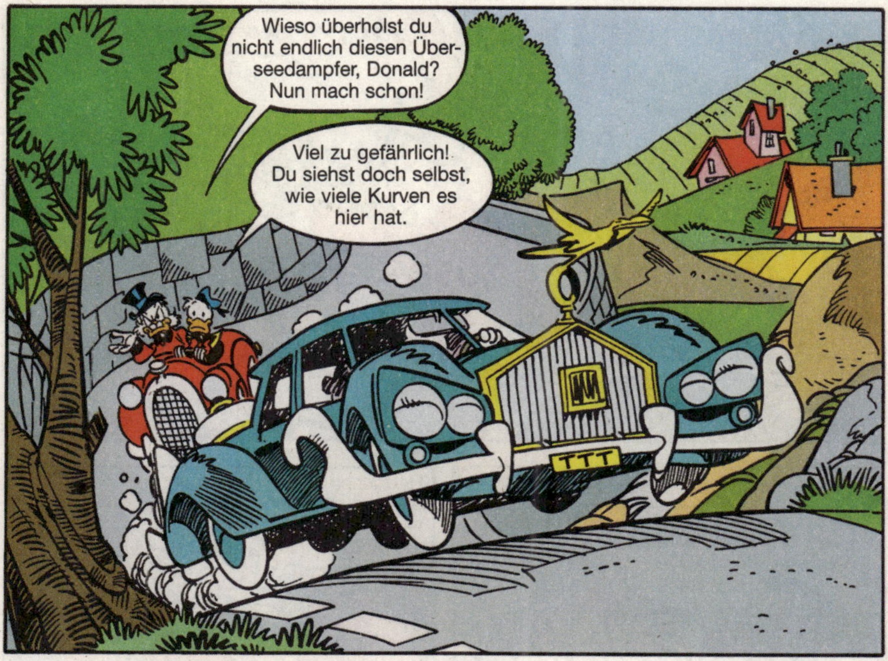
Wieso überholst du nicht endlich diesen Überseedampfer, Donald? Nun mach schon!
Viel zu gefährlich! Du siehst doch selbst, wie viele Kurven es hier hat.
TTT

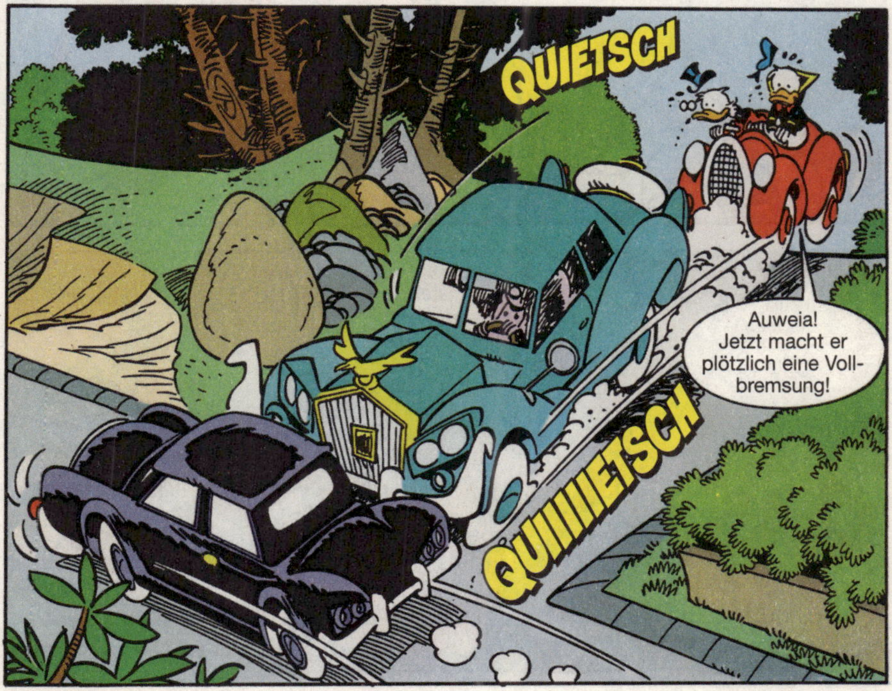
QUIETSCH
Auweia! Jetzt macht er plötzlich eine Vollbremsung!
QUIIIIIETSCH

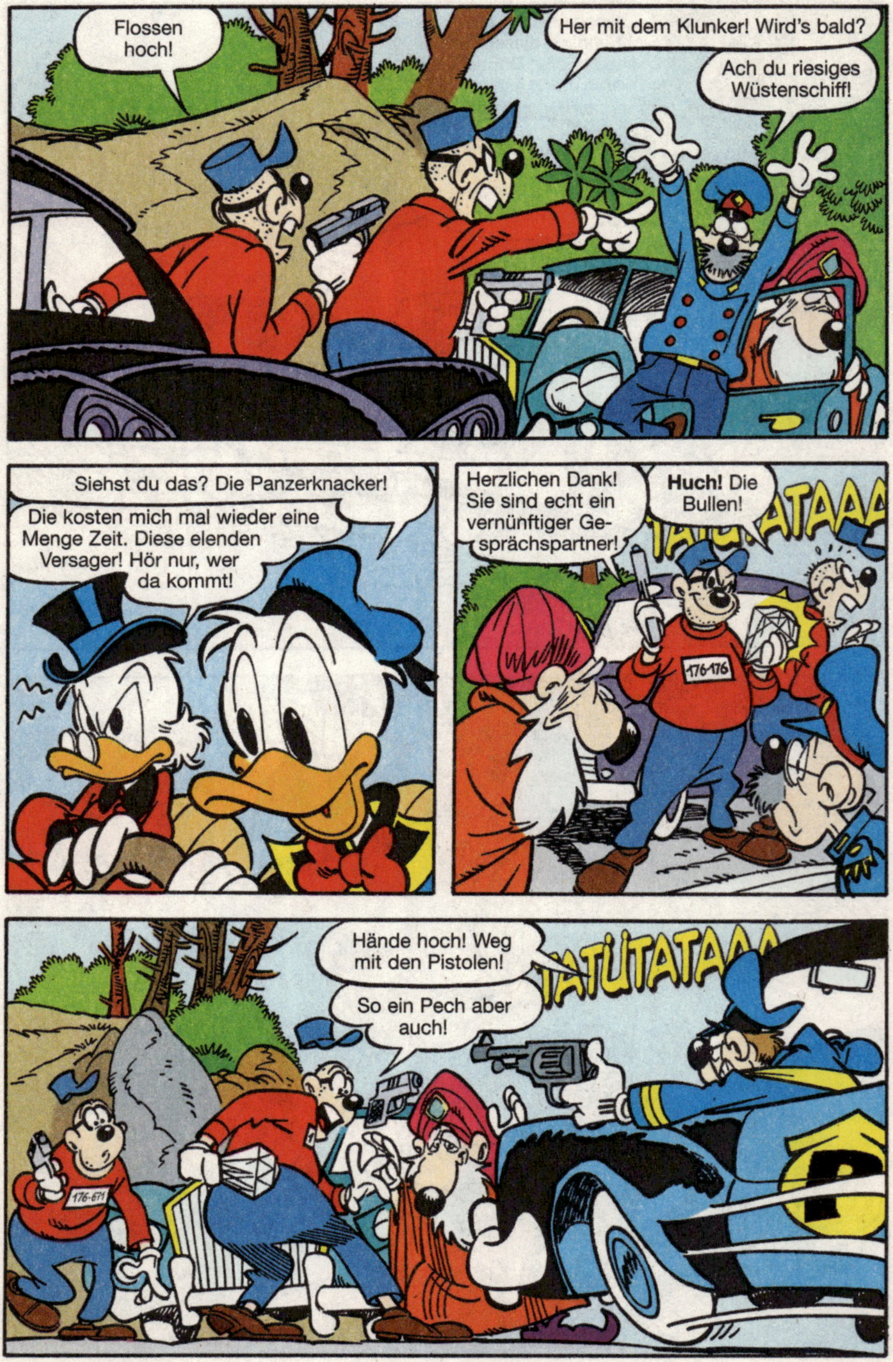
Flossen hoch!
Her mit dem Klunker! Wird's bald?
Ach du riesiges Wüstenschiff!
Siehst du das? Die Panzerknacker!
Die kosten mich mal wieder eine Menge Zeit. Diese elenden Versager! Hör nur, wer da kommt!
Herzlichen Dank! Sie sind echt ein vernünftiger Gesprächspartner!
Huch! Die Bullen!
TATÜTATAAA
176-176
Hände hoch! Weg mit den Pistolen!
So ein Pech aber auch!
TATÜTATAAA
176-671

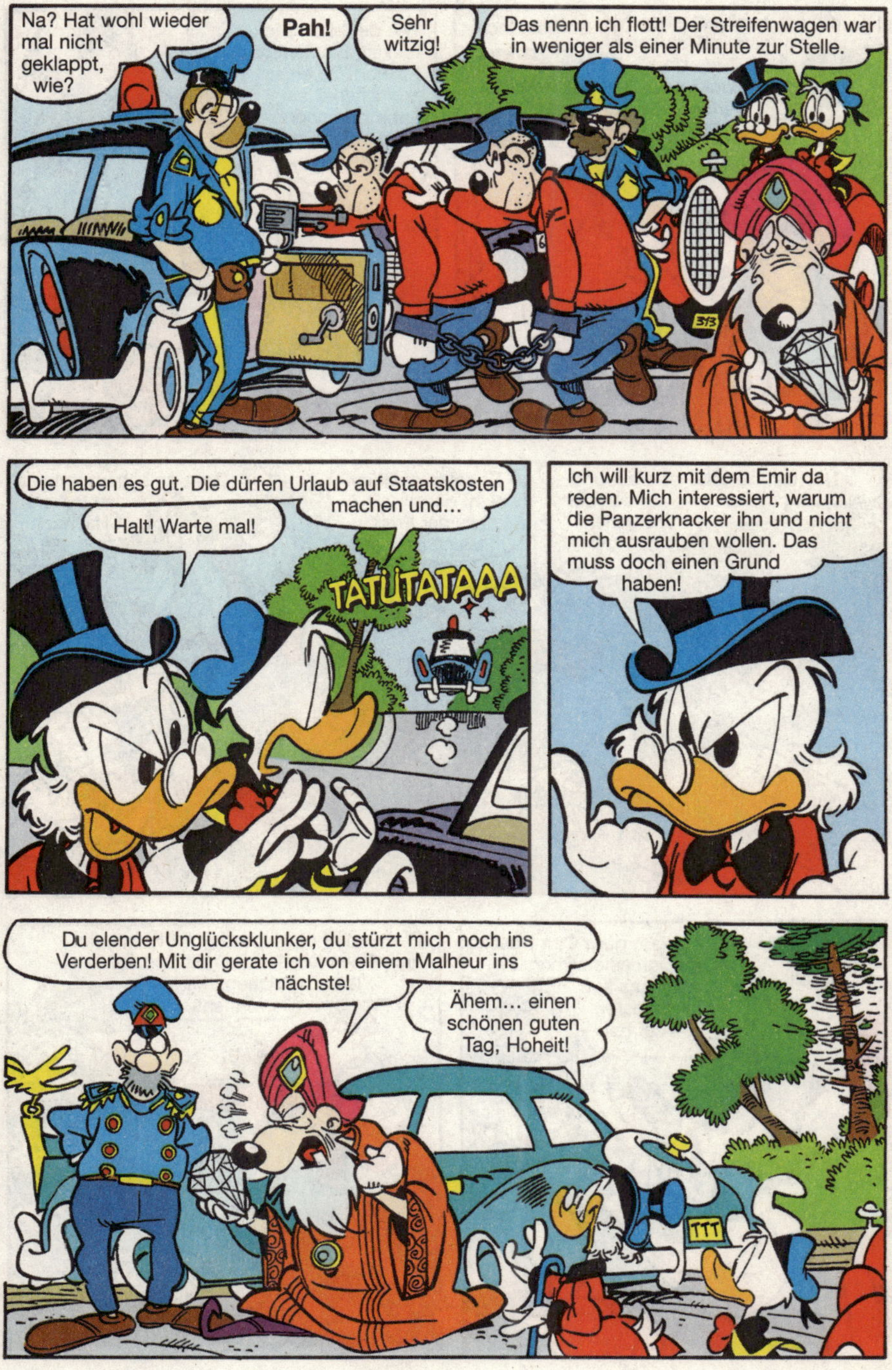
Na? Hat wohl wieder mal nicht geklappt, wie?
Pah!
Sehr witzig!
Das nenn ich flott! Der Streifenwagen war in weniger als einer Minute zur Stelle.
Die haben es gut. Die dürfen Urlaub auf Staatskosten machen und…
Halt! Warte mal!
TATÜTATAAA
Ich will kurz mit dem Emir da reden. Mich interessiert, warum die Panzerknacker ihn und nicht mich ausrauben wollen. Das muss doch einen Grund haben!
Du elender Unglücksklunker, du stürzt mich noch ins Verderben! Mit dir gerate ich von einem Malheur ins nächste!
Ähem… einen schönen guten Tag, Hoheit!

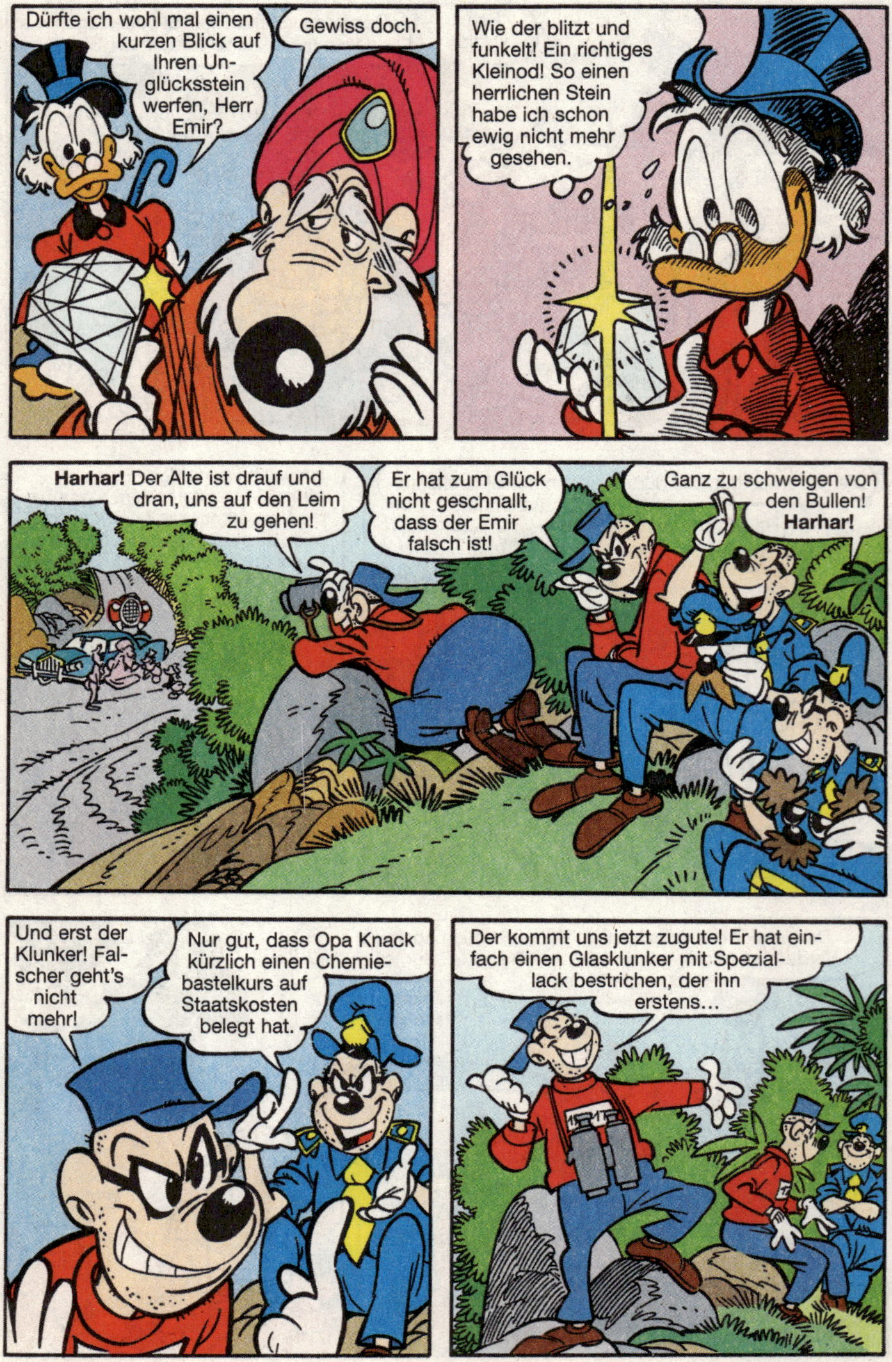
Dürfte ich wohl mal einen kurzen Blick auf Ihren Unglücksstein werfen, Herr Emir?
Gewiss doch.
Wie der blitzt und funkelt! Ein richtiges Kleinod! So einen herrlichen Stein habe ich schon ewig nicht mehr gesehen.
Harhar! Der Alte ist drauf und dran, uns auf den Leim zu gehen!
Er hat zum Glück nicht geschnallt, dass der Emir falsch ist!
Ganz zu schweigen von den Bullen! **Harhar!**
Und erst der Klunker! Falscher geht's nicht mehr!
Nur gut, dass Opa Knack kürzlich einen Chemiebastelkurs auf Staatskosten belegt hat.
Der kommt uns jetzt zugute! Er hat einfach einen Glasklunker mit Speziallack bestrichen, der ihn erstens…

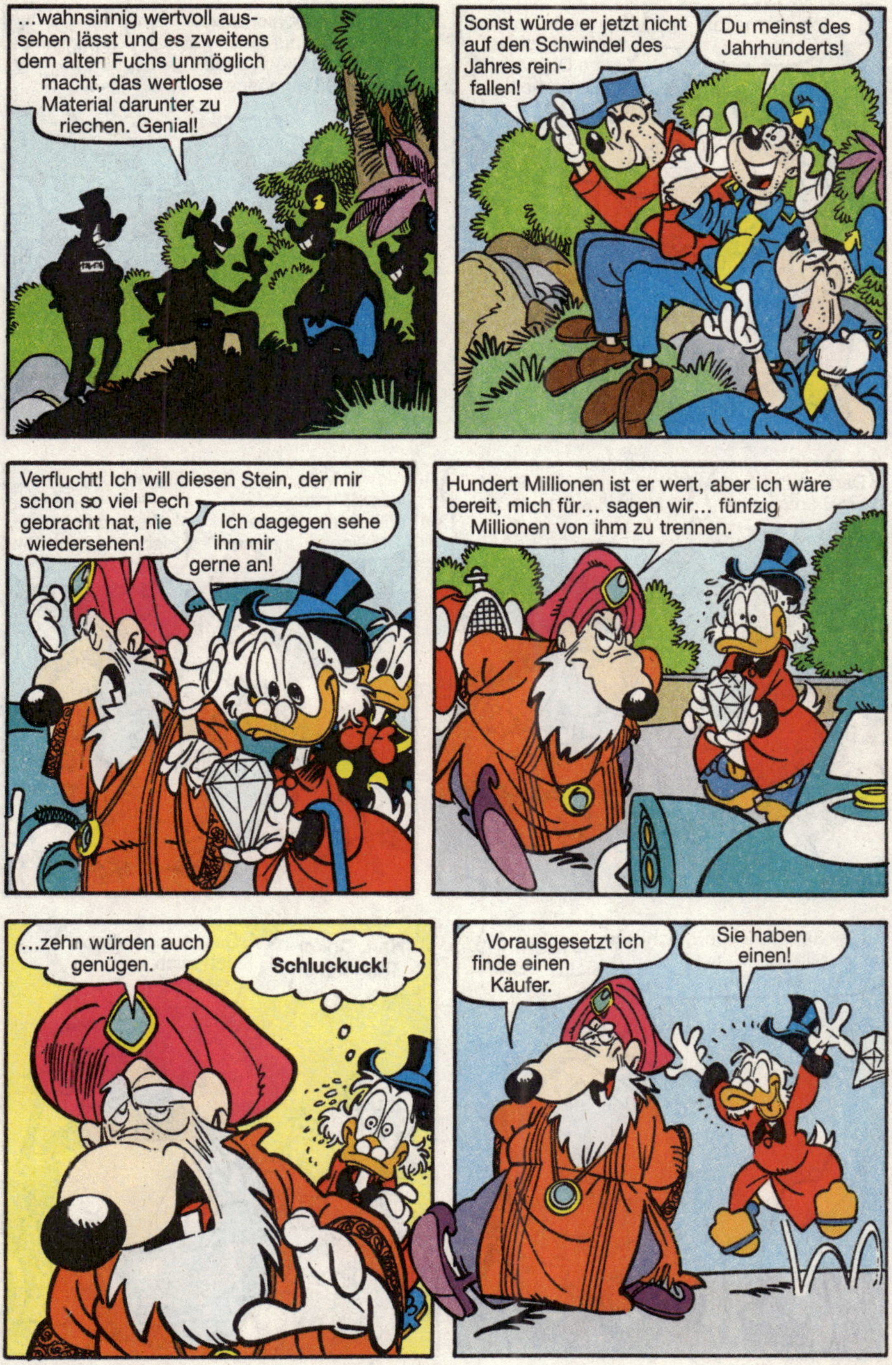
...wahnsinnig wertvoll aussehen lässt und es zweitens dem alten Fuchs unmöglich macht, das wertlose Material darunter zu riechen. Genial!
Sonst würde er jetzt nicht auf den Schwindel des Jahres reinfallen!
Du meinst des Jahrhunderts!
Verflucht! Ich will diesen Stein, der mir schon so viel Pech gebracht hat, nie wiedersehen!
Ich dagegen sehe ihn mir gerne an!
Hundert Millionen ist er wert, aber ich wäre bereit, mich für... sagen wir... fünfzig Millionen von ihm zu trennen.
...zehn würden auch genügen.
Schluckuck!
Vorausgesetzt ich finde einen Käufer.
Sie haben einen!

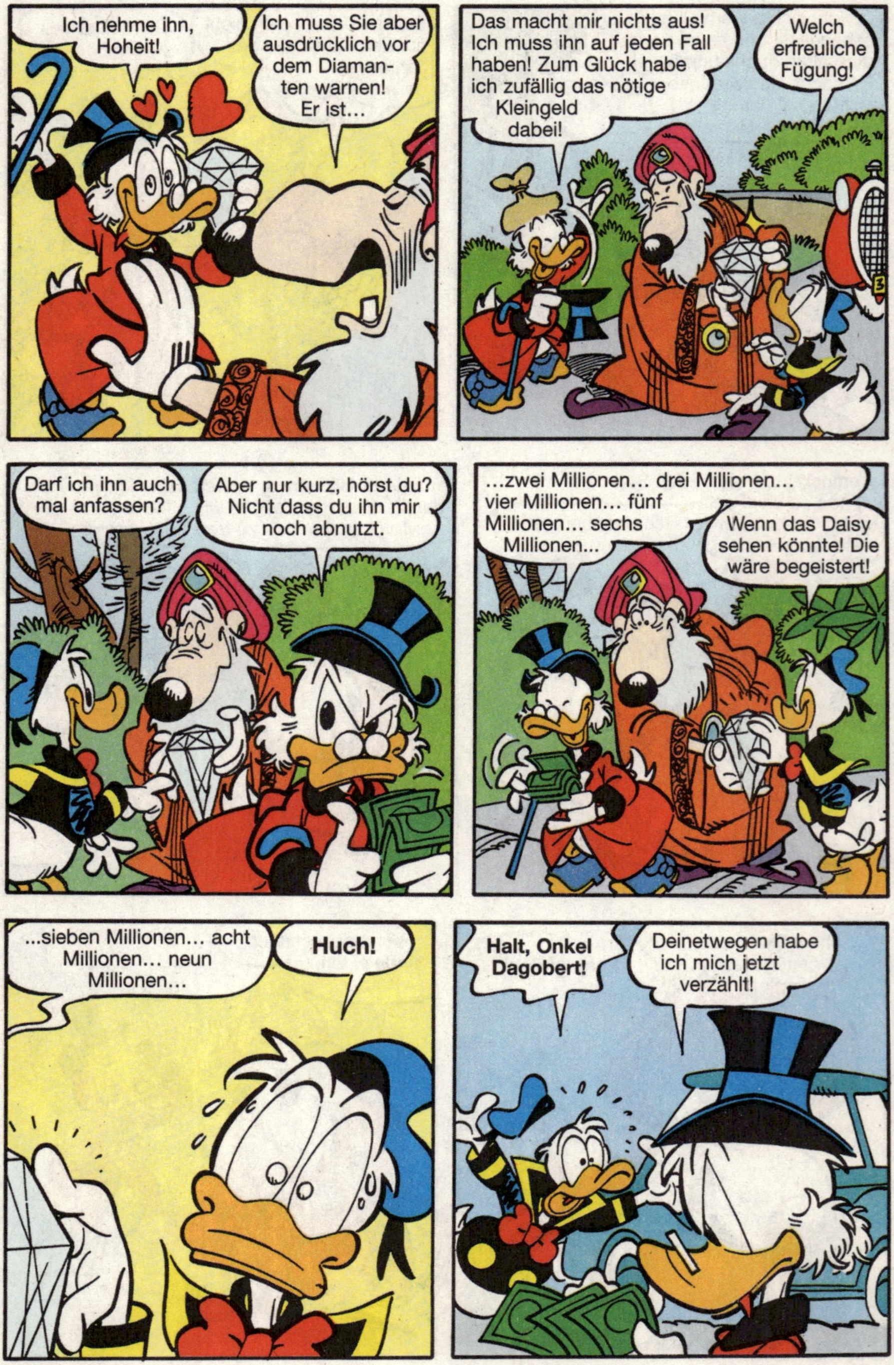
Ich nehme ihn, Hoheit!
Ich muss Sie aber ausdrücklich vor dem Diamanten warnen! Er ist…
Das macht mir nichts aus! Ich muss ihn auf jeden Fall haben! Zum Glück habe ich zufällig das nötige Kleingeld dabei!
Welch erfreuliche Fügung!
Darf ich ihn auch mal anfassen?
Aber nur kurz, hörst du? Nicht dass du ihn mir noch abnutzt.
…zwei Millionen… drei Millionen… vier Millionen… fünf Millionen… sechs Millionen...
Wenn das Daisy sehen könnte! Die wäre begeistert!
...sieben Millionen… acht Millionen… neun Millionen…
Huch!
Halt, Onkel Dagobert!
Deinetwegen habe ich mich jetzt verzählt!

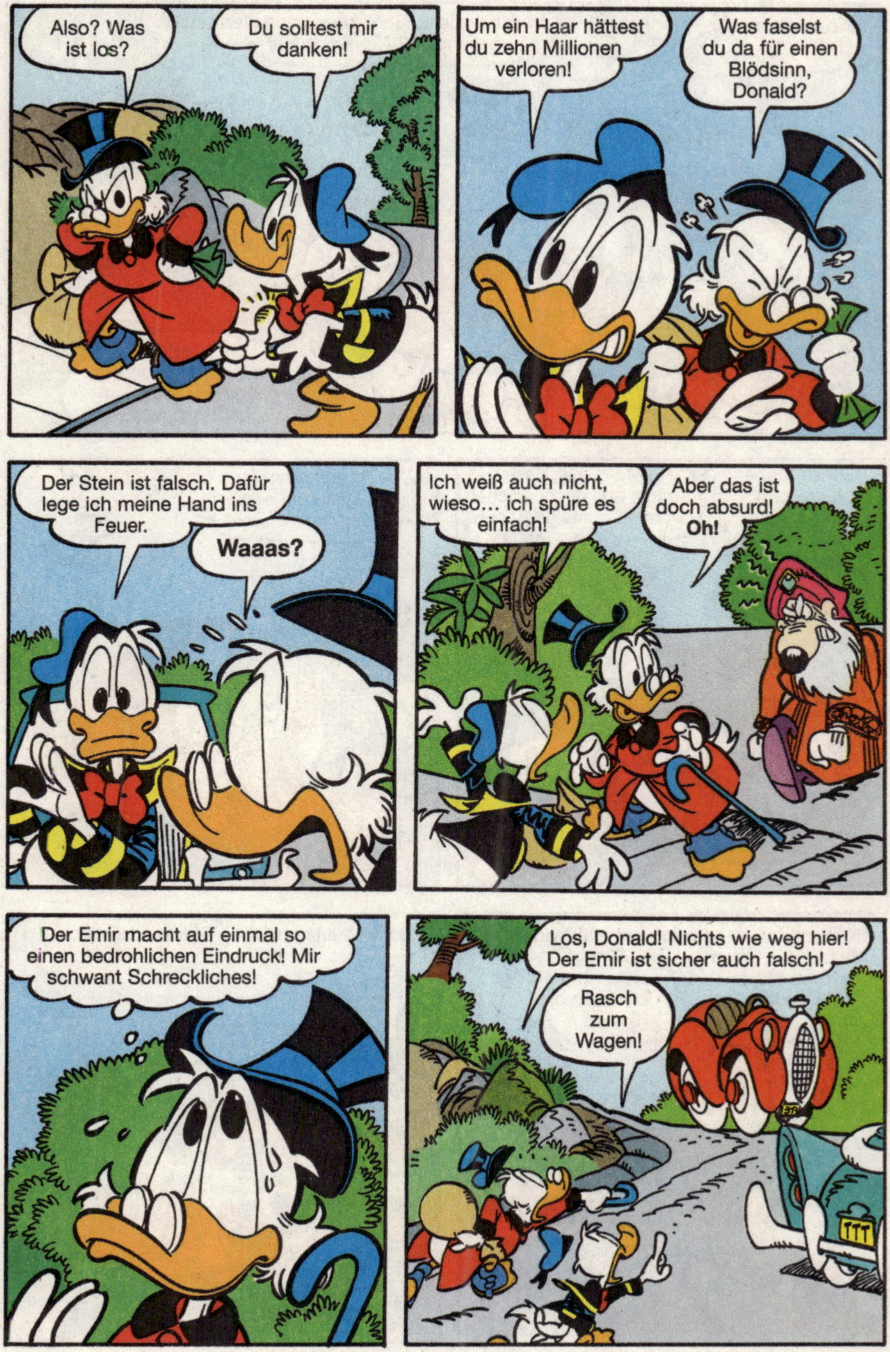
Also? Was ist los?
Du solltest mir danken!
Um ein Haar hättest du zehn Millionen verloren!
Was faselst du da für einen Blödsinn, Donald?
Der Stein ist falsch. Dafür lege ich meine Hand ins Feuer.
Waaas?
Ich weiß auch nicht, wieso… ich spüre es einfach!
Aber das ist doch absurd! Oh!
Der Emir macht auf einmal so einen bedrohlichen Eindruck! Mir schwant Schreckliches!
Los, Donald! Nichts wie weg hier! Der Emir ist sicher auch falsch!
Rasch zum Wagen!

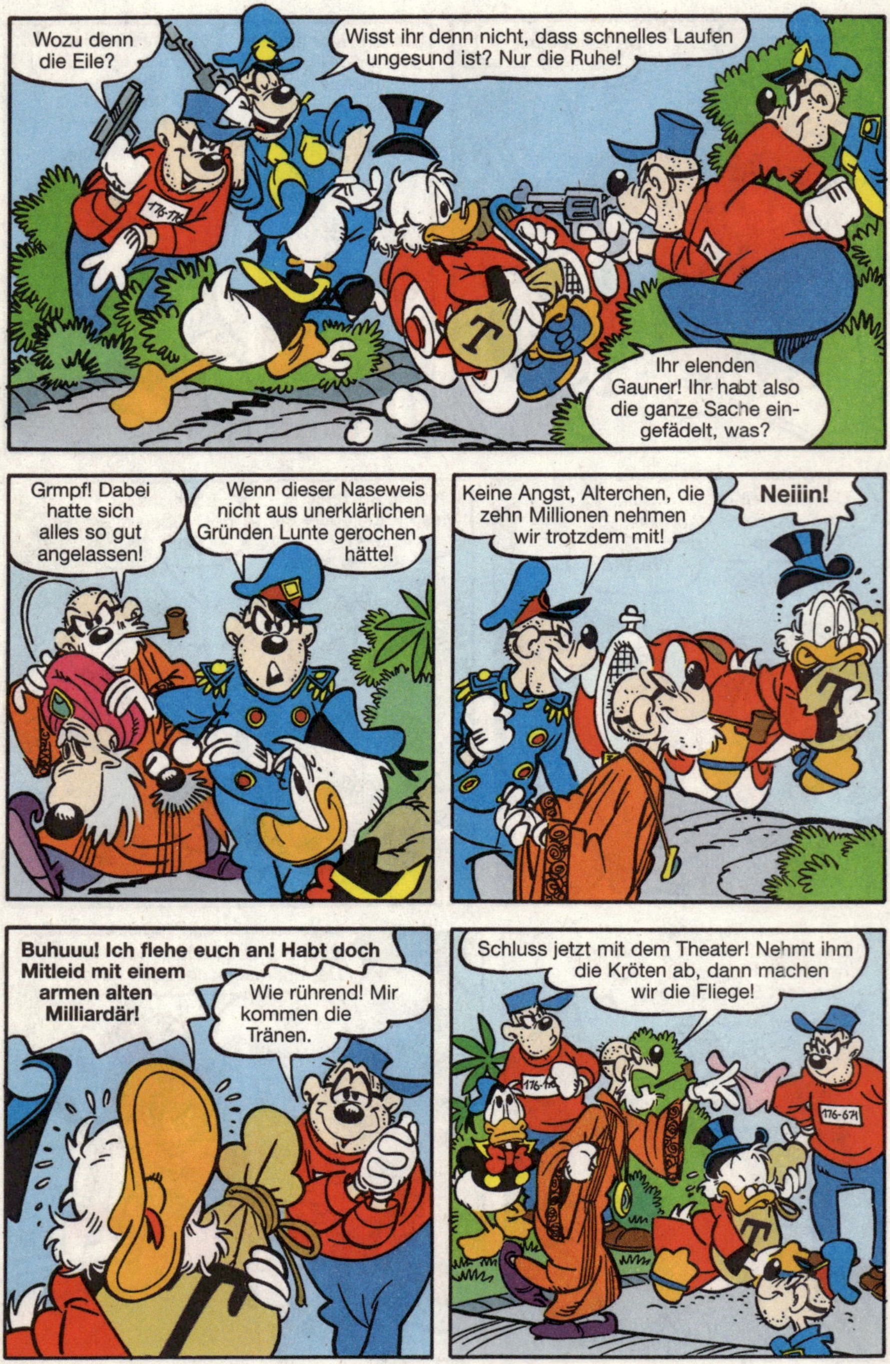

Wozu denn die Eile?
Wisst ihr denn nicht, dass schnelles Laufen ungesund ist? Nur die Ruhe!
Ihr elenden Gauner! Ihr habt also die ganze Sache eingefädelt, was?
Grmpf! Dabei hatte sich alles so gut angelassen!
Wenn dieser Naseweis nicht aus unerklärlichen Gründen Lunte gerochen hätte!
Keine Angst, Alterchen, die zehn Millionen nehmen wir trotzdem mit!
Neiiin!
Buhuuu! Ich flehe euch an! Habt doch Mitleid mit einem armen alten Milliardär!
Wie rührend! Mir kommen die Tränen.
Schluss jetzt mit dem Theater! Nehmt ihm die Kröten ab, dann machen wir die Fliege!

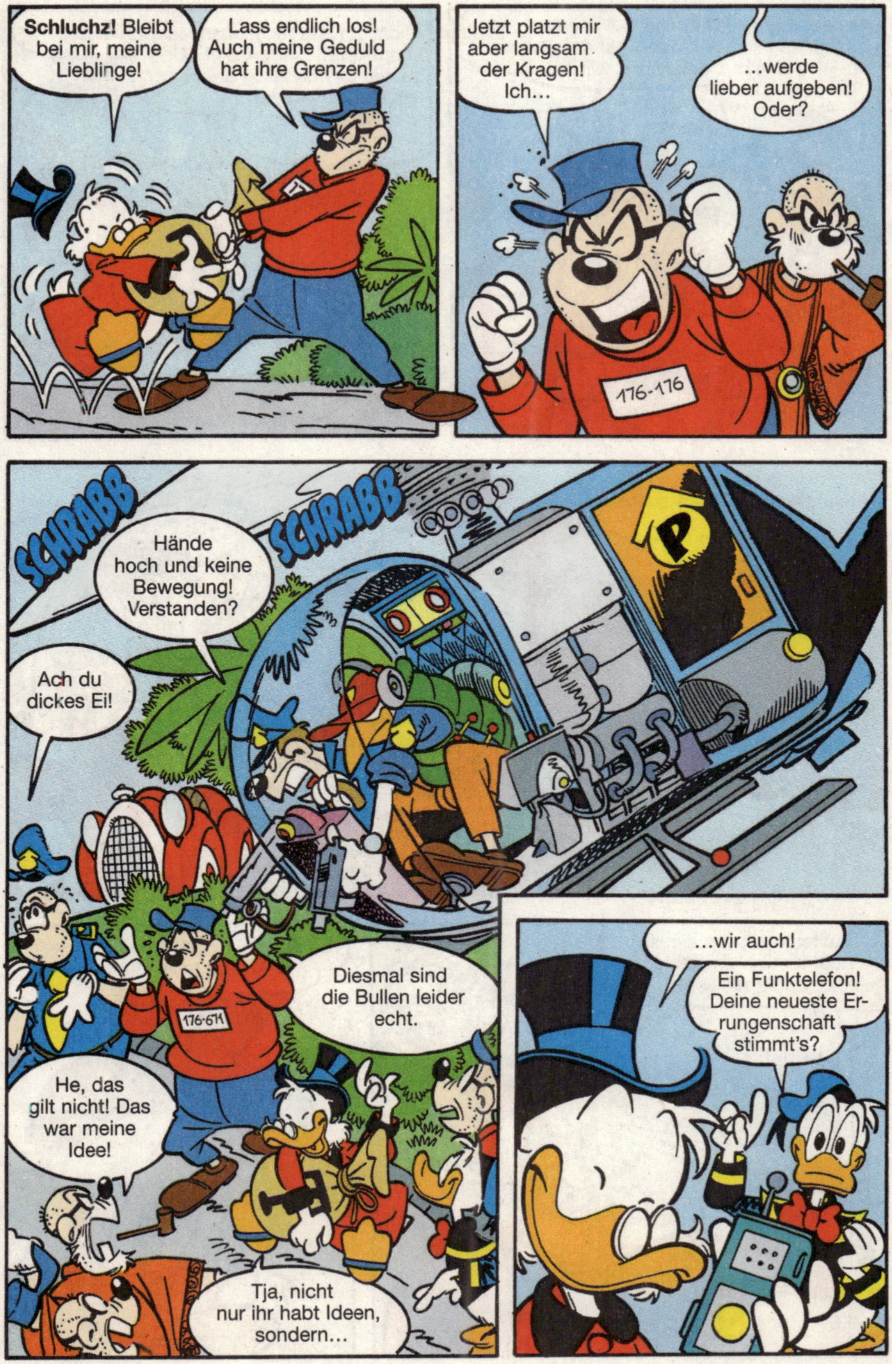

Schluchz! Bleibt bei mir, meine Lieblinge!
Lass endlich los! Auch meine Geduld hat ihre Grenzen!
Jetzt platzt mir aber langsam der Kragen! Ich…
…werde lieber aufgeben! Oder?
176-176
SCHRABB
SCHRABB
Hände hoch und keine Bewegung! Verstanden?
Ach du dickes Ei!
176-671
Diesmal sind die Bullen leider echt.
He, das gilt nicht! Das war meine Idee!
Tja, nicht nur ihr habt Ideen, sondern…
…wir auch!
Ein Funktelefon! Deine neueste Errungenschaft stimmt's?

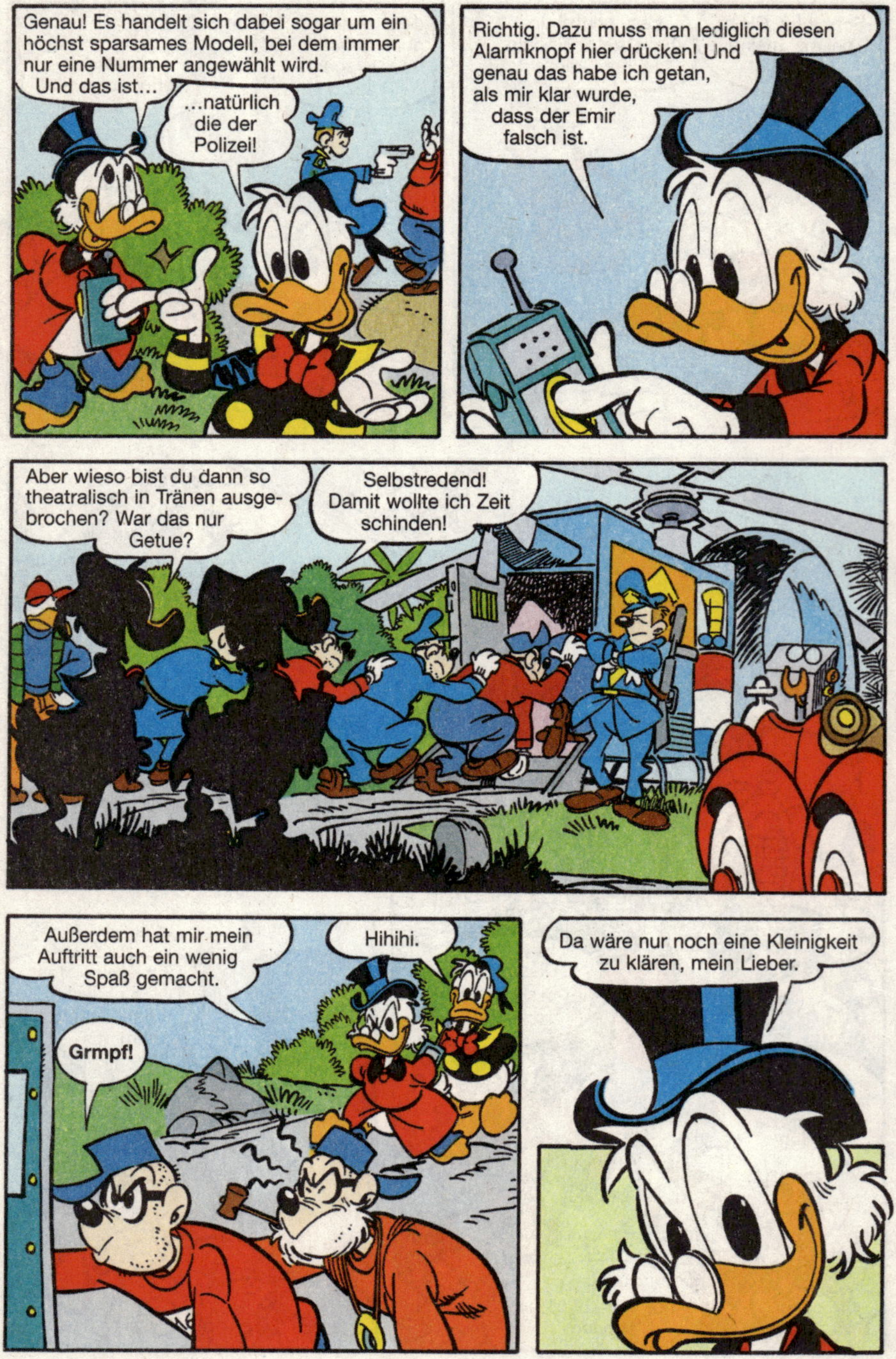
Genau! Es handelt sich dabei sogar um ein höchst sparsames Modell, bei dem immer nur eine Nummer angewählt wird. Und das ist…
…natürlich die der Polizei!
Richtig. Dazu muss man lediglich diesen Alarmknopf hier drücken! Und genau das habe ich getan, als mir klar wurde, dass der Emir falsch ist.
Aber wieso bist du dann so theatralisch in Tränen ausgebrochen? War das nur Getue?
Selbstredend! Damit wollte ich Zeit schinden!
Außerdem hat mir mein Auftritt auch ein wenig Spaß gemacht.
Hihihi.
Grmpf!
Da wäre nur noch eine Kleinigkeit zu klären, mein Lieber.

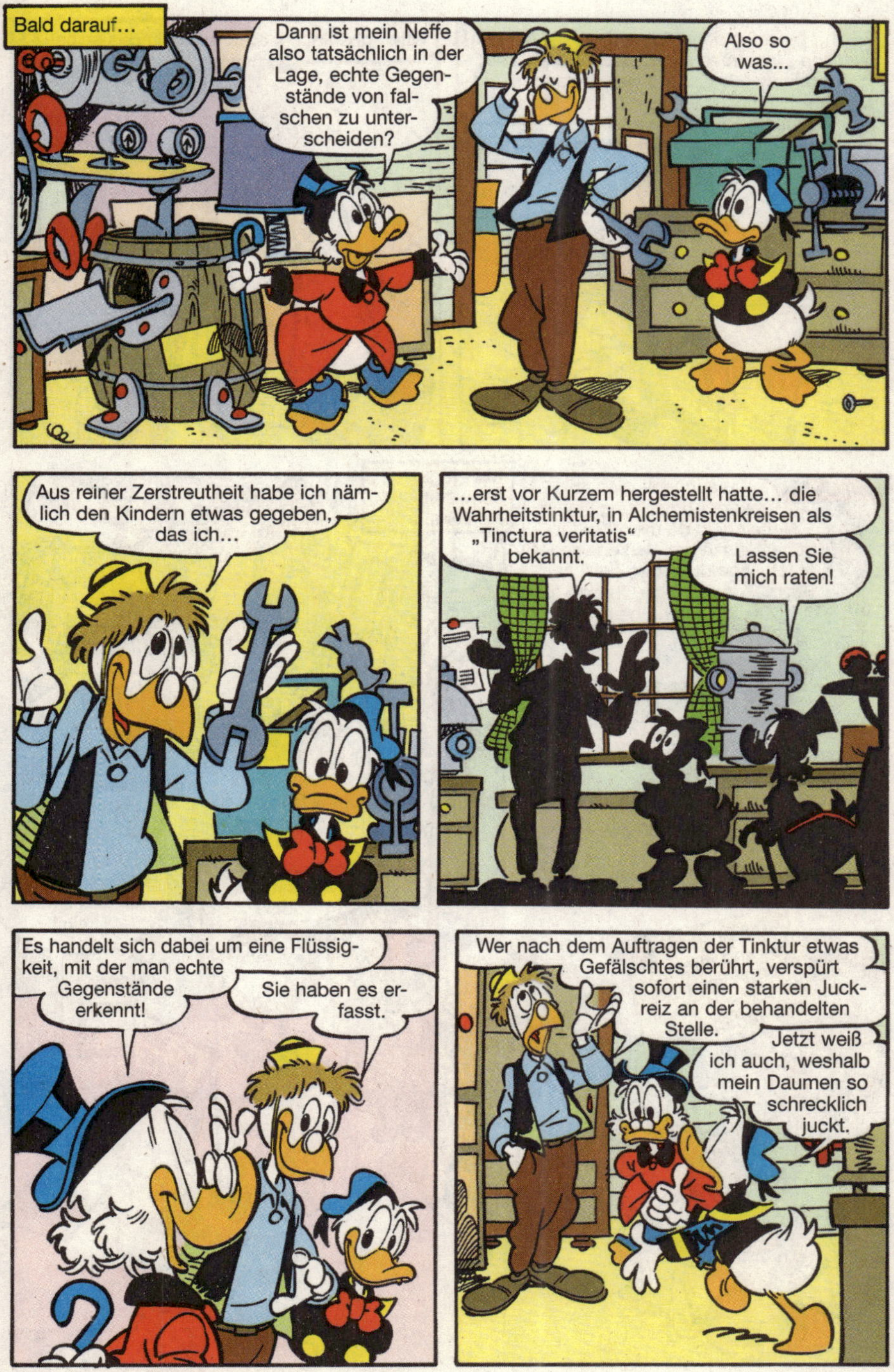
Bald darauf…
Dann ist mein Neffe also tatsächlich in der Lage, echte Gegenstände von falschen zu unterscheiden?
Also so was...
Aus reiner Zerstreutheit habe ich nämlich den Kindern etwas gegeben, das ich…
…erst vor Kurzem hergestellt hatte… die Wahrheitstinktur, in Alchemistenkreisen als „Tinctura veritatis“ bekannt.
Lassen Sie mich raten!
Es handelt sich dabei um eine Flüssigkeit, mit der man echte Gegenstände erkennt!
Sie haben es erfasst.
Wer nach dem Auftragen der Tinktur etwas Gefälschtes berührt, verspürt sofort einen starken Juckreiz an der behandelten Stelle.
Jetzt weiß ich auch, weshalb mein Daumen so schrecklich juckt.

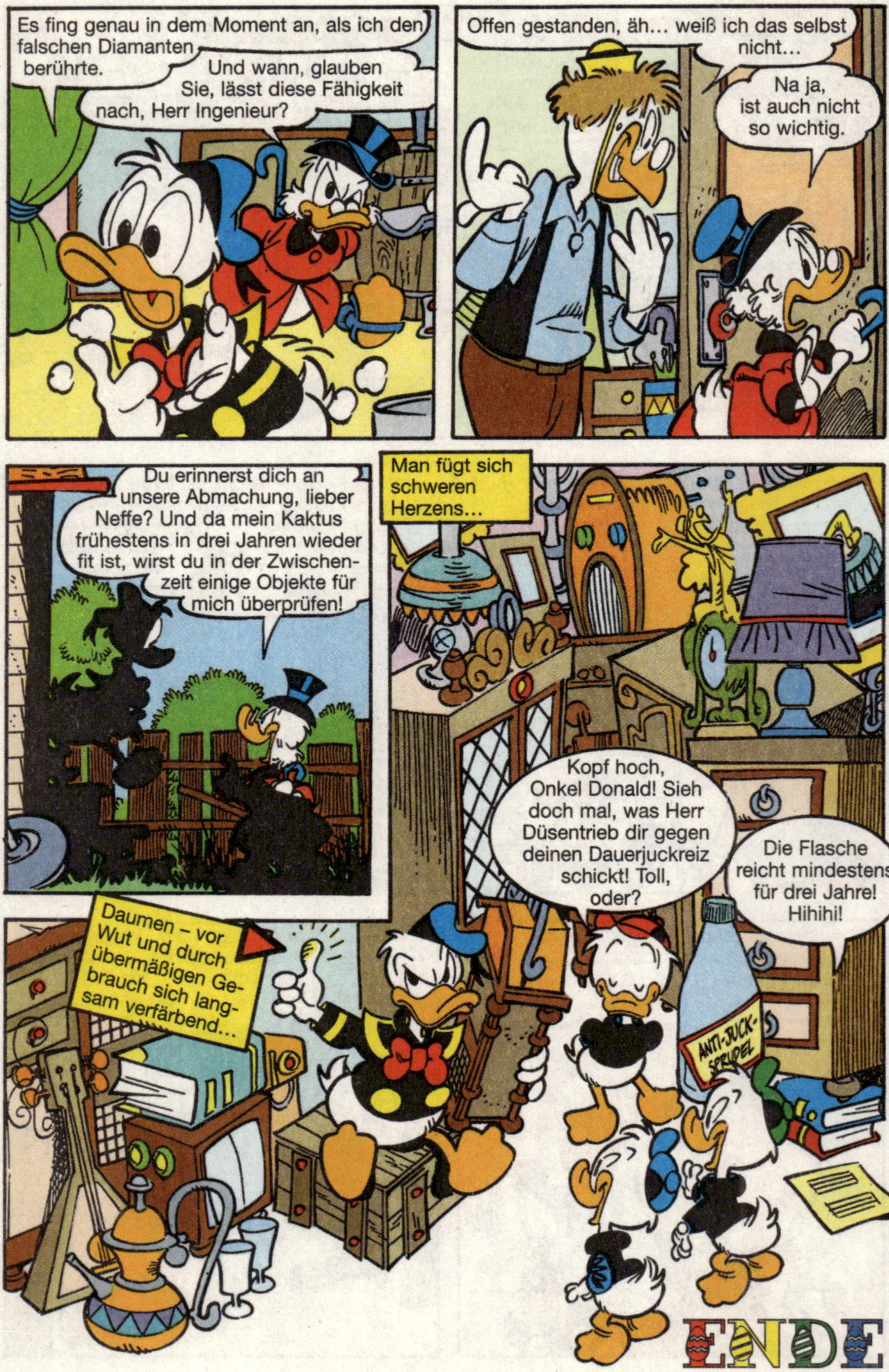
Es fing genau in dem Moment an, als ich den falschen Diamanten berührte.
Und wann, glauben Sie, lässt diese Fähigkeit nach, Herr Ingenieur?
Offen gestanden, äh… weiß ich das selbst nicht…
Na ja, ist auch nicht so wichtig.
Du erinnerst dich an unsere Abmachung, lieber Neffe? Und da mein Kaktus frühestens in drei Jahren wieder fit ist, wirst du in der Zwischenzeit einige Objekte für mich überprüfen!
Man fügt sich schweren Herzens…
Daumen – vor Wut und durch übermäßigen Gebrauch sich langsam verfärbend…
Kopf hoch, Onkel Donald! Sieh doch mal, was Herr Düsentrieb dir gegen deinen Dauerjuckreiz schickt! Toll, oder?
Die Flasche reicht mindestens für drei Jahre! Hihihi!
ANTI-JUCK-SPRUDEL
ENDE

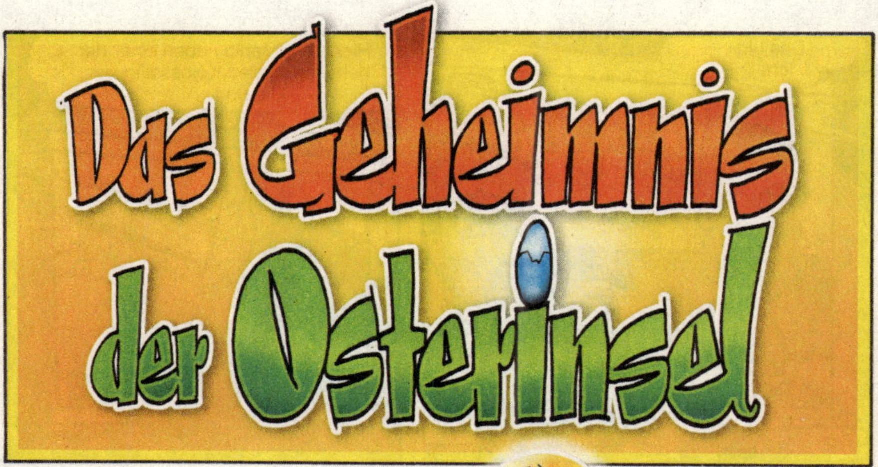

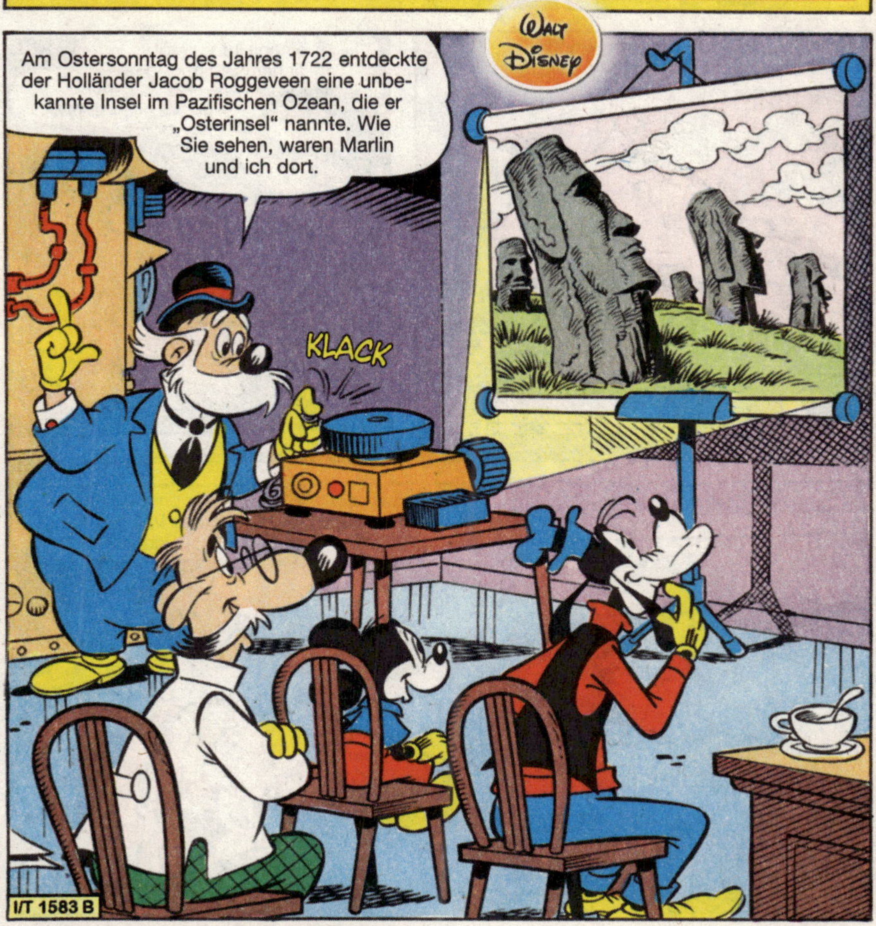

Bruno Concina (Story), **Sandro Dossi** (Zeichnungen)

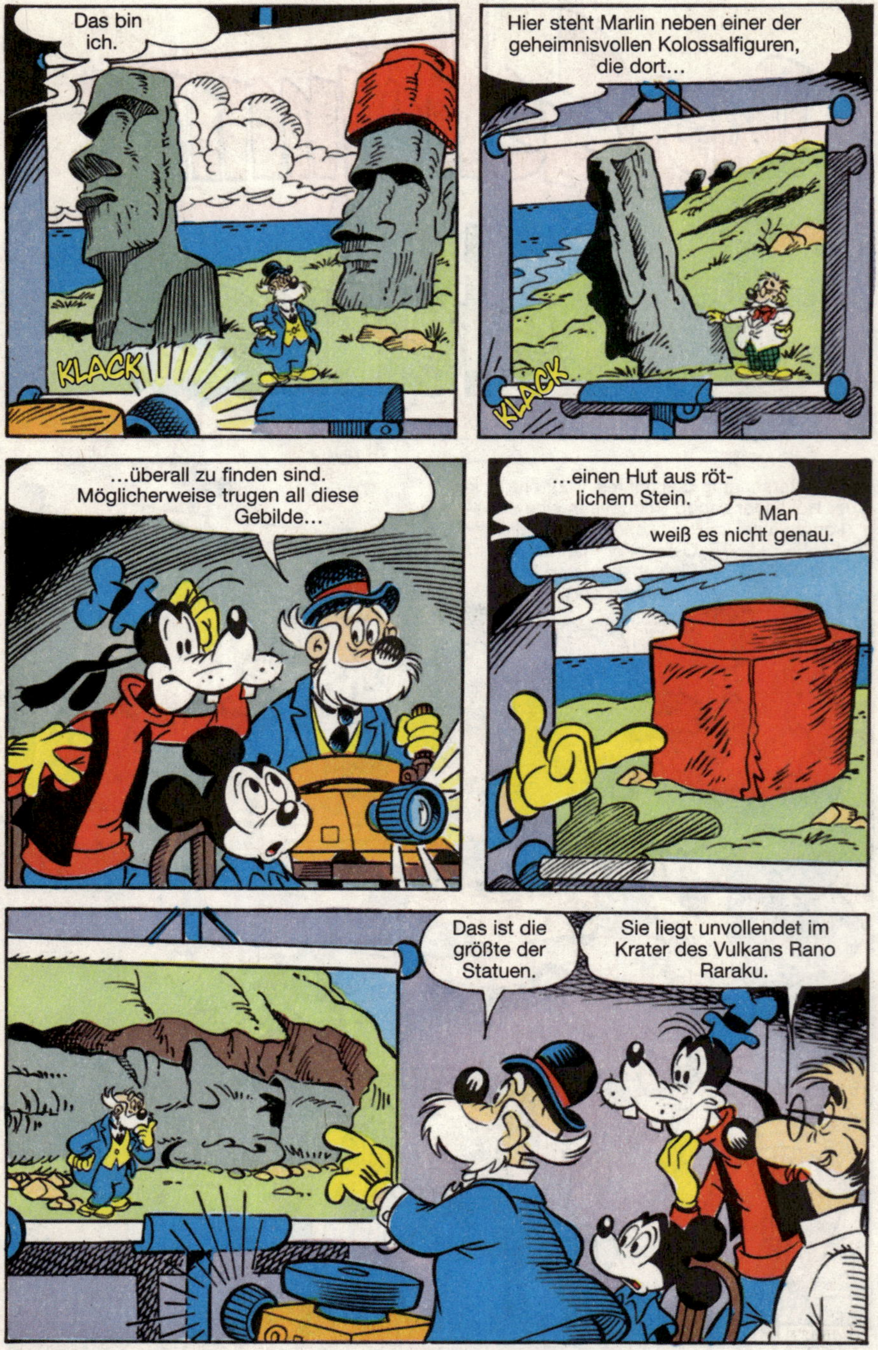
Das bin ich.
KLACK
Hier steht Marlin neben einer der geheimnisvollen Kolossalfiguren, die dort...
KLACK
...überall zu finden sind. Möglicherweise trugen all diese Gebilde...
...einen Hut aus rötlichem Stein.
Man weiß es nicht genau.
Das ist die größte der Statuen.
Sie liegt unvollendet im Krater des Vulkans Rano Raraku.

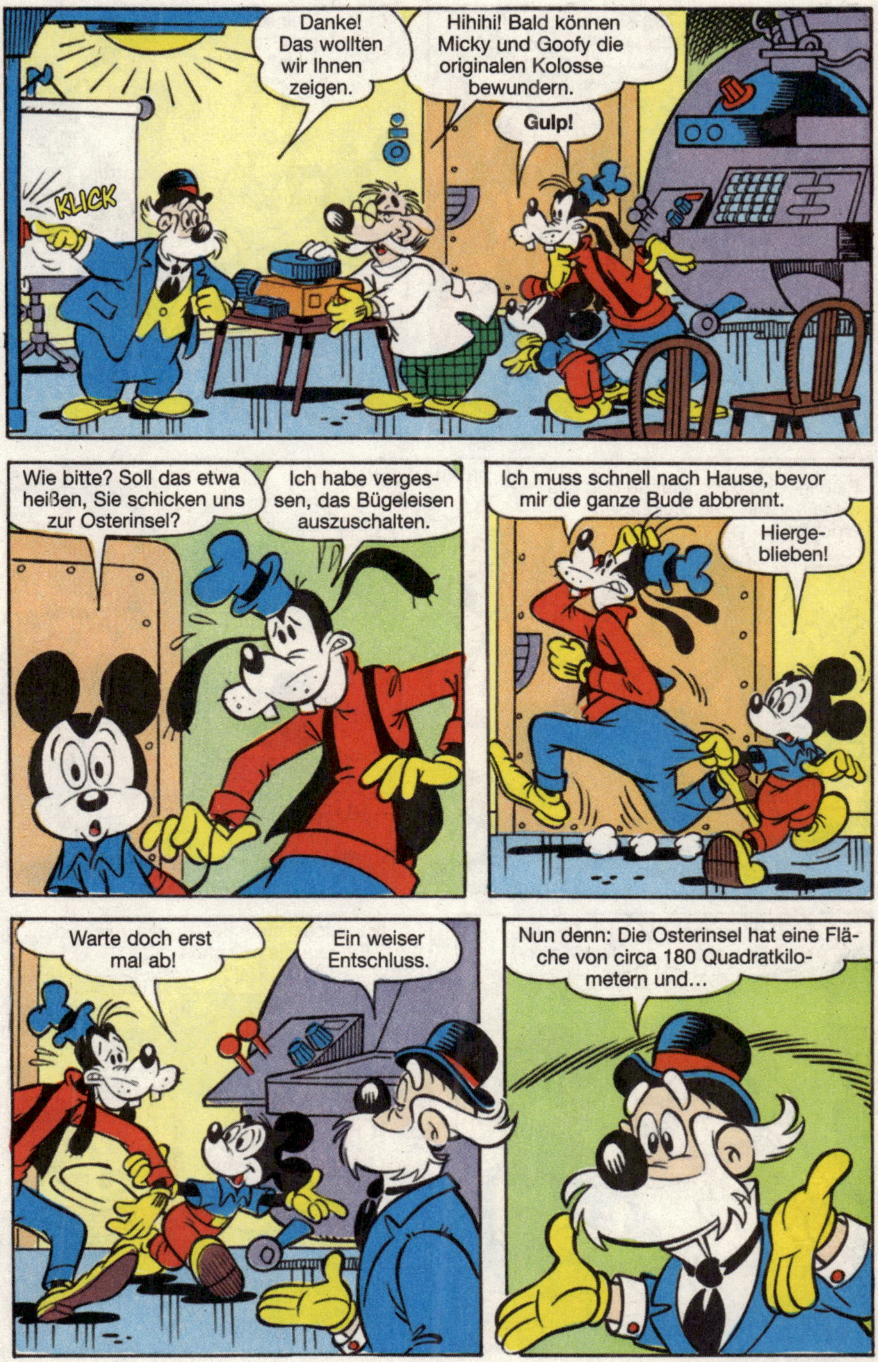
Danke! Das wollten wir Ihnen zeigen.
Hihihi! Bald können Micky und Goofy die originalen Kolosse bewundern.
Gulp!
KLICK
Wie bitte? Soll das etwa heißen, Sie schicken uns zur Osterinsel?
Ich habe vergessen, das Bügeleisen auszuschalten.
Ich muss schnell nach Hause, bevor mir die ganze Bude abbrennt.
Hiergeblieben!
Warte doch erst mal ab!
Ein weiser Entschluss.
Nun denn: Die Osterinsel hat eine Fläche von circa 180 Quadratkilometern und…

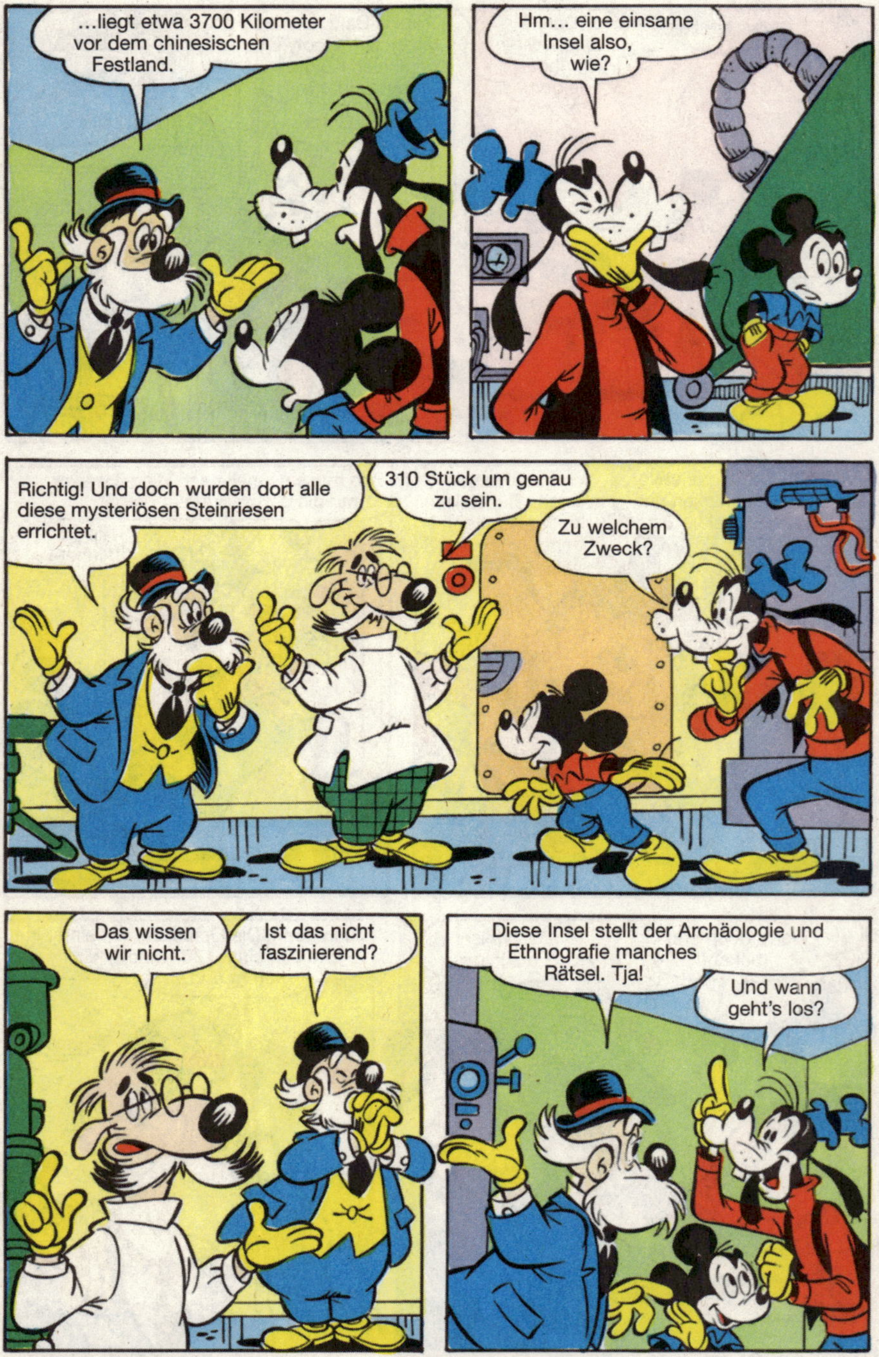
…liegt etwa 3700 Kilometer vor dem chinesischen Festland.
Hm… eine einsame Insel also, wie?
Richtig! Und doch wurden dort alle diese mysteriösen Steinriesen errichtet.
310 Stück um genau zu sein.
Zu welchem Zweck?
Das wissen wir nicht.
Ist das nicht faszinierend?
Diese Insel stellt der Archäologie und Ethnografie manches Rätsel. Tja!
Und wann geht's los?

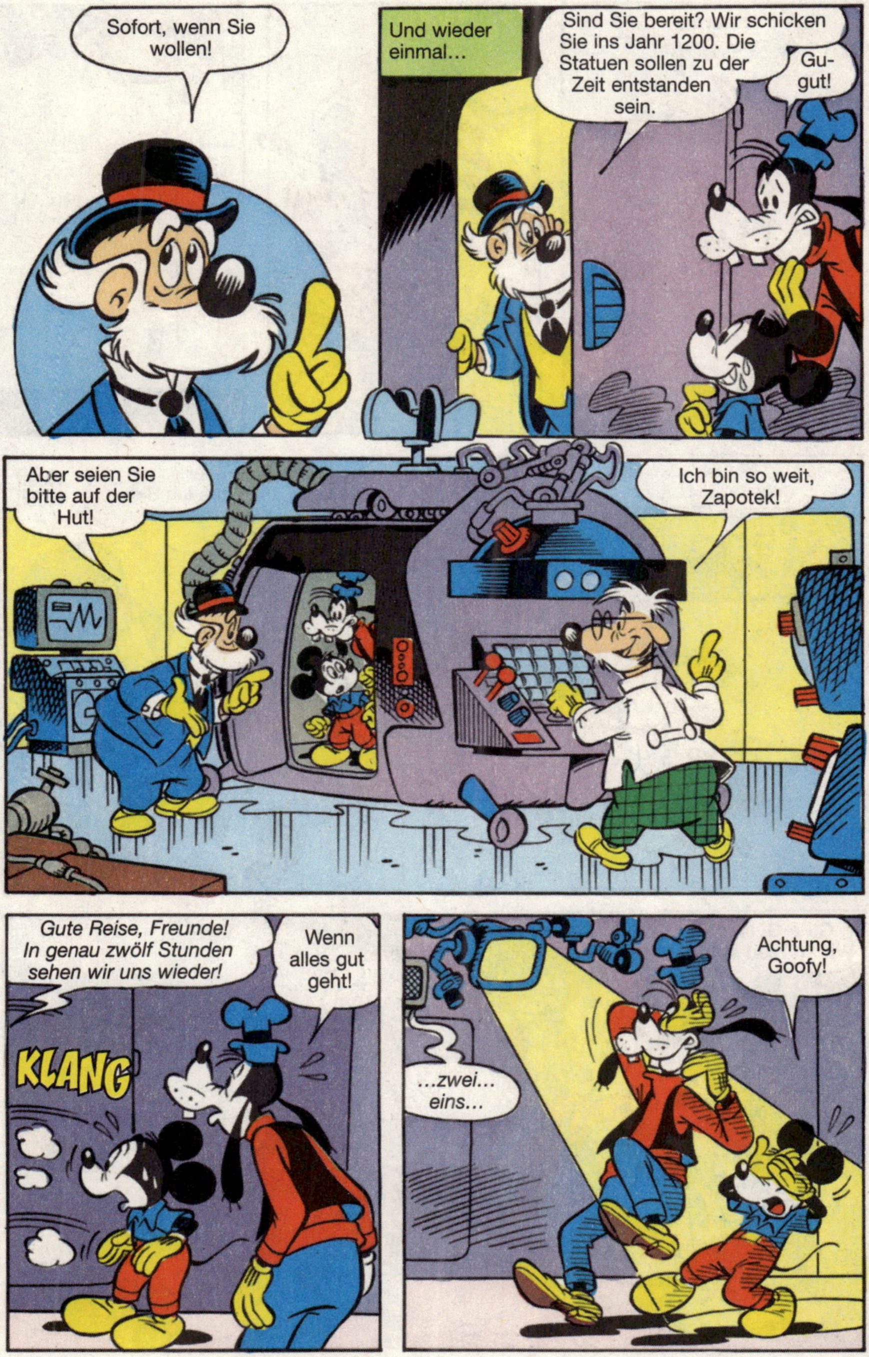
Sofort, wenn Sie wollen!
Und wieder einmal…
Sind Sie bereit? Wir schicken Sie ins Jahr 1200. Die Statuen sollen zu der Zeit entstanden sein.
Gu-gut!
Aber seien Sie bitte auf der Hut!
Ich bin so weit, Zapotek!
Gute Reise, Freunde! In genau zwölf Stunden sehen wir uns wieder!
Wenn alles gut geht!
KLANG
…zwei… eins…
Achtung, Goofy!

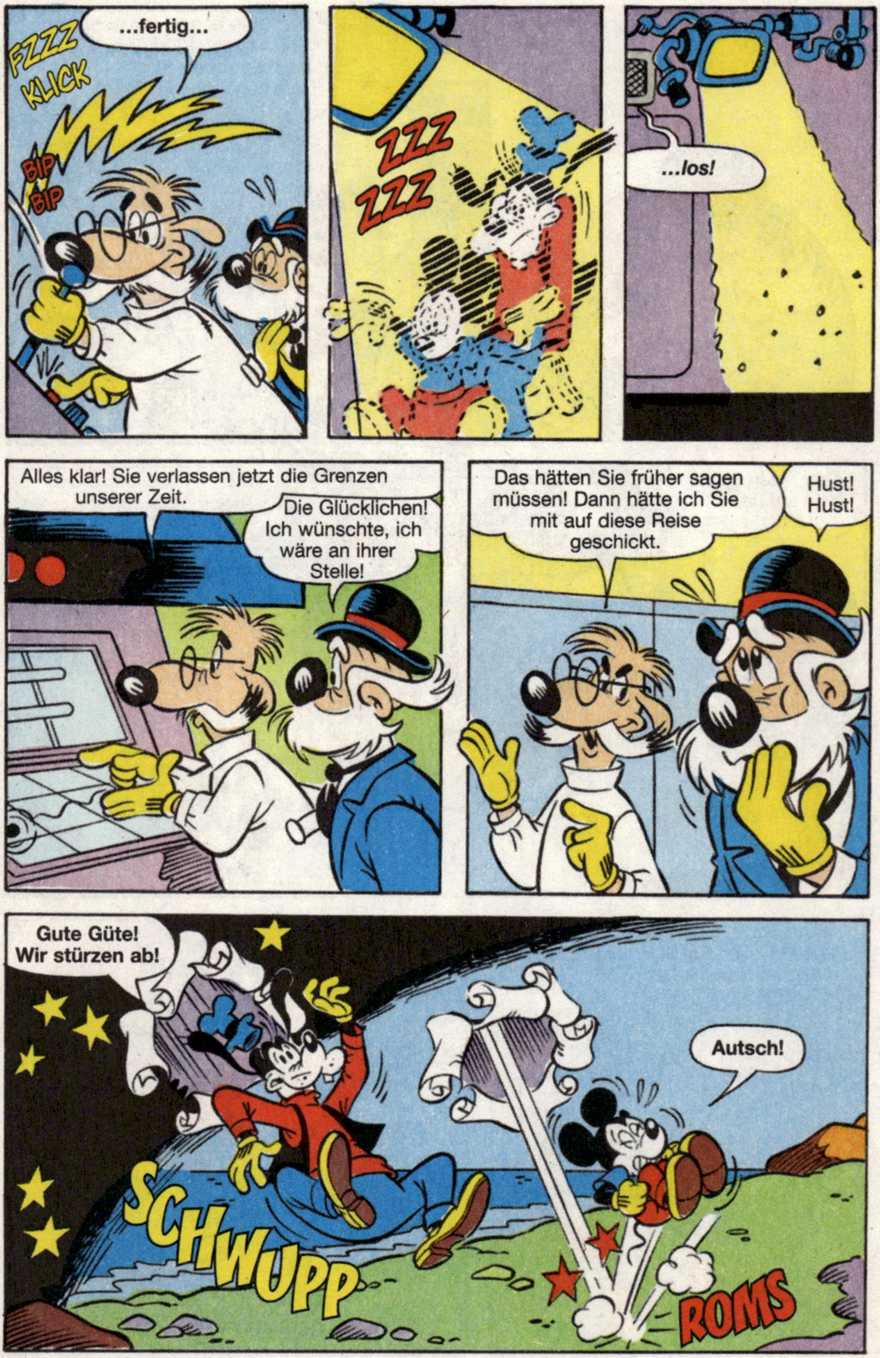
FZZZ
KLICK
...fertig...
BIP BIP
ZZZ ZZZ
...los!
Alles klar! Sie verlassen jetzt die Grenzen unserer Zeit.
Die Glücklichen! Ich wünschte, ich wäre an ihrer Stelle!
Das hätten Sie früher sagen müssen! Dann hätte ich Sie mit auf diese Reise geschickt.
Hust! Hust!
Gute Güte! Wir stürzen ab!
Autsch!
SCHWUPP
ROMS

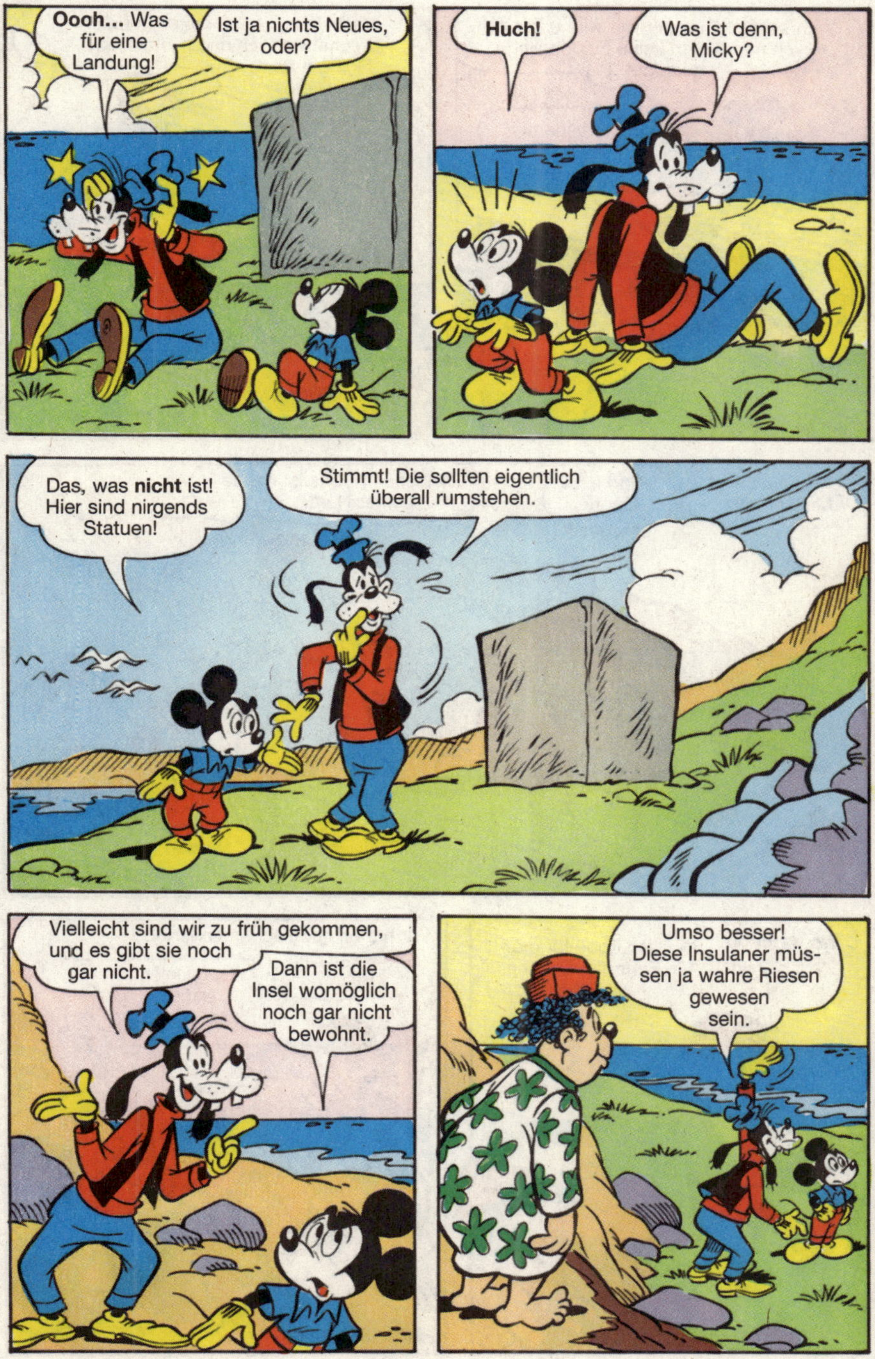
Oooh... Was für eine Landung!
Ist ja nichts Neues, oder?
Huch!
Was ist denn, Micky?
Das, was **nicht** ist! Hier sind nirgends Statuen!
Stimmt! Die sollten eigentlich überall rumstehen.
Vielleicht sind wir zu früh gekommen, und es gibt sie noch gar nicht.
Dann ist die Insel womöglich noch gar nicht bewohnt.
Umso besser! Diese Insulaner müs-sen ja wahre Riesen gewesen sein.

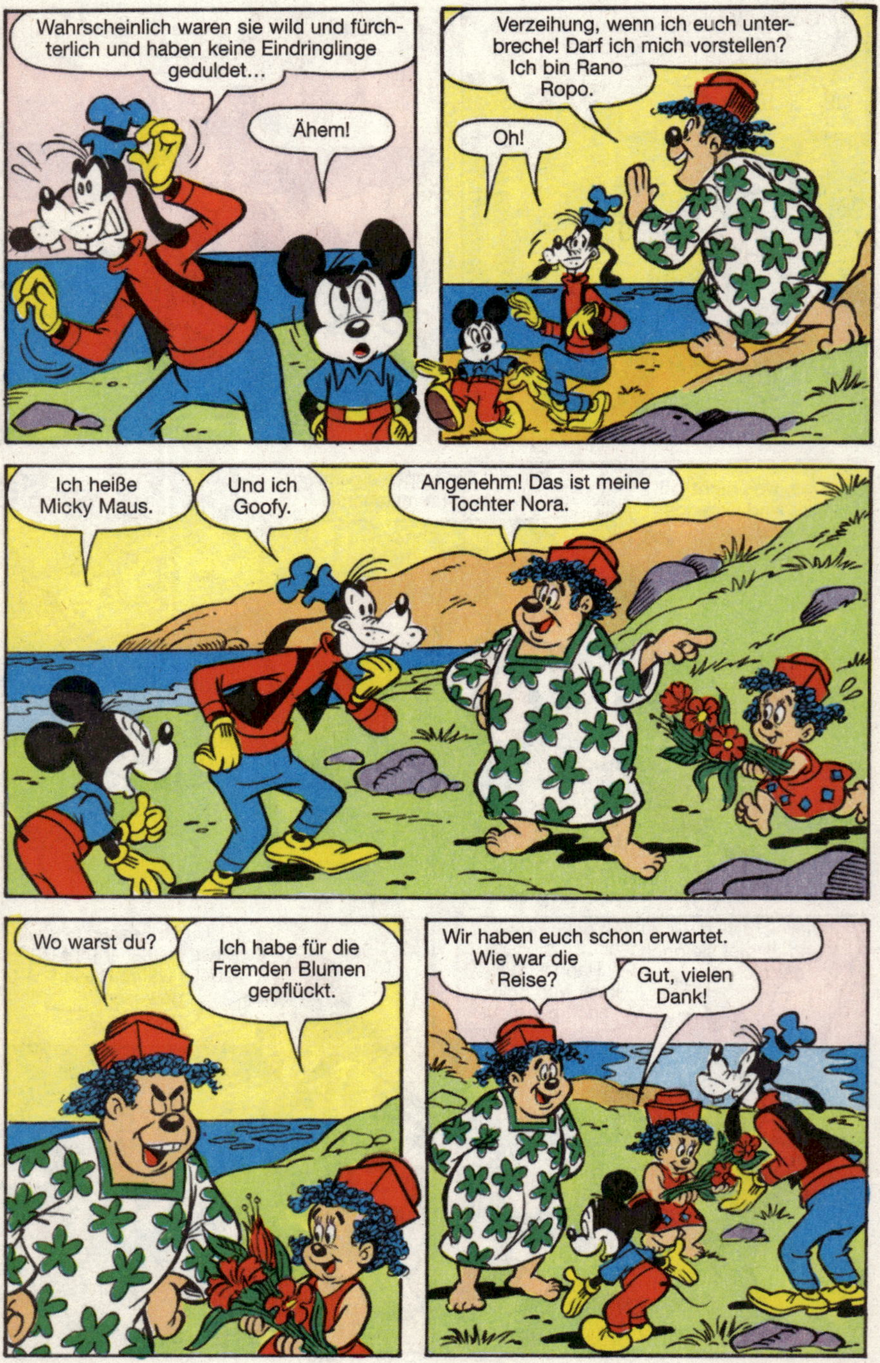
Wahrscheinlich waren sie wild und fürchterlich und haben keine Eindringlinge geduldet…
Ähem!
Verzeihung, wenn ich euch unterbreche! Darf ich mich vorstellen?
Ich bin Rano Ropo.
Oh!
Ich heiße Micky Maus.
Und ich Goofy.
Angenehm! Das ist meine Tochter Nora.
Wo warst du?
Ich habe für die Fremden Blumen gepflückt.
Wir haben euch schon erwartet.
Wie war die Reise?
Gut, vielen Dank!

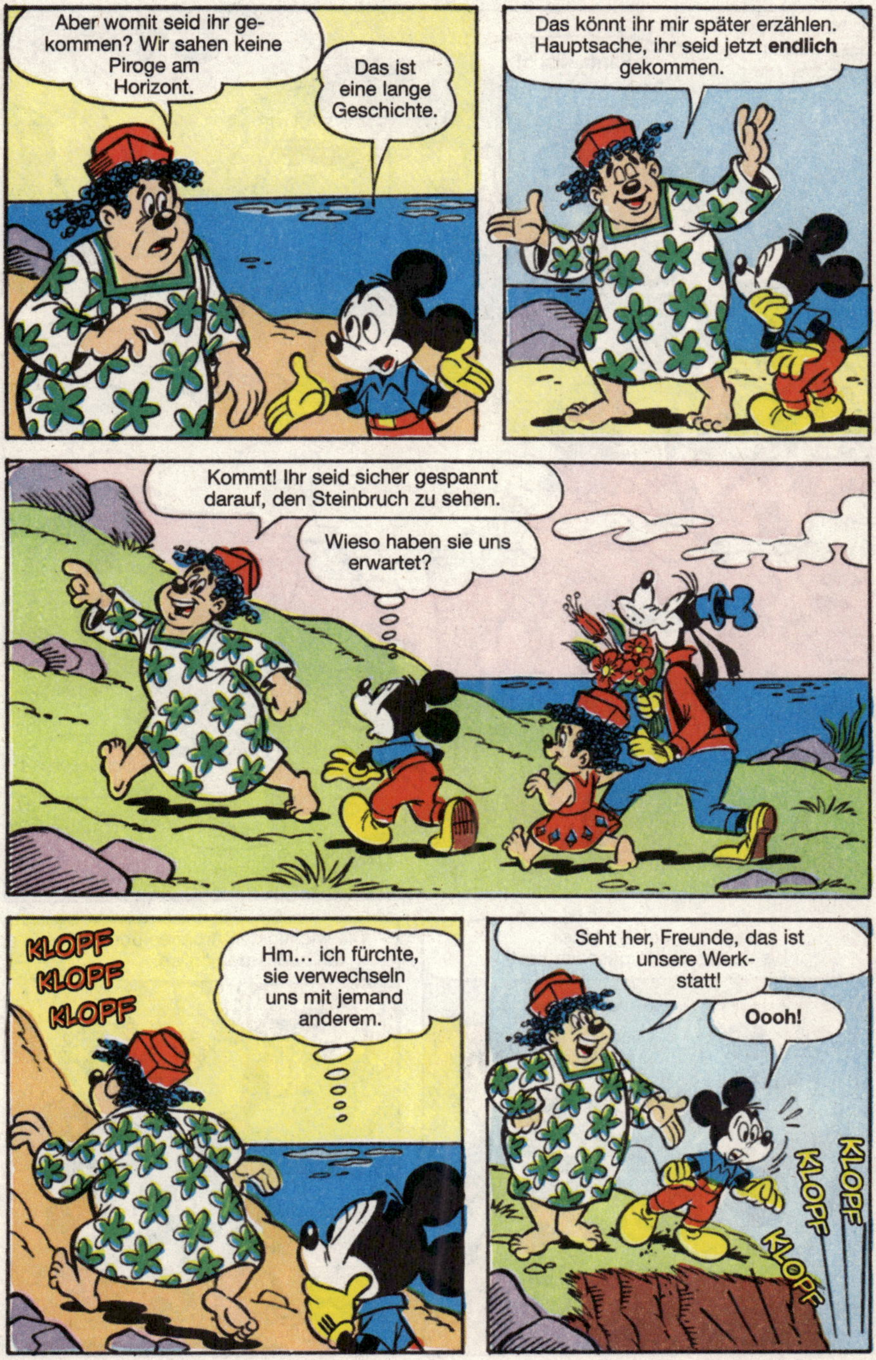
Aber womit seid ihr gekommen? Wir sahen keine Piroge am Horizont.
Das ist eine lange Geschichte.
Das könnt ihr mir später erzählen. Hauptsache, ihr seid jetzt **endlich** gekommen.
Kommt! Ihr seid sicher gespannt darauf, den Steinbruch zu sehen.
Wieso haben sie uns erwartet?
KLOPF KLOPF KLOPF
Hm… ich fürchte, sie verwechseln uns mit jemand anderem.
Seht her, Freunde, das ist unsere Werkstatt!
Oooh!
KLOPF KLOPF KLOPF

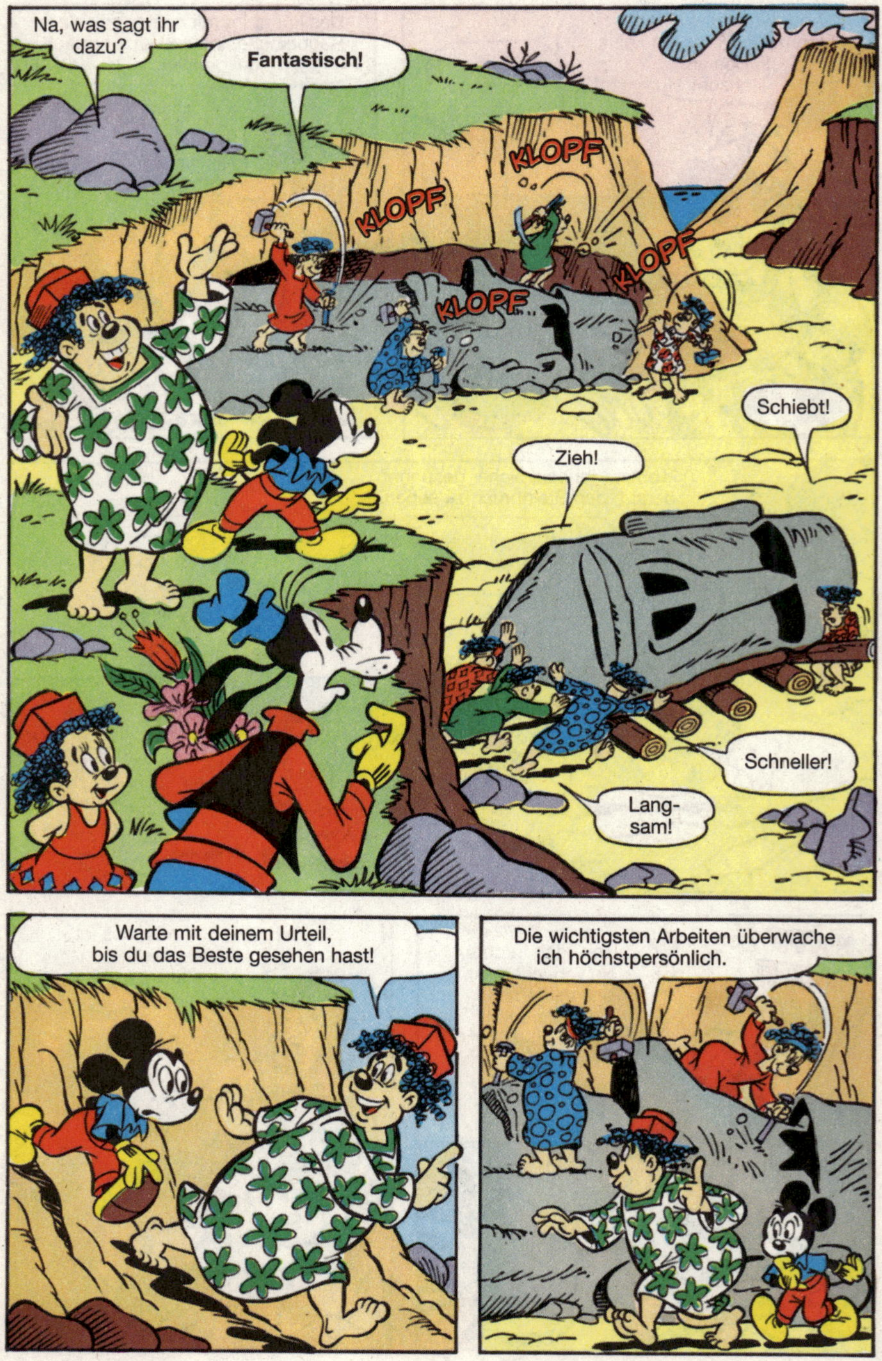
Na, was sagt ihr dazu?
Fantastisch!
KLOPF
KLOPF
KLOPF
KLOPF
Schiebt!
Zieh!
Schneller!
Lang-sam!
Warte mit deinem Urteil, bis du das Beste gesehen hast!
Die wichtigsten Arbeiten überwache ich höchstpersönlich.

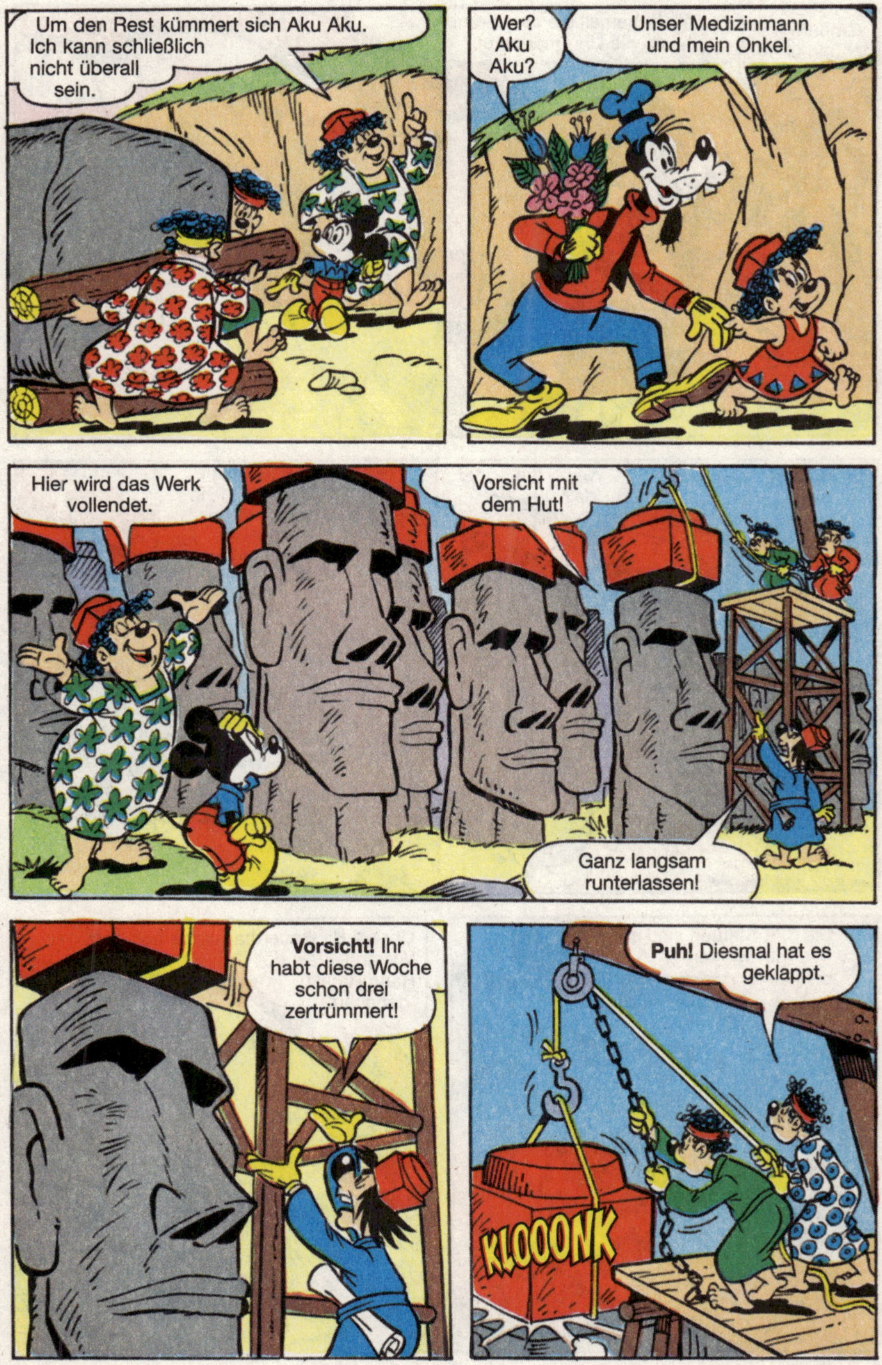
Um den Rest kümmert sich Aku Aku. Ich kann schließlich nicht überall sein.
Wer? Aku Aku?
Unser Medizinmann und mein Onkel.
Hier wird das Werk vollendet.
Vorsicht mit dem Hut!
Ganz langsam runterlassen!
Vorsicht! Ihr habt diese Woche schon drei zertrümmert!
Puh! Diesmal hat es geklappt.
KLOOONK

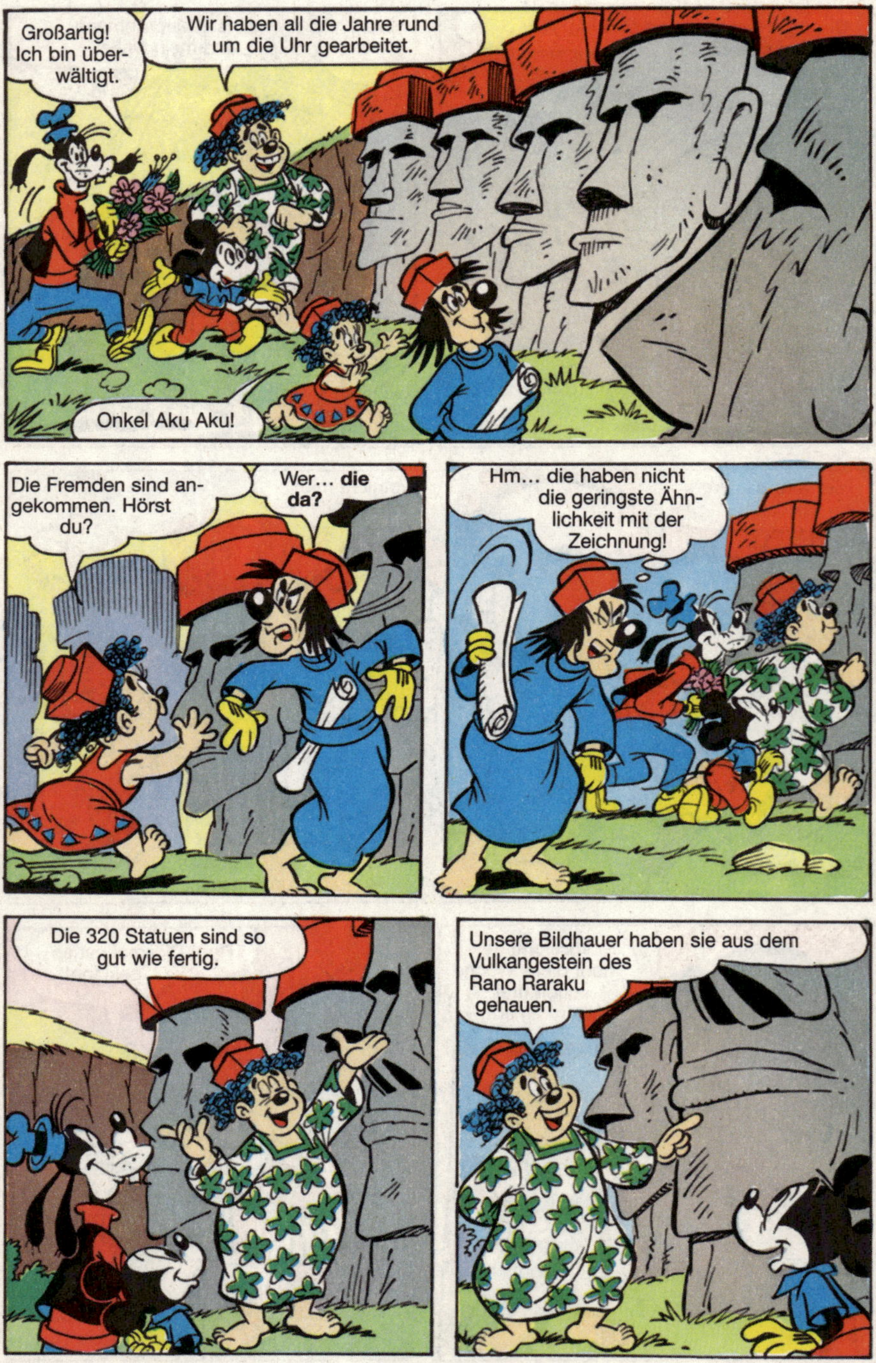
Großartig! Ich bin überwältigt.
Wir haben all die Jahre rund um die Uhr gearbeitet.
Onkel Aku Aku!
Die Fremden sind angekommen. Hörst du?
Wer… **die da?**
Hm… die haben nicht die geringste Ähnlichkeit mit der Zeichnung!
Die 320 Statuen sind so gut wie fertig.
Unsere Bildhauer haben sie aus dem Vulkangestein des Rano Raraku gehauen.

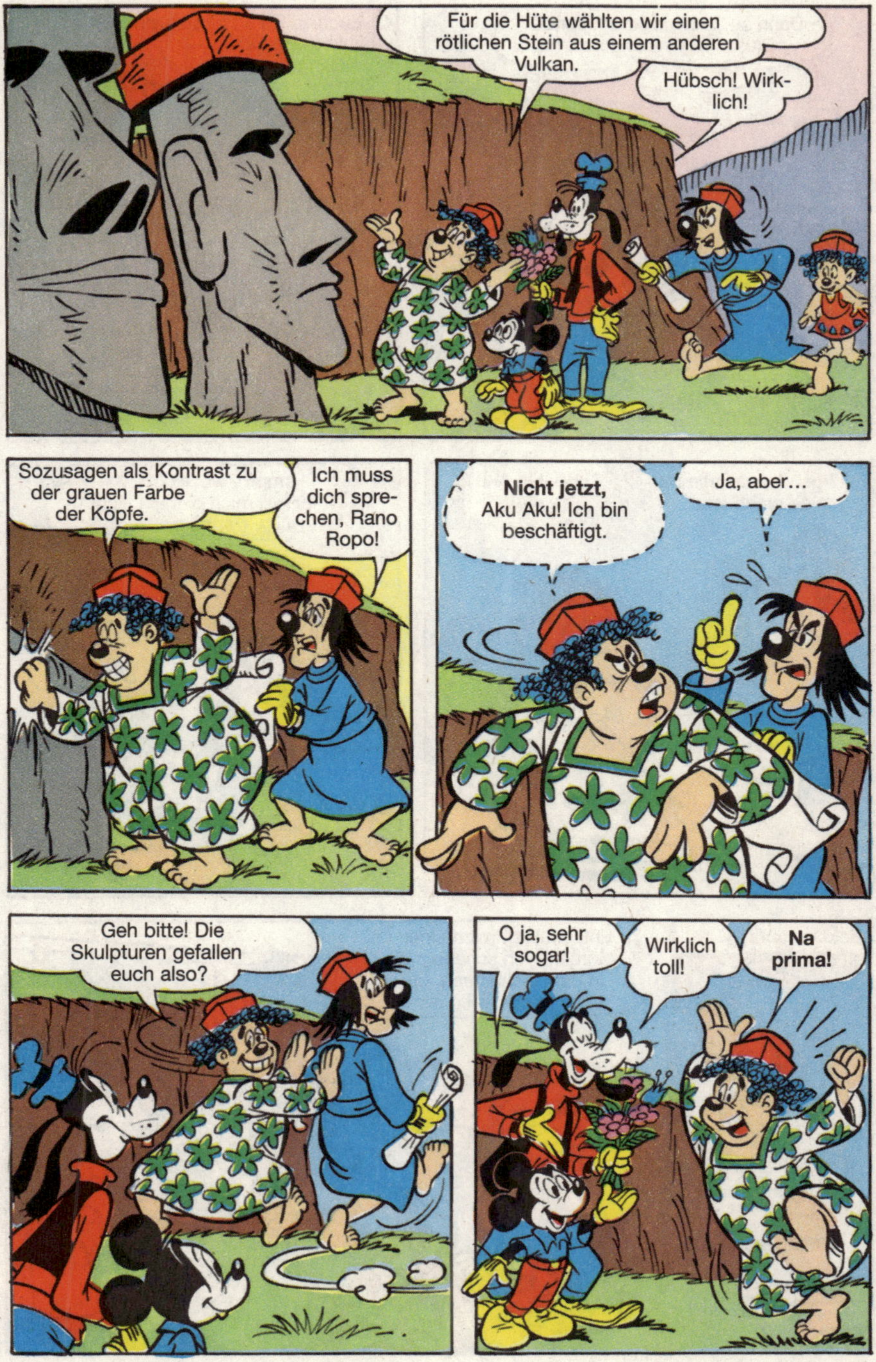
Für die Hüte wählten wir einen rötlichen Stein aus einem anderen Vulkan.
Hübsch! Wirklich!
Sozusagen als Kontrast zu der grauen Farbe der Köpfe.
Ich muss dich sprechen, Rano Ropo!
Nicht jetzt, Aku Aku! Ich bin beschäftigt.
Ja, aber…
Geh bitte! Die Skulpturen gefallen euch also?
O ja, sehr sogar!
Wirklich toll!
Na prima!

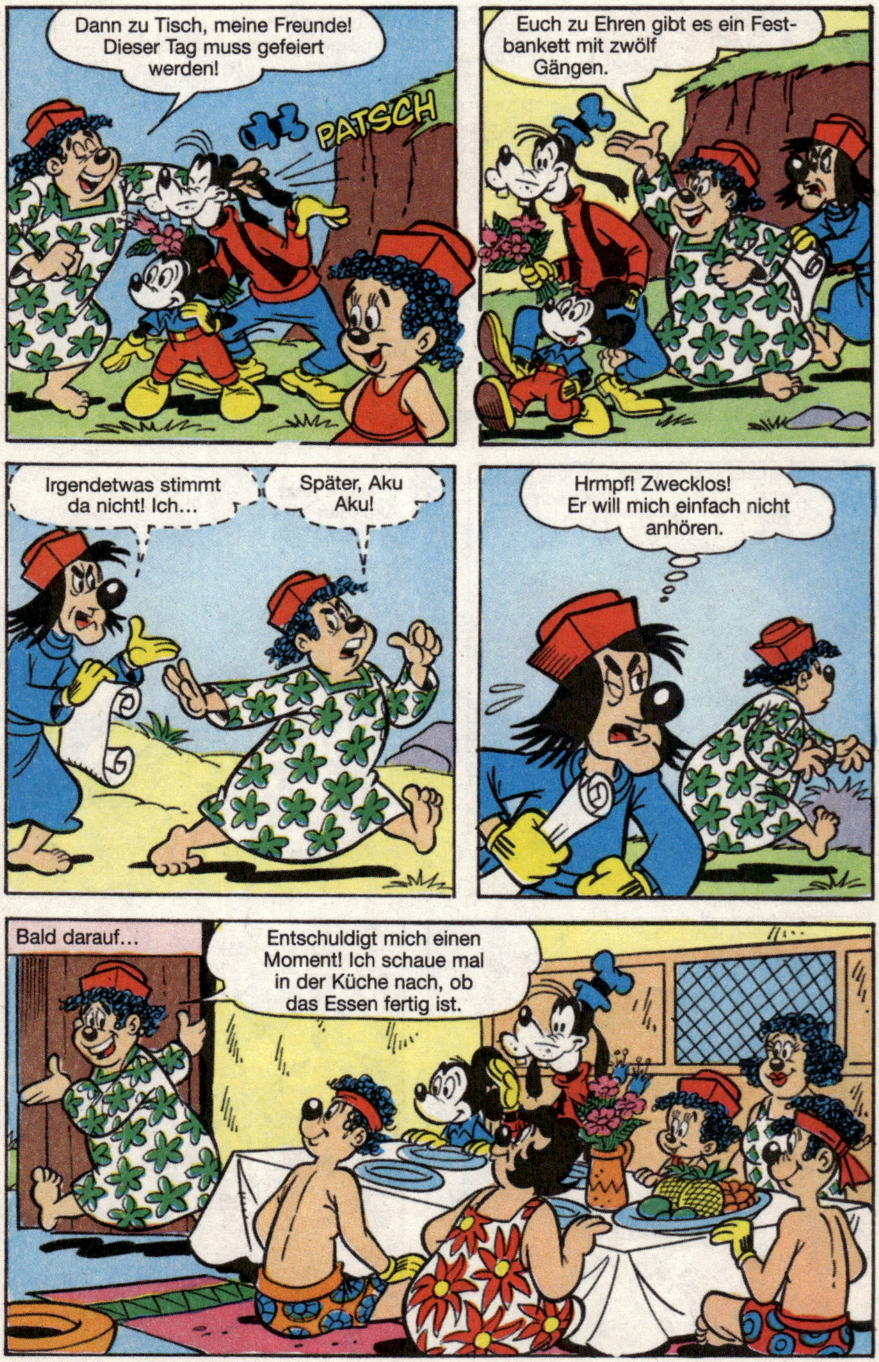

Dann zu Tisch, meine Freunde! Dieser Tag muss gefeiert werden!
PATSCH
Euch zu Ehren gibt es ein Festbankett mit zwölf Gängen.
Irgendetwas stimmt da nicht! Ich...
Später, Aku Aku!
Hrmpf! Zwecklos! Er will mich einfach nicht anhören.
Bald darauf...
Entschuldigt mich einen Moment! Ich schaue mal in der Küche nach, ob das Essen fertig ist.

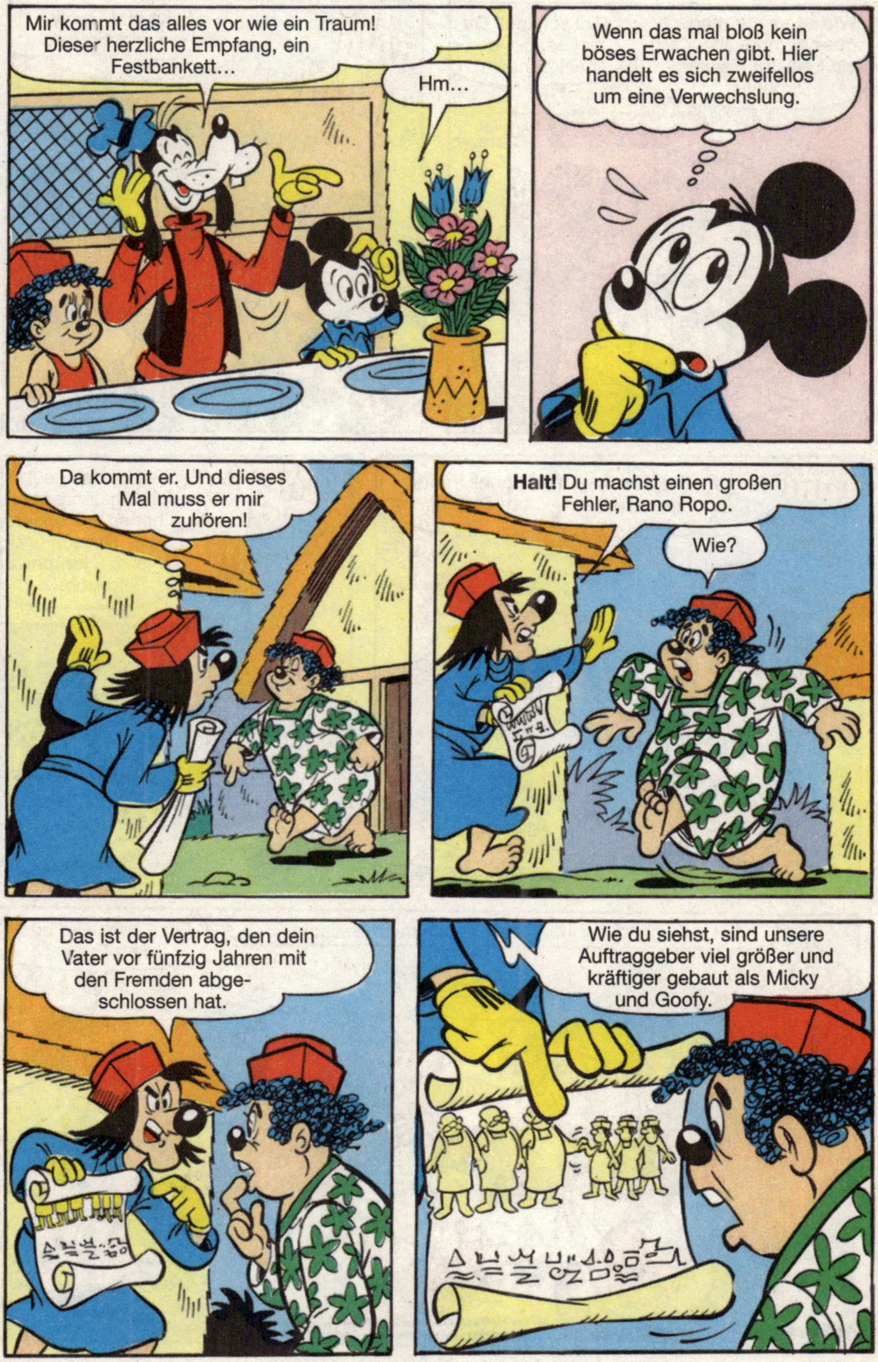
Mir kommt das alles vor wie ein Traum! Dieser herzliche Empfang, ein Festbankett…
Hm…
Wenn das mal bloß kein böses Erwachen gibt. Hier handelt es sich zweifellos um eine Verwechslung.
Da kommt er. Und dieses Mal muss er mir zuhören!
Halt! Du machst einen großen Fehler, Rano Ropo.
Wie?
Das ist der Vertrag, den dein Vater vor fünfzig Jahren mit den Fremden abgeschlossen hat.
Wie du siehst, sind unsere Auftraggeber viel größer und kräftiger gebaut als Micky und Goofy.

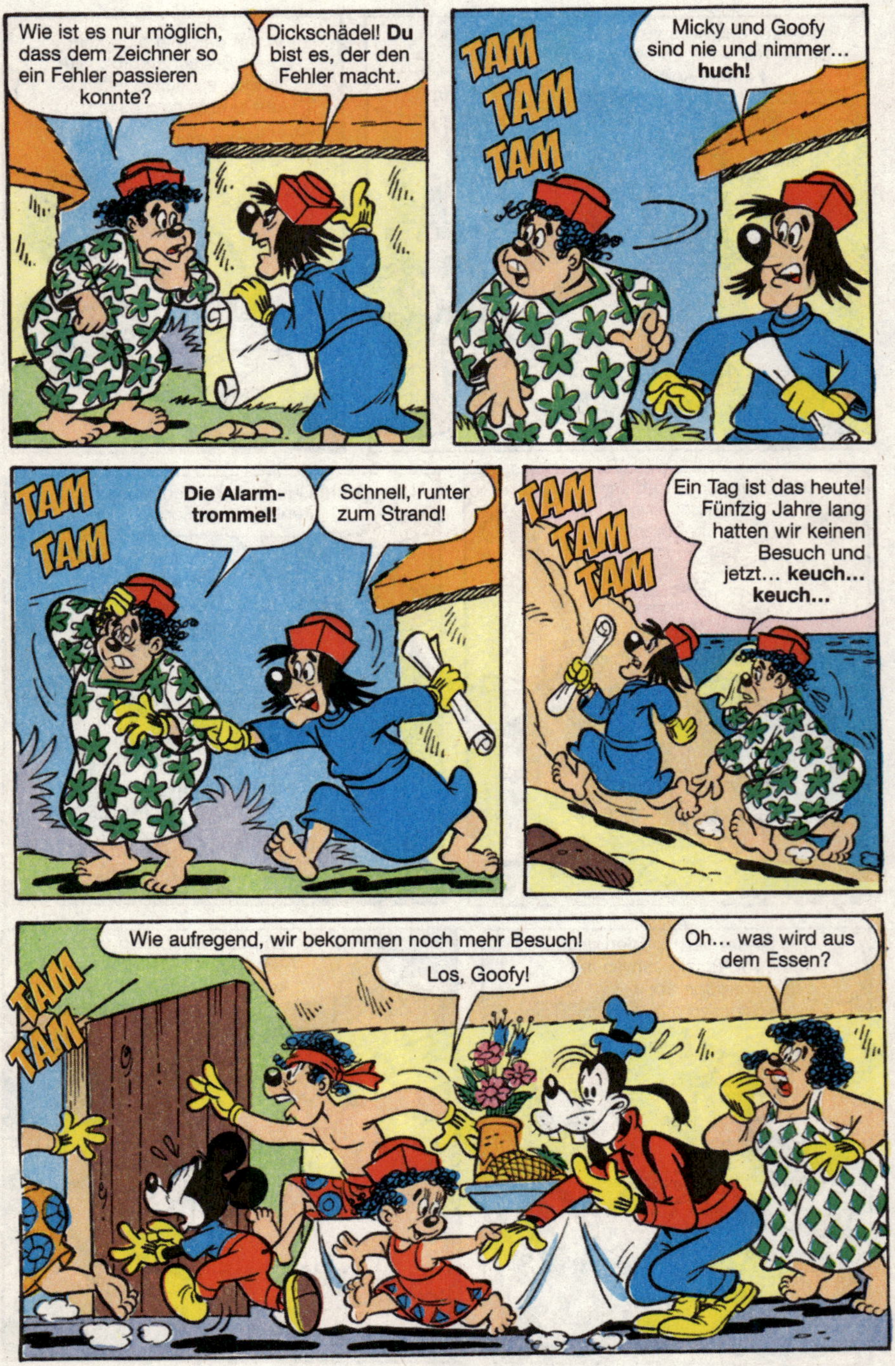
Wie ist es nur möglich, dass dem Zeichner so ein Fehler passieren konnte?
Dickschädel! **Du** bist es, der den Fehler macht.
TAM TAM TAM
Micky und Goofy sind nie und nimmer… **huch!**
TAM TAM
Die Alarmtrommel!
Schnell, runter zum Strand!
TAM TAM TAM
Ein Tag ist das heute! Fünfzig Jahre lang hatten wir keinen Besuch und jetzt… **keuch… keuch…**
TAM TAM
Wie aufregend, wir bekommen noch mehr Besuch!
Los, Goofy!
Oh… was wird aus dem Essen?

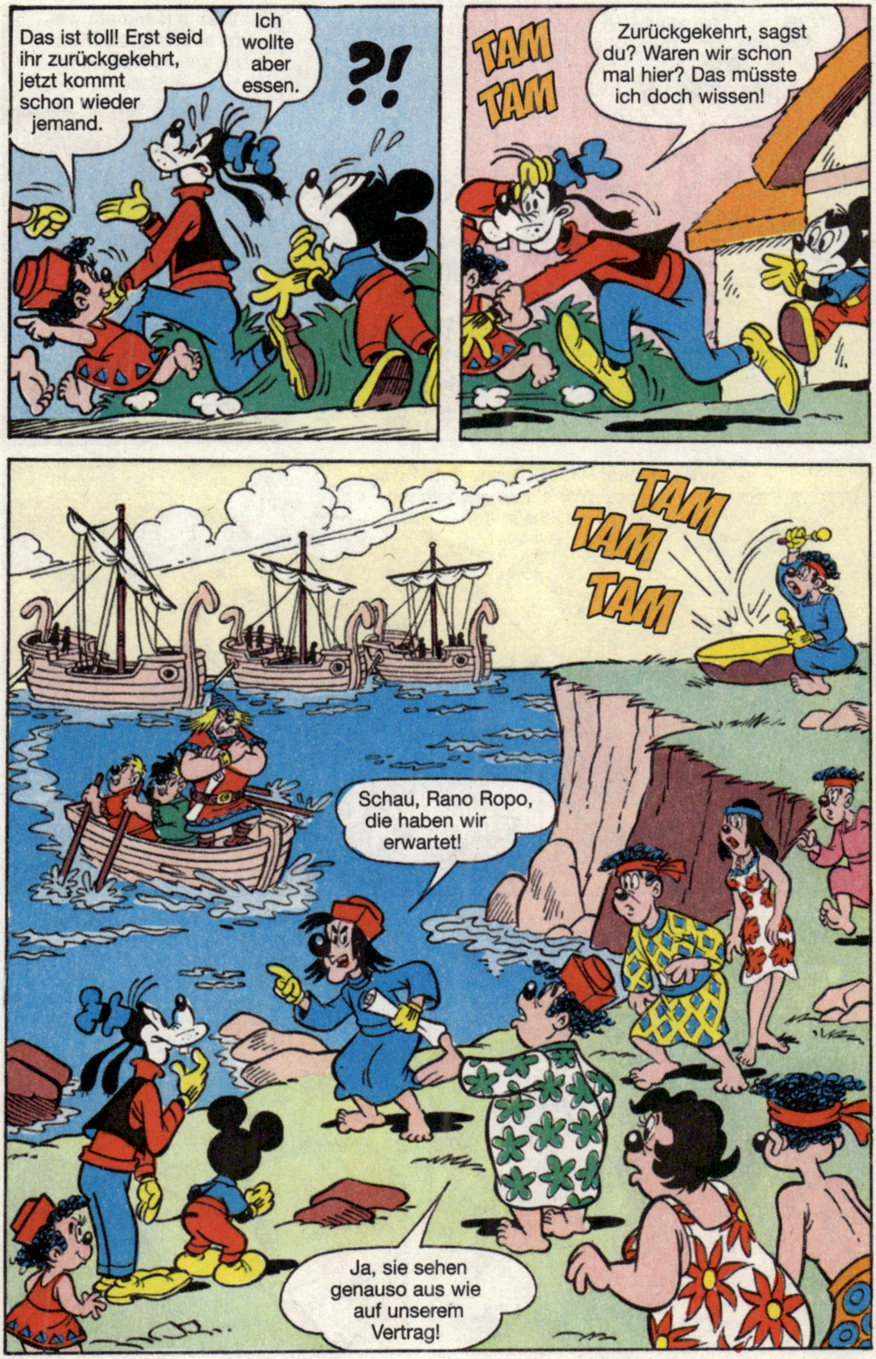

Das ist toll! Erst seid ihr zurückgekehrt, jetzt kommt schon wieder jemand.
Ich wollte aber essen.
?!
TAM TAM
Zurückgekehrt, sagst du? Waren wir schon mal hier? Das müsste ich doch wissen!
TAM TAM TAM
Schau, Rano Ropo, die haben wir erwartet!
Ja, sie sehen genauso aus wie auf unserem Vertrag!

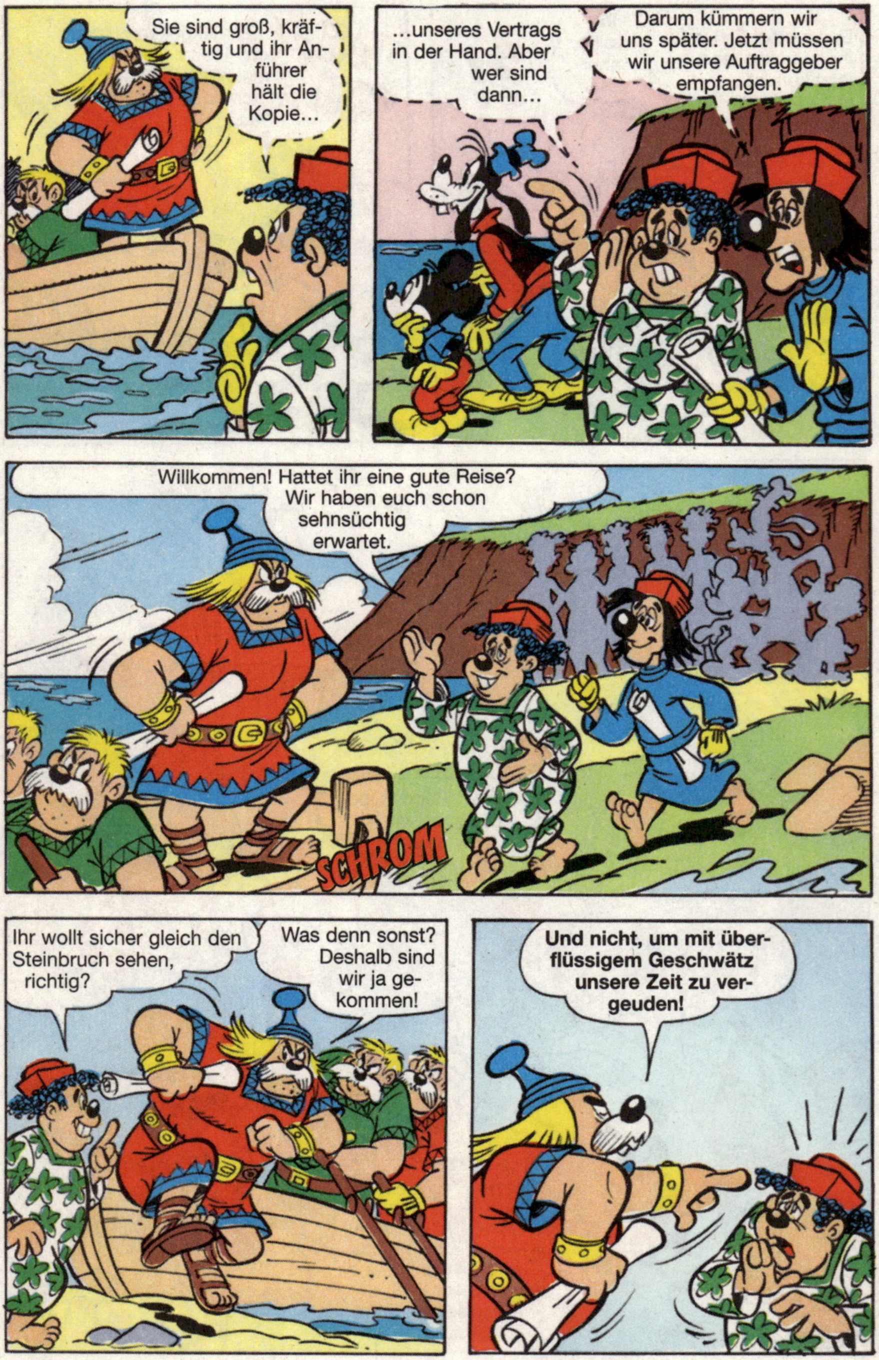
Sie sind groß, kräftig und ihr Anführer hält die Kopie…
…unseres Vertrags in der Hand. Aber wer sind dann…
Darum kümmern wir uns später. Jetzt müssen wir unsere Auftraggeber empfangen.
Willkommen! Hattet ihr eine gute Reise? Wir haben euch schon sehnsüchtig erwartet.
SCHROM
Ihr wollt sicher gleich den Steinbruch sehen, richtig?
Was denn sonst? Deshalb sind wir ja gekommen!
Und nicht, um mit überflüssigem Geschwätz unsere Zeit zu vergeuden!

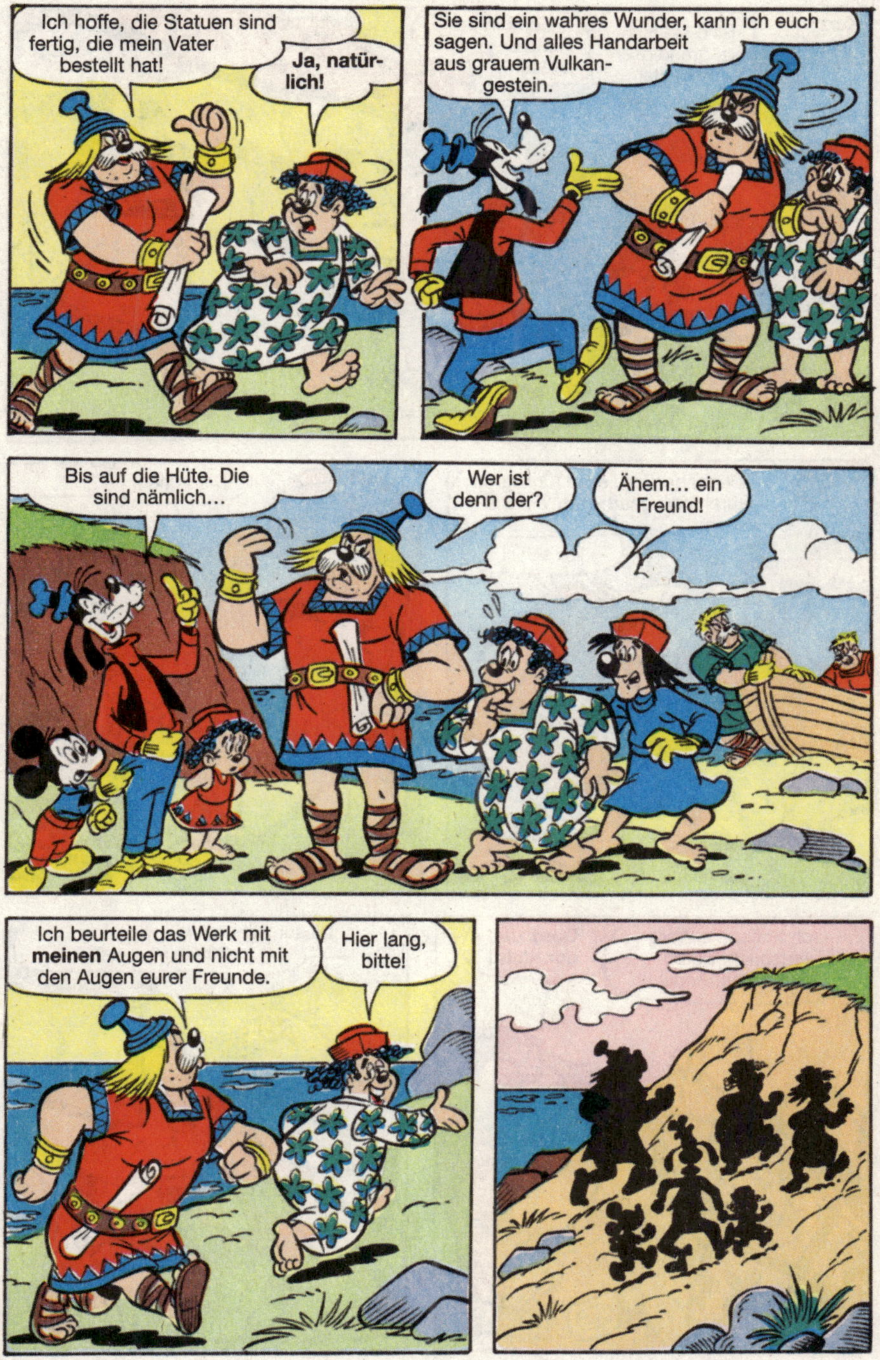

Ich hoffe, die Statuen sind fertig, die mein Vater bestellt hat!
Ja, natürlich!
Sie sind ein wahres Wunder, kann ich euch sagen. Und alles Handarbeit aus grauem Vulkangestein.
Bis auf die Hüte. Die sind nämlich…
Wer ist denn der?
Ähem… ein Freund!
Ich beurteile das Werk mit **meinen** Augen und nicht mit den Augen eurer Freunde.
Hier lang, bitte!

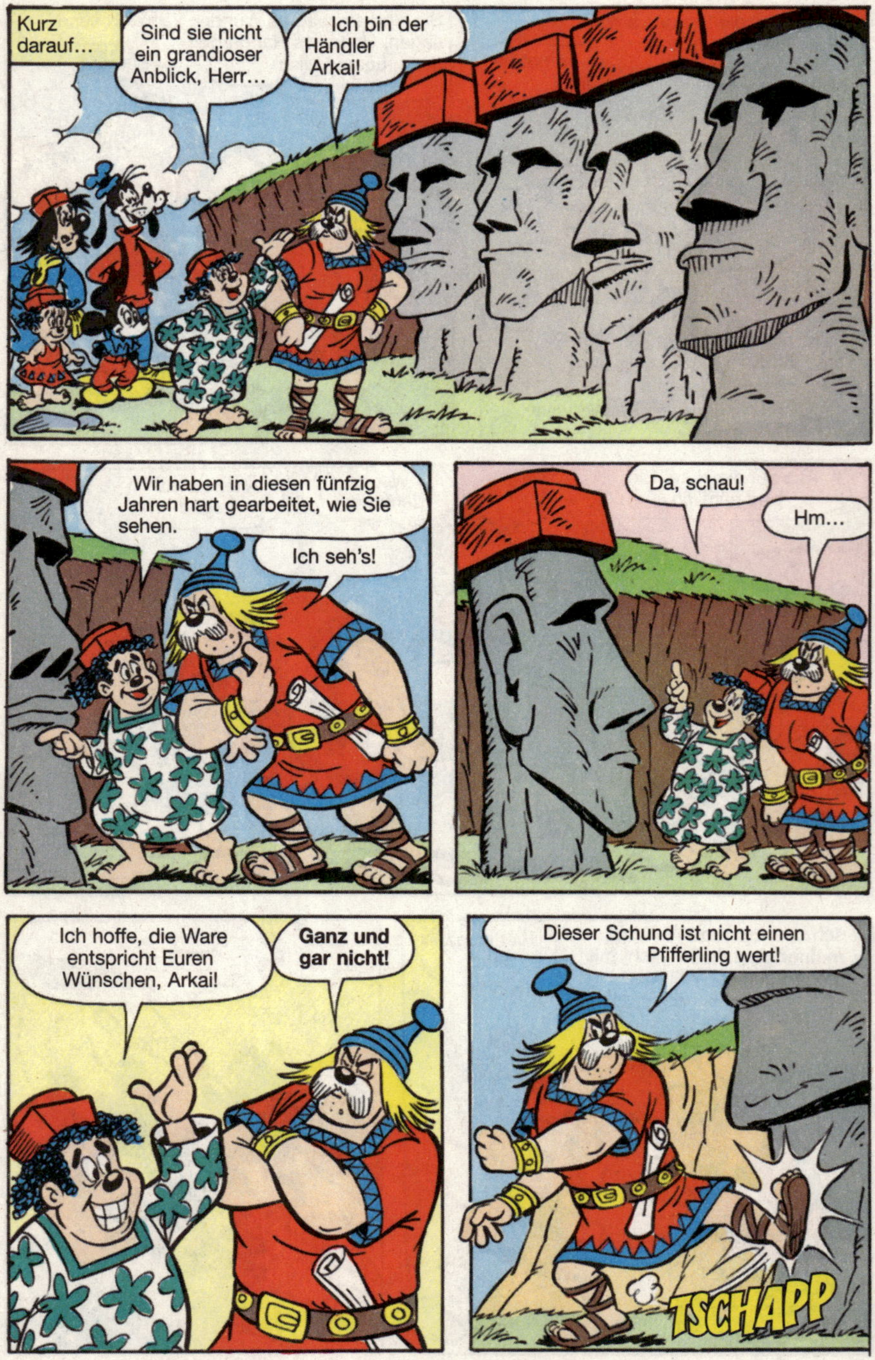
Kurz darauf…
Sind sie nicht ein grandioser Anblick, Herr…
Ich bin der Händler Arkai!
Wir haben in diesen fünfzig Jahren hart gearbeitet, wie Sie sehen.
Ich seh's!
Da, schau!
Hm…
Ich hoffe, die Ware entspricht Euren Wünschen, Arkai!
Ganz und gar nicht!
Dieser Schund ist nicht einen Pfifferling wert!
TSCHAPP

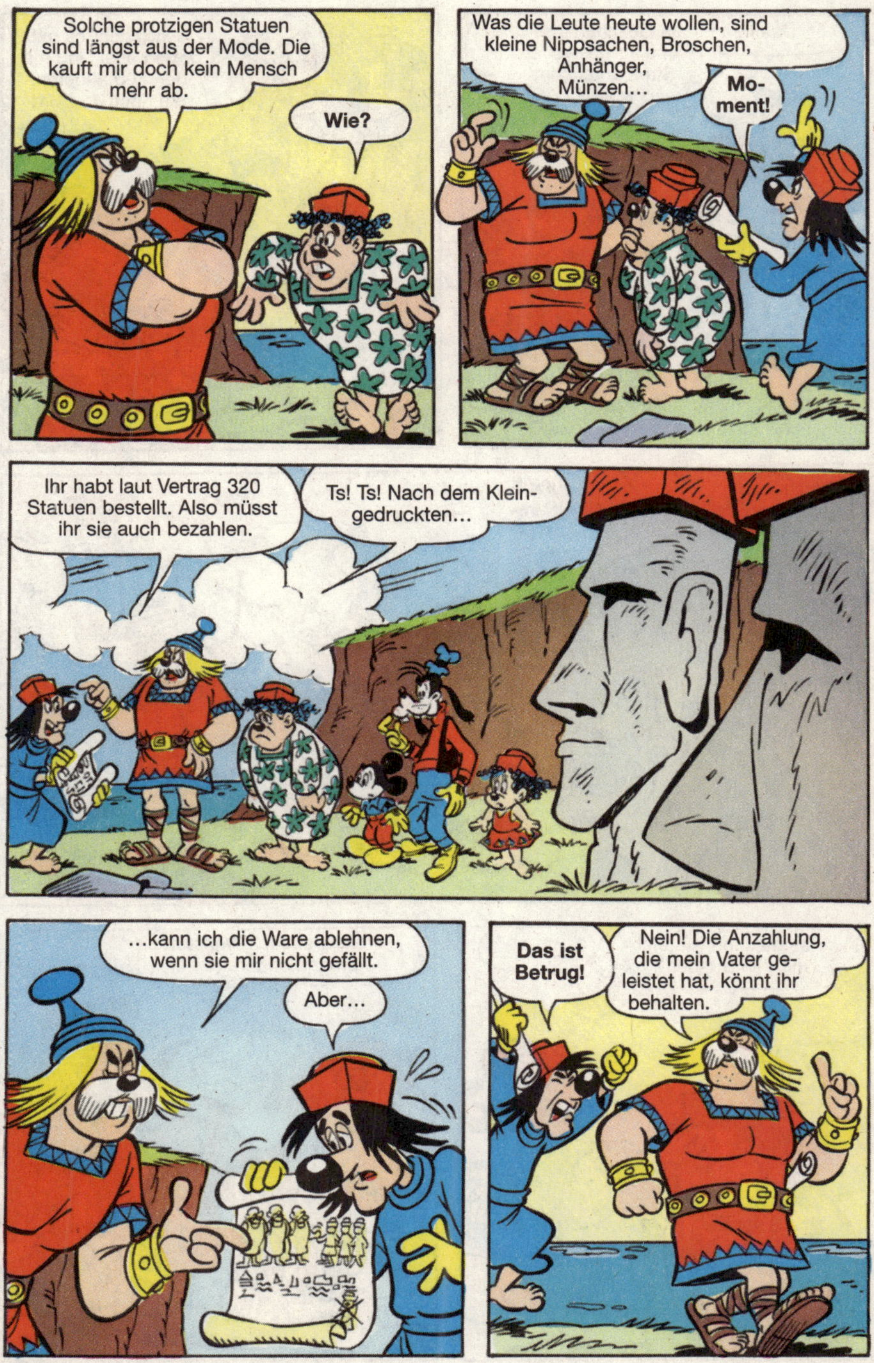
Solche protzigen Statuen sind längst aus der Mode. Die kauft mir doch kein Mensch mehr ab.
Wie?
Was die Leute heute wollen, sind kleine Nippsachen, Broschen, Anhänger, Münzen...
Mo-ment!
Ihr habt laut Vertrag 320 Statuen bestellt. Also müsst ihr sie auch bezahlen.
Ts! Ts! Nach dem Klein-gedruckten...
...kann ich die Ware ablehnen, wenn sie mir nicht gefällt.
Aber...
Das ist Betrug!
Nein! Die Anzahlung, die mein Vater geleistet hat, könnt ihr behalten.

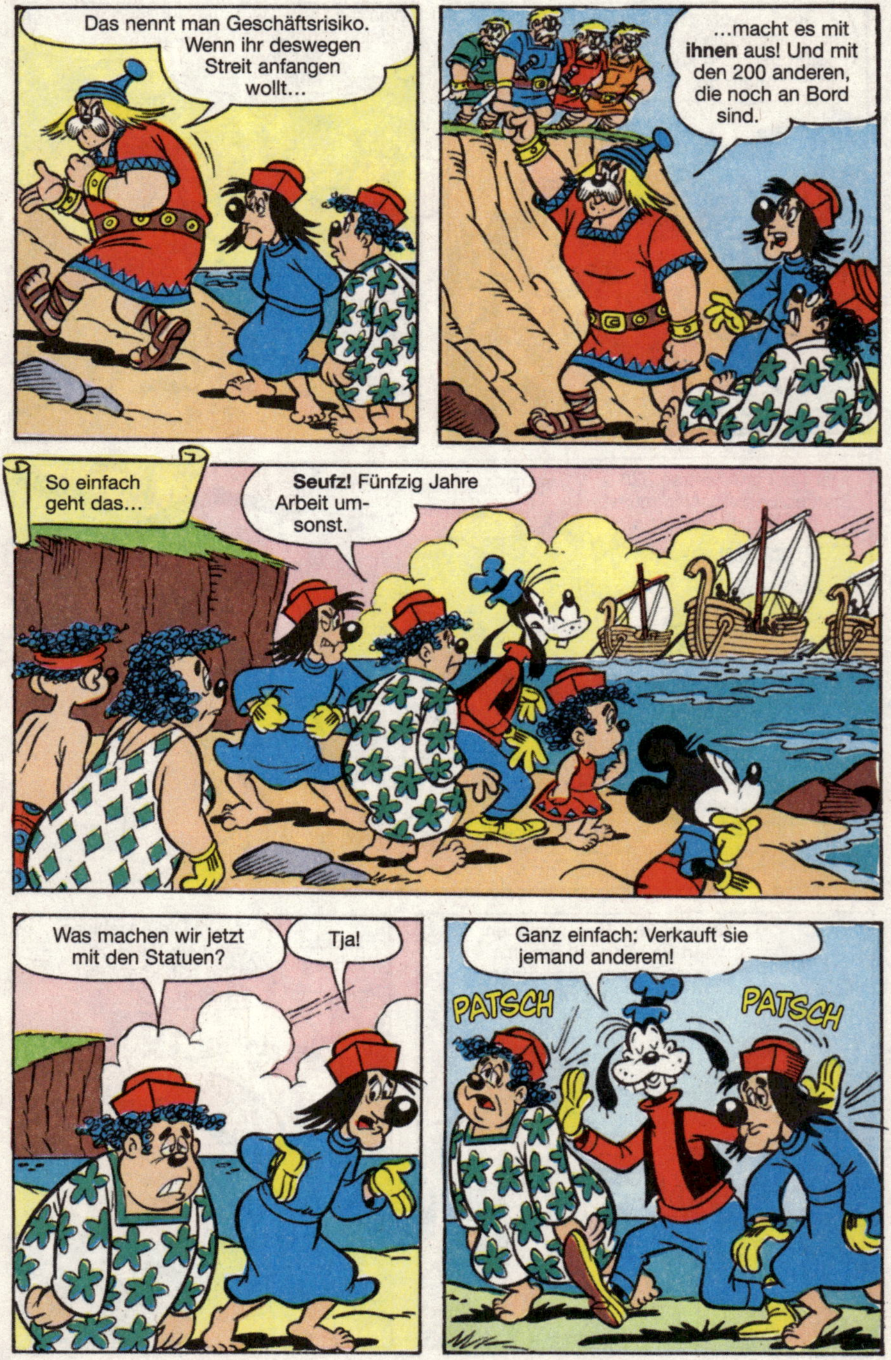
Das nennt man Geschäftsrisiko. Wenn ihr deswegen Streit anfangen wollt…
…macht es mit **ihnen** aus! Und mit den 200 anderen, die noch an Bord sind.
So einfach geht das…
Seufz! Fünfzig Jahre Arbeit umsonst.
Was machen wir jetzt mit den Statuen?
Tja!
Ganz einfach: Verkauft sie jemand anderem!
PATSCH
PATSCH

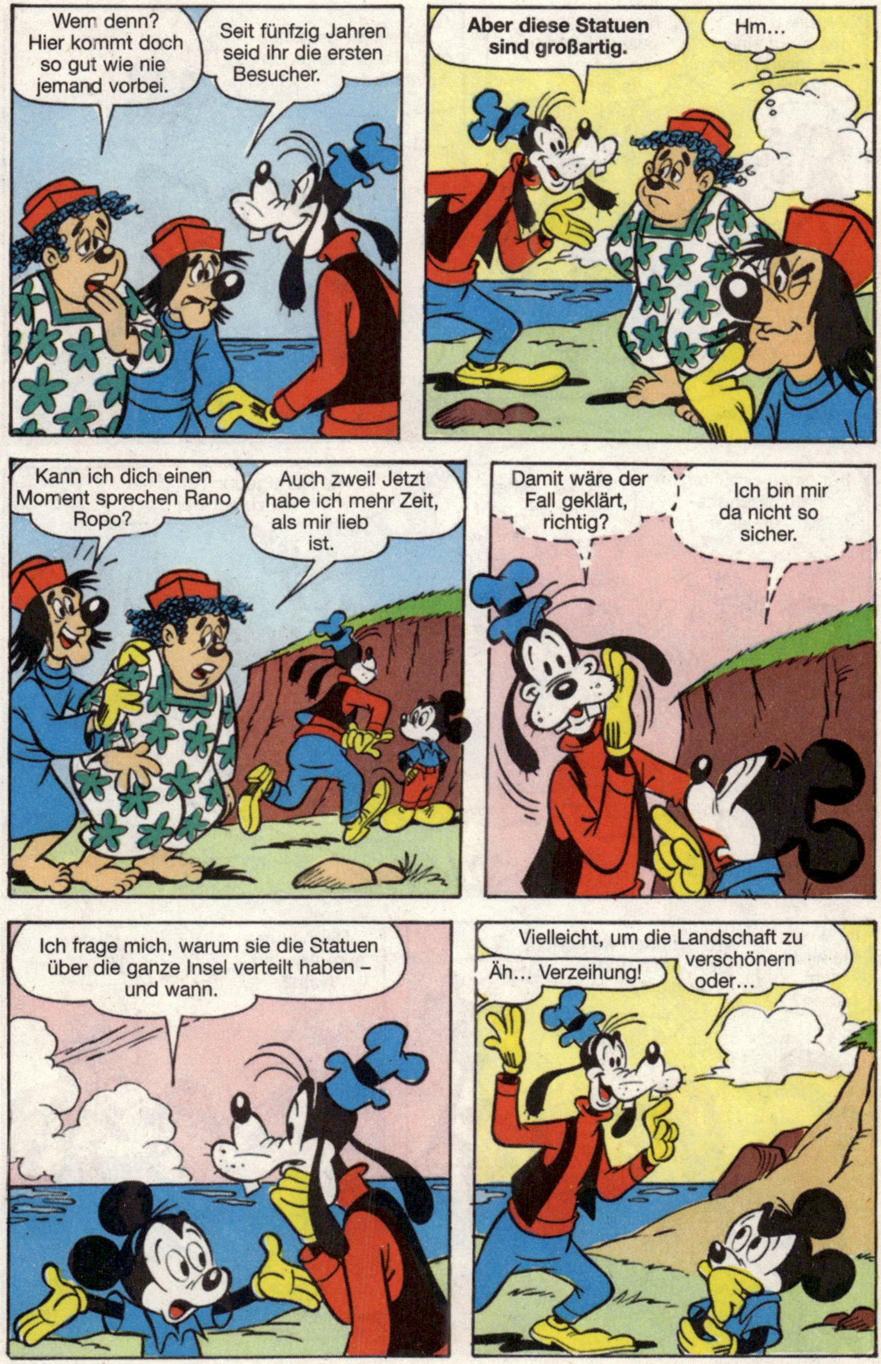
Wem denn? Hier kommt doch so gut wie nie jemand vorbei.
Seit fünfzig Jahren seid ihr die ersten Besucher.
Aber diese Statuen sind großartig.
Hm...
Kann ich dich einen Moment sprechen Rano Ropo?
Auch zwei! Jetzt habe ich mehr Zeit, als mir lieb ist.
Damit wäre der Fall geklärt, richtig?
Ich bin mir da nicht so sicher.
Ich frage mich, warum sie die Statuen über die ganze Insel verteilt haben – und wann.
Vielleicht, um die Landschaft zu verschönern oder...
Äh... Verzeihung!

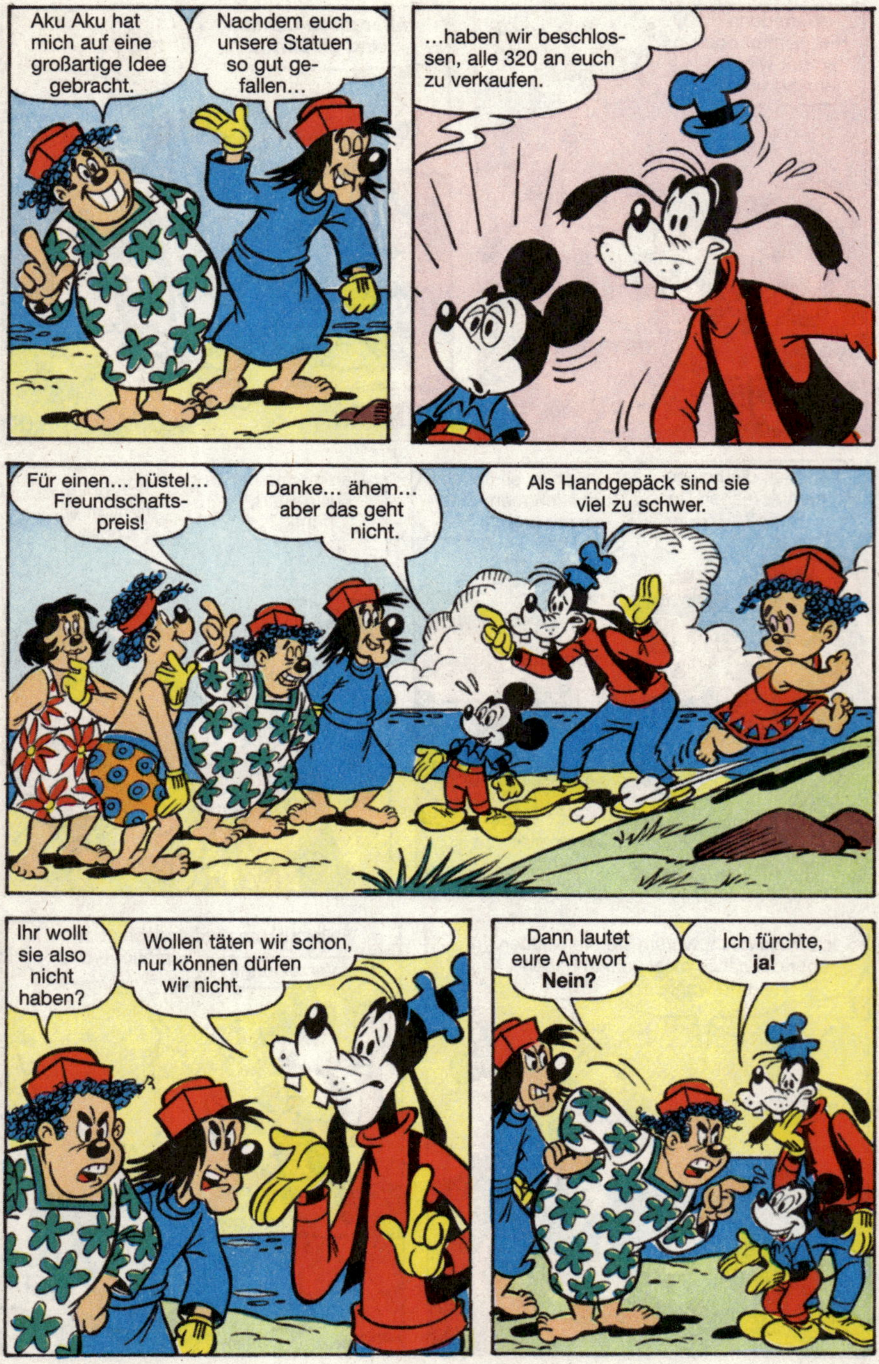
Aku Aku hat mich auf eine großartige Idee gebracht.
Nachdem euch unsere Statuen so gut gefallen…
…haben wir beschlossen, alle 320 an euch zu verkaufen.
Für einen… hüstel… Freundschaftspreis!
Danke… ähem… aber das geht nicht.
Als Handgepäck sind sie viel zu schwer.
Ihr wollt sie also nicht haben?
Wollen täten wir schon, nur können dürfen wir nicht.
Dann lautet eure Antwort **Nein?**
Ich fürchte, **ja!**

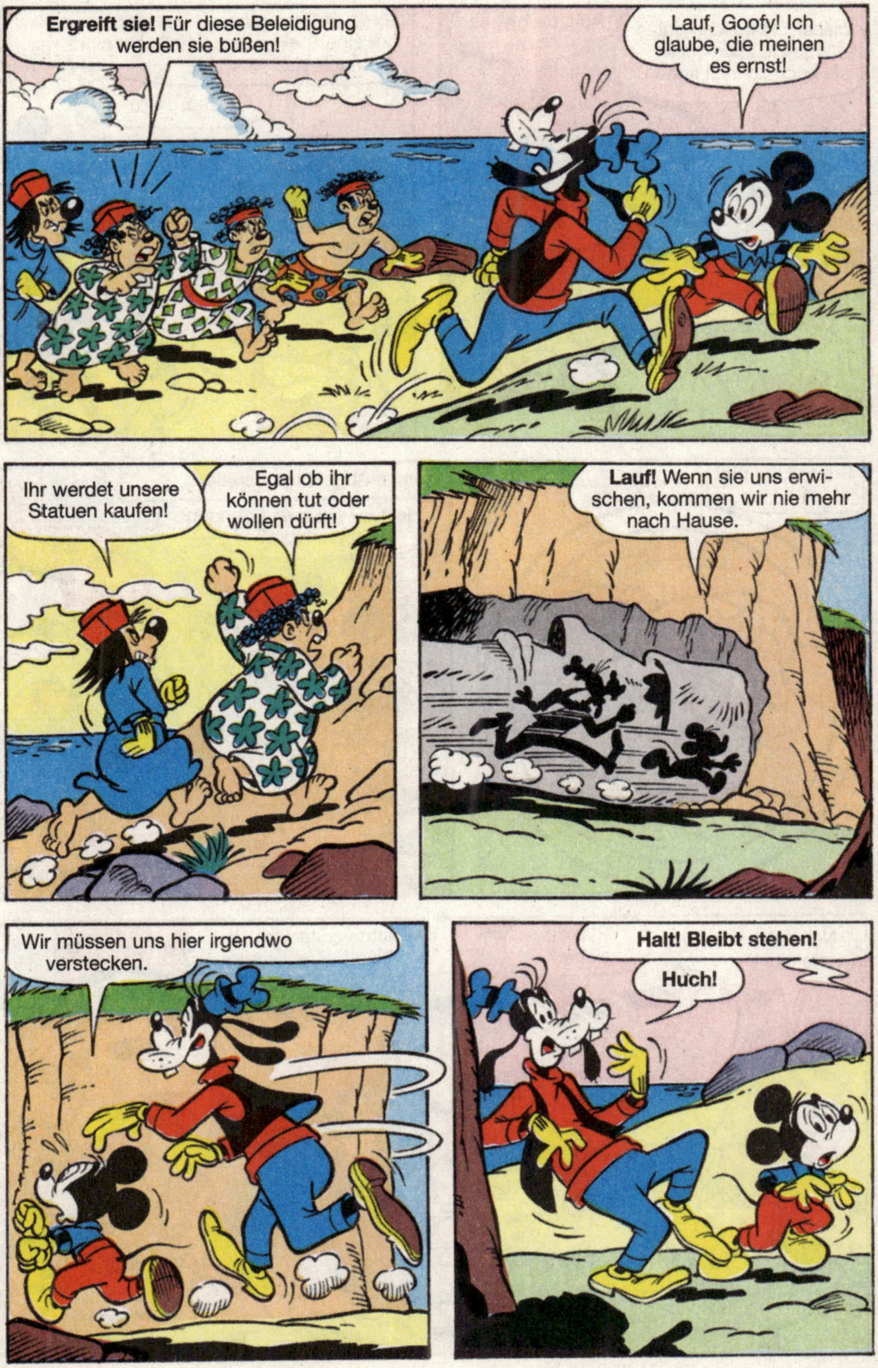
Ergreift sie! Für diese Beleidigung werden sie büßen!
Lauf, Goofy! Ich glaube, die meinen es ernst!
Ihr werdet unsere Statuen kaufen!
Egal ob ihr können tut oder wollen dürft!
Lauf! Wenn sie uns erwischen, kommen wir nie mehr nach Hause.
Wir müssen uns hier irgendwo verstecken.
Halt! Bleibt stehen!
Huch!

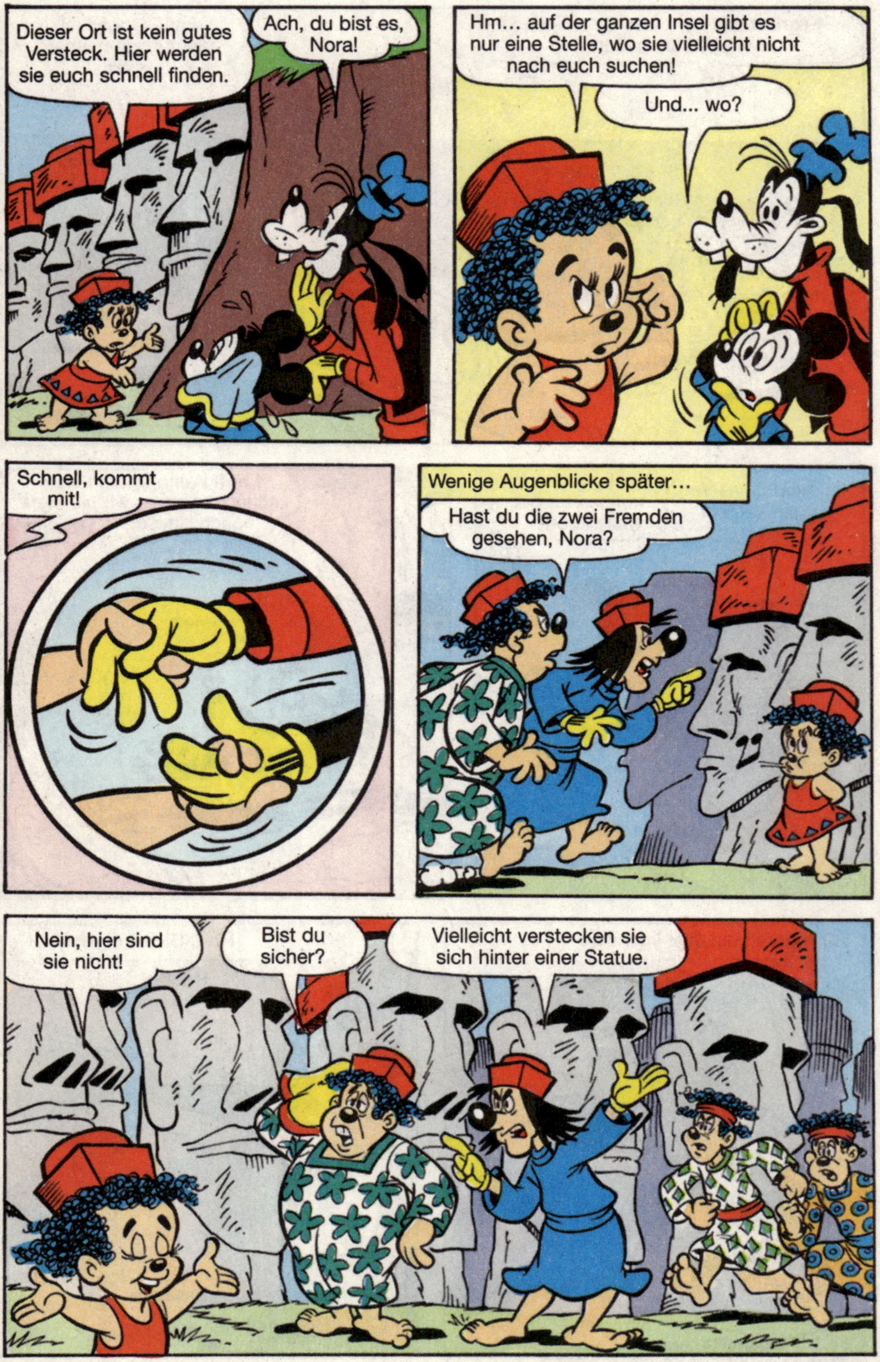
Dieser Ort ist kein gutes Versteck. Hier werden sie euch schnell finden.
Ach, du bist es, Nora!
Hm... auf der ganzen Insel gibt es nur eine Stelle, wo sie vielleicht nicht nach euch suchen!
Und... wo?
Schnell, kommt mit!
Wenige Augenblicke später...
Hast du die zwei Fremden gesehen, Nora?
Nein, hier sind sie nicht!
Bist du sicher?
Vielleicht verstecken sie sich hinter einer Statue.

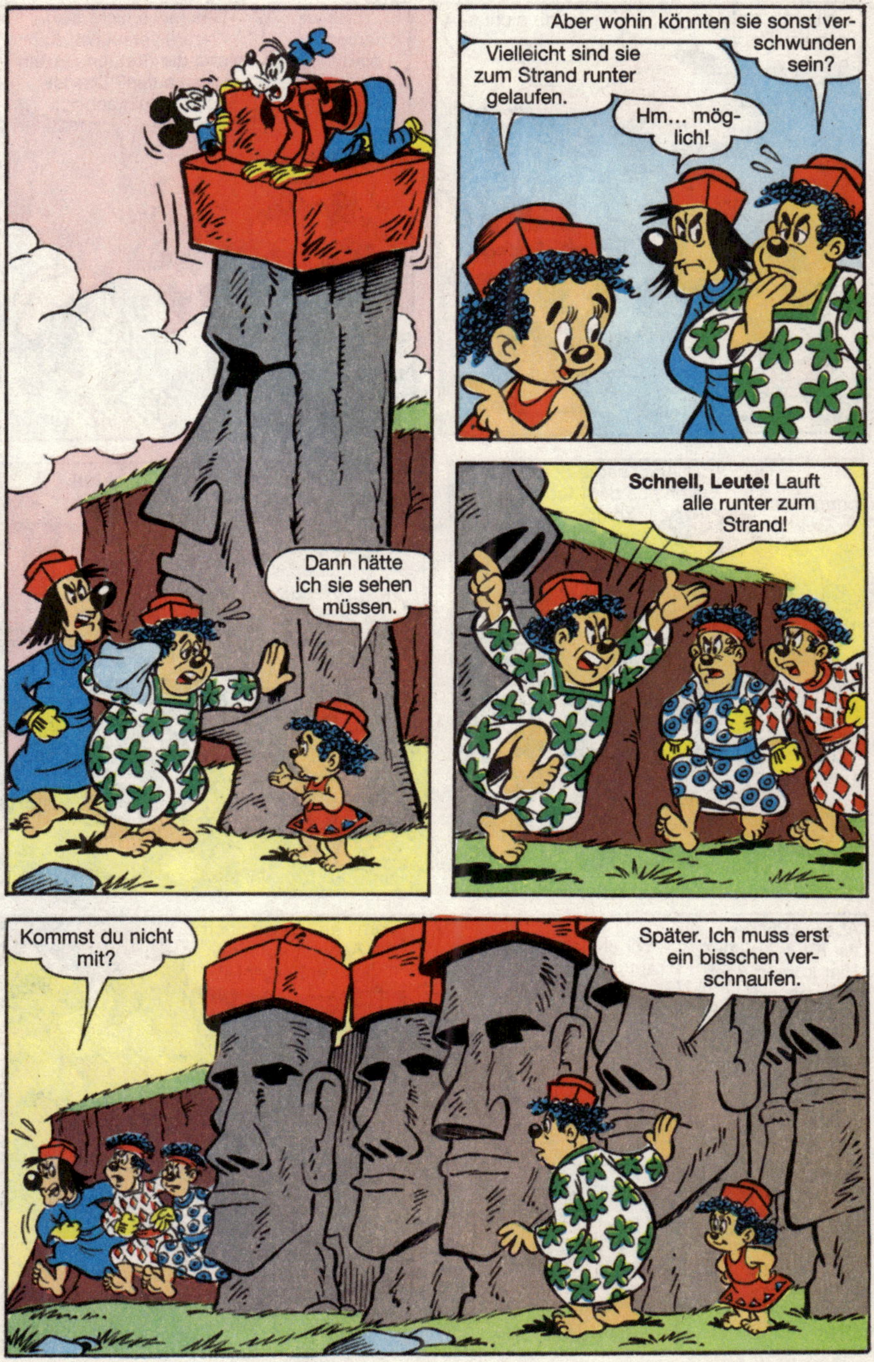
Dann hätte ich sie sehen müssen.
Aber wohin könnten sie sonst verschwunden sein?
Vielleicht sind sie zum Strand runter gelaufen.
Hm... möglich!
Schnell, Leute! Lauft alle runter zum Strand!
Kommst du nicht mit?
Später. Ich muss erst ein bisschen verschnaufen.

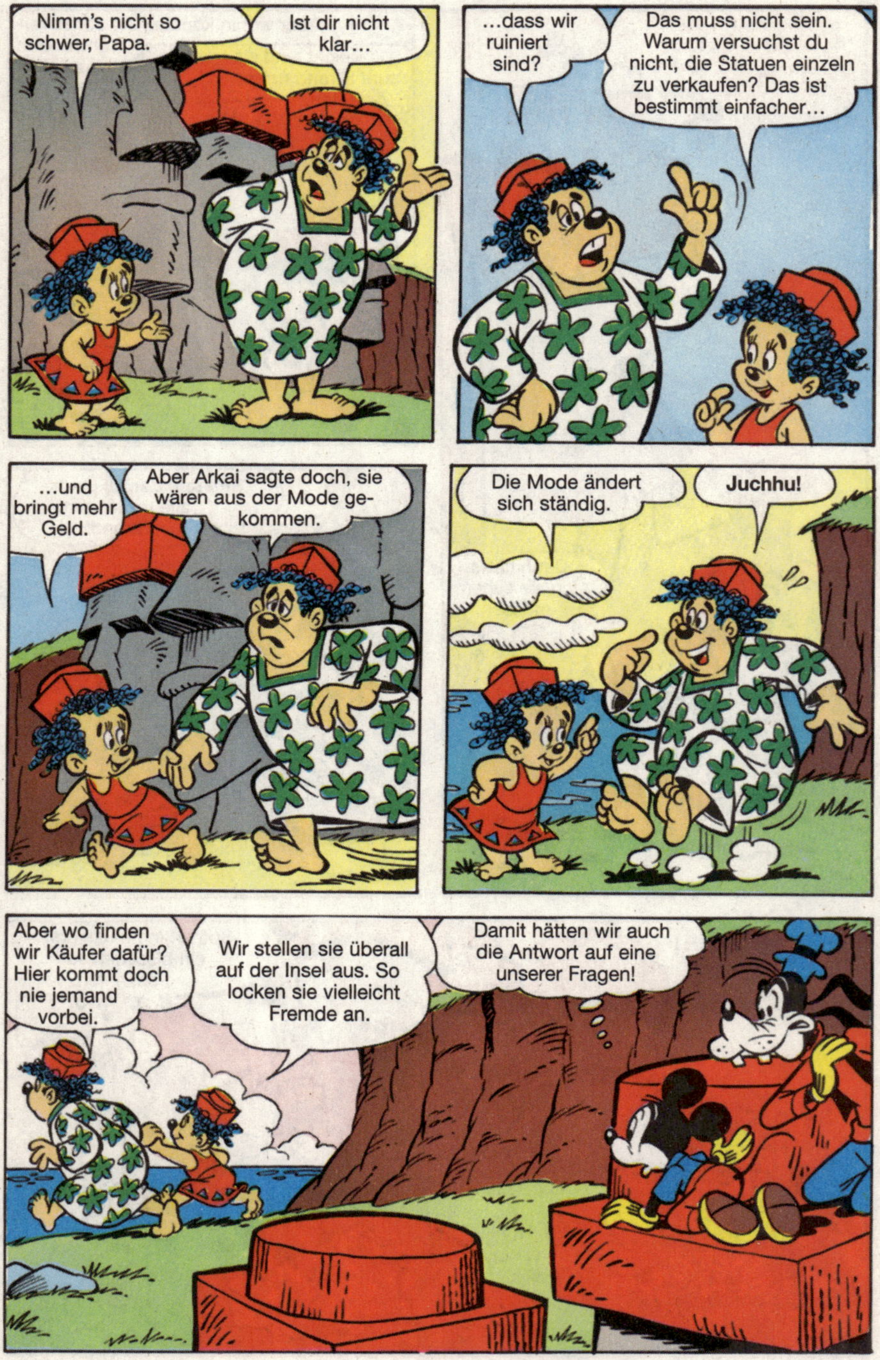
Nimm's nicht so schwer, Papa.
Ist dir nicht klar...
...dass wir ruiniert sind?
Das muss nicht sein. Warum versuchst du nicht, die Statuen einzeln zu verkaufen? Das ist bestimmt einfacher...
...und bringt mehr Geld.
Aber Arkai sagte doch, sie wären aus der Mode gekommen.
Die Mode ändert sich ständig.
Juchhu!
Aber wo finden wir Käufer dafür? Hier kommt doch nie jemand vorbei.
Wir stellen sie überall auf der Insel aus. So locken sie vielleicht Fremde an.
Damit hätten wir auch die Antwort auf eine unserer Fragen!

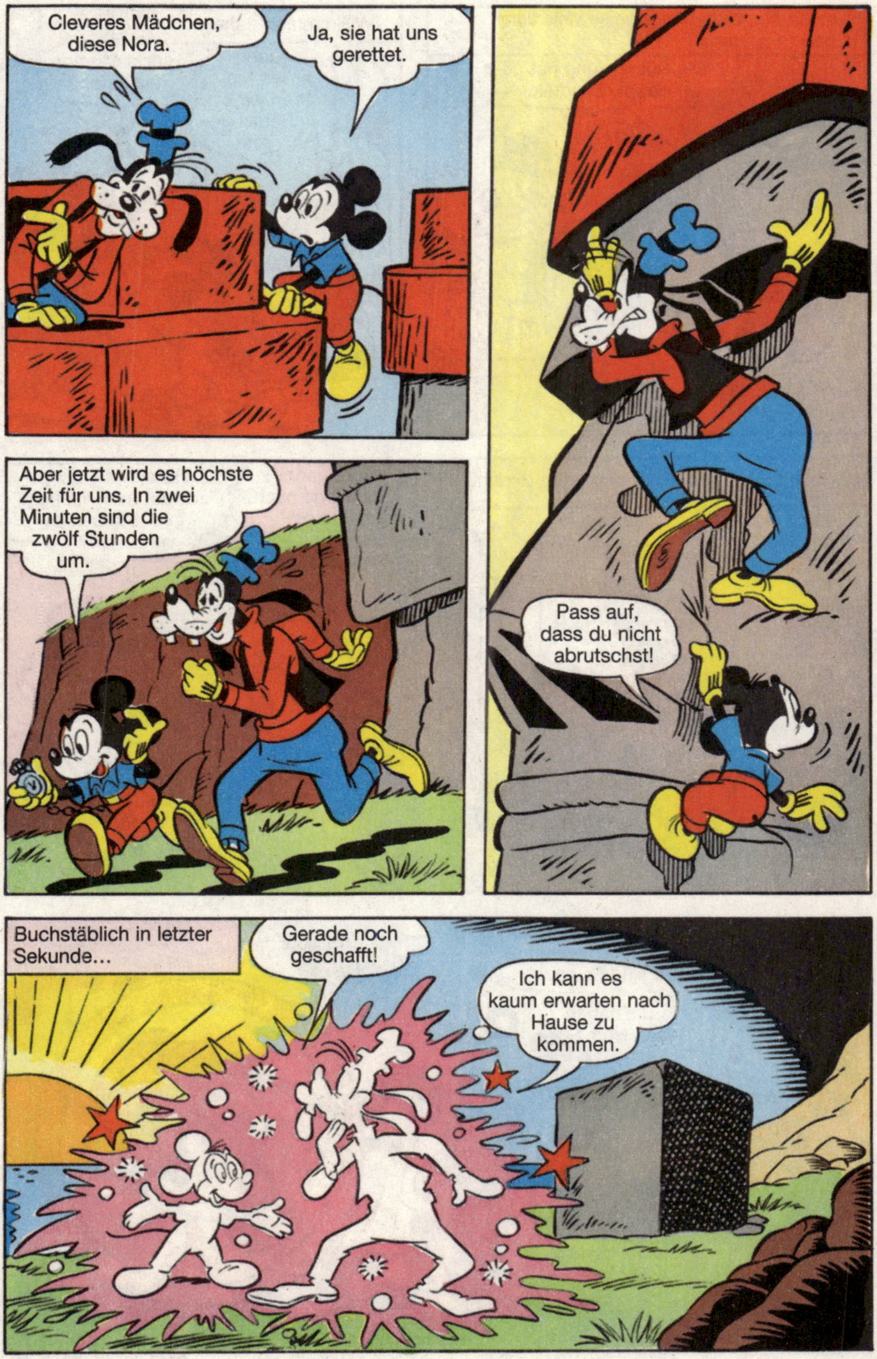
Cleveres Mädchen, diese Nora.
Ja, sie hat uns gerettet.
Aber jetzt wird es höchste Zeit für uns. In zwei Minuten sind die zwölf Stunden um.
Pass auf, dass du nicht abrutschst!
Buchstäblich in letzter Sekunde…
Gerade noch geschafft!
Ich kann es kaum erwarten nach Hause zu kommen.

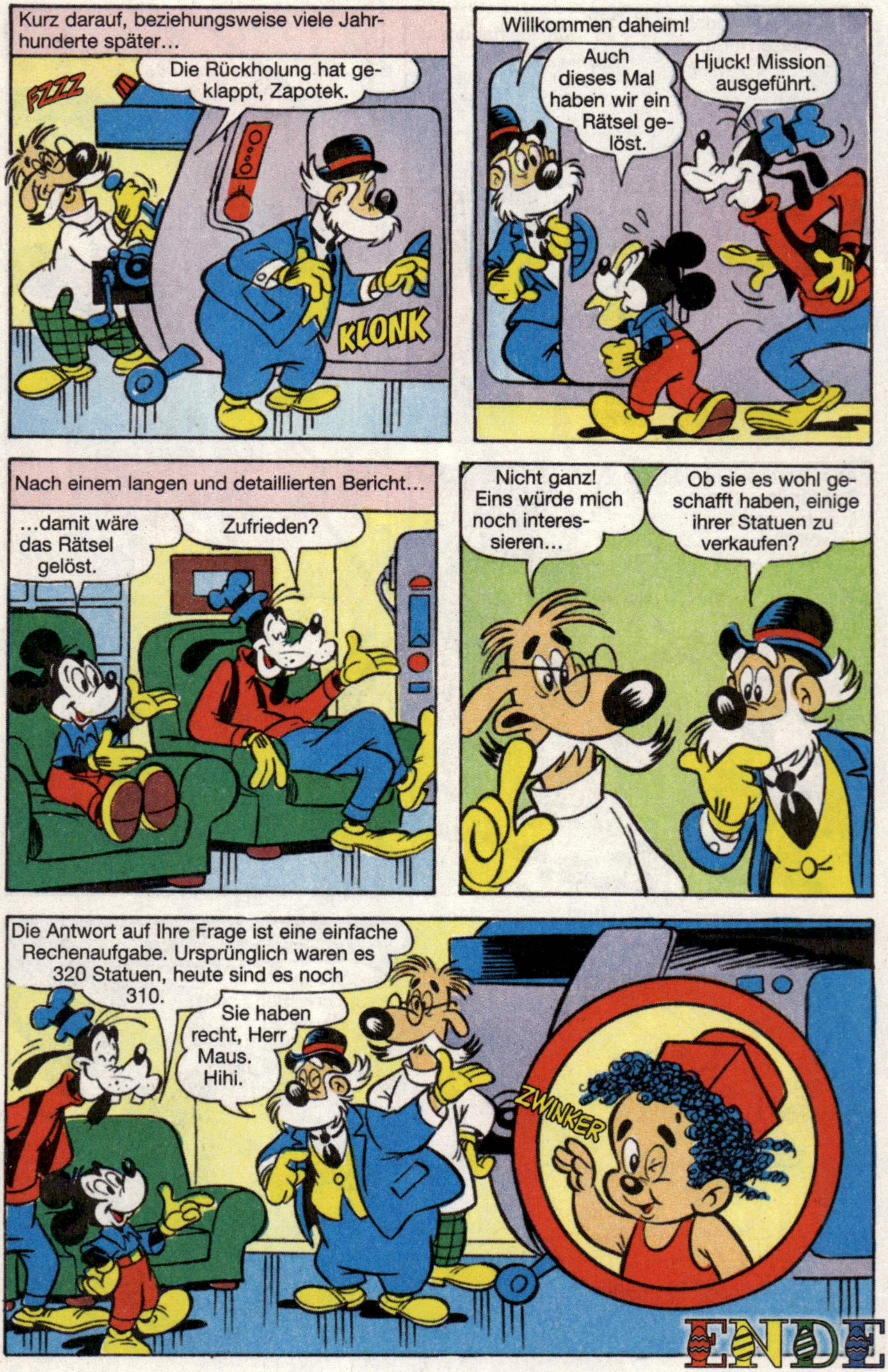
Kurz darauf, beziehungsweise viele Jahrhunderte später…
FZZZ
Die Rückholung hat geklappt, Zapotek.
KLONK
Willkommen daheim!
Auch dieses Mal haben wir ein Rätsel gelöst.
Hjuck! Mission ausgeführt.
Nach einem langen und detaillierten Bericht…
…damit wäre das Rätsel gelöst.
Zufrieden?
Nicht ganz! Eins würde mich noch interessieren…
Ob sie es wohl geschafft haben, einige ihrer Statuen zu verkaufen?
Die Antwort auf Ihre Frage ist eine einfache Rechenaufgabe. Ursprünglich waren es 320 Statuen, heute sind es noch 310.
Sie haben recht, Herr Maus. Hihi.
ZWINKER
ENDE

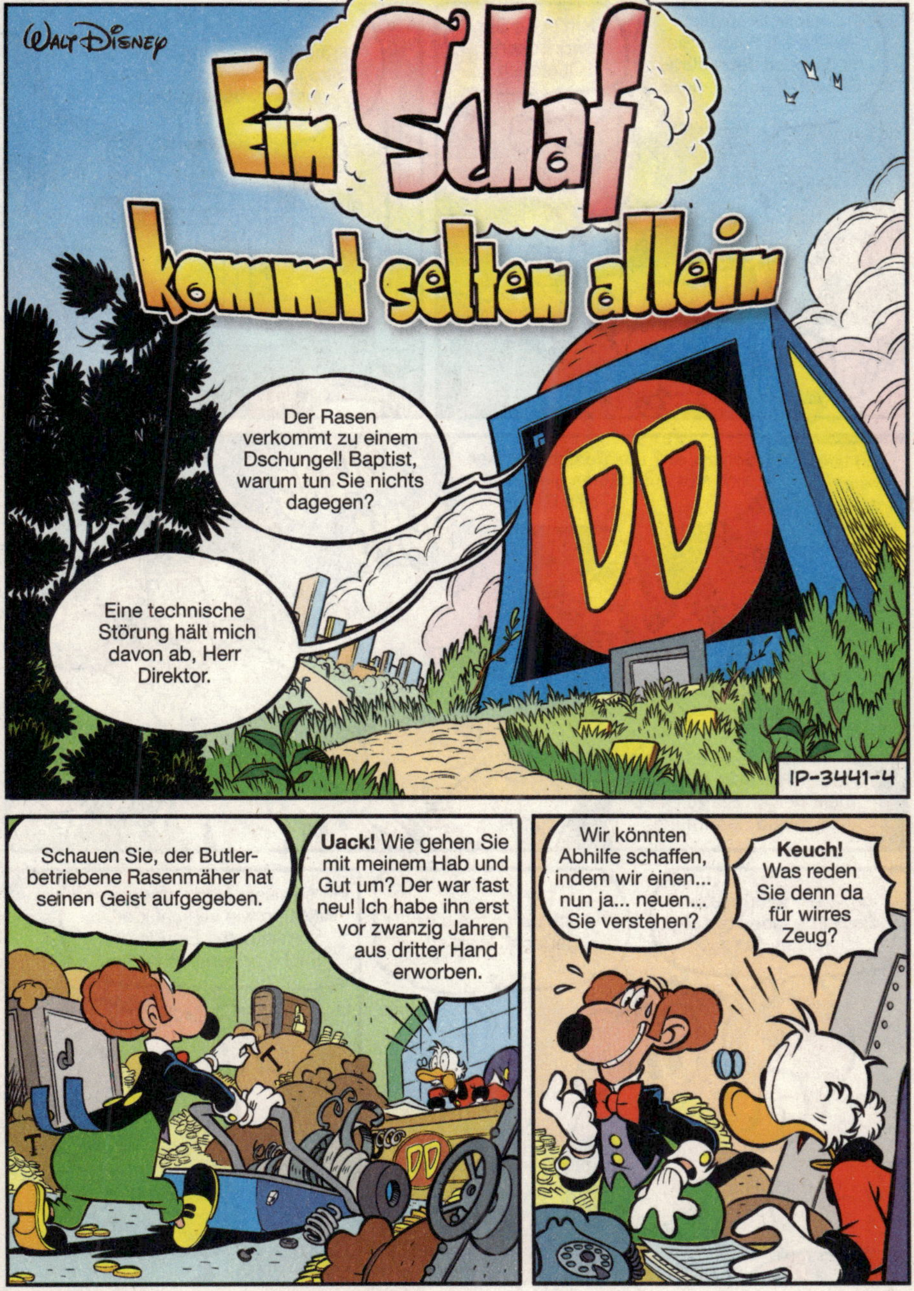

Marco Bosco (Story), **Pietro Zemelo** (Zeichnungen)

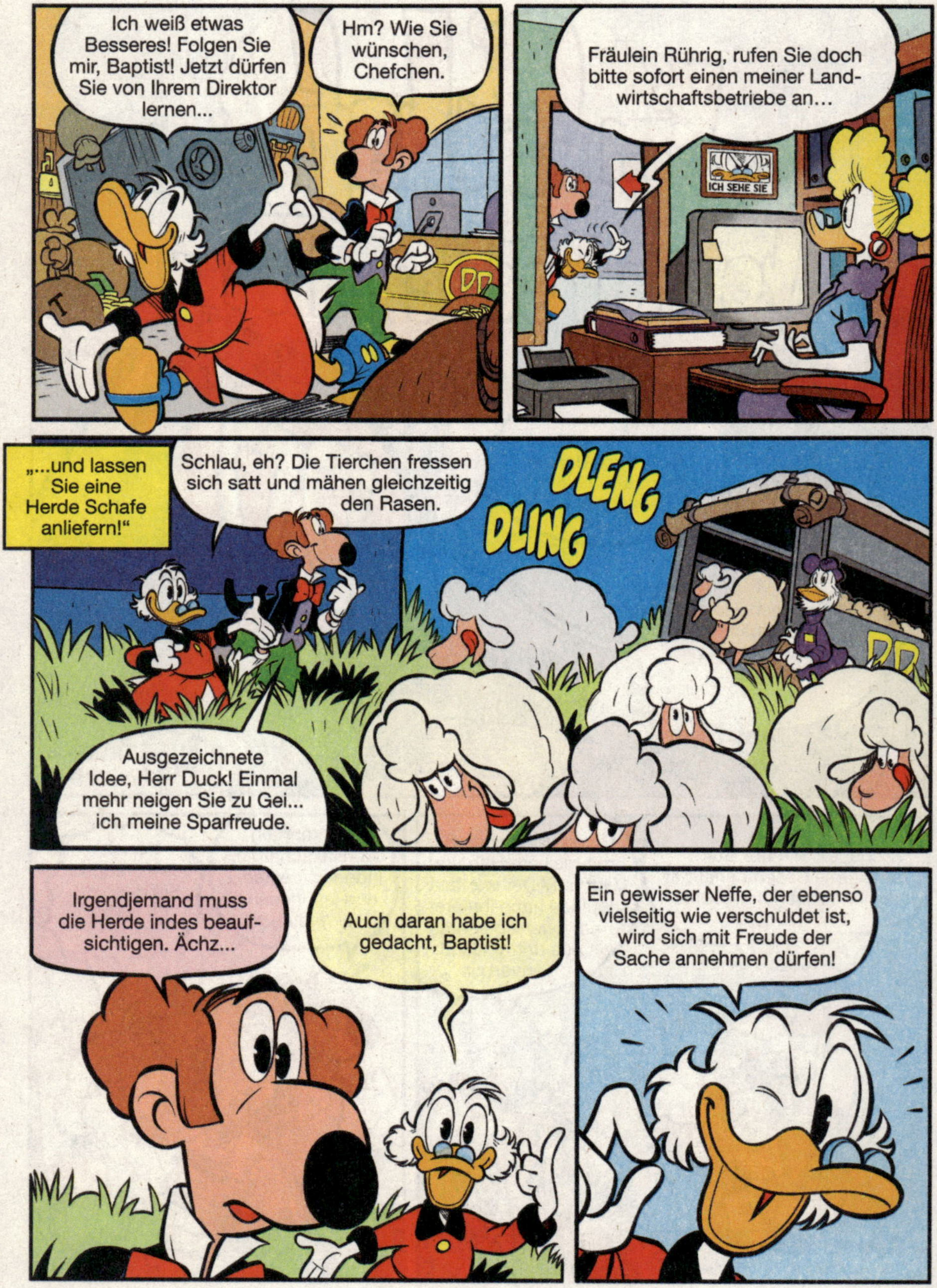
Ich weiß etwas Besseres! Folgen Sie mir, Baptist! Jetzt dürfen Sie von Ihrem Direktor lernen...
Hm? Wie Sie wünschen, Chefchen.
Fräulein Rührig, rufen Sie doch bitte sofort einen meiner Landwirtschaftsbetriebe an...
ICH SEHE SIE
„...und lassen Sie eine Herde Schafe anliefern!“
Schlau, eh? Die Tierchen fressen sich satt und mähen gleichzeitig den Rasen.
DLENG
DLING
Ausgezeichnete Idee, Herr Duck! Einmal mehr neigen Sie zu Gei... ich meine Sparfreude.
Irgendjemand muss die Herde indes beaufsichtigen. Ächz...
Auch daran habe ich gedacht, Baptist!
Ein gewisser Neffe, der ebenso vielseitig wie verschuldet ist, wird sich mit Freude der Sache annehmen dürfen!

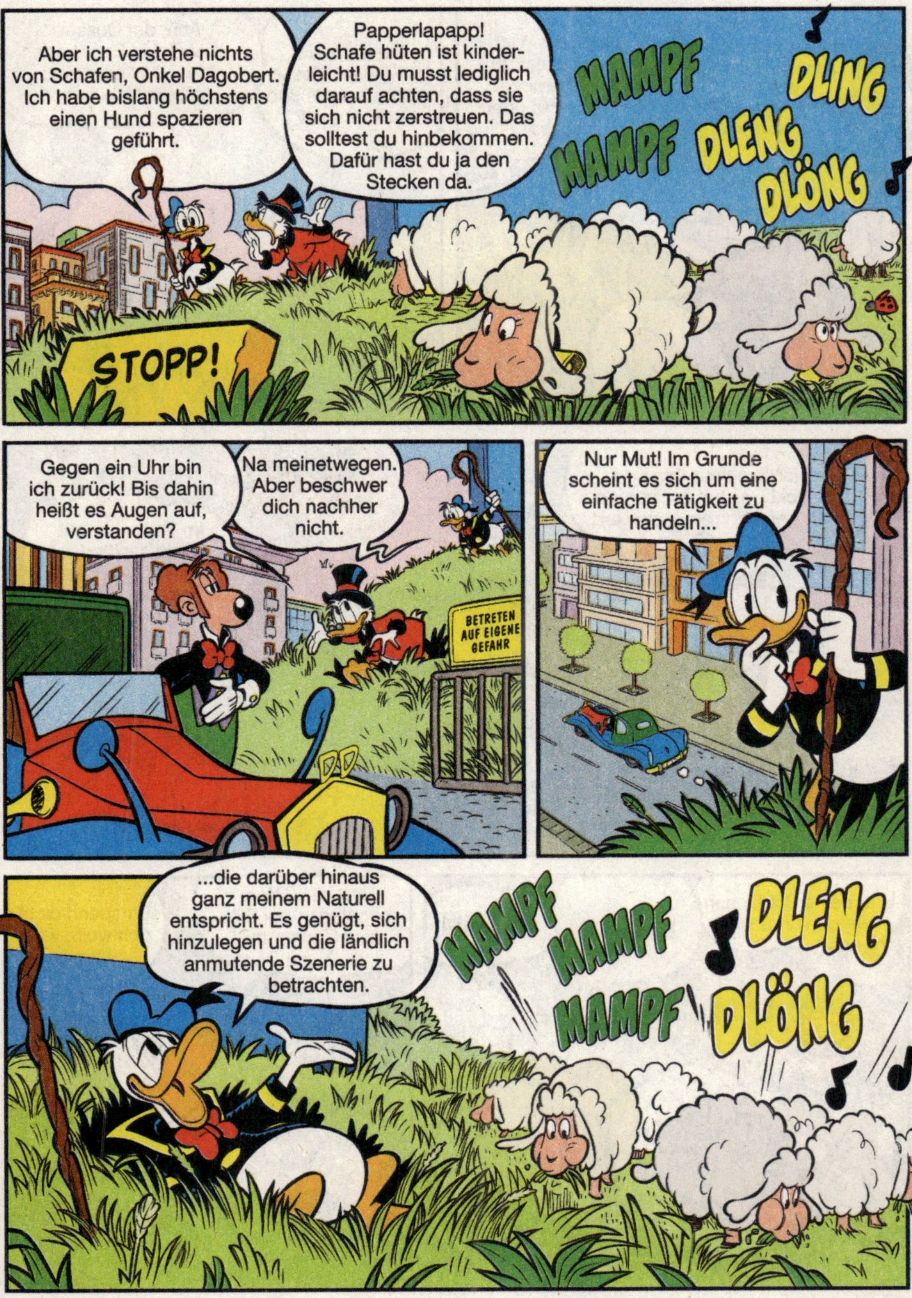

Aber ich verstehe nichts von Schafen, Onkel Dagobert. Ich habe bislang höchstens einen Hund spazieren geführt.
Papperlapapp! Schafe hüten ist kinderleicht! Du musst lediglich darauf achten, dass sie sich nicht zerstreuen. Das solltest du hinbekommen. Dafür hast du ja den Stecken da.
MAMPF MAMPF
DLING DLENG DLÖNG
STOPP!
Gegen ein Uhr bin ich zurück! Bis dahin heißt es Augen auf, verstanden?
Na meinetwegen. Aber beschwer dich nachher nicht.
BETRETEN AUF EIGENE GEFAHR
Nur Mut! Im Grunde scheint es sich um eine einfache Tätigkeit zu handeln...
...die darüber hinaus ganz meinem Naturell entspricht. Es genügt, sich hinzulegen und die ländlich anmutende Szenerie zu betrachten.
MAMPF MAMPF MAMPF
DLENG DLÖNG

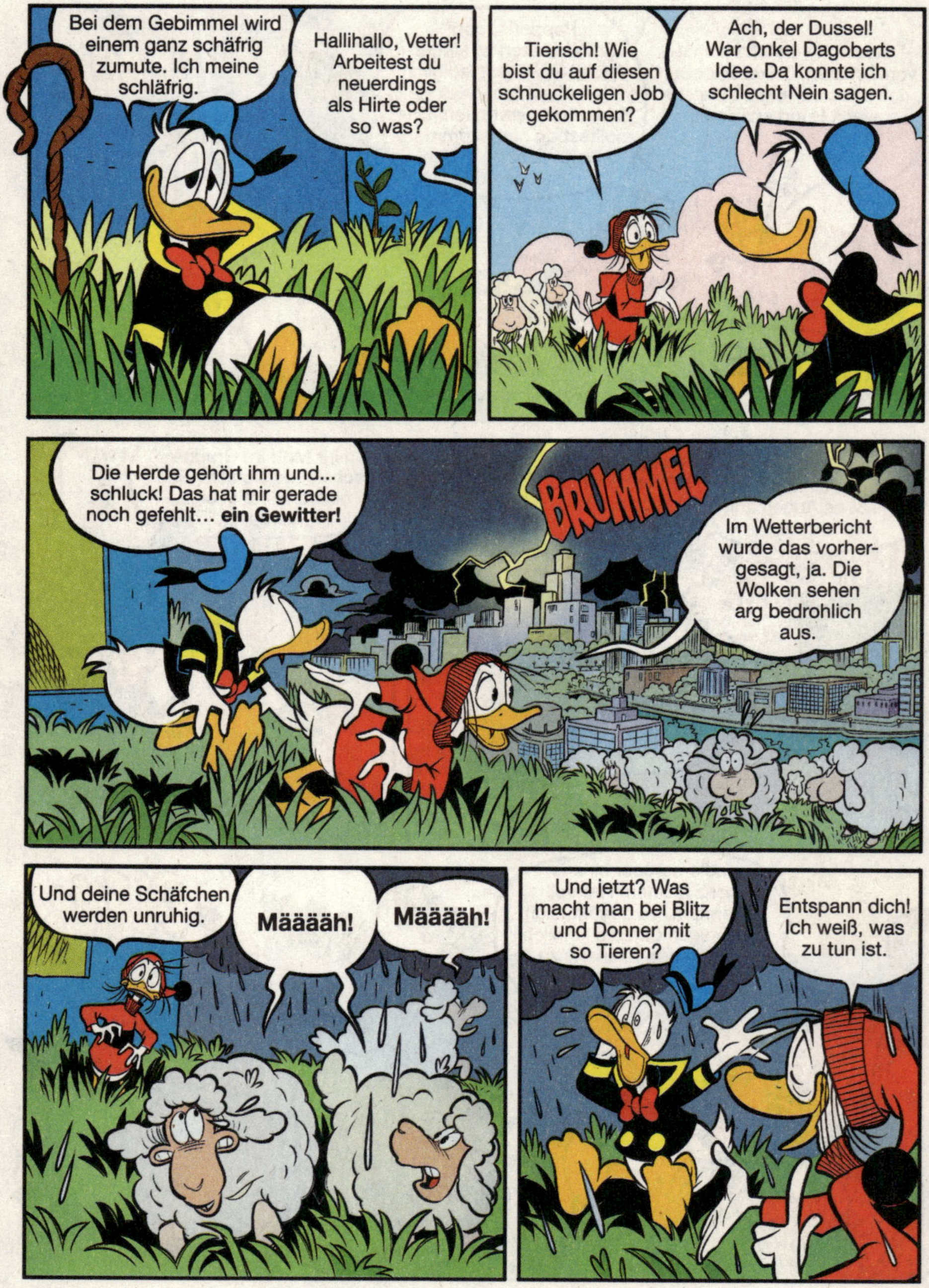
Bei dem Gebimmel wird einem ganz schäfrig zumute. Ich meine schläfrig.
Hallihallo, Vetter! Arbeitest du neuerdings als Hirte oder so was?
Tierisch! Wie bist du auf diesen schnuckeligen Job gekommen?
Ach, der Dussel! War Onkel Dagoberts Idee. Da konnte ich schlecht Nein sagen.
Die Herde gehört ihm und... schluck! Das hat mir gerade noch gefehlt... **ein Gewitter!**
BRUMMEL
Im Wetterbericht wurde das vorhergesagt, ja. Die Wolken sehen arg bedrohlich aus.
Und deine Schäfchen werden unruhig.
Määääh!
Määääh!
Und jetzt? Was macht man bei Blitz und Donner mit so Tieren?
Entspann dich! Ich weiß, was zu tun ist.

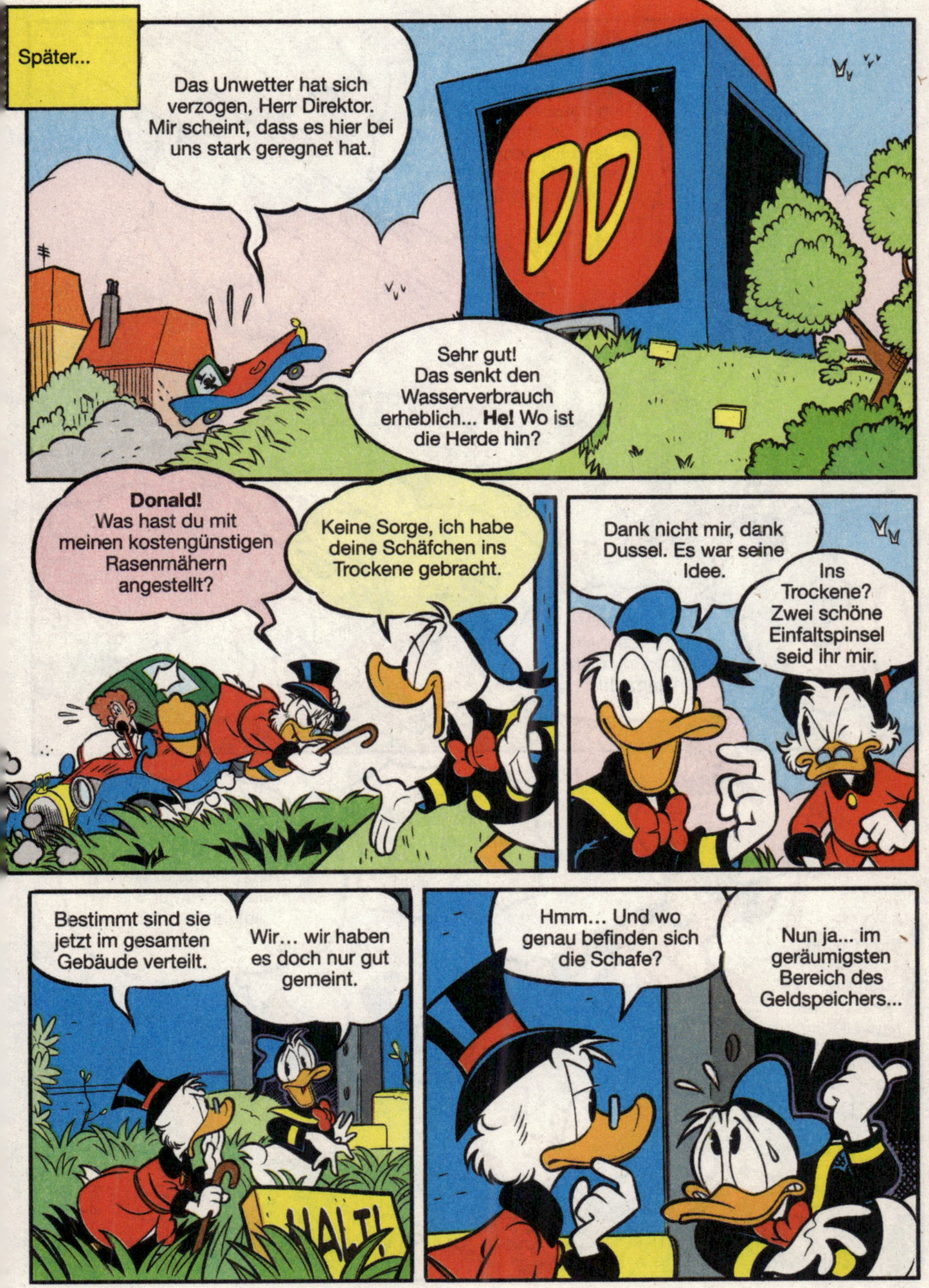
Später...
Das Unwetter hat sich verzogen, Herr Direktor. Mir scheint, dass es hier bei uns stark geregnet hat.
Sehr gut! Das senkt den Wasserverbrauch erheblich... **He!** Wo ist die Herde hin?
Donald! Was hast du mit meinen kostengünstigen Rasenmähern angestellt?
Keine Sorge, ich habe deine Schäfchen ins Trockene gebracht.
Dank nicht mir, dank Dussel. Es war seine Idee.
Ins Trockene? Zwei schöne Einfaltspinsel seid ihr mir.
Bestimmt sind sie jetzt im gesamten Gebäude verteilt.
Wir... wir haben es doch nur gut gemeint.
HALT!
Hmm... Und wo genau befinden sich die Schafe?
Nun ja... im geräumigsten Bereich des Geldspeichers...

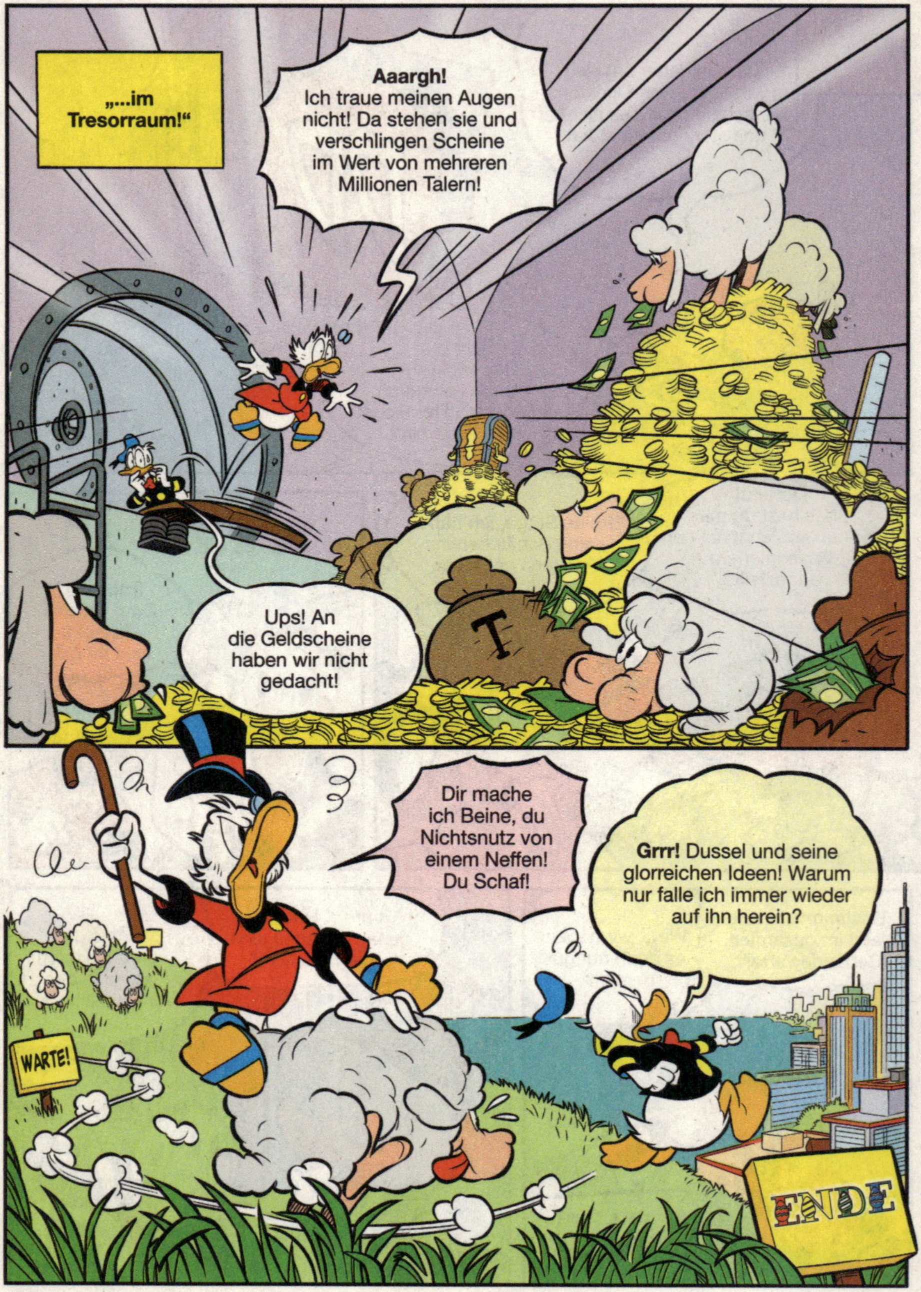
„...im Tresorraum!“
Aaargh! Ich traue meinen Augen nicht! Da stehen sie und verschlingen Scheine im Wert von mehreren Millionen Talern!
Ups! An die Geldscheine haben wir nicht gedacht!
T
Dir mache ich Beine, du Nichtsnutz von einem Neffen! Du Schaf!
Grrr! Dussel und seine glorreichen Ideen! Warum nur falle ich immer wieder auf ihn herein?
WARTE!
ENDE

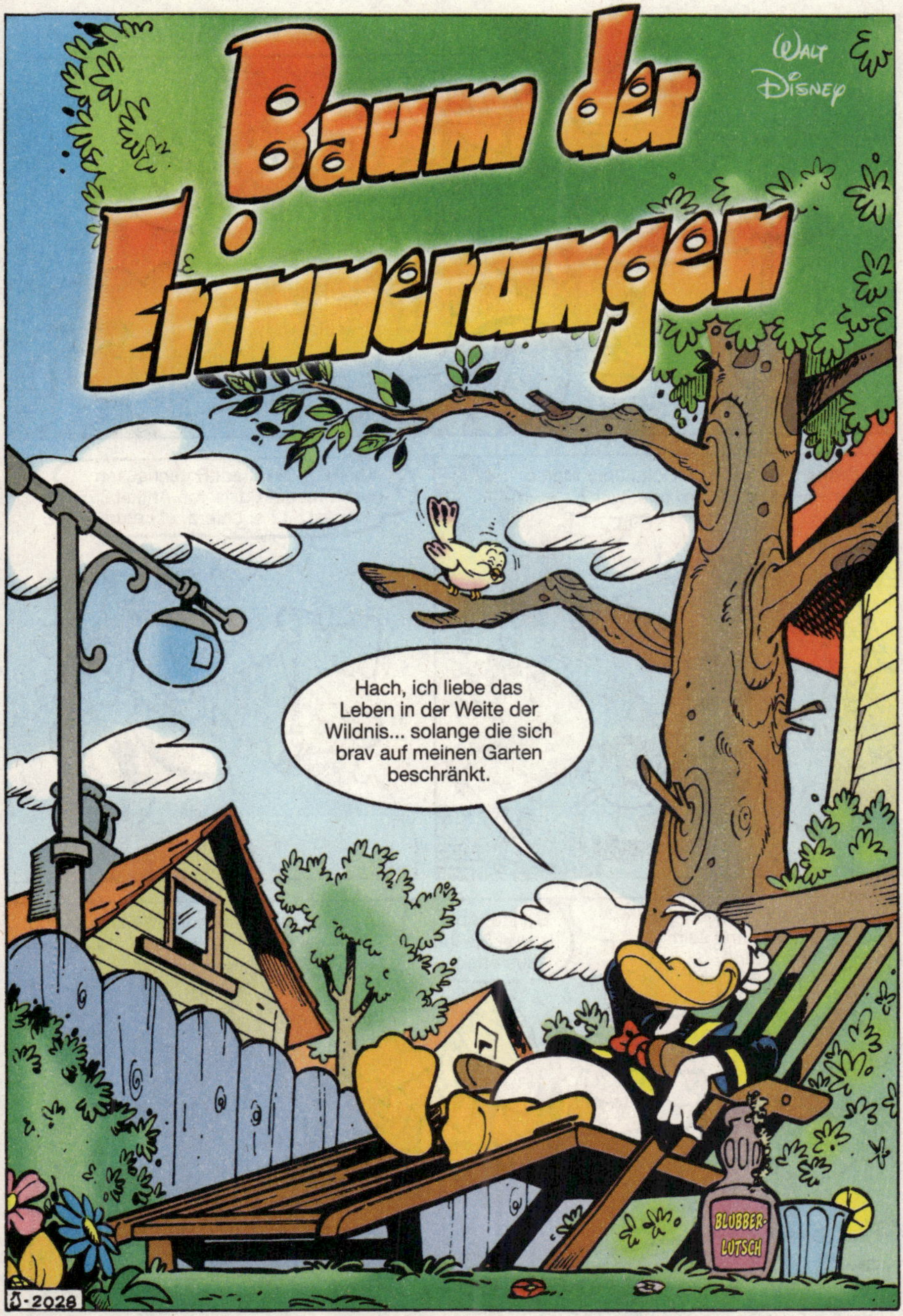

Giuseppe Ramello (Story), **Giampaolo Soldati** (Zeichnungen)

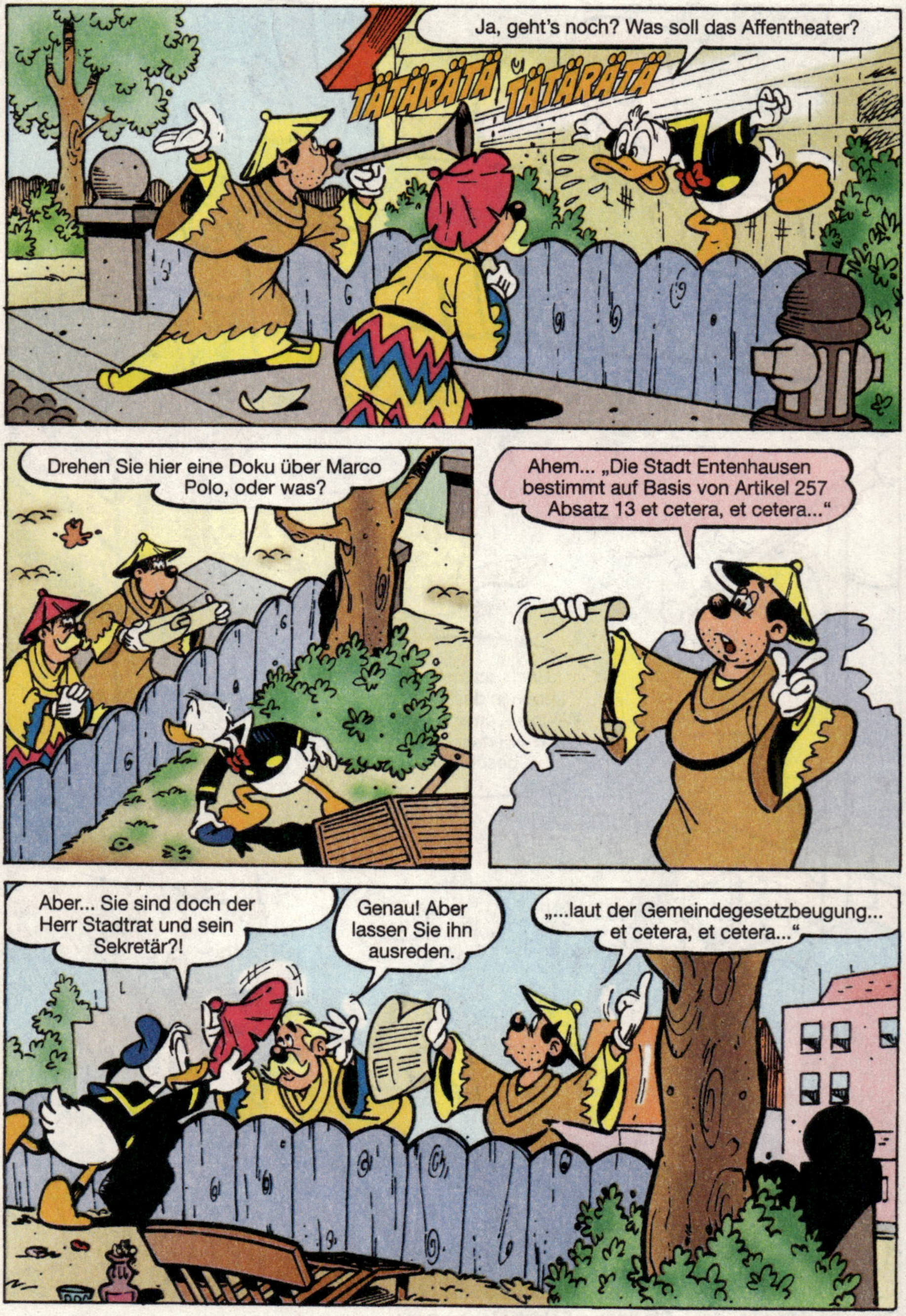
Ja, geht's noch? Was soll das Affentheater?
TÄTÄRÄTÄ TÄTÄRÄTÄ
Drehen Sie hier eine Doku über Marco Polo, oder was?
Ahem... „Die Stadt Entenhausen bestimmt auf Basis von Artikel 257 Absatz 13 et cetera, et cetera..."
Aber... Sie sind doch der Herr Stadtrat und sein Sekretär?!
Genau! Aber lassen Sie ihn ausreden.
„...laut der Gemeindegesetzbeugung... et cetera, et cetera..."

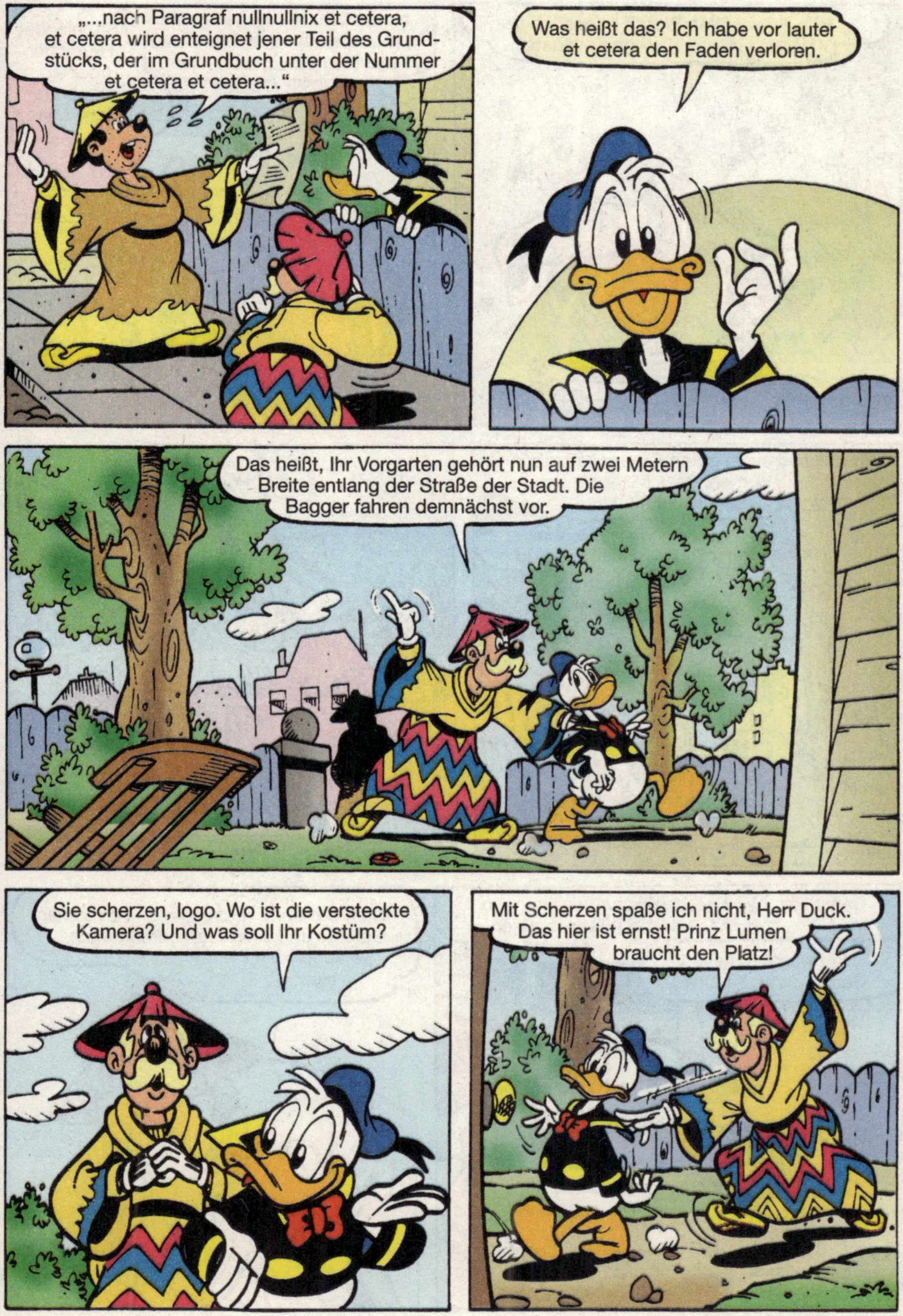
„...nach Paragraf nullnullnix et cetera, et cetera wird enteignet jener Teil des Grundstücks, der im Grundbuch unter der Nummer et cetera et cetera...“
Was heißt das? Ich habe vor lauter et cetera den Faden verloren.
Das heißt, Ihr Vorgarten gehört nun auf zwei Metern Breite entlang der Straße der Stadt. Die Bagger fahren demnächst vor.
Sie scherzen, logo. Wo ist die versteckte Kamera? Und was soll Ihr Kostüm?
Mit Scherzen spaße ich nicht, Herr Duck. Das hier ist ernst! Prinz Lumen braucht den Platz!

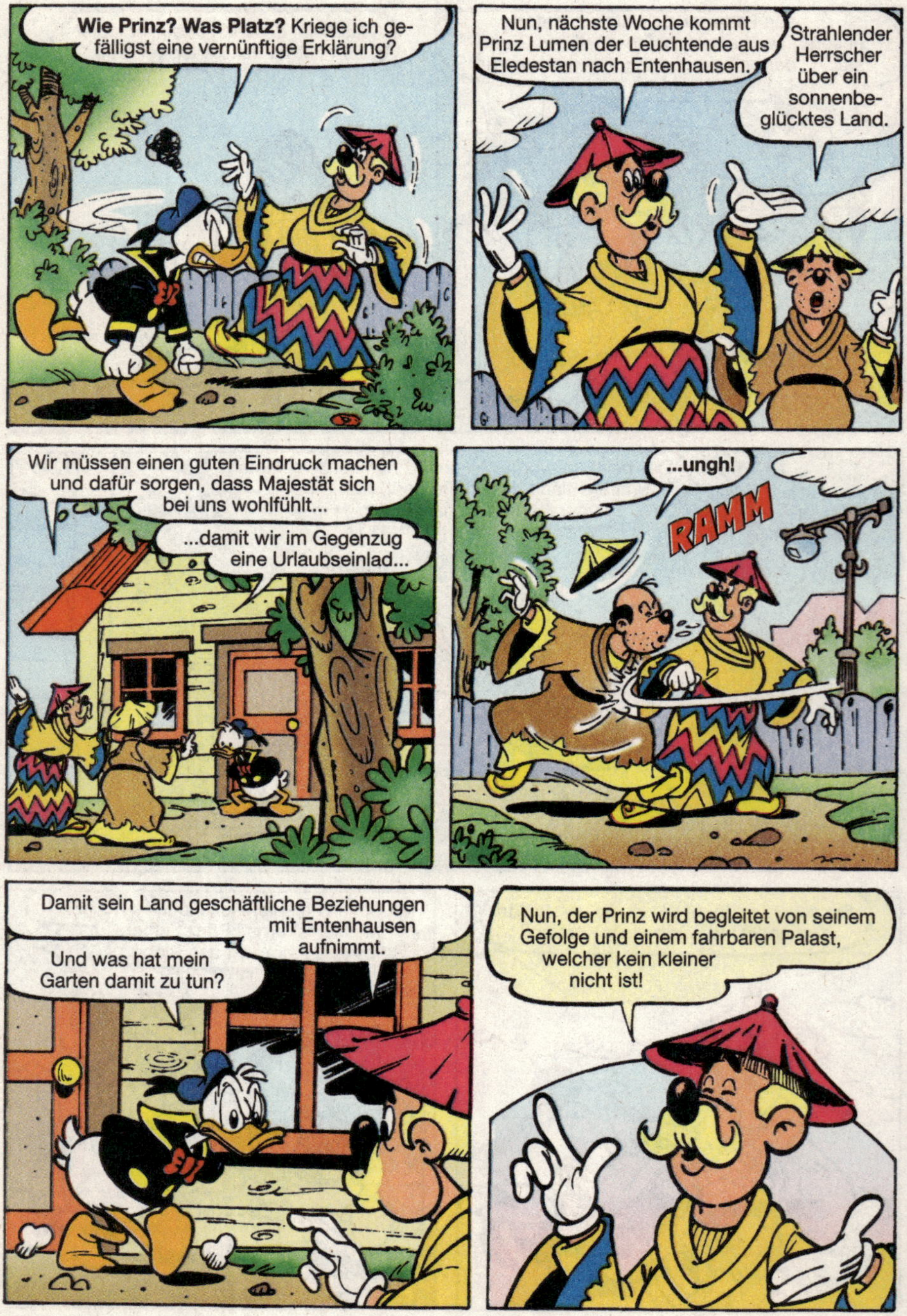
Wie Prinz? Was Platz? Kriege ich gefälligst eine vernünftige Erklärung?
Nun, nächste Woche kommt Prinz Lumen der Leuchtende aus Eledestan nach Entenhausen.
Strahlender Herrscher über ein sonnenbeglücktes Land.
Wir müssen einen guten Eindruck machen und dafür sorgen, dass Majestät sich bei uns wohlfühlt...
...damit wir im Gegenzug eine Urlaubseinlad...
...ungh!
RAMM
Damit sein Land geschäftliche Beziehungen mit Entenhausen aufnimmt.
Und was hat mein Garten damit zu tun?
Nun, der Prinz wird begleitet von seinem Gefolge und einem fahrbaren Palast, welcher kein kleiner nicht ist!

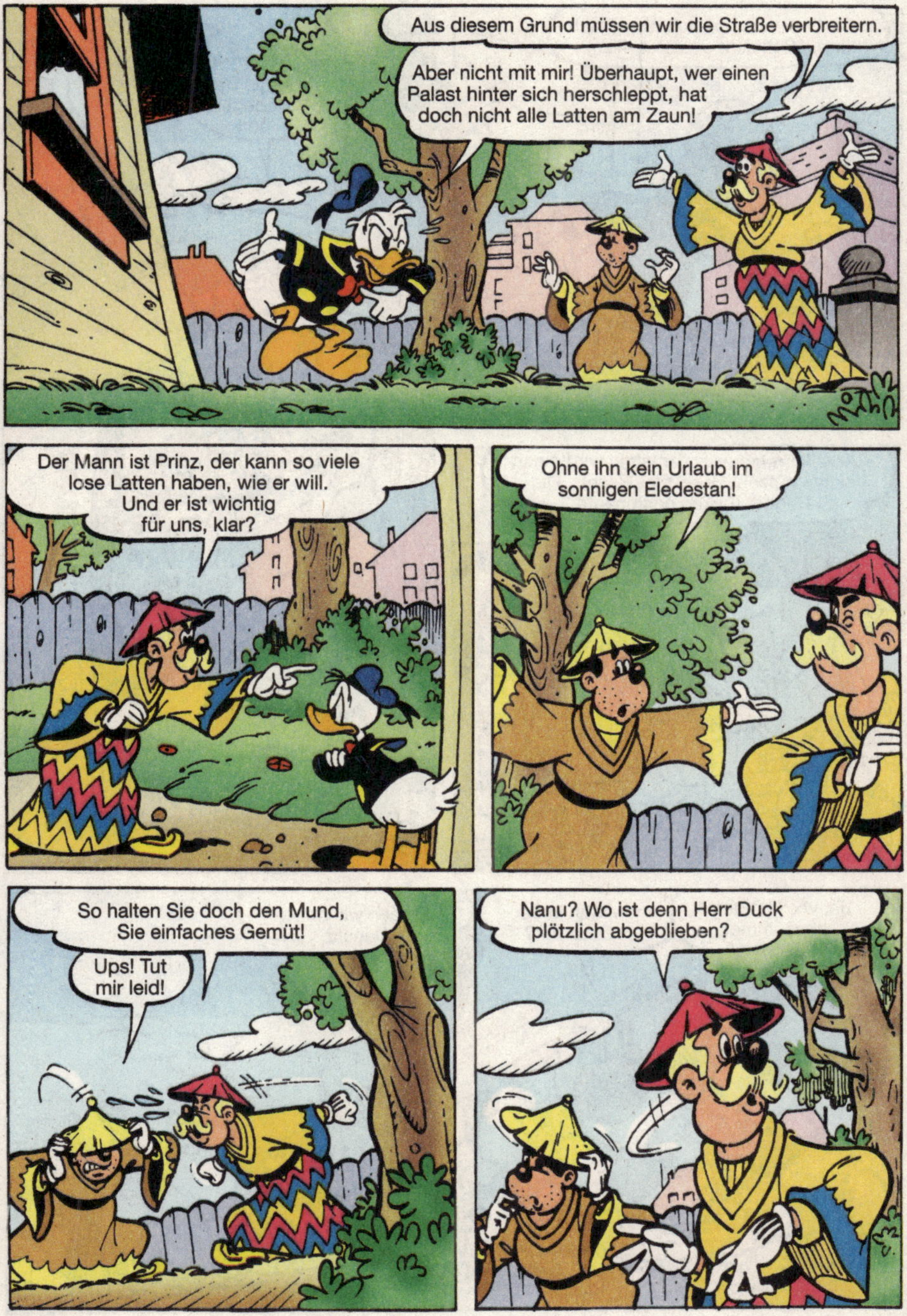
Aus diesem Grund müssen wir die Straße verbreitern.
Aber nicht mit mir! Überhaupt, wer einen Palast hinter sich herschleppt, hat doch nicht alle Latten am Zaun!
Der Mann ist Prinz, der kann so viele lose Latten haben, wie er will. Und er ist wichtig für uns, klar?
Ohne ihn kein Urlaub im sonnigen Eledestan!
So halten Sie doch den Mund, Sie einfaches Gemüt!
Ups! Tut mir leid!
Nanu? Wo ist denn Herr Duck plötzlich abgeblieben?

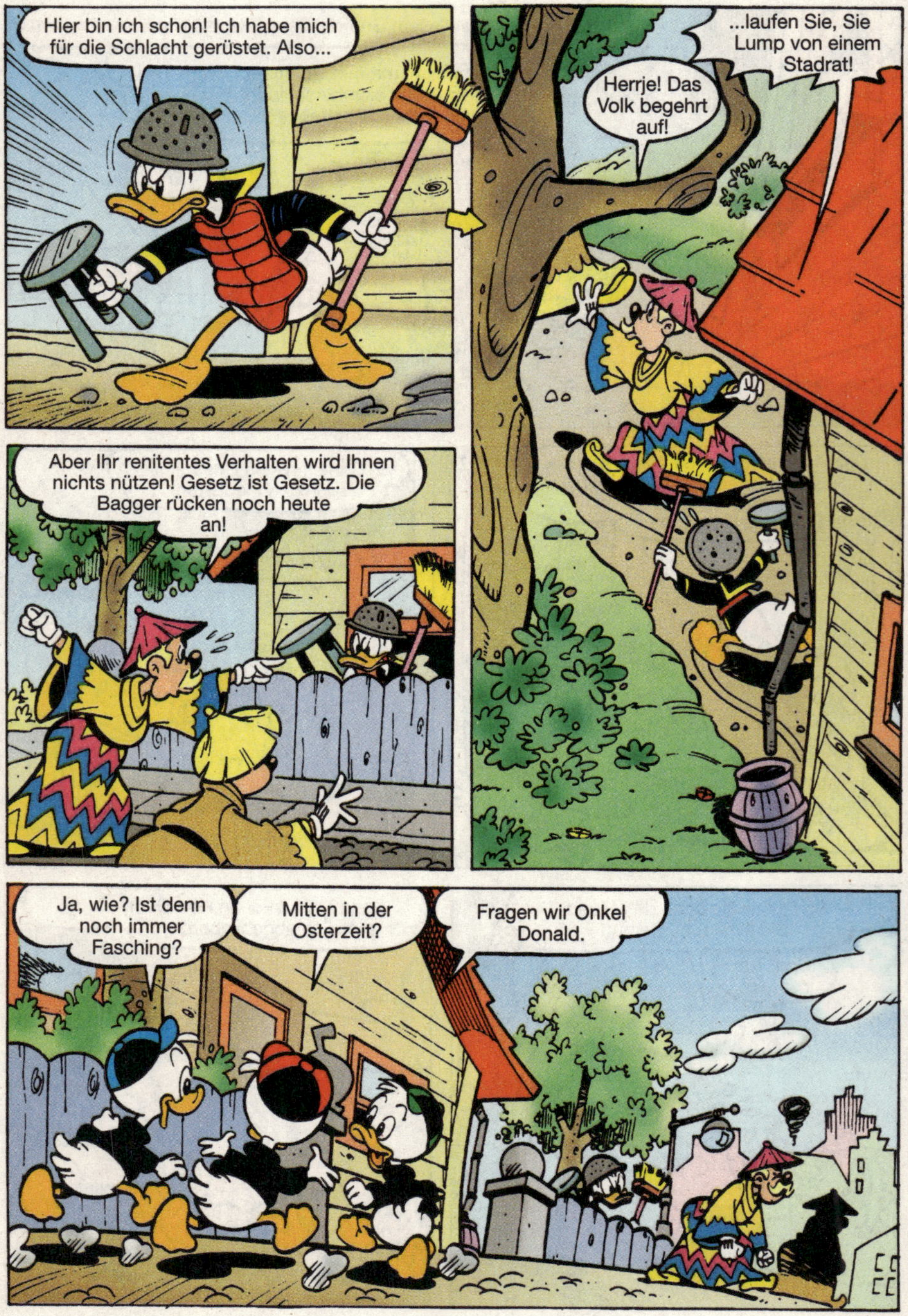
Hier bin ich schon! Ich habe mich für die Schlacht gerüstet. Also...
...laufen Sie, Sie Lump von einem Stadrat!
Herrje! Das Volk begehrt auf!
Aber Ihr renitentes Verhalten wird Ihnen nichts nützen! Gesetz ist Gesetz. Die Bagger rücken noch heute an!
Ja, wie? Ist denn noch immer Fasching?
Mitten in der Osterzeit?
Fragen wir Onkel Donald.

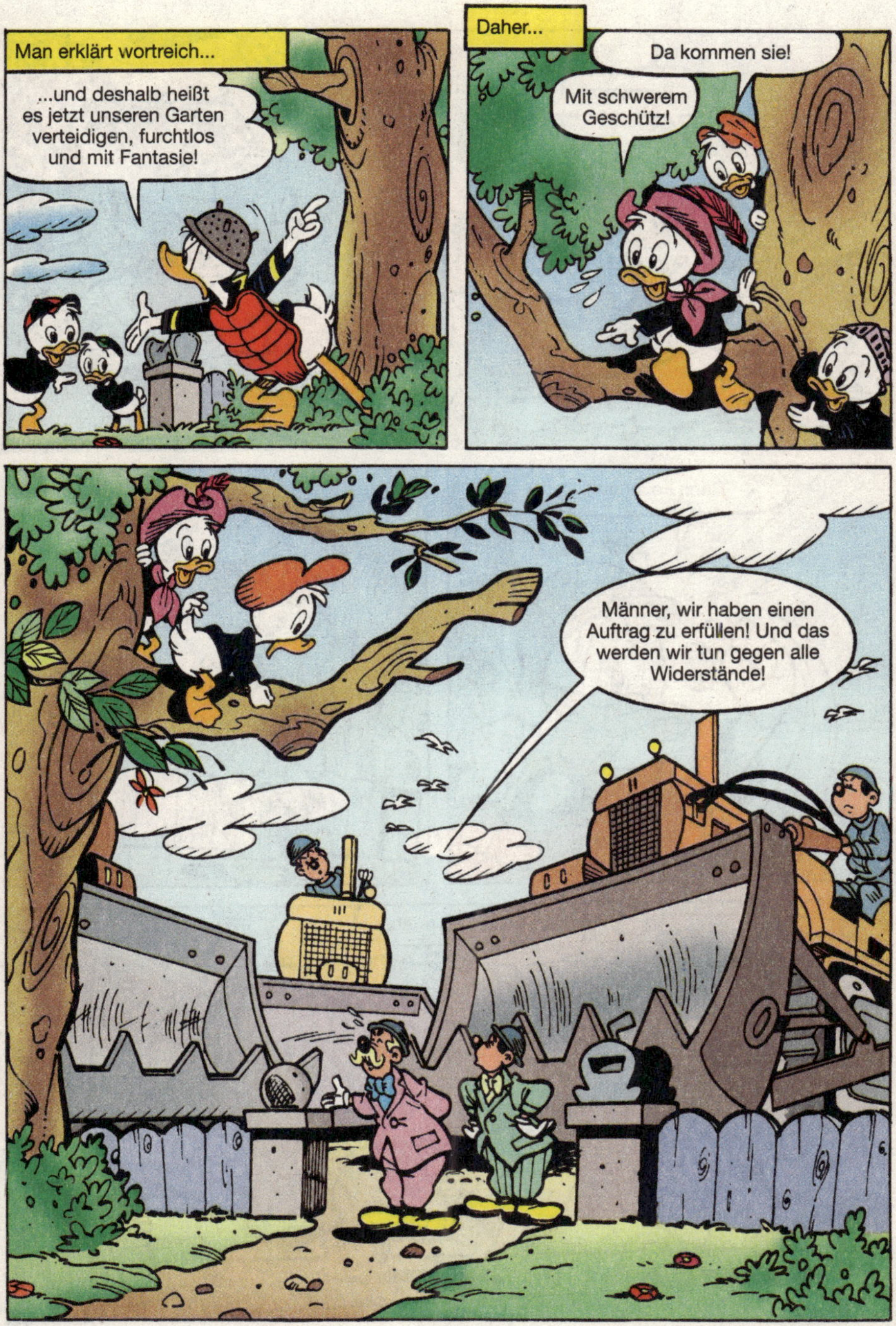

Man erklärt wortreich...
...und deshalb heißt es jetzt unseren Garten verteidigen, furchtlos und mit Fantasie!
Daher...
Da kommen sie!
Mit schwerem Geschütz!
Männer, wir haben einen Auftrag zu erfüllen! Und das werden wir tun gegen alle Widerstände!

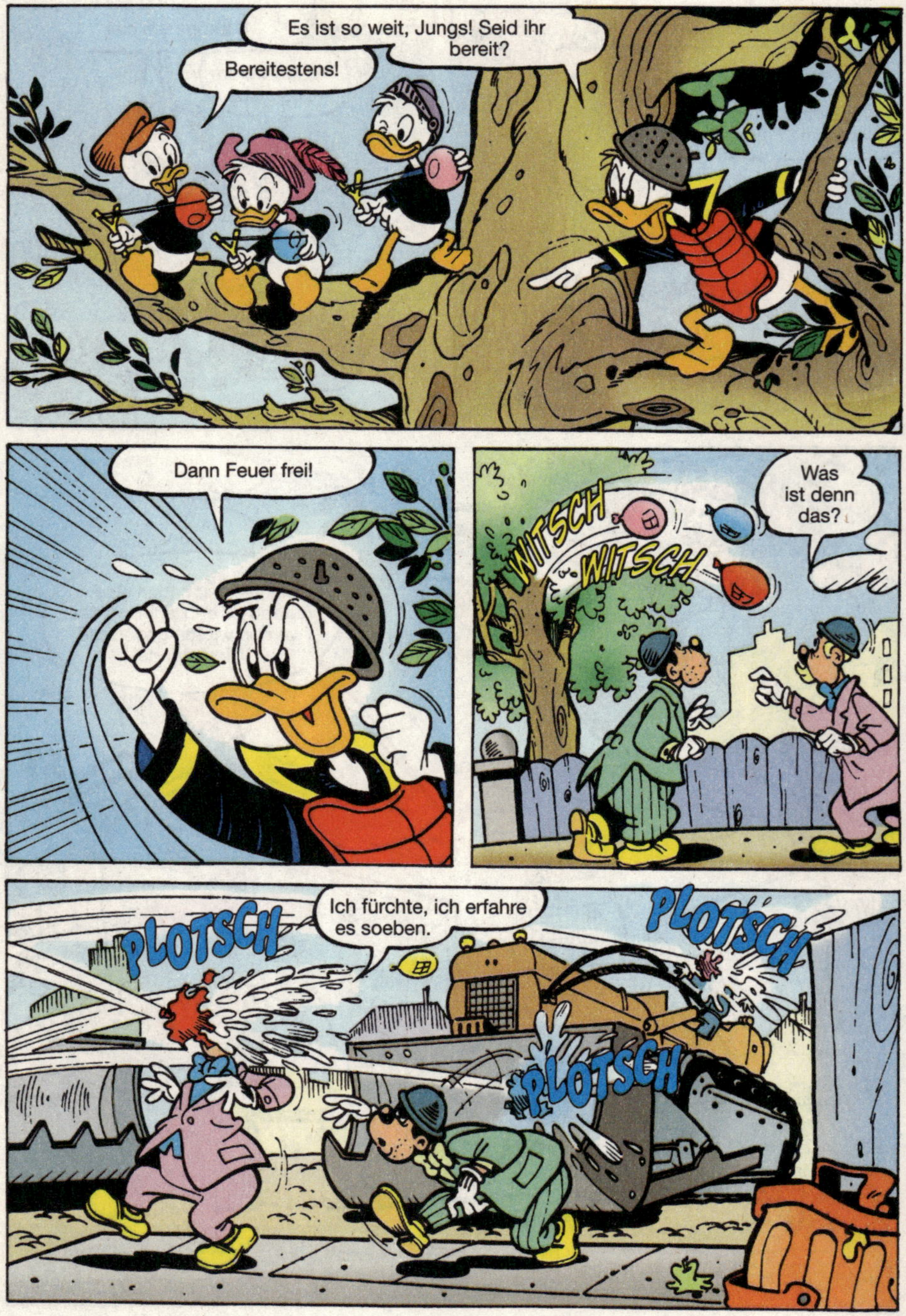

Es ist so weit, Jungs! Seid ihr bereit?
Bereitestens!
Dann Feuer frei!
WITSCH
WITSCH
Was ist denn das?
PLOTSCH
Ich fürchte, ich erfahre es soeben.
PLOTSCH
PLOTSCH

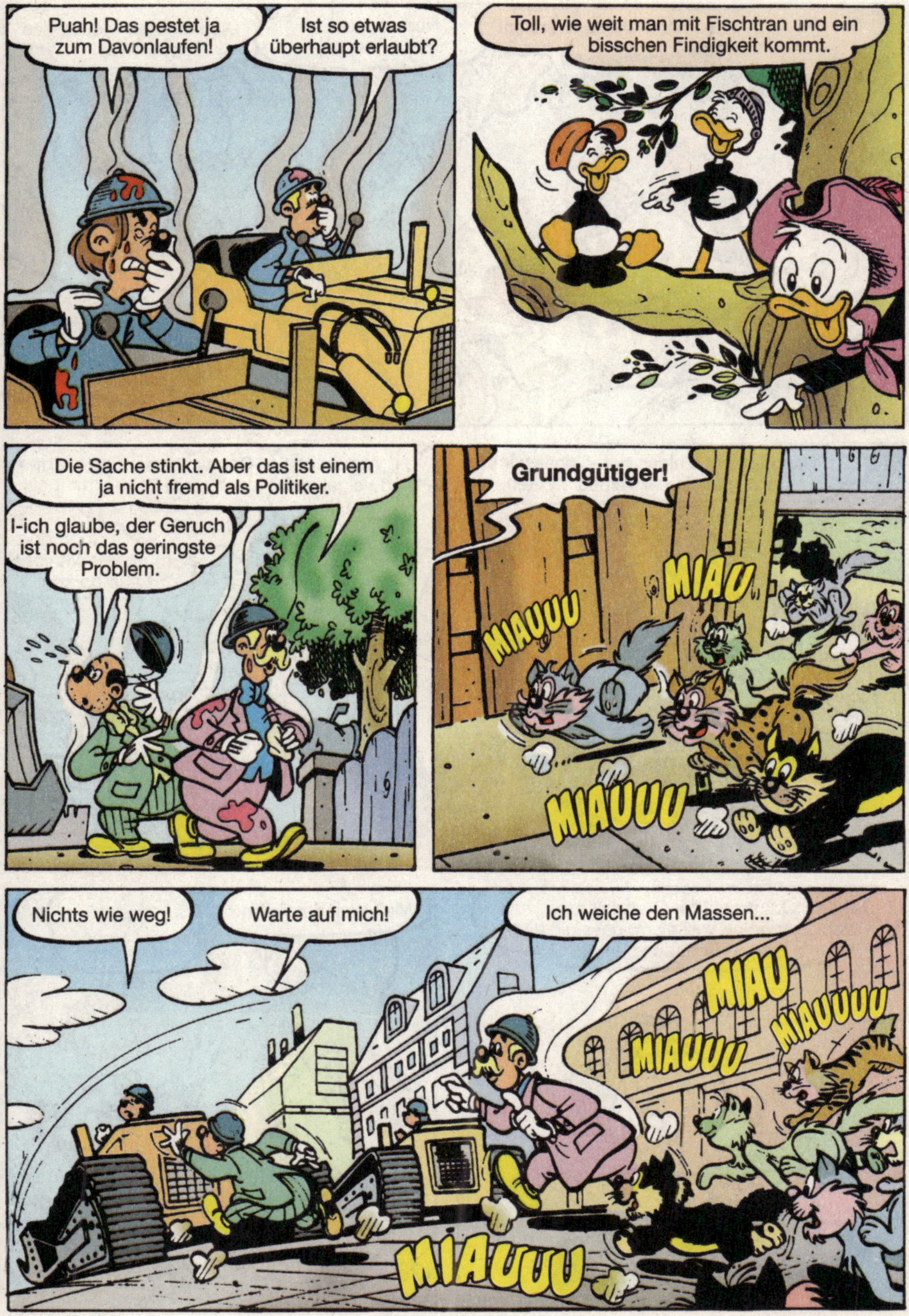
Puah! Das pestet ja zum Davonlaufen!
Ist so etwas überhaupt erlaubt?
Toll, wie weit man mit Fischtran und ein bisschen Findigkeit kommt.
Die Sache stinkt. Aber das ist einem ja nicht fremd als Politiker.
I-ich glaube, der Geruch ist noch das geringste Problem.
Grundgütiger!
MIAU
MIAUUU
MIAUUU
Nichts wie weg!
Warte auf mich!
Ich weiche den Massen...
MIAU
MIAUUU
MIAUUUU
MIAUUU

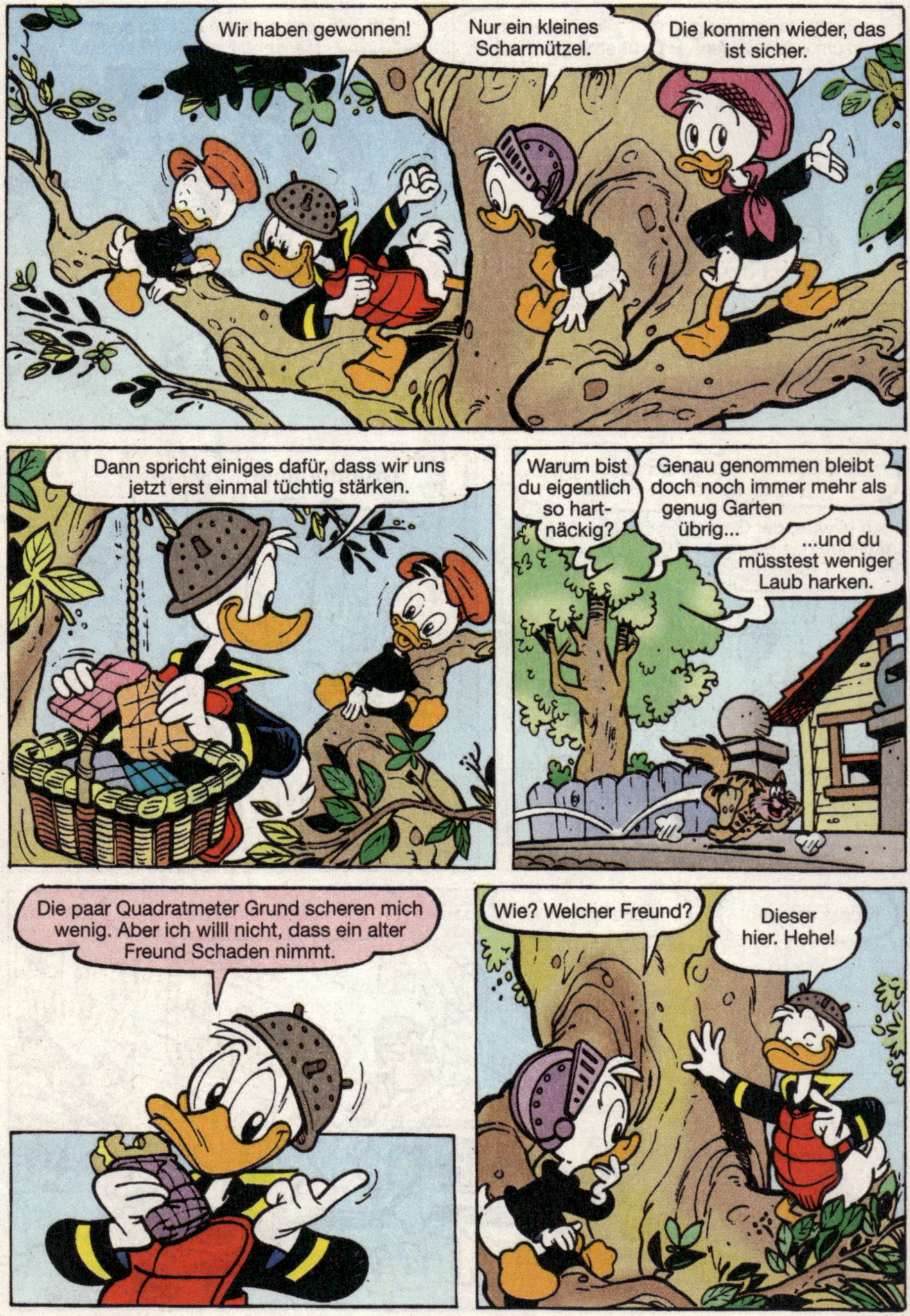
Wir haben gewonnen!
Nur ein kleines Scharmützel.
Die kommen wieder, das ist sicher.
Dann spricht einiges dafür, dass wir uns jetzt erst einmal tüchtig stärken.
Warum bist du eigentlich so hart-näckig?
Genau genommen bleibt doch noch immer mehr als genug Garten übrig...
...und du müsstest weniger Laub harken.
Die paar Quadratmeter Grund scheren mich wenig. Aber ich willl nicht, dass ein alter Freund Schaden nimmt.
Wie? Welcher Freund?
Dieser hier. Hehe!

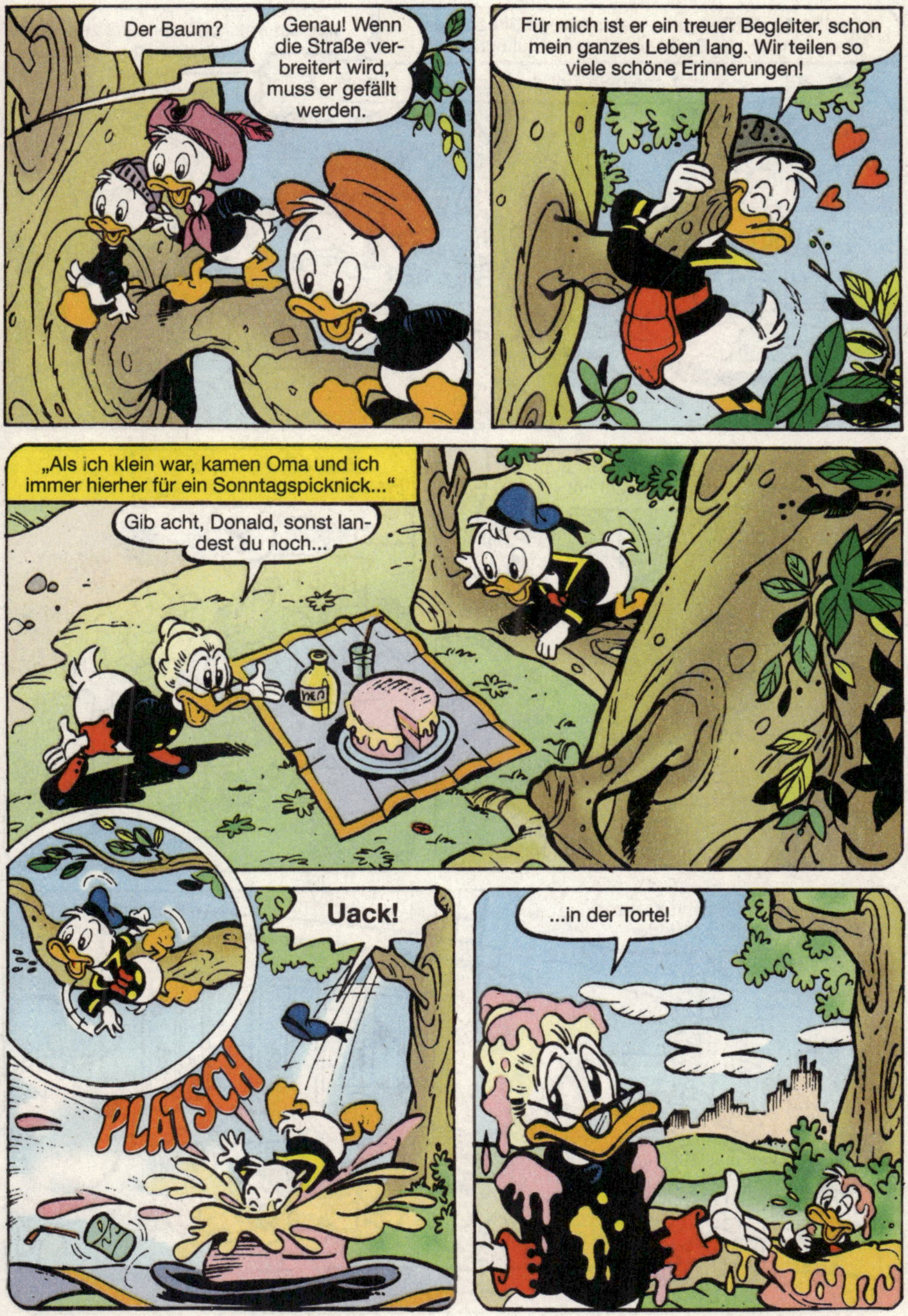
Der Baum?
Genau! Wenn die Straße verbreitert wird, muss er gefällt werden.
Für mich ist er ein treuer Begleiter, schon mein ganzes Leben lang. Wir teilen so viele schöne Erinnerungen!
„Als ich klein war, kamen Oma und ich immer hierher für ein Sonntagspicknick..."
Gib acht, Donald, sonst landest du noch...
Uack!
PLATSCH
...in der Torte!

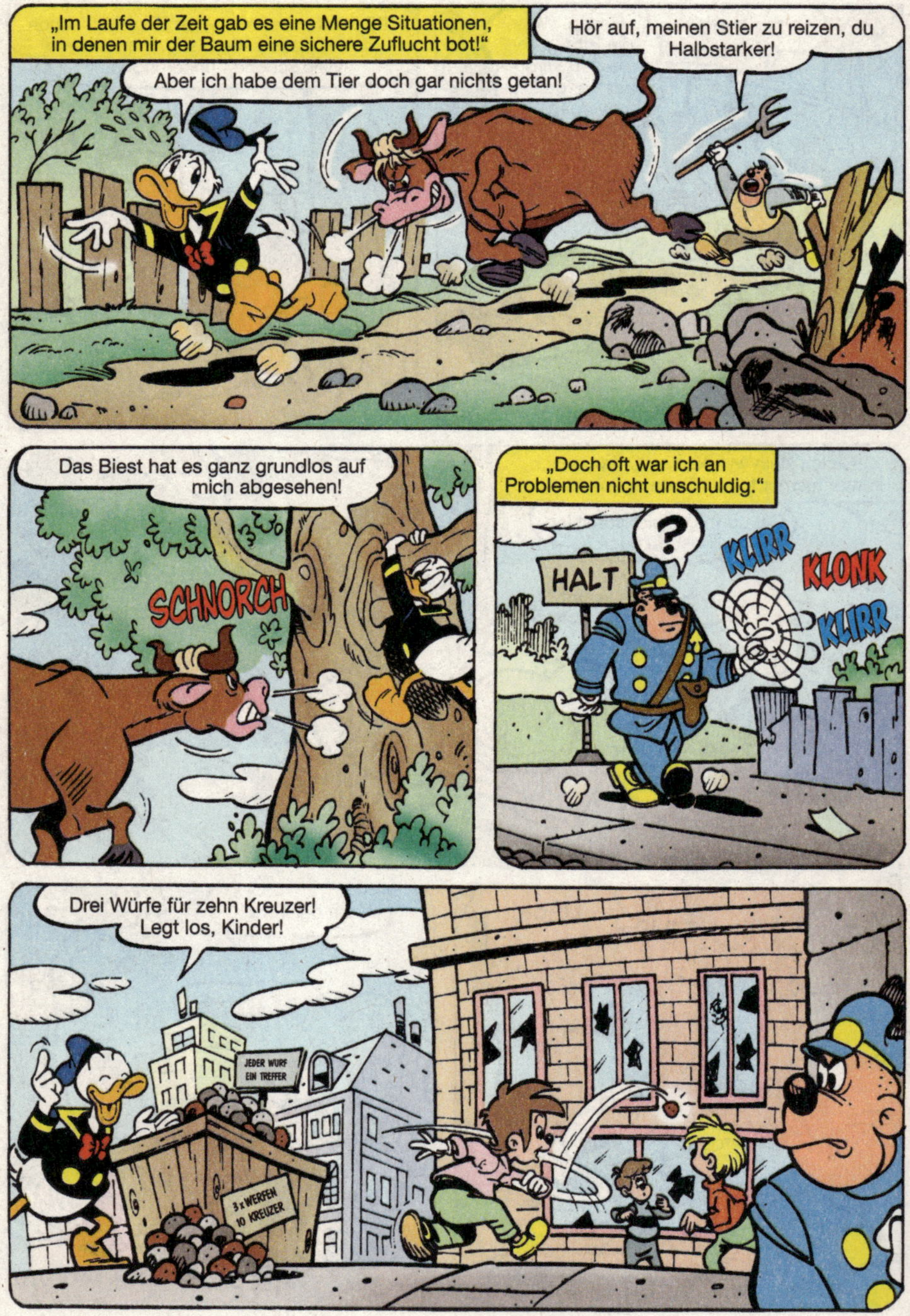
„Im Laufe der Zeit gab es eine Menge Situationen, in denen mir der Baum eine sichere Zuflucht bot!“
Hör auf, meinen Stier zu reizen, du Halbstarker!
Aber ich habe dem Tier doch gar nichts getan!
Das Biest hat es ganz grundlos auf mich abgesehen!
SCHNORCH
„Doch oft war ich an Problemen nicht unschuldig.“
?
HALT
KLIRR
KLONK
KLIRR
Drei Würfe für zehn Kreuzer! Legt los, Kinder!
JEDER WURF EIN TREFFER
3 x WERFEN 10 KREUZER

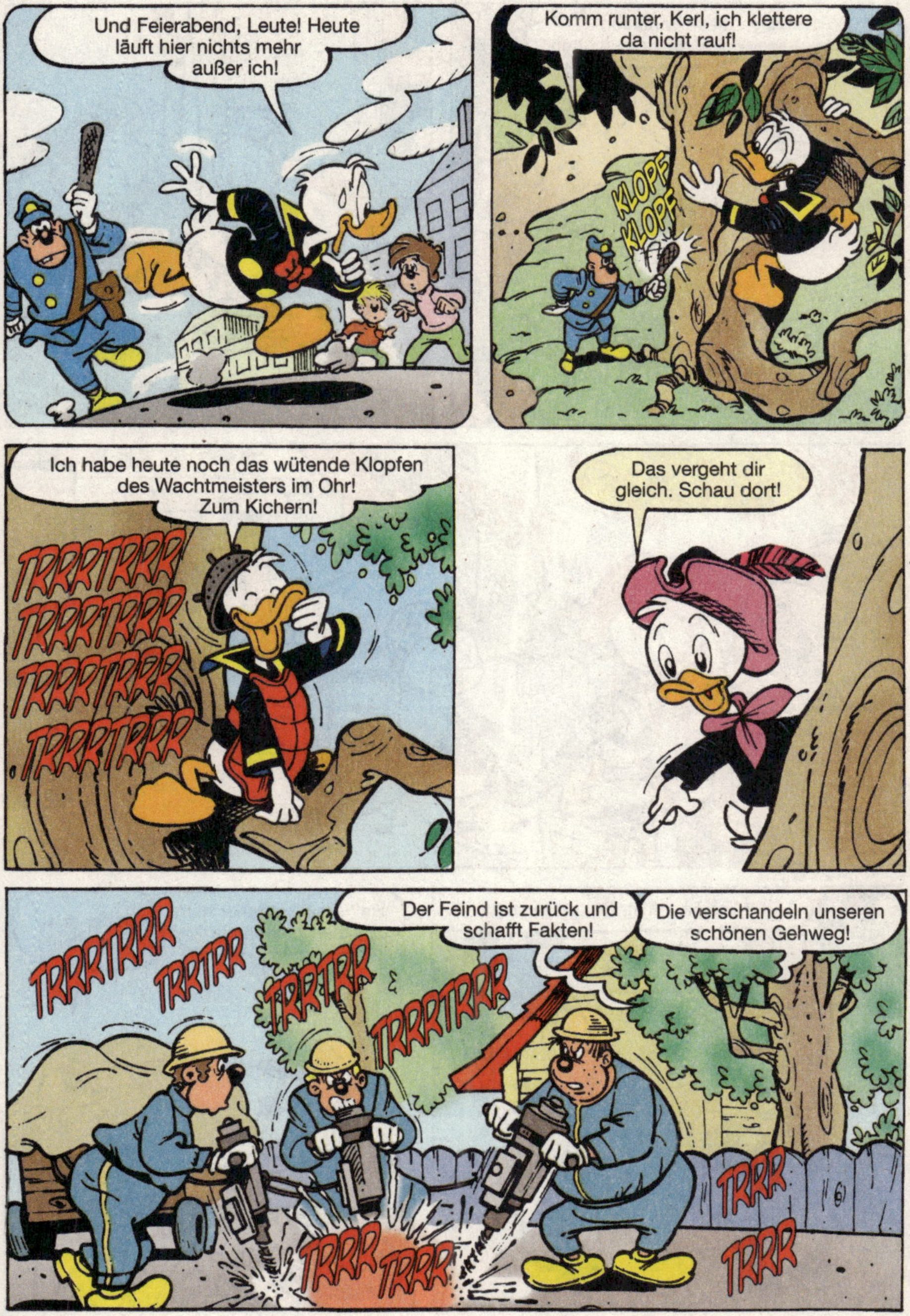
Und Feierabend, Leute! Heute läuft hier nichts mehr außer ich!
Komm runter, Kerl, ich klettere da nicht rauf!
KLOPF KLOPF
Ich habe heute noch das wütende Klopfen des Wachtmeisters im Ohr! Zum Kichern!
TRRRTRRR TRRRTRRR TRRRTRRR TRRRTRRR
Das vergeht dir gleich. Schau dort!
TRRRTRRR TRRTRR TRRTRR TRRRTRRR
Der Feind ist zurück und schafft Fakten!
Die verschandeln unseren schönen Gehweg!
TRRR TRRR TRRR TRRR

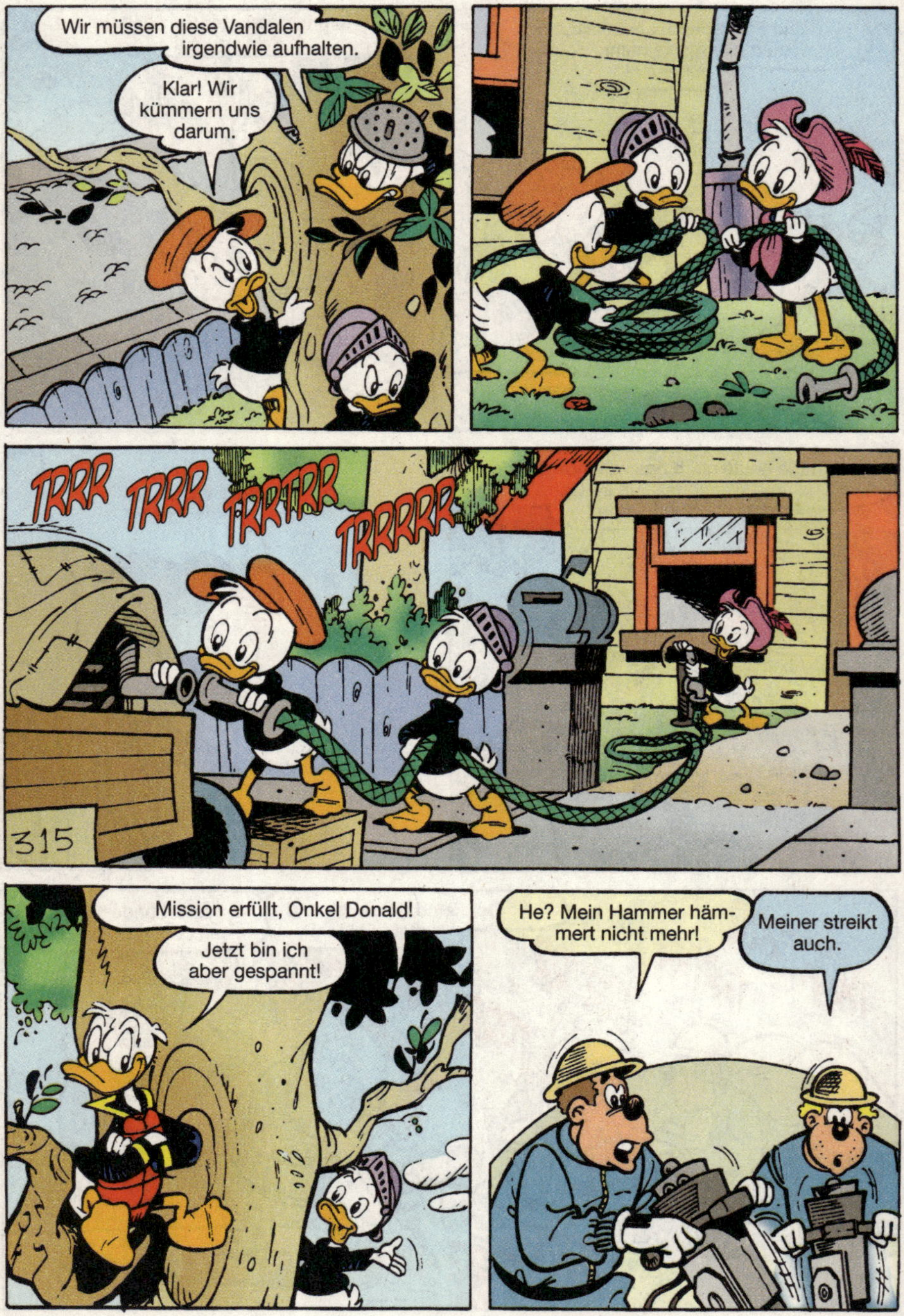
Wir müssen diese Vandalen irgendwie aufhalten.
Klar! Wir kümmern uns darum.
TRRR TRRR TRRTRR TRRRRR
315
Mission erfüllt, Onkel Donald!
Jetzt bin ich aber gespannt!
He? Mein Hammer hämmert nicht mehr!
Meiner streikt auch.

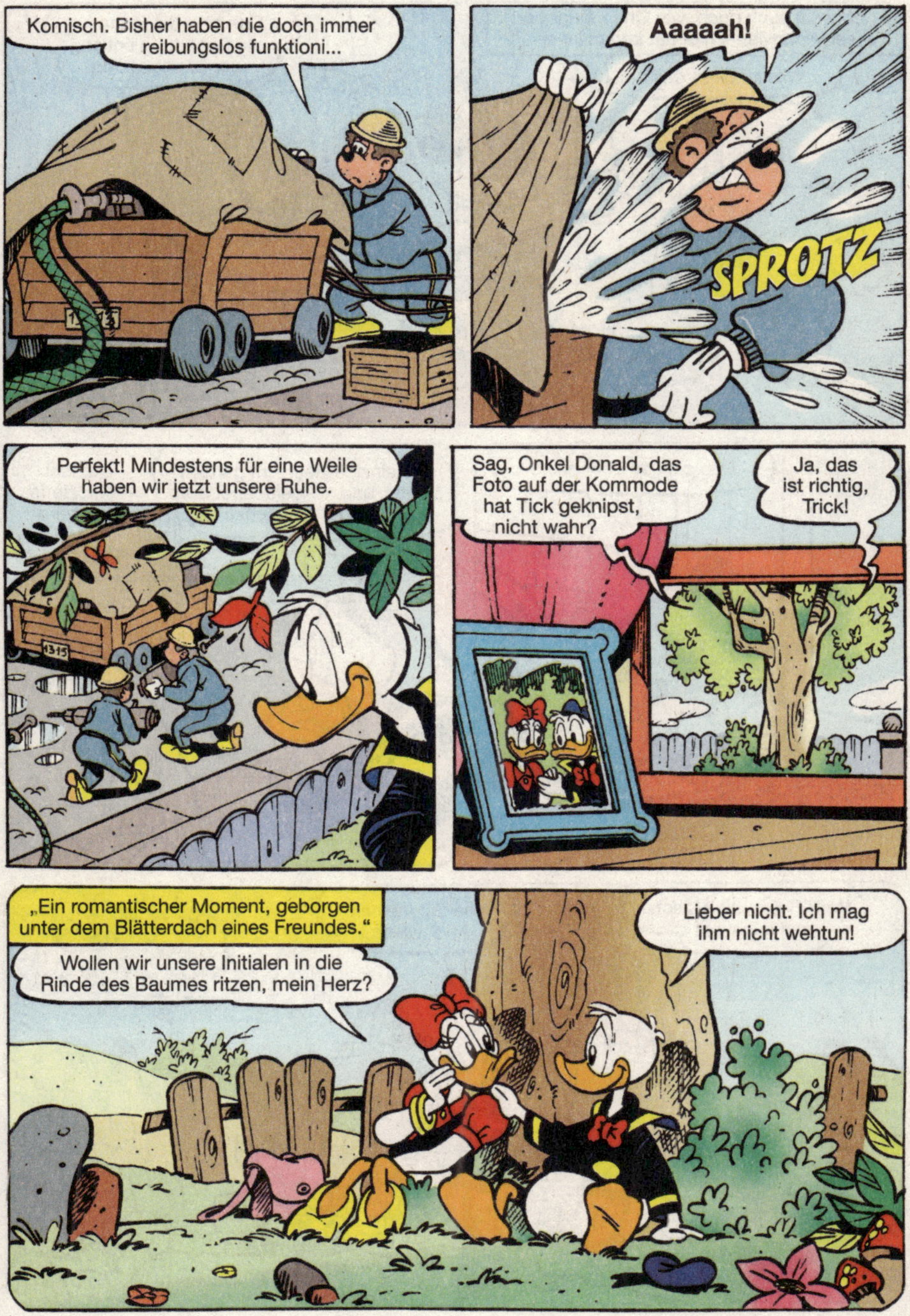

Komisch. Bisher haben die doch immer reibungslos funktioni...
Aaaaah!
SPROTZ
Perfekt! Mindestens für eine Weile haben wir jetzt unsere Ruhe.
Sag, Onkel Donald, das Foto auf der Kommode hat Tick geknipst, nicht wahr?
Ja, das ist richtig, Trick!
„Ein romantischer Moment, geborgen unter dem Blätterdach eines Freundes."
Wollen wir unsere Initialen in die Rinde des Baumes ritzen, mein Herz?
Lieber nicht. Ich mag ihm nicht wehtun!

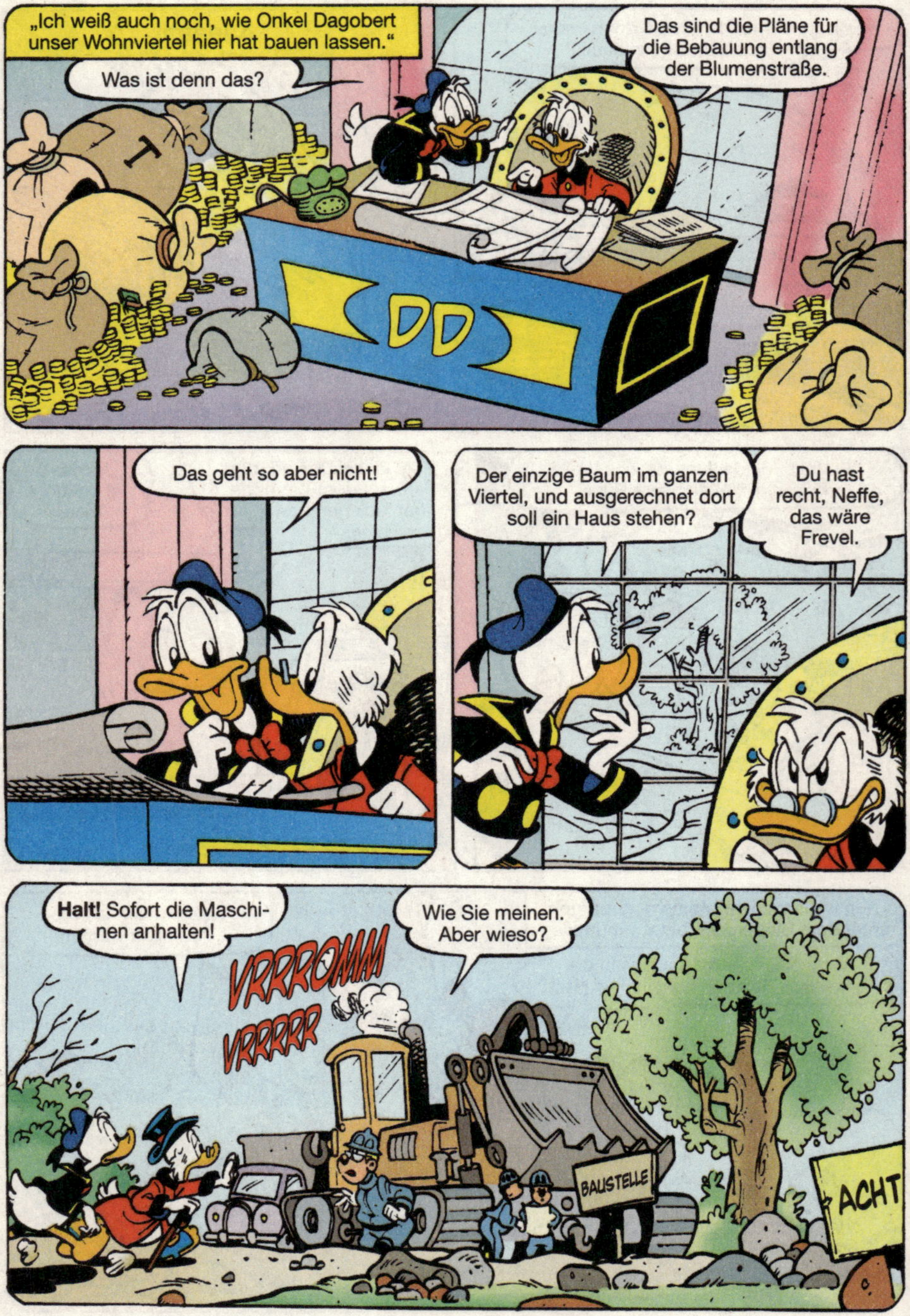
„Ich weiß auch noch, wie Onkel Dagobert unser Wohnviertel hier hat bauen lassen.“
Was ist denn das?
Das sind die Pläne für die Bebauung entlang der Blumenstraße.
DD
Das geht so aber nicht!
Der einzige Baum im ganzen Viertel, und ausgerechnet dort soll ein Haus stehen?
Du hast recht, Neffe, das wäre Frevel.
Halt! Sofort die Maschinen anhalten!
Wie Sie meinen. Aber wieso?
VRRROMM
VRRRRR
BAUSTELLE
ACHT

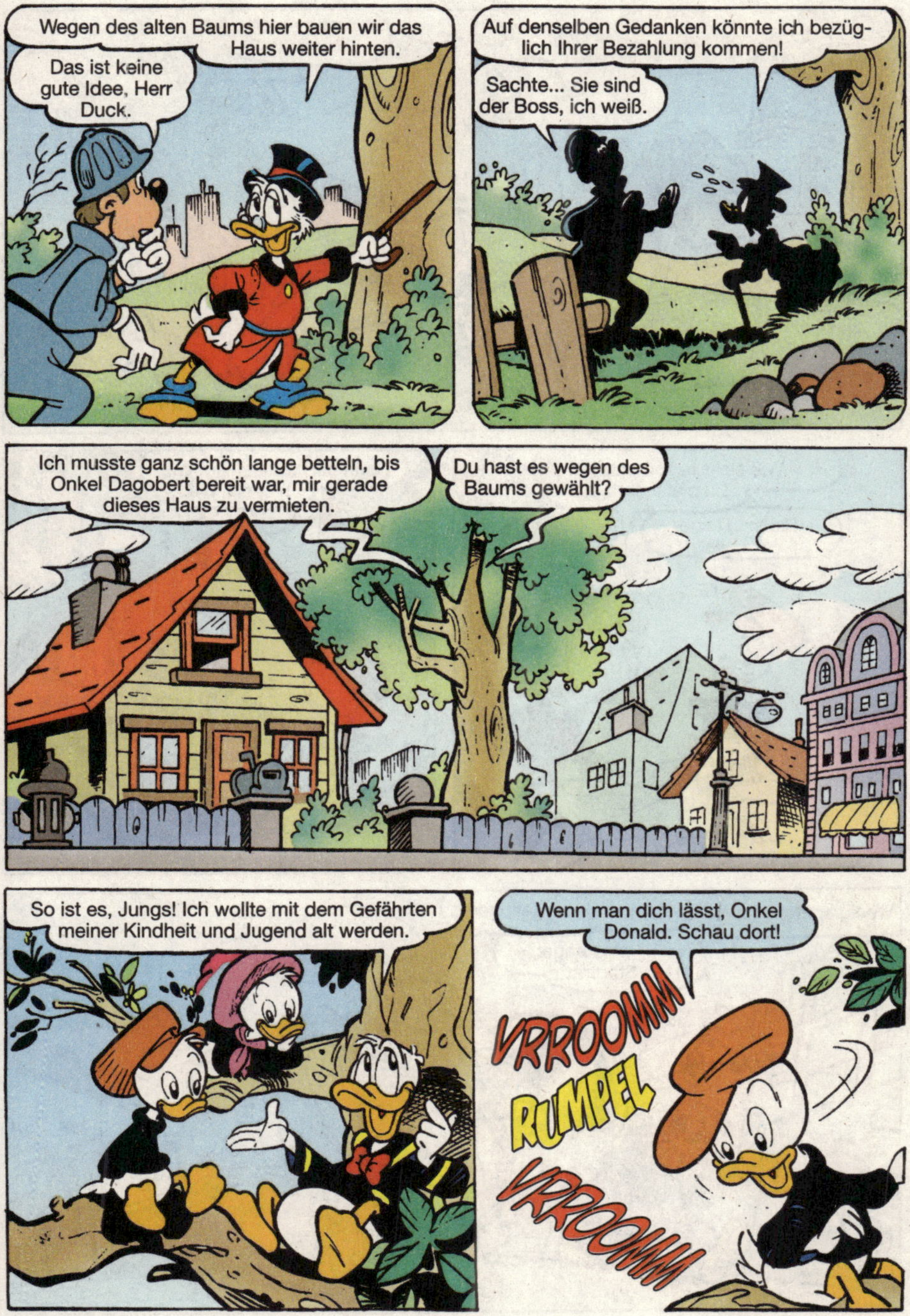
Wegen des alten Baums hier bauen wir das Haus weiter hinten.
Das ist keine gute Idee, Herr Duck.
Auf denselben Gedanken könnte ich bezüglich Ihrer Bezahlung kommen!
Sachte... Sie sind der Boss, ich weiß.
Ich musste ganz schön lange betteln, bis Onkel Dagobert bereit war, mir gerade dieses Haus zu vermieten.
Du hast es wegen des Baums gewählt?
So ist es, Jungs! Ich wollte mit dem Gefährten meiner Kindheit und Jugend alt werden.
Wenn man dich lässt, Onkel Donald. Schau dort!
VRROOMM
RUMPEL
VRROOMM

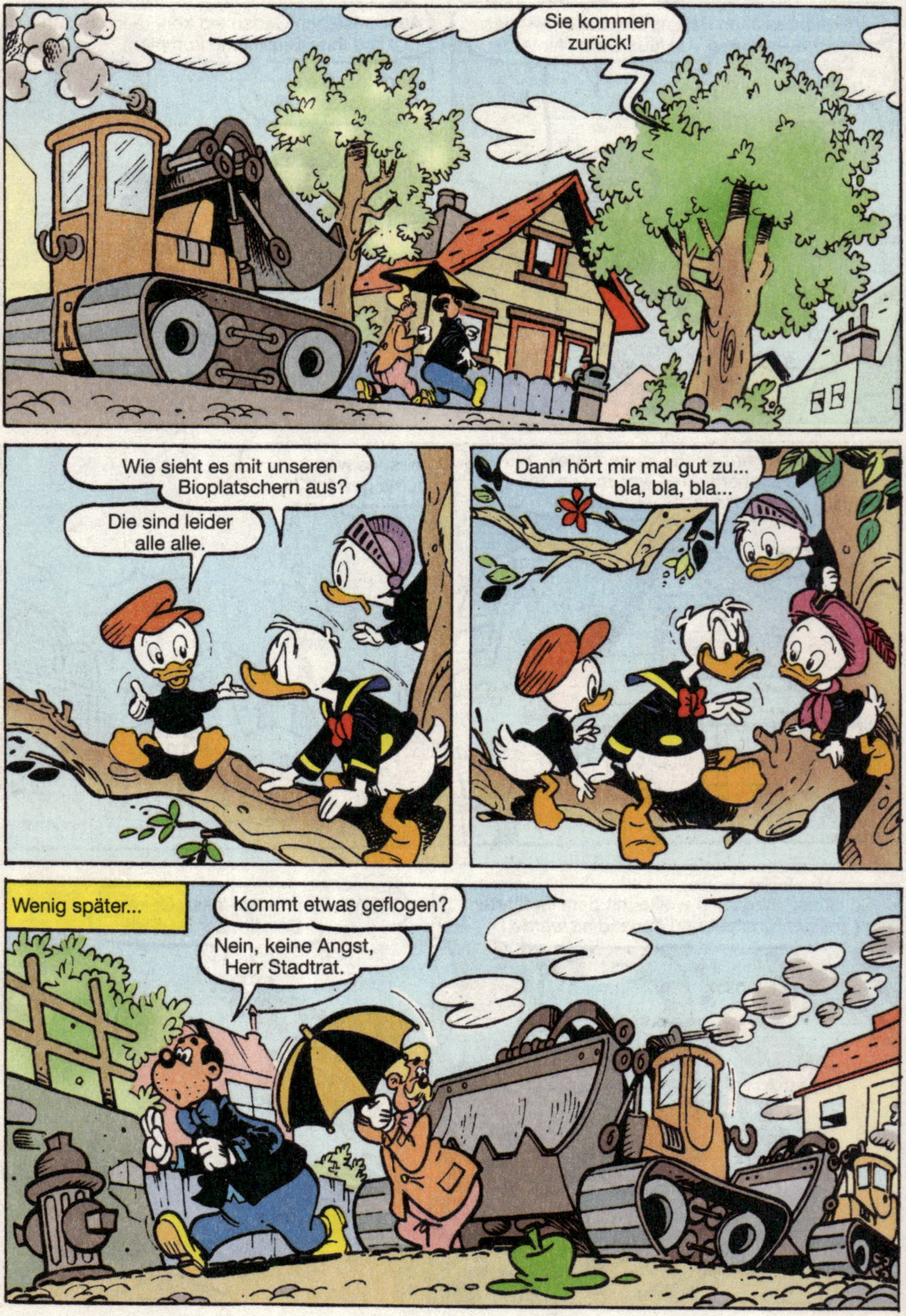
Sie kommen zurück!
Wie sieht es mit unseren Bioplatschern aus?
Die sind leider alle alle.
Dann hört mir mal gut zu... bla, bla, bla...
Wenig später...
Kommt etwas geflogen?
Nein, keine Angst, Herr Stadtrat.

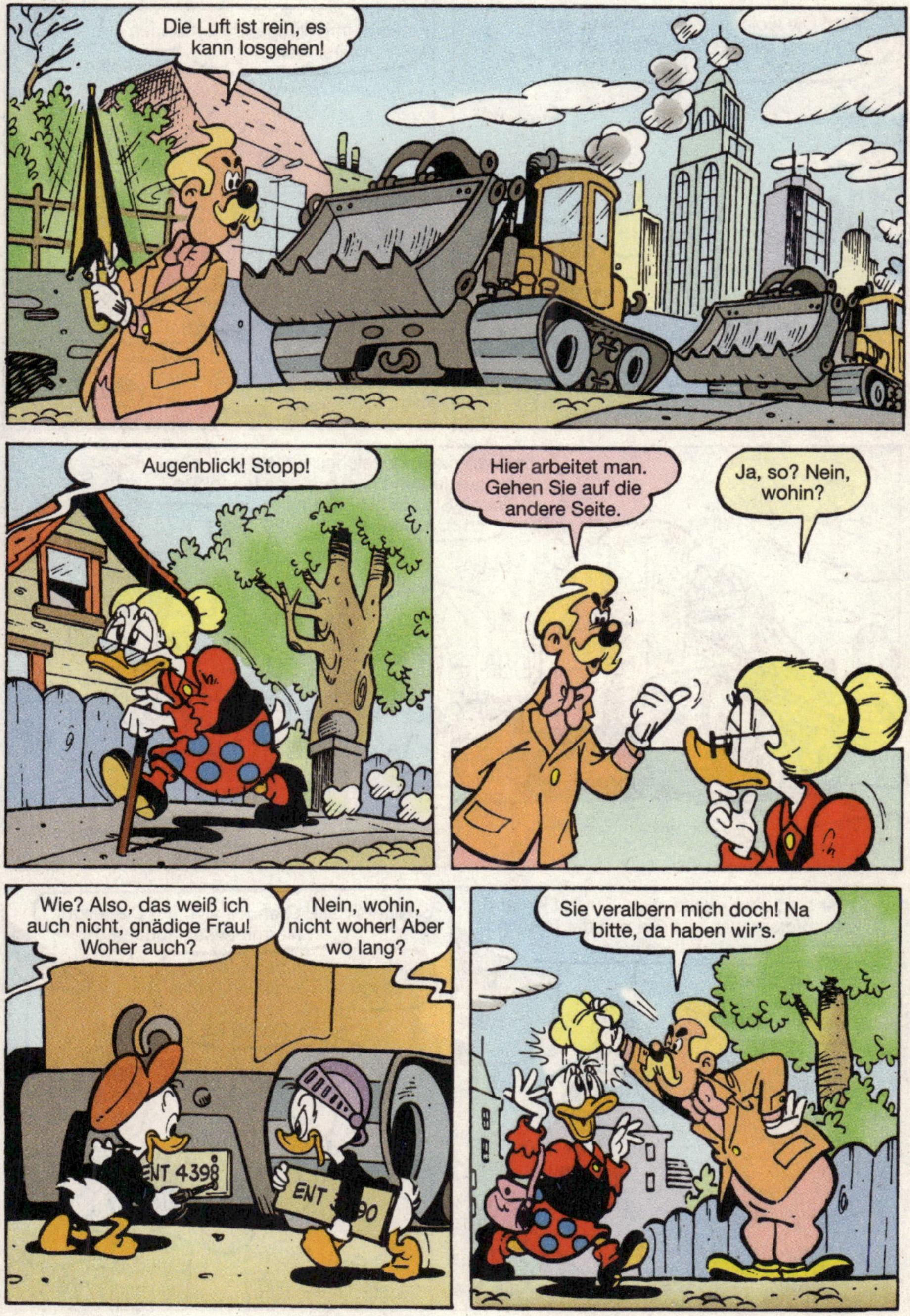

Die Luft ist rein, es kann losgehen!
Augenblick! Stopp!
Hier arbeitet man. Gehen Sie auf die andere Seite.
Ja, so? Nein, wohin?
Wie? Also, das weiß ich auch nicht, gnädige Frau! Woher auch?
Nein, wohin, nicht woher! Aber wo lang?
ENT 4398
ENT
Sie veralbern mich doch! Na bitte, da haben wir's.

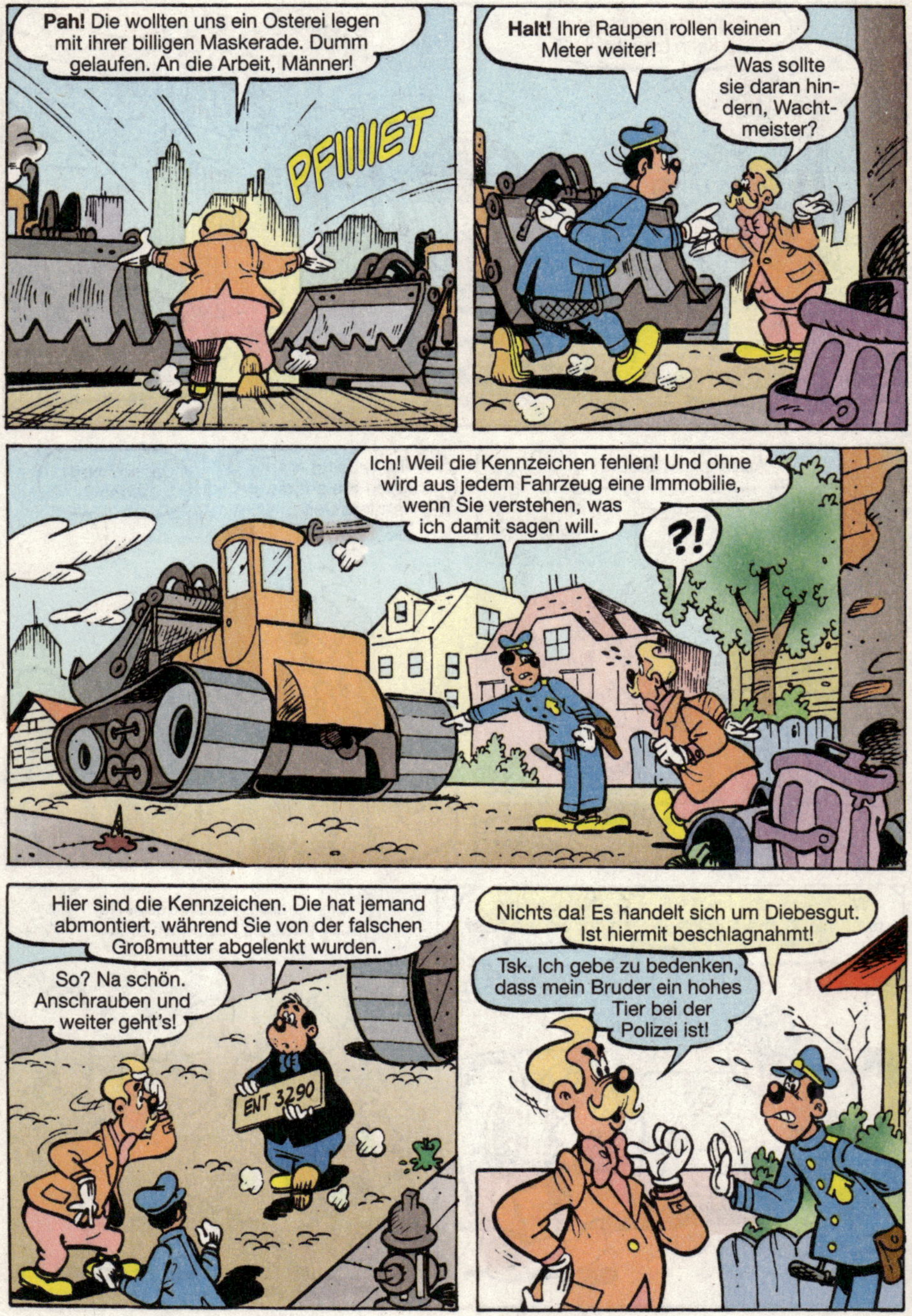
Pah! Die wollten uns ein Osterei legen mit ihrer billigen Maskerade. Dumm gelaufen. An die Arbeit, Männer!
PFIIIIET
Halt! Ihre Raupen rollen keinen Meter weiter!
Was sollte sie daran hindern, Wachtmeister?
Ich! Weil die Kennzeichen fehlen! Und ohne wird aus jedem Fahrzeug eine Immobilie, wenn Sie verstehen, was ich damit sagen will.
?!
Hier sind die Kennzeichen. Die hat jemand abmontiert, während Sie von der falschen Großmutter abgelenkt wurden.
So? Na schön. Anschrauben und weiter geht's!
ENT 3290
Nichts da! Es handelt sich um Diebesgut. Ist hiermit beschlagnahmt!
Tsk. Ich gebe zu bedenken, dass mein Bruder ein hohes Tier bei der Polizei ist!

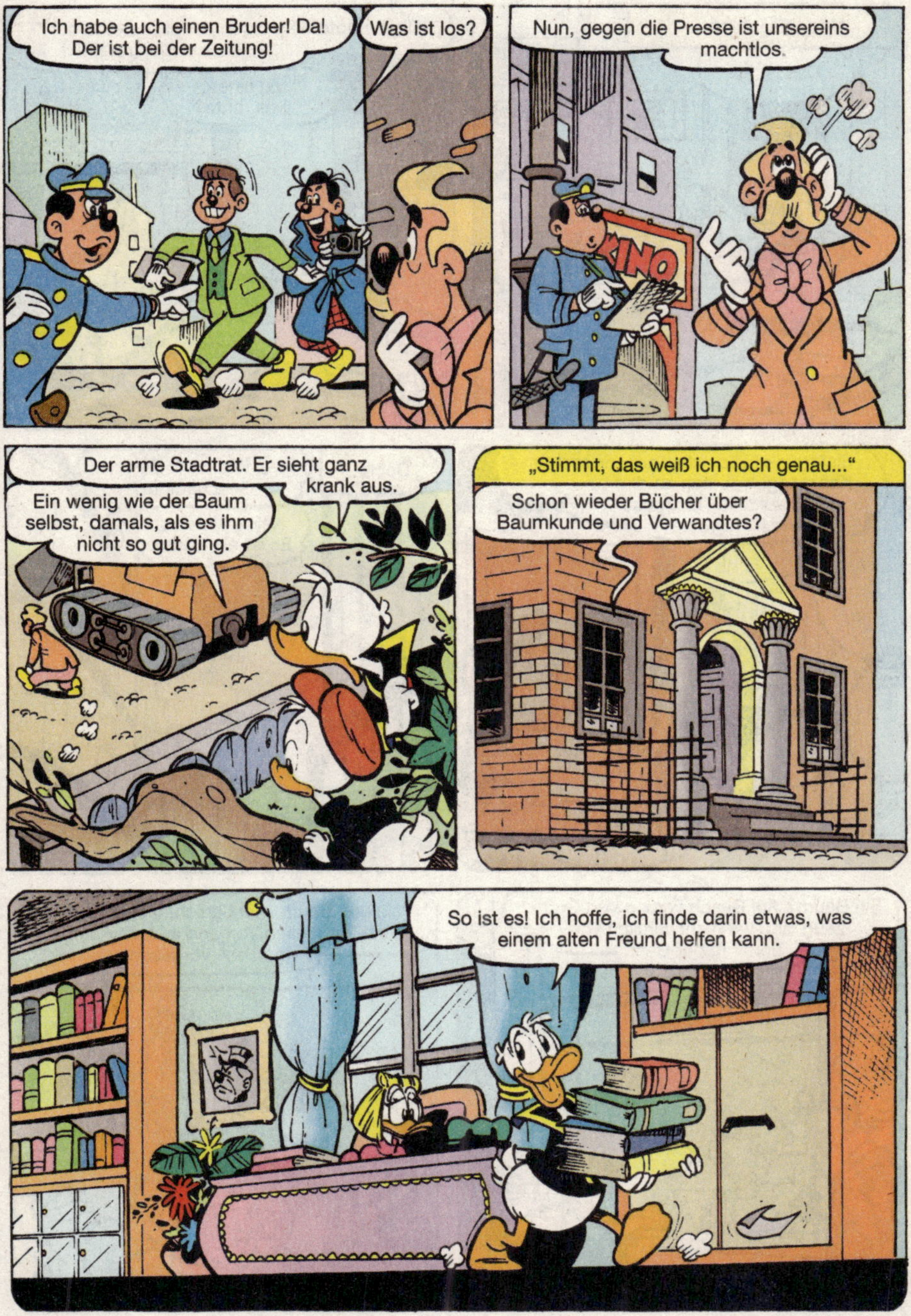
Ich habe auch einen Bruder! Da! Der ist bei der Zeitung!
Was ist los?
Nun, gegen die Presse ist unsereins machtlos.
KINO
Der arme Stadtrat. Er sieht ganz krank aus.
Ein wenig wie der Baum selbst, damals, als es ihm nicht so gut ging.
„Stimmt, das weiß ich noch genau..."
Schon wieder Bücher über Baumkunde und Verwandtes?
So ist es! Ich hoffe, ich finde darin etwas, was einem alten Freund helfen kann.

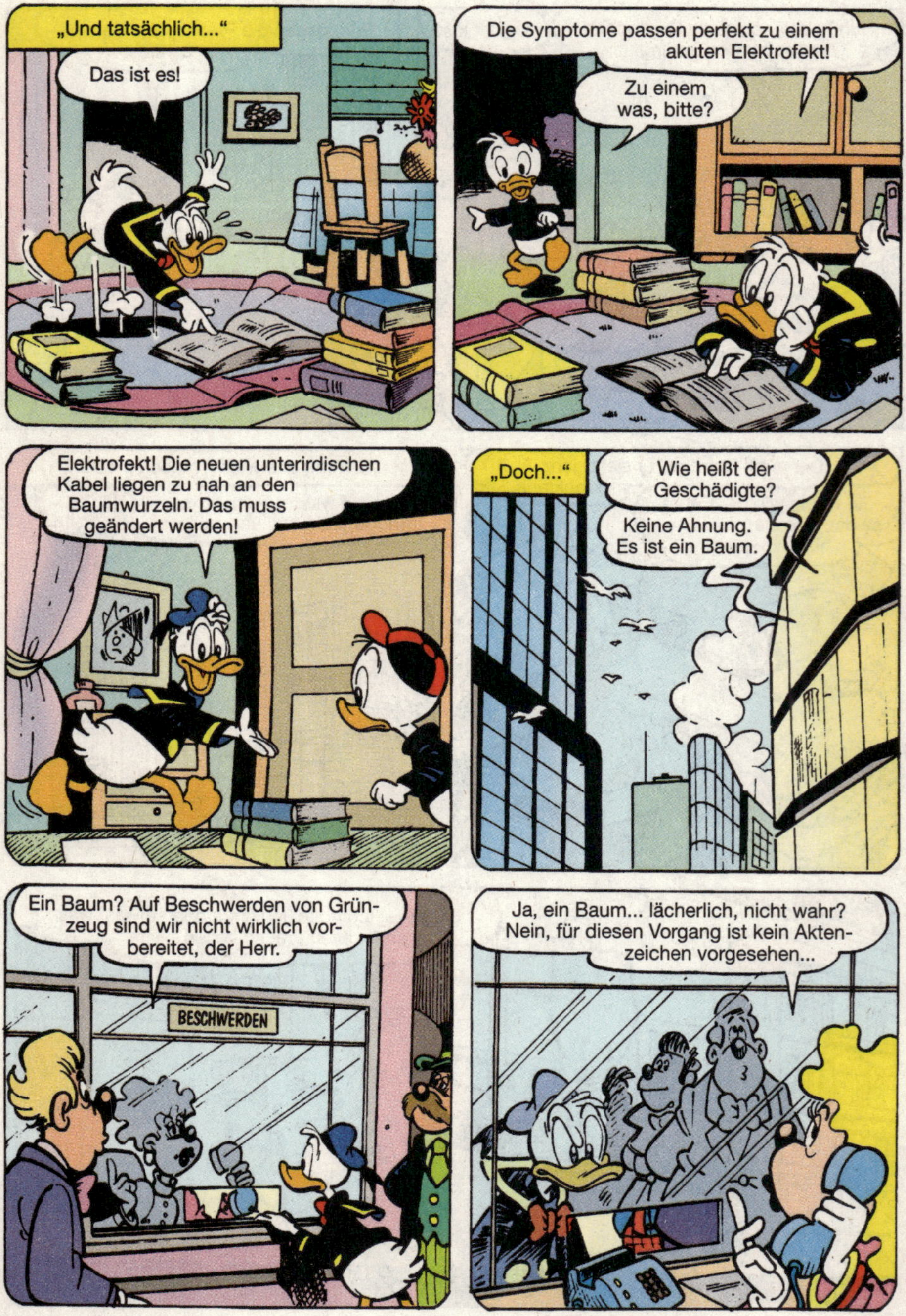
„Und tatsächlich...“
Das ist es!
Die Symptome passen perfekt zu einem akuten Elektrofekt!
Zu einem was, bitte?
Elektrofekt! Die neuen unterirdischen Kabel liegen zu nah an den Baumwurzeln. Das muss geändert werden!
„Doch...“
Wie heißt der Geschädigte?
Keine Ahnung. Es ist ein Baum.
Ein Baum? Auf Beschwerden von Grünzeug sind wir nicht wirklich vorbereitet, der Herr.
BESCHWERDEN
Ja, ein Baum... lächerlich, nicht wahr? Nein, für diesen Vorgang ist kein Aktenzeichen vorgesehen...

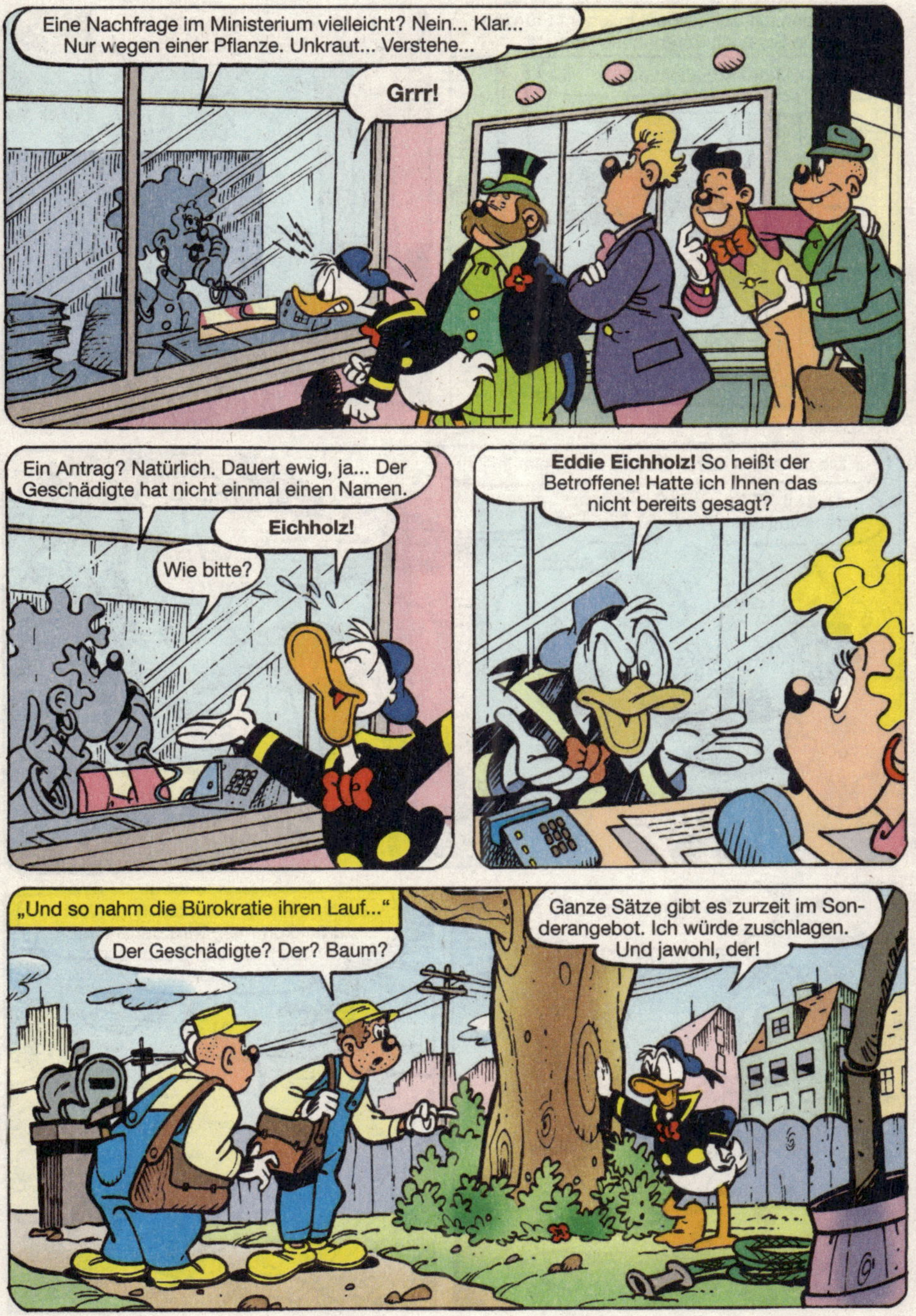
Eine Nachfrage im Ministerium vielleicht? Nein... Klar... Nur wegen einer Pflanze. Unkraut... Verstehe...
Grrr!
Ein Antrag? Natürlich. Dauert ewig, ja... Der Geschädigte hat nicht einmal einen Namen.
Eichholz!
Wie bitte?
Eddie Eichholz! So heißt der Betroffene! Hatte ich Ihnen das nicht bereits gesagt?
„Und so nahm die Bürokratie ihren Lauf..."
Der Geschädigte? Der? Baum?
Ganze Sätze gibt es zurzeit im Sonderangebot. Ich würde zuschlagen. Und jawohl, der!

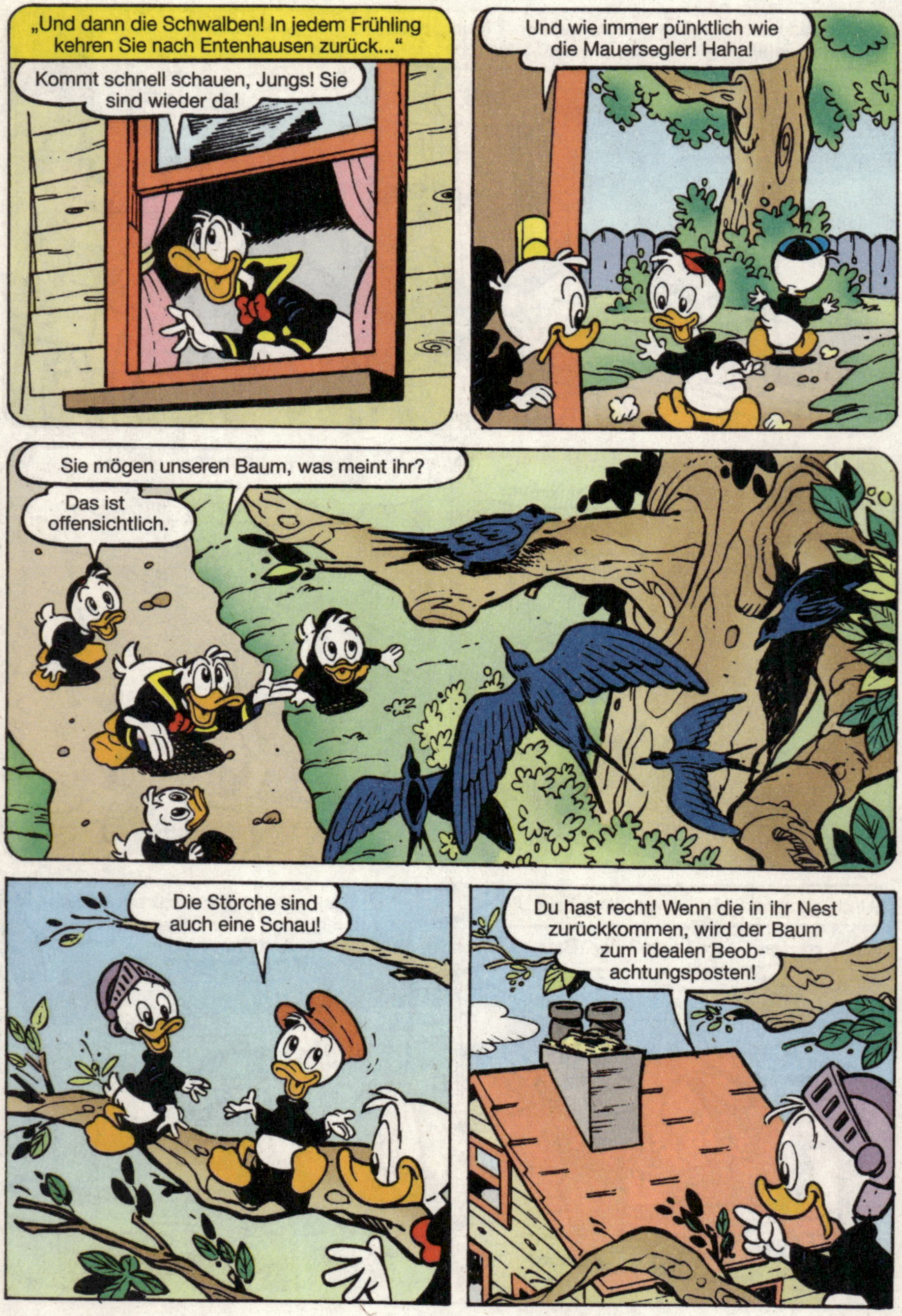
„Und dann die Schwalben! In jedem Frühling kehren Sie nach Entenhausen zurück...“
Kommt schnell schauen, Jungs! Sie sind wieder da!
Und wie immer pünktlich wie die Mauersegler! Haha!
Sie mögen unseren Baum, was meint ihr?
Das ist offensichtlich.
Die Störche sind auch eine Schau!
Du hast recht! Wenn die in ihr Nest zurückkommen, wird der Baum zum idealen Beob-achtungsposten!

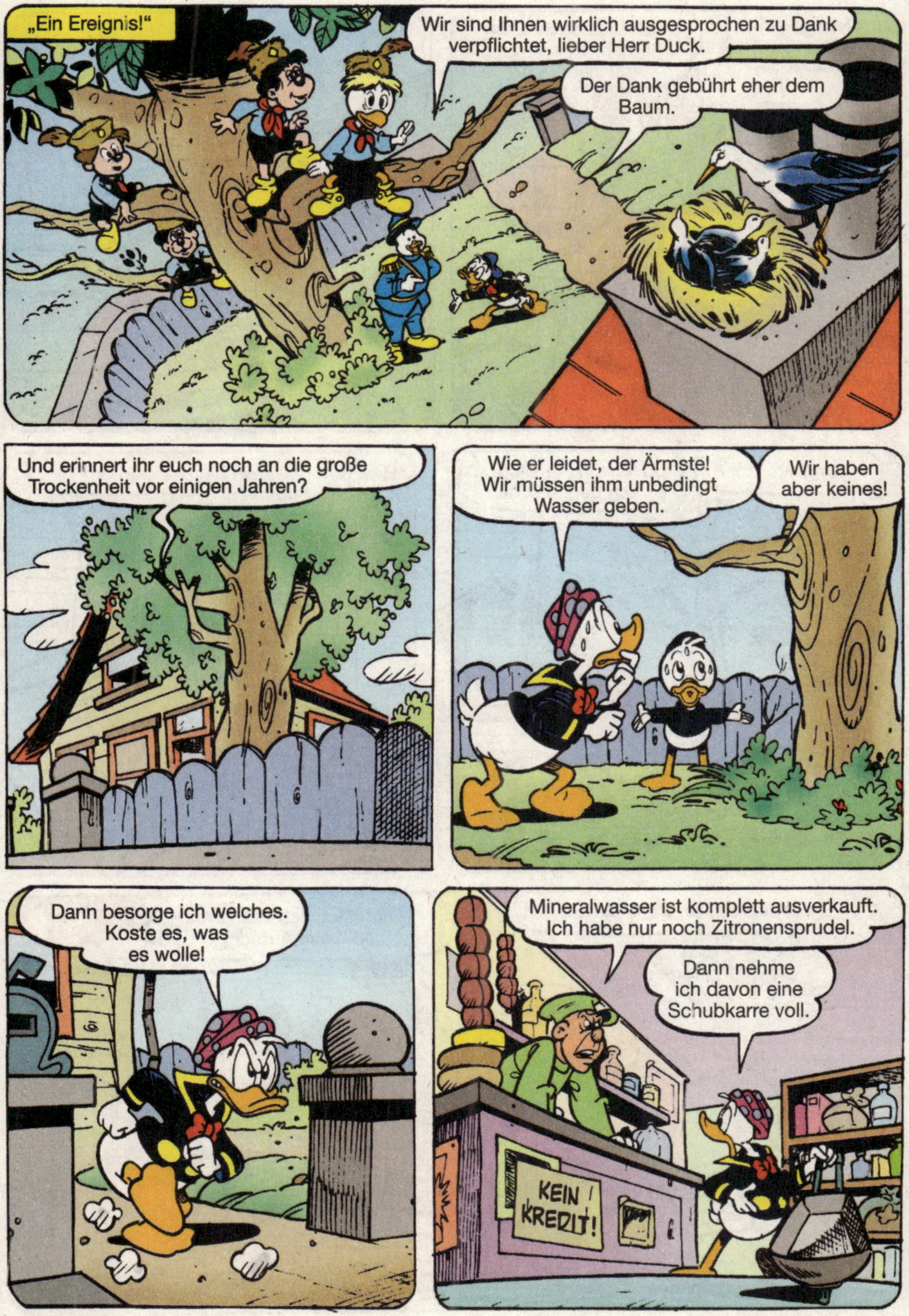
„Ein Ereignis!"
Wir sind Ihnen wirklich ausgesprochen zu Dank verpflichtet, lieber Herr Duck.
Der Dank gebührt eher dem Baum.
Und erinnert ihr euch noch an die große Trockenheit vor einigen Jahren?
Wie er leidet, der Ärmste! Wir müssen ihm unbedingt Wasser geben.
Wir haben aber keines!
Dann besorge ich welches. Koste es, was es wolle!
Mineralwasser ist komplett ausverkauft. Ich habe nur noch Zitronensprudel.
Dann nehme ich davon eine Schubkarre voll.
KEIN KREDIT!

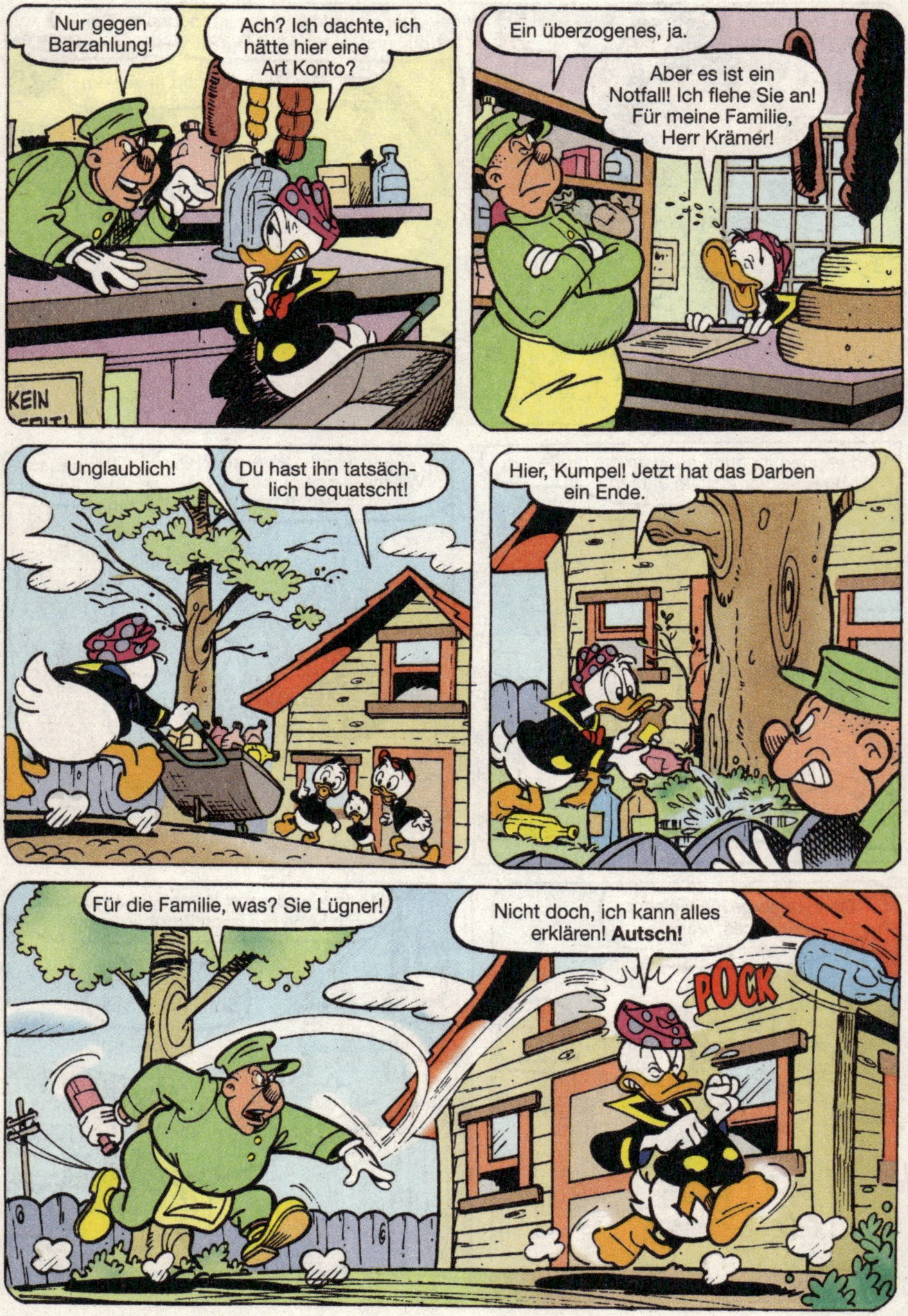
Nur gegen Barzahlung!
Ach? Ich dachte, ich hätte hier eine Art Konto?
KEIN
Ein überzogenes, ja.
Aber es ist ein Notfall! Ich flehe Sie an! Für meine Familie, Herr Krämer!
Unglaublich!
Du hast ihn tatsächlich bequatscht!
Hier, Kumpel! Jetzt hat das Darben ein Ende.
Für die Familie, was? Sie Lügner!
Nicht doch, ich kann alles erklären! **Autsch!**
POCK

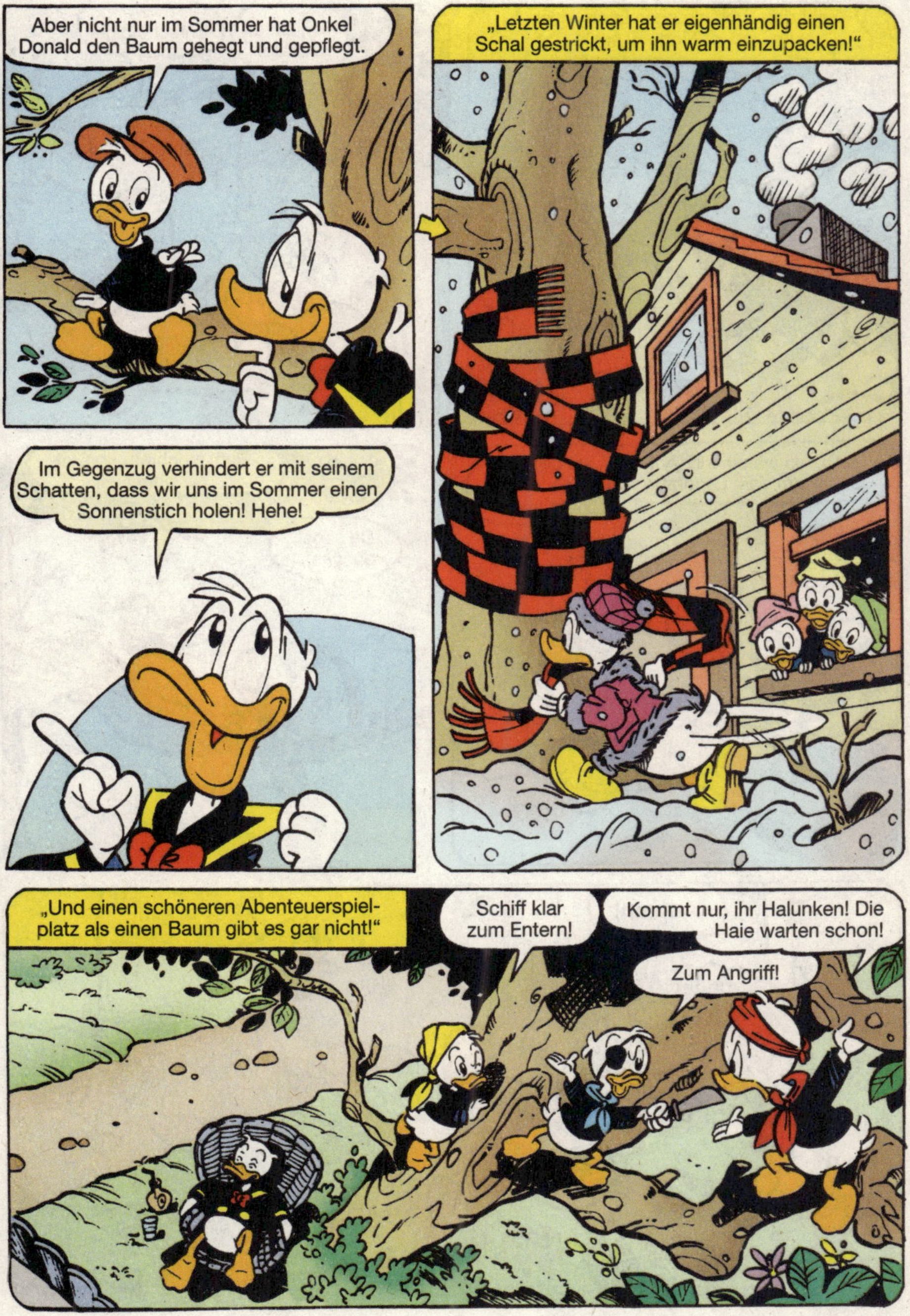
Aber nicht nur im Sommer hat Onkel Donald den Baum gehegt und gepflegt.
„Letzten Winter hat er eigenhändig einen Schal gestrickt, um ihn warm einzupacken!“
Im Gegenzug verhindert er mit seinem Schatten, dass wir uns im Sommer einen Sonnenstich holen! Hehe!
„Und einen schöneren Abenteuerspielplatz als einen Baum gibt es gar nicht!“
Schiff klar zum Entern!
Kommt nur, ihr Halunken! Die Haie warten schon!
Zum Angriff!

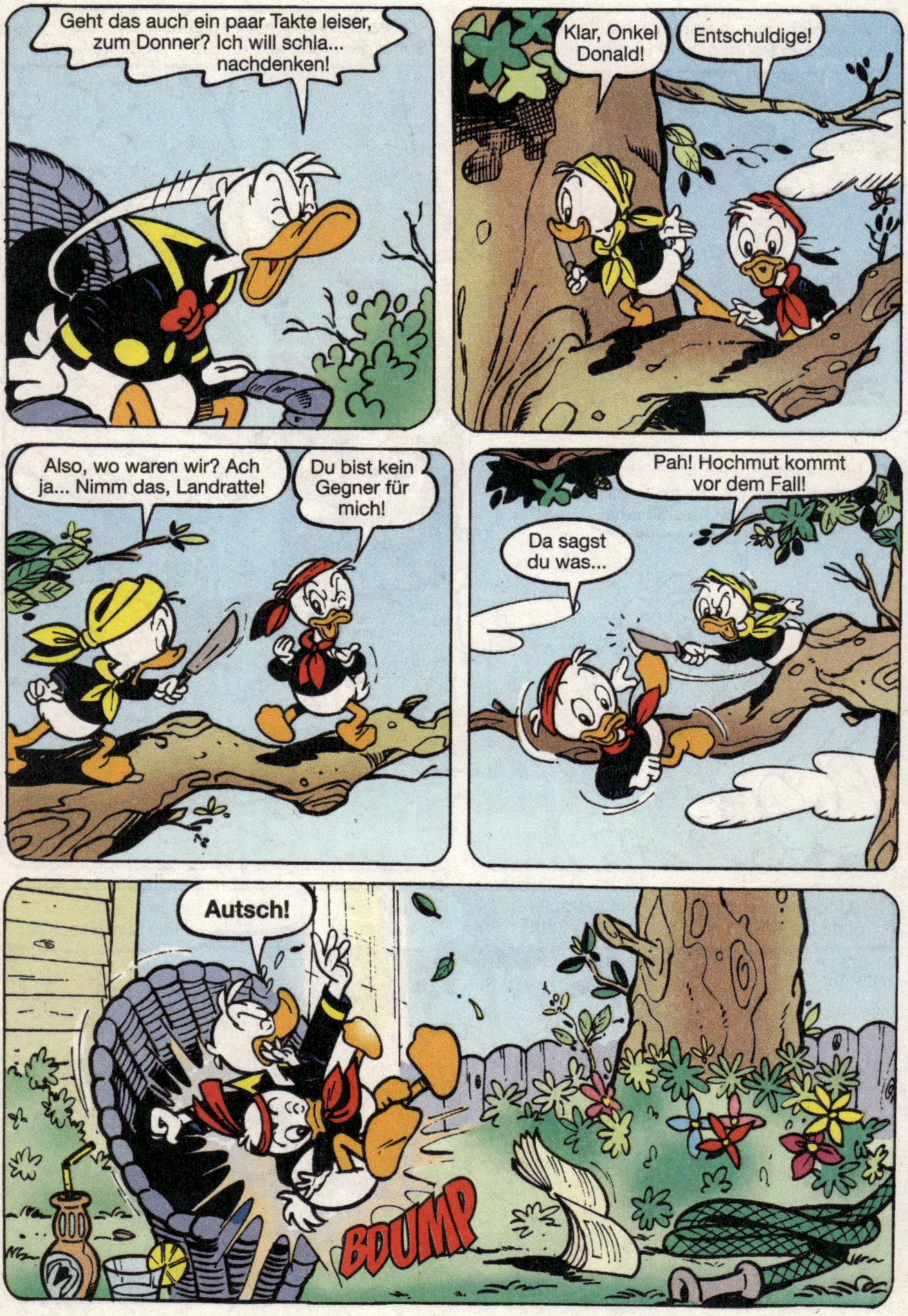
Geht das auch ein paar Takte leiser, zum Donner? Ich will schla... nachdenken!
Klar, Onkel Donald!
Entschuldige!
Also, wo waren wir? Ach ja... Nimm das, Landratte!
Du bist kein Gegner für mich!
Pah! Hochmut kommt vor dem Fall!
Da sagst du was...
Autsch!
BDUMP

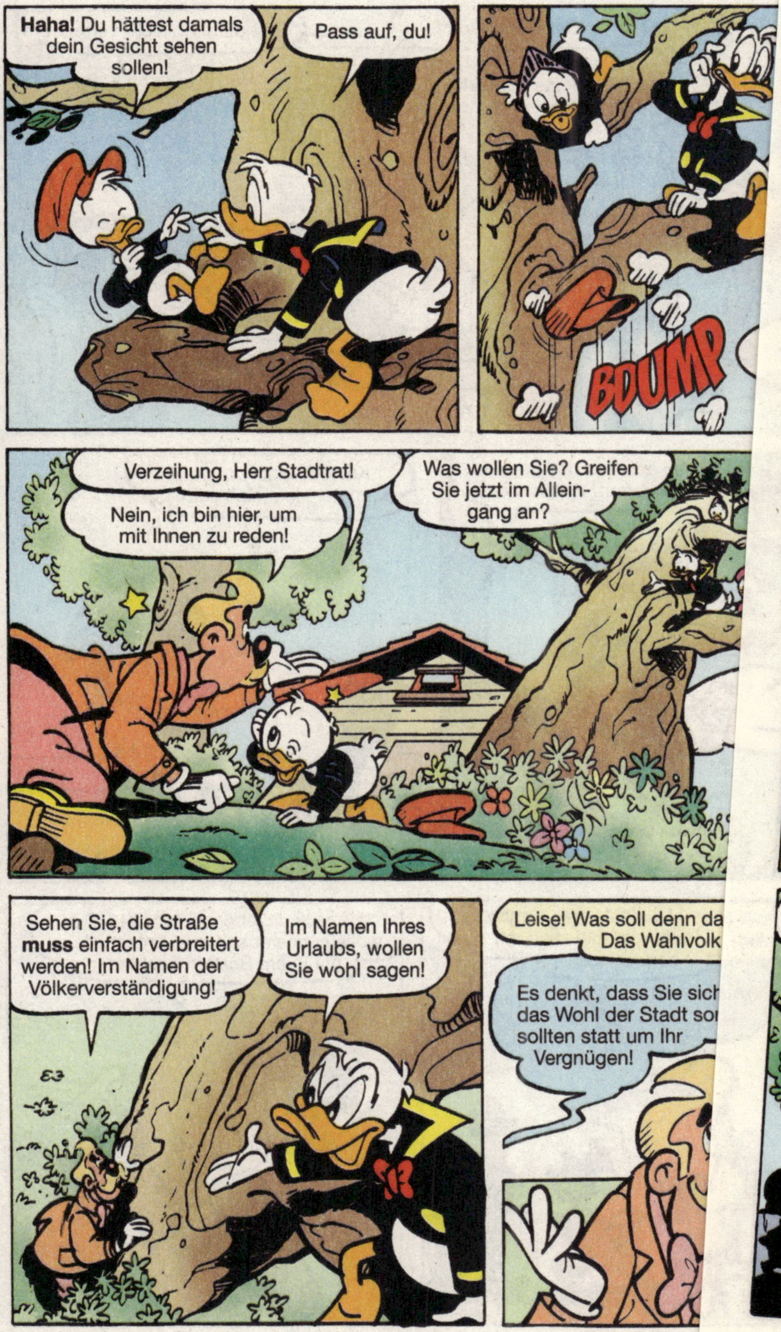
Haha! Du hättest damals dein Gesicht sehen sollen!
Pass auf, du!
BDUMP
Verzeihung, Herr Stadtrat!
Nein, ich bin hier, um mit Ihnen zu reden!
Was wollen Sie? Greifen Sie jetzt im Allein-gang an?
Sehen Sie, die Straße **muss** einfach verbreitert werden! Im Namen der Völkerverständigung!
Im Namen Ihres Urlaubs, wollen Sie wohl sagen!
Leise! Was soll denn da
Das Wahlvolk
Es denkt, dass Sie sich
das Wohl der Stadt so
sollten statt um Ihr
Vergnügen!

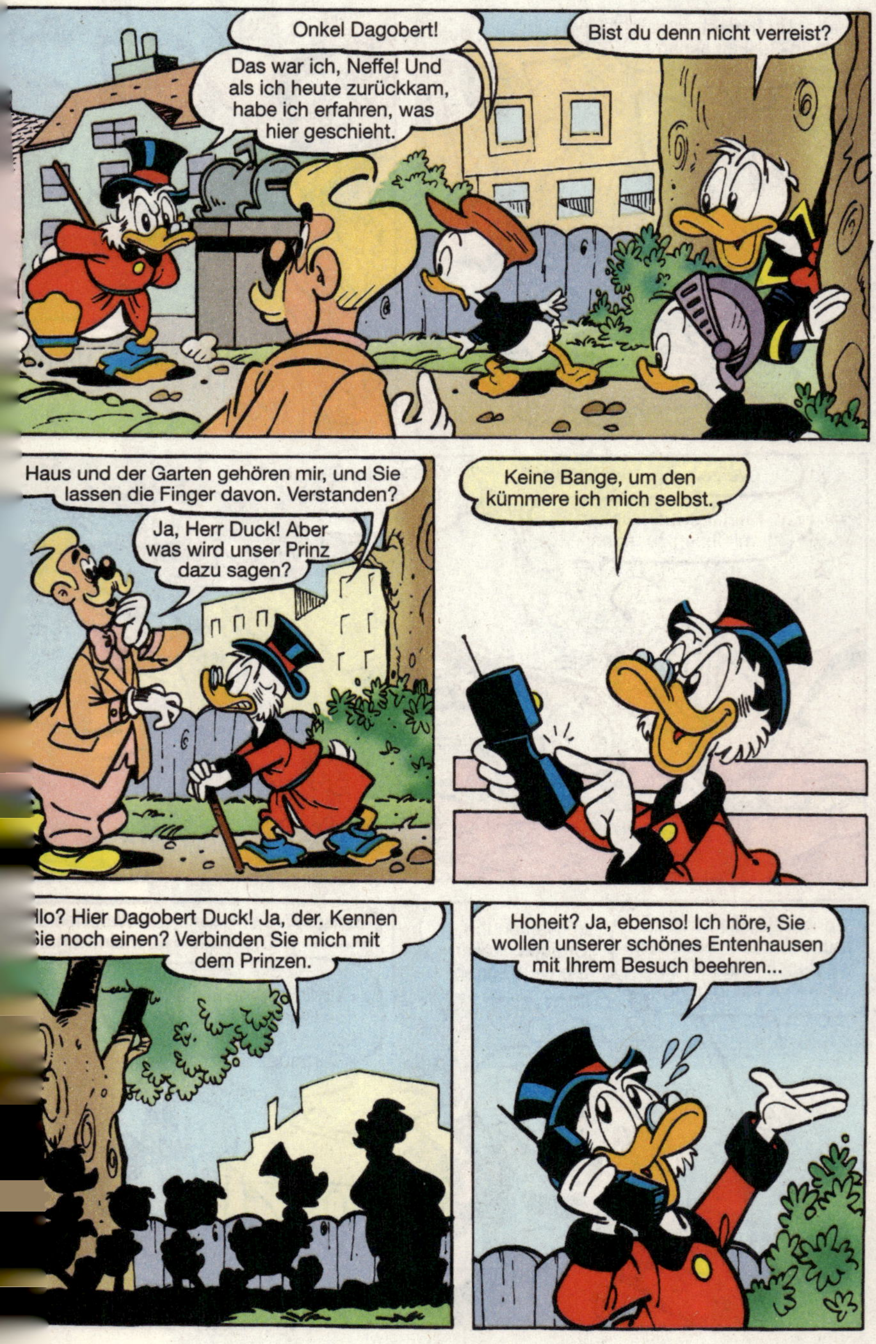
Onkel Dagobert!
Bist du denn nicht verreist?
Das war ich, Neffe! Und als ich heute zurückkam, habe ich erfahren, was hier geschieht.
Haus und der Garten gehören mir, und Sie lassen die Finger davon. Verstanden?
Ja, Herr Duck! Aber was wird unser Prinz dazu sagen?
Keine Bange, um den kümmere ich mich selbst.
llo? Hier Dagobert Duck! Ja, der. Kennen
ie noch einen? Verbinden Sie mich mit dem Prinzen.
Hoheit? Ja, ebenso! Ich höre, Sie wollen unserer schönes Entenhausen mit Ihrem Besuch beehren...

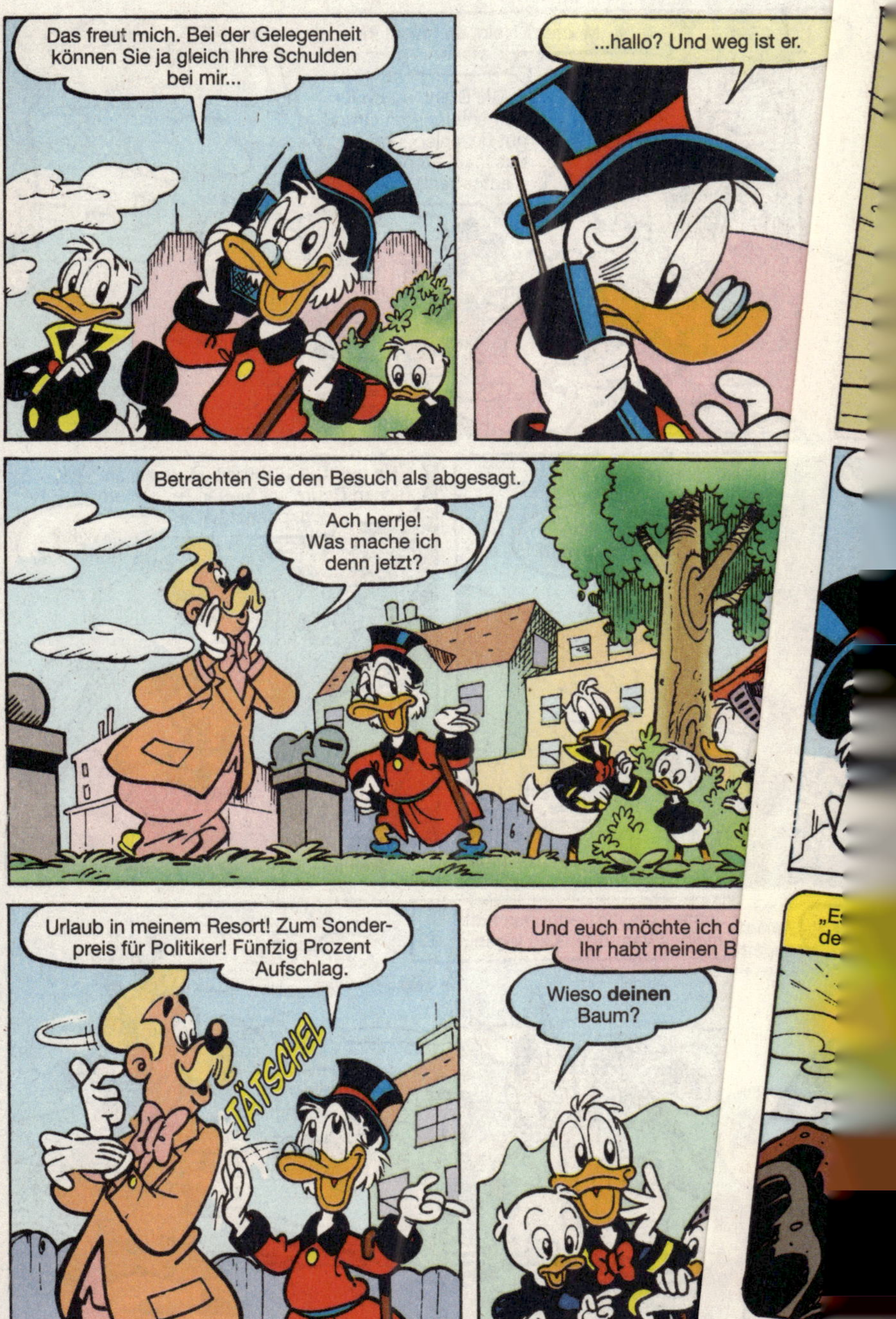
Das freut mich. Bei der Gelegenheit können Sie ja gleich Ihre Schulden bei mir...
...hallo? Und weg ist er.
Betrachten Sie den Besuch als abgesagt.
Ach herrje! Was mache ich denn jetzt?
Urlaub in meinem Resort! Zum Sonderpreis für Politiker! Fünfzig Prozent Aufschlag.
TÄTSCHEL
Und euch möchte ich
Ihr habt meinen
Wieso **deinen** Baum?

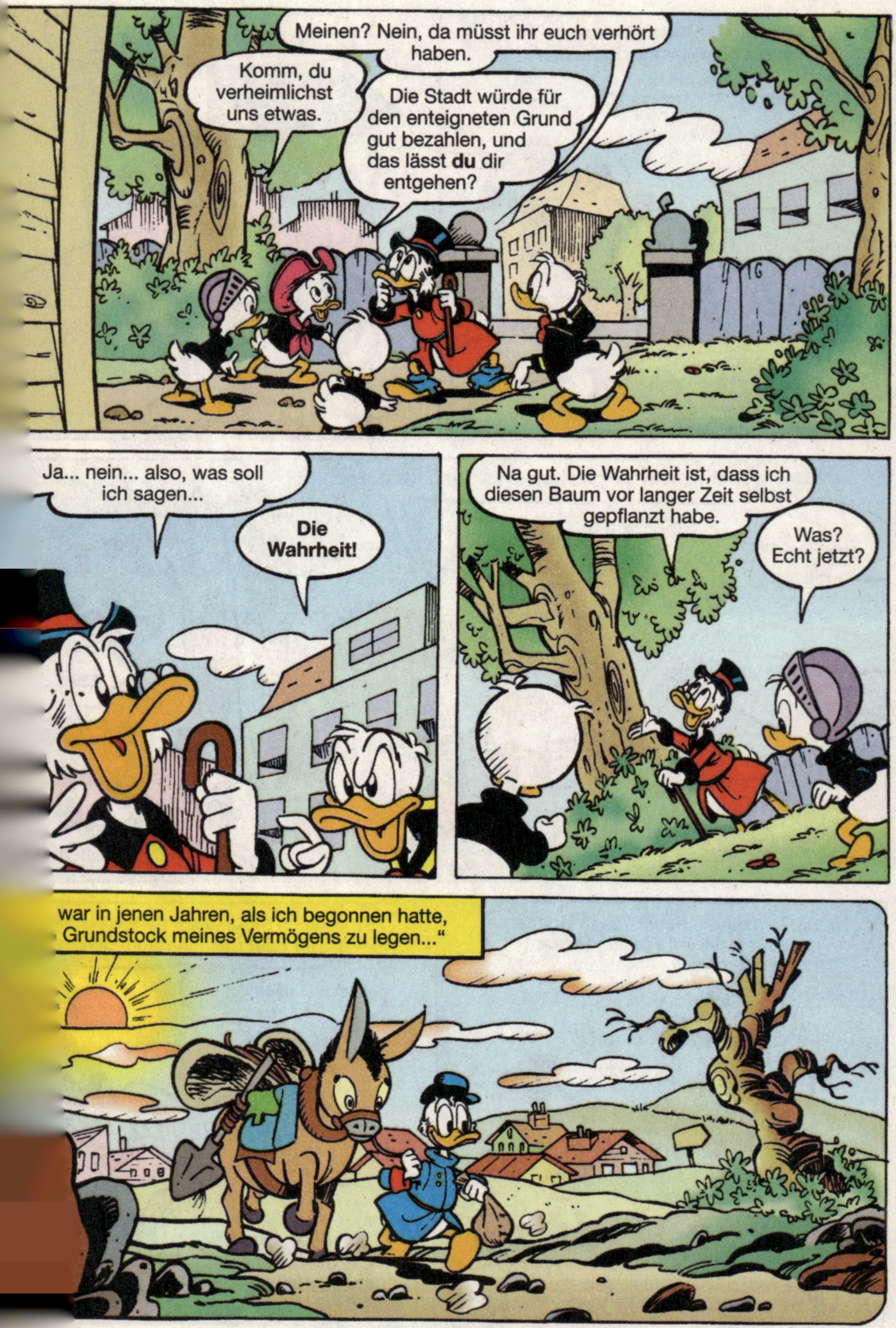
Meinen? Nein, da müsst ihr euch verhört haben.
Komm, du verheimlichst uns etwas.
Die Stadt würde für den enteigneten Grund gut bezahlen, und das lässt **du** dir entgehen?
Ja... nein... also, was soll ich sagen...
Die Wahrheit!
Na gut. Die Wahrheit ist, dass ich diesen Baum vor langer Zeit selbst gepflanzt habe.
Was? Echt jetzt?
war in jenen Jahren, als ich begonnen hatte,
Grundstock meines Vermögens zu legen..."

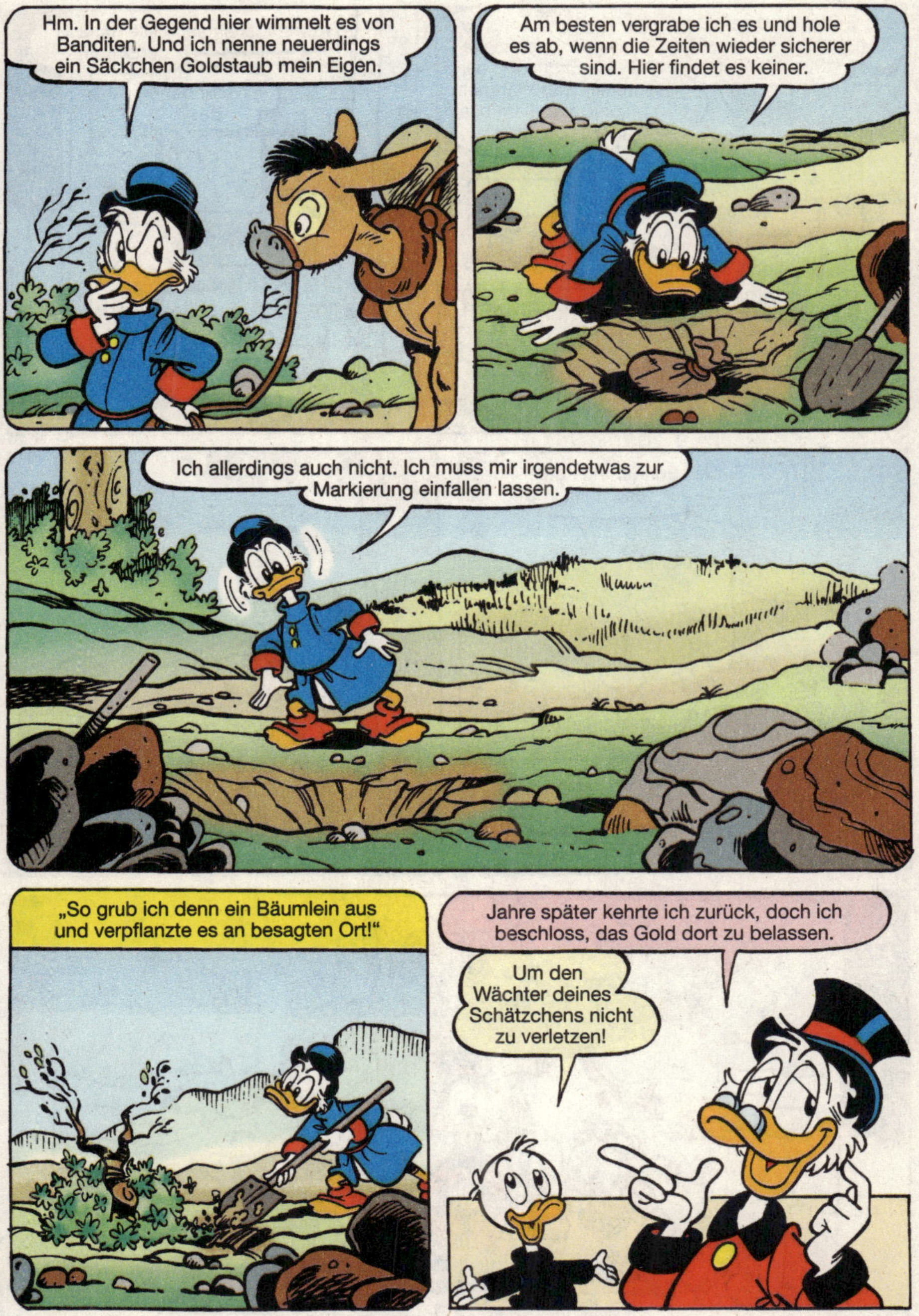
Hm. In der Gegend hier wimmelt es von Banditen. Und ich nenne neuerdings ein Säckchen Goldstaub mein Eigen.
Am besten vergrabe ich es und hole es ab, wenn die Zeiten wieder sicherer sind. Hier findet es keiner.
Ich allerdings auch nicht. Ich muss mir irgendetwas zur Markierung einfallen lassen.
„So grub ich denn ein Bäumlein aus und verpflanzte es an besagten Ort!“
Jahre später kehrte ich zurück, doch ich beschloss, das Gold dort zu belassen.
Um den Wächter deines Schätzchens nicht zu verletzen!

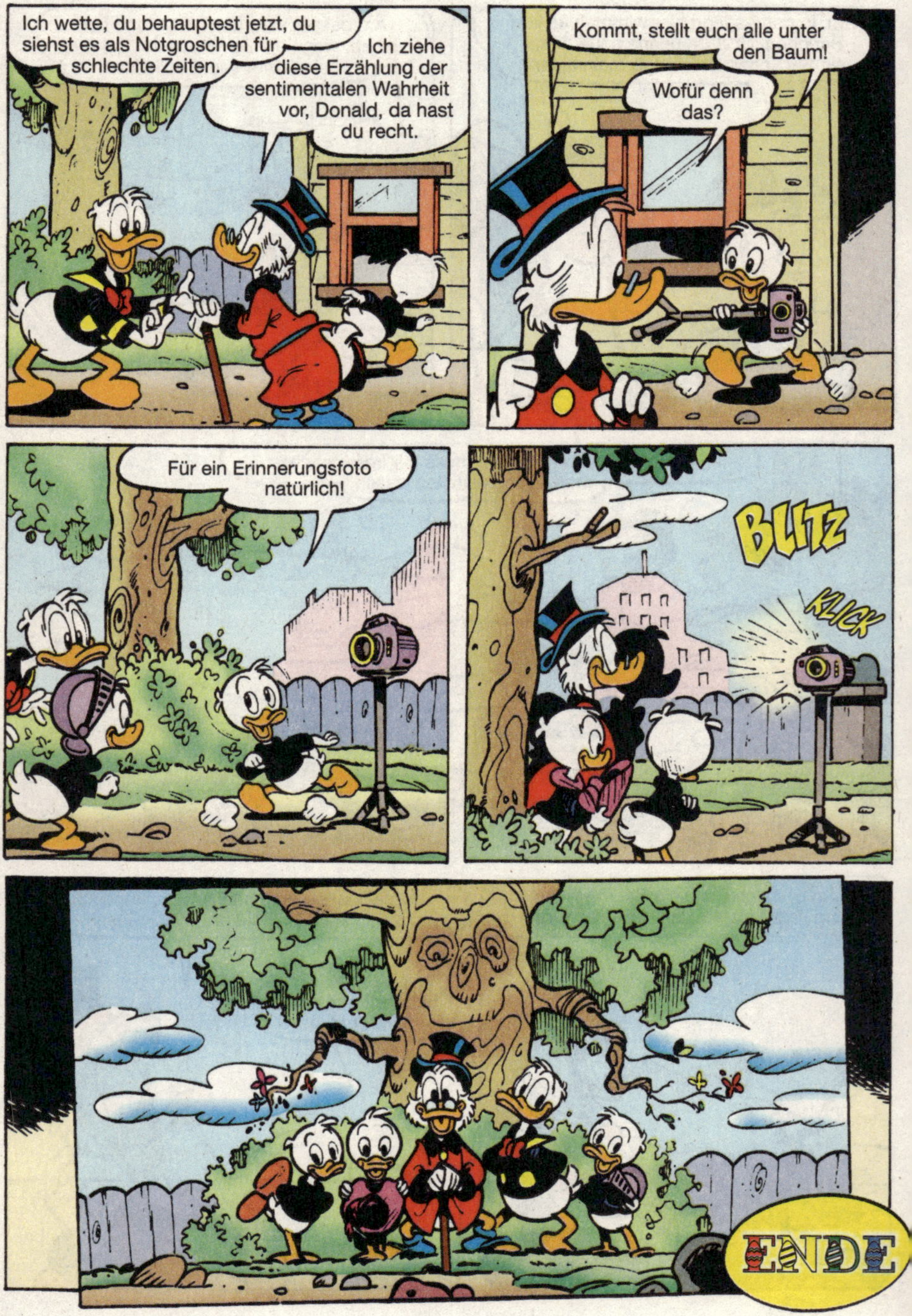
Ich wette, du behauptest jetzt, du siehst es als Notgroschen für schlechte Zeiten.
Ich ziehe diese Erzählung der sentimentalen Wahrheit vor, Donald, da hast du recht.
Kommt, stellt euch alle unter den Baum!
Wofür denn das?
Für ein Erinnerungsfoto natürlich!
BLITZ
KLICK
ENDE

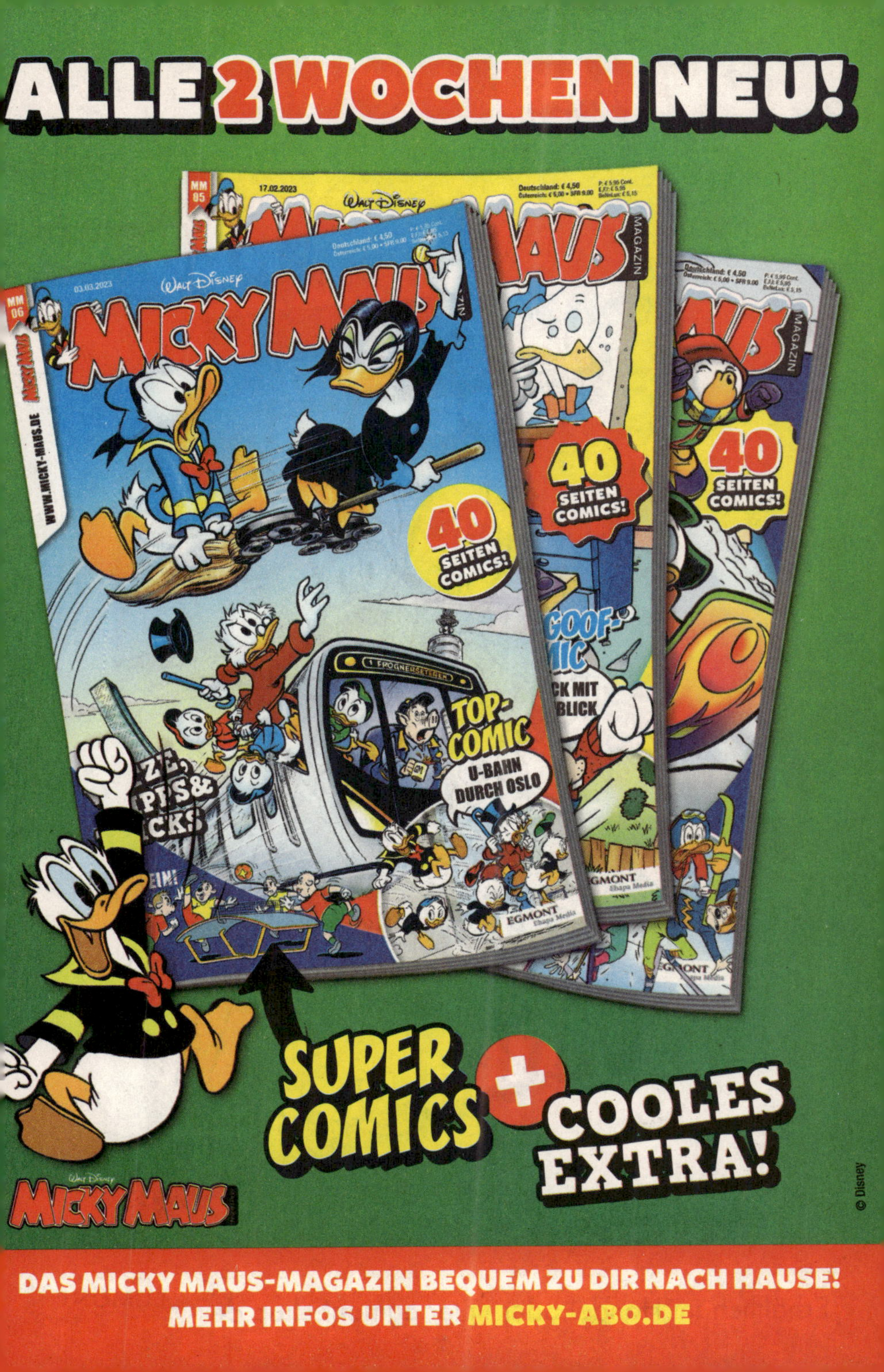
ALLE 2 WOCHEN NEU!
MICKY MAUS
WWW.MICKY-MAUS.DE
40 SEITEN COMICS!
TOP-COMIC
U-BAHN DURCH OSLO
EGMONT Ehapa Media
SUPER COMICS
+
COOLES EXTRA!
MICKY MAUS
© Disney
DAS MICKY MAUS-MAGAZIN BEQUEM ZU DIR NACH HAUSE!
MEHR INFOS UNTER MICKY-ABO.DE

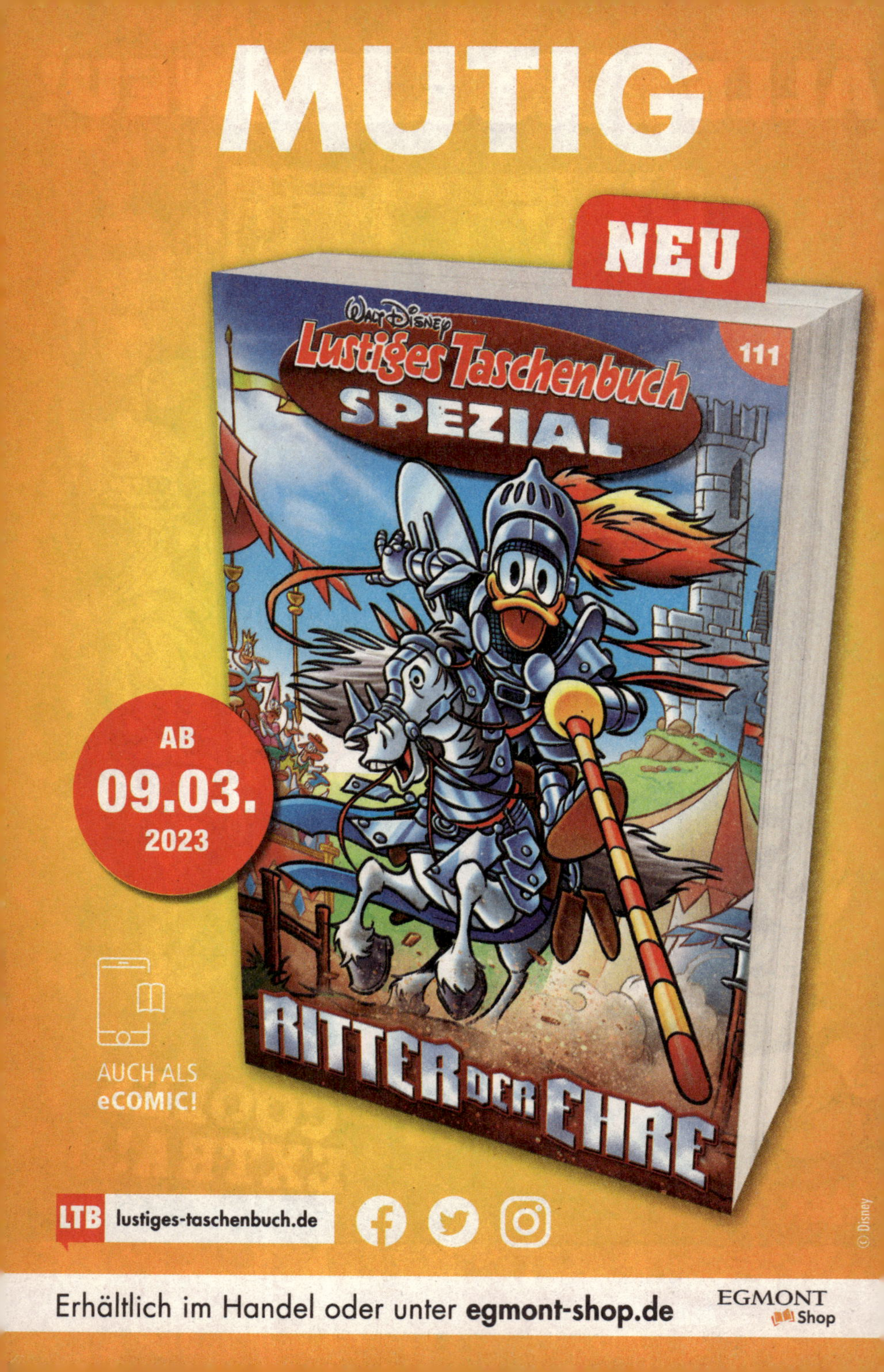
MUTIG
NEU
Walt Disney
Lustiges Taschenbuch
SPEZIAL
111
RITTER DER EHRE
AB
09.03.
2023
AUCH ALS
eCOMIC!
LTB lustiges-taschenbuch.de
© Disney
Erhältlich im Handel oder unter egmont-shop.de
EGMONT
Shop